《中国电影人口述历史丛书》编委会

编委会主任 傅红星 阎晓明
编委会副主任 张建勇 陆弘石 饶曙光 陈墨
编委会委员
  程季华 中国电影家协会 资深电影史学家
  陈　山 北京电影学院 教授
  丁亚平 中国艺术研究院 研究员
  胡　克 中国传媒大学 教授
  李道新 北京大学 教授
  李少白 中国艺术研究院 资深电影史学家
  李亦中 上海交通大学 教授
  启　之 中国电影艺术研究中心 研究员
  虞　吉 西南师范大学 教授
  翟建农 《大众电影》 高级编辑
  周　斌 复旦大学 教授
  钟大丰 北京电影学院 教授

秘书长 皇甫宜川

专家评审组
  组　长 陈墨
  副组长 启之
  成　员 李迅 张震钦 单万里 刘桂清

中国电影人口述历史丛书

The Oral History of Chinese Cinema Book Series

银海浮槎：学人卷

An Oral History of Film Culture in China

主编 陈墨 启之

分卷主编 李镇

民族出版社

图书在版编目（CIP）数据

银海浮槎：学人卷/李镇主编；周夏等编. —北京：民族出版社，2011.3
（中国电影人口述历史丛书/陈墨，吴迪〈启之〉主编）
ISBN 978-7-105-11403-0

Ⅰ.①银… Ⅱ.①李… ②周…Ⅲ.①电影业—艺术工作者—访谈录—中国 Ⅳ.①K825.78

中国版本图书馆CIP数据核字（2011）第031029号

银海浮槎：学人卷
YINHAIFUCHA XUERENJUAN

编　　者：	李　镇
策划编辑：	倩　男
责任编辑：	龚黔兰
责任印制：	石小娟
封面设计：	微　尘
出版发行：	民族出版社
社　　址：	北京市和平里北街14号　邮编：100013
电　　话：	010-58130038（编辑室）
	010-64224782（发行部）
	http://www.e56.com.cn
投稿信箱：	gongqianlan@sina.com
印　　刷：	北京佳顺印务有限公司
经　　销：	各地新华书店
版　　次：	2011年3月第1版　2011年3月北京第1次印刷
开　　本：	640毫米×960毫米　1/16
字　　数：	497千字
印　　张：	34.5
定　　价：	56.00元

ISBN 978-7-105-11403-0/K・2010（汉1106）

该书如有印装质量问题，请与本社发行部联系退换

目录
Contents

"中国电影人口述历史丛书"序：陈墨　　**1**
General Introduction / Chen Mo

前言：记忆无价 / 李镇　　**1**
Introduction:Memory is priceless / Li Zhen

自述
An account in one's own words

戴光晰访谈录 / 采访人：启之　黎煜　李镇　　**1**
The Interview with Dai GuangXi / Qi Zhi, Li Yu, Li Zhen

戴彭荫访谈录 / 采访人：李镇　　**41**
The Interview with Dai PengYin / Li Zhen

富澜访谈录 / 采访人：陈墨　　**65**
The Interview with Fu Lan / Chen Mo

李少白访谈录 / 采访人：陈墨　　**117**
The Interview with Li ShaoBai / Chen Mo

罗艺军访谈录 / 采访人：陈墨　　**175**
The Interview with Luo YiJun / Chen Mo

马德波访谈录 / 采访人：启之　黎煜　李镇　　**217**
The Interview with Ma DeBo / Qi Zhi, Li Yu, Li Zhen

孟犁野访谈录 / 采访人：启之　　**243**
The Interview with Meng LiYe / Qi Zhi

王秀媛访谈录 / 采访人：陈墨　　**295**
The Interview with Wang XiuYuan / Chen Mo

323 吴青访谈录 / 采访人：陈墨
The Interview with Wu Qing / Chen Mo

361 俞虹访谈录 / 采访人：陈墨
The Interview with Yu Hong / Chen Mo

401 郑雪来访谈录 / 采访人：陈墨
The Interview with Zheng XueLai / Chen Mo

追忆
To recollect those who passed away

441 丽尼之女——
郭梅尼访谈录 / 采访人：陈墨
The Interview with Guo MeiNi / Chen Mo

钟惦棐家属——

483 张子芳访谈录 / 采访人：陈墨
The Interview with Zhang ZiFang / Chen Mo

501 张四正访谈录 / 采访人：陈墨
The Interview with Zhang SiZheng / Chen Mo

513 钟里满访谈录 / 采访人：陈墨
The Interview with Zhong LiMan / Chen Mo

521 钟大陆访谈录 / 采访人：陈墨
The Interview with Zhong DaLu / Chen Mo

527 钟星座访谈录 / 采访人：陈墨
The Interview with Zhong XingZuo / Chen Mo

533 "中国电影人口述历史丛书"跋：启之
Postscript / Qi Zhi

"中国电影人口述历史丛书"序

陈墨

广义地说,从我们远古先民的传说,尧、舜、禹、汤的故事,春秋时智者先贤所倡"礼失而求诸野",到近现代各种形式的社会调查、口碑史料征集,乃至爷爷、奶奶、姥姥、姥爷给孙辈讲述家庭渊源或个人往事,都可说是口述历史。当然,这只是广义的、古典的或一般性的口述历史。

狭义的口述历史,是20世纪下半叶才开始的具有专业性、规范性、人民性等特征的史料征集及现代史学的一种形式。口述历史工作者需要有良好的专业素质,即需要懂得心理个性与会话叙事,需要遵守法律、道德,及史学专业规范,致力于"用人民自己的语言把历史交还给人民"(保罗·汤普森)。

"中国电影人口述历史丛书",是由中国电影资料馆和电影频道节目中心合作立项,由中国电影资料馆研究室承担的一项专业口述历史采集工程。

之所以叫做"中国电影人口述历史"而不是简单的"电影口述史",是想确定以人为本的采访目标,即不是把个人作为提供历史信息的简单工具,而是把人当做历史的核心要素加以重点关注。我们的具体方法是让老电影人进行生平讲述,内容包括其从业经历、社会履历、个人生活这样三个向度,力图在口述历史采访中探索并建立专业史、社会史、心灵史三合一的丰富历史档案。

为确保口述历史采访的专业性及其专业水准，在采访开始之前，我们认真学习过中外口述历史先行者的理论与经验，成立了领导小组、专家小组、工作小组，以便统一调度、集中谋划、合理分工、多方协调，对口述历史工作规范、工作程序、工作细则进行过再三研讨；会同有关法律专家，起草了不同形式的受访人授权文书，由受访人自愿选择，以确保口述历史存档及其未来版权使用有章可循、合法合理；还起草了采访人保密协议，要求每个参与这一工作的采访人、摄像师、录音师签署协议，确保受访人的权益不受损害。

在实际采访过程中，先行者不断探索有效的工作方法，不断交流工作经验并及时总结工作教训，逐渐摸索出一套从先期作业、联络预访、采访提纲写作并与受访人进行交流、正式录音录像采访，直到完成后以"采访手记"形式进行总结的工作程序。进而，建立了包括常规问题题库、个性化问题设计、现场问题追踪及现场背景布置、氛围营造、录像录音技术标准在内的工作规范。进而，还建立了采访人考核认证制度，确保只有经过学习、培训、实践并通过全套规范作业考核的人，才能进入口述历史采访的第一线。

我们的采访，涉及电影的创作、生产、管理、洗印、宣传、发行、放映、输入输出、器材、档案、翻译、研究、编辑、出版、教育等各个领域。采访对象多为80岁以上的电影老人，对象选择不看名气大小、不分地位高低。

中国电影人口述历史工作于2008年初由吴迪采访严寄洲导演开其端，陈墨、张震钦、李镇、黎煜、张锦、皇甫宜川、边静、周夏、李相、王凡、芦苇、杨晓云等采访人继其后，追踪于北京、上海、长春、成都、南京、广州、香港、台北等地。截至2009年底，两年内共采访205人，录音、录像时间达1185小时。这些成果，凝聚了所有采访人与受访人的热情与心血。

我们采访的这一代电影人，论其经历，堪称旷古未有。他们从抗日战争、解放战争、新中国成立一路走来，又经过镇反、批《武训传》、"三反"、"五反"、"肃反"、"批胡适"、"批胡风反党集团"、"反右"、"大跃进"、"反右倾"、"反现代修正主义"、"三年困难时期"、"四清"、无数次的整风及"文化大革命"。等到改革开放新时期，他们大多已过了知天命之年。奋勇拨乱反正、重整山河，再自扬鞭奋蹄，很快就是青山夕照。

他们中的多数人，少年时战乱频仍、多难多灾，青年时立志革命、热血沸腾，壮年时克己奉公、做砖做瓦，中年时披荆浴火、挨斗挨批。来不及疗伤或哀叹，便以十二分的热情重新投入新时期的工作，为重铸中国电影辉煌的伟业，倾心奉献，不惜再度把自己变成螺丝钉或轴承。等到他们离休或退休，有空能回想往事、反省人生，蓦然对镜回首，早已满头霜雪。而此时，其子女们早已投身于汹涌澎湃的经济洪流激浪，以致无暇倾听老人的故事。

中国电影人口述历史工作的目标，就是要尽一切可能征集并保留老一辈电影人的电影故事、生命信息及历史记忆，由中国电影资料馆永久珍藏。我们希望，能够将前辈的历史作为珍贵的礼物，留赠未来世代的有心后学。

我们知道，那些为革命"抛头颅、洒热血"的豪情，那些"不求艺术有功，但求政治无过"的痛楚，那些"被"入另册的悲哀及无辜受罚的愤懑，那些诚惶诚恐的阴影与梦魇，那些动人心魄或让人迷思的成败亲历、悲欢经验、深浅思绪，都将是电影史、文化史、革命史、政治史、社会史、思想史，乃至经济史、城市史、生活史、家庭史、妇女史等不可再生的宝贵信息资源。

国家电影资料馆的功能，本就是收集和保藏电影文献，并服务于公众、社会。因此，我们一边进行口述历史的采访，一边将受访人同意公开发表的部分内容整理成文字，在《当代电影》和《电影文学》等杂志上开辟专栏，陆续发表。这样做的目的，是尽可能及时地与热爱电影及口述历史的同仁分享鲜活独特的历史信息，让更多的人了解前辈们筚路蓝缕的电影往事及血火坑灰的悲壮人生。

如此，在采访工作间隙，我们编辑出版这一套"中国电影人口述历史丛书"也就顺理成章。当然，刊载杂志及收录丛书（含图片），都获得了受访人授权并经其本人过目。而那些未得到授权公开发表的讲述，则只能等到将来。然而，即使得到授权，刊物和丛书中只能呈现有限的内容，从几分之一到几十分之一不等，这不仅是书刊篇幅所限，更是为保护受访人的个人情感与权益。对此，只能希望热心读者予以谅解。

"丛书"的体例，已进行统一。每一篇采访实录，在正文之外，都有受访人简介、采访时间、地点、频率等常规说明和采访人手记，以及采访人或执行主编为正文中的人或事所作的必要注释。

本丛书不同分册的执行主编，都是我们研究室的业务骨干，当然也都是口述历史采访工作的中坚力量。李镇先生是上海采访工作站站长，兼顾香港和广州，学风扎实，富有创见；张锦先生是长春采访工作站的站长，兼顾成都，有多学科背景，做事认真，能量惊人；边静博士富有采访经验，思想敏锐而做事细致；周夏博士聪敏好学，才情出色，前程远大。从他们的采访手记及各分册主编的前言后记中，可见他们才华与精彩的学术风格；黎煜博士作为本项目的新任行政主管，在联络出版社、比对出版条件、商谈合同细节、策划丛书编辑风格等方面都做了大量工作。没有她的有效工作，这套丛书的出版肯定不会如此顺利。

我们要借此机会，向下列有关人士表示衷心的感谢：

首先要感谢电影频道。感谢阎晓明先生和陆弘石先生对口述历史的深切理解、宝贵资助、富有远见的合作及恰当的工作指导。

要感谢长影集团的朱晶先生，在他主持的《电影文学》杂志上为"中国电影人口述历史"开辟专栏，发表部分采访节选。

若无电影资料馆馆长傅红星先生的明智决策和果敢推进，口述历史项目就不可能从建议构想付诸实际行动。饶曙光副馆长亲自督导专家组和工作组，多次开会呈文，工作落到实处。张建勇副馆长决定在《当代电影》杂志上开辟专栏，发表口述历史的采访及研究论文，给予实际支持。资料馆的其他领导，也以不同形式对口述历史工作给予了支持。

口述历史工作虽由研究室承担，而中国电影资料馆的其他部门同仁如财务处、老干部处（离退休干部管理处）的有关工作人员，以及崔冀中、朱天纬、方桂琴、王天竞、郑建军、刘桂清、李鸿、张安、谢玉清、于达、姜蕾等同事，为口述历史工作提供了诸如提示采访线索、引荐受访人及其他诸多实际帮助。

　　研究室负责人皇甫宜川研究员作为口述历史工作组长，担任了本次口述历史采访工作的规章制定、技术培训、协调保障等实际工作指导，以其领导才干和服务精神，保障了口述历史工作的顺利进行。李一鸣、张震钦研究员积极参与研讨，出谋划策，贡献良多。研究室前后两任秘书杜伟、彭琨也为本次口述历史采访工作的财务报表和后勤保障做了大量工作。感谢中国电影资料馆李迅、赵晶，以及远在美国的朱沐为本书的英文翻译贡献智慧。

　　最后，最应该感谢的，当然是所有接受我们采访的前辈！

　　1995年3月2日，电影史家陆弘石先生对著名导演、剧作家张骏祥先生做口述历史采访，总共只持续了7分钟。张先生最后说："你们做得太晚了……"这句话，成了所有参与口述历史工作者的警钟，让我们不敢有丝毫怠慢。

　　是的，口述历史工作开始得太晚了。好在，我们来了，而且开始做了。只要有可能，我们就肯定会继续做下去。我们的工作不停歇，"中国电影人口述历史丛书"当然也就会一直编辑和出版。

前言
记忆无价

李镇

一

世界上有很多"无价"的东西，记忆即是其一。但是，比起那些稀缺的珍宝，记忆的价值常常被人们忽视。究其原因，大致有三点。首先是每个人都有记忆，它随时都在产生，而且内容琐碎繁杂、无所不包，其价值被难以形容的数量稀释得似乎完全有理由忽略不计。再者，记忆不是被人主动创造出来的，它只是生命活动中的副产品，其形成看似不加选择，因而显得无足轻重。三者，记忆的源头是单个的人，按照通常的观念，个人往往是片面的、感性的、主观的，甚至是愚蠢的，个人记忆尤其是关于日常生活的记忆在人类文明的大厦面前显得微不足道，更在各种功利的偏见下难以容身。出于各种原因，只有少数人的部分记忆会被认为是"有用"的，并被幸运地保存下来。

但是，记忆又堪称最为珍贵的资源，在它看似琐碎、平淡、片面的表象之下，埋藏着前人留给我们的无形财富。其中有穿越时光的真知灼见，也有揭开历史谜团的蛛丝马迹；在一些老人的彻悟背后，也许就是曾经付出的沉重代价；一些宝贵的经验教训，甚至关乎国运民生。

然而，记忆一直处在流失的状态之中，但凡流矢了的，便没有找回的可能。在我做口述历史工作之后，更加深刻地体会到这一点，随着一些老人的离去，很多事情失去了最后的线索，真的成为历史之谜。我相信,"中国电影人口述历史项目"的每位同事都是带着抢救历史的心态参与其中。随着社会的进步,越来越多的人认识到,历史应该包容普通人的记忆,每个人的记忆都有保存下来的理由和权利。何况,"中国电影人口述历史丛书"保留的,是在电影界奋斗了多半生的耄耋老人的记忆。经过了将近一个世纪的沉淀,这些沧桑往事的深处,不时闪耀出人性与智慧的光芒。口述项目除了捕捉通向历史真相的线索,也记录下许多宝贵的人生感悟;当一段段生命的历程在记忆的维度中展开,即使它们可能只是浮光掠影,不成章节,也蕴藏着难以估价的精神财富。

二

本书分为两部分,第一部分是对学术前辈的访谈;第二部分是对两位已故前辈家人的采访。在每篇访谈录之前,都有受访人的小传,便于读者掌握受访者的背景;在每篇访谈录之后,都有采访人撰写的《采访手记》,记录下访谈前后的种种心得。需要说明的还有,口述历史是由采访人与被访者共同完成的,采访人事先与受访者有过深入的沟通,都准备有详细的采访提纲,但由于本书篇幅限制,无法呈现这部分内容。受访者的排序按照姓氏拼音字母顺序,每位受访者的访谈篇幅在三万字左右,需说明的是:决定字数的原因很多,本书在选编时至少忽略了材料中的如下内容:

(一)受访者要求不得公开的内容;
(二)目前尚觉过于敏感的政治信息及暂不宜公开的个人思想观点;
(三)个人隐私;
(四)涉及他人并易引起人事纠葛的部分信息。(凡是为了讲述的完整,不得不提及他人的负面信息,本书就将有关人物的姓名做简化字母处理;对于已有定论的公共人物的负面评价,本书仍按原文发表,比如对"四人帮"、林彪、于会泳等人。)

本书因袭了电影人口述历史工程的专业史、社会史、心灵史的全息史学构架。受访者面对的问题,按照时间顺序,从出生谈起,讲述在各个历史阶段的经历，一直谈到退休。当然，针对不同的对象，谈话的侧重点因各自的人生境遇和学术专攻而有所不同。因为篇幅有限，本书不可能把每个人谈论的每件事都一一呈现，在编选时，我在内容的取舍上颇费了些心思。

现在的很多人可能都不知道戴彭荫，戴老师离开电影界非常早，他退休的那年，我刚刚1岁；当他接受我采访的时候，已经97岁了。但是，知道他的人，都没有忘记他。在没见到戴老师之前，我在很多电影界的老师尤其是搞过翻译的老前辈那里多次听到过他的名字。戴老师的经历不但传奇，而且具有非同寻常的文化历史价值。他是盛世才统治新疆时期反帝美术运动的主要领导者之一，能讲述新疆反帝会这段历史的亲历者，目前健在的恐怕屈指可数了。戴彭荫老师是个乐观而可爱的老人，几个月前，他不慎摔伤住院，近日，我得知他已出院，正在顺利康复之中，让我们一起祝他健康长寿！

富澜老师的人生道路在本书的所有受访人中最为曲折：他从小立志学音乐；生活的压力迫使他走上革命道路；1957年他被划为"极右"分子，接受严酷的劳改生活；他在内蒙古兴凯湖受到非人的摧残，后在天津、山西等地劳改、插队，离开电影界长达22年之久；富澜老师是个勤于钻研的人，甚至在山西落户期间，他还培育出了水稻新品种，成为农业技术专家。落实政策后，他进入学术研究的丰收期。

在电影学术圈里，无人不识李少白老师，他是《中国电影发展史》的撰写人之一，围绕着这本书，几十年来已经有过太多的议论和疑问，所以李老师的访谈重点是关于这本书的背景和写作过程。整体来看，本书不但选择了他的童年、青少年时期；还分别选择了他在新中国成立初在西南影片经理公司的见闻和在中影公司①宣传处的经历，以及进入新时期之后，他在电影研究生教育方面的工作，一些细节读来耐人寻味。

---

① 中影公司：中国影片经理公司的简称。1951年1月15日由文化部电影局的发行处改组而来。

据采访人陈墨老师说，对罗艺军老师的采访是比较成功的。从访谈成果来看，罗老师不但记得很多历史细节，还有许多精辟的评论。他对新中国成立初期剧本创作所的创作环境介绍得非常生动；对电影界的几次重大事件例如新侨会议、体育学院会议、设立金鸡奖、创立电影评论协会、全国高校教师理论培训班、影协第五次代表大会等重要事件都有深入的介绍和评析，几乎可做教材使用。

马德波老师是一个坚定的爱国者，他始终忠于自己的信仰。他的讲述感情饱满。"文化大革命"使他开始了独立思考，走上了"写真实、求真理"之路。在新时期之后的电影评论界，他以借古论今的笔法、独辟蹊径的视角自成一派；他站在国家和民族的立场上，最早开始了电影界反腐败的斗争，却在"反对精神污染"运动中遭遇不公正的待遇。他在访谈中多次坦荡地表示，他对自己所说的一切负责，"就是我说的"。他的话语犀利，而所有的批评都源于对国家、对党的感情。

孟犁野老师的经历比较全面地反映了老一代知识分子的典型遭遇，他的记忆相当完整，表达顺畅。我们可以从中看到，一位一心为国、埋头工作的知识分子，因为直率真诚而被卷入无情的政治漩涡，而后因为才华出众，又在各方利益的交换中身不由己。可贵的是，无论在严酷的思想禁锢的年代，还是在当今高度商业化的环境里，他始终保存着个性的火种和自由的灵魂。孟老师在新时期以前，主要从事剧本创作；新时期之后，在中国电影史研究上后来居上。

郑雪来老师在业界内外都享有很高的知名度，他的经历可称传奇，"二战"期间，他在印缅战区美军第475步兵团任翻译官，他还因此在后来的政治运动中遭遇风浪；几十年来，郑老师在学术上硕果累累，至今仍皓首穷经。本书把更多的篇幅用在他三方面的学术贡献上：翻译"斯坦尼"体系、美学研究和外国电影研究。

我还要特别介绍本书中的几位女性电影学者。女性受访者的回忆通常来说感情色彩浓烈，她们对生活的趣味、对人与人的感情生活都有细腻的描述，对社会现象和文艺作品的评论也显露出女性特有的视角。

戴光晰老师对学生时代影响了她一生的海上女作家施济美老师的回忆饱含深情；她对解放后政治运动中的荒唐遭遇的讲述，让人忍俊不禁；她是苏联电影研究的专家，对苏俄电影的评析见解独到。在较长一段时间内，她担任中央领导看外国电影的现场翻译，她对"文革"时期领导人看片的回忆，颇有些"解密"的味道，有极强的可读性。

女性学者的人生通常都有两条线索，一条是个人求学、事业上进的奋斗史，一条是家庭生活史。王秀媛老师的人生就是这方面的典型，她的人生轨迹看似起伏不大。她一生似乎都在找机会学习，但为了单位和家庭利益，总要随时做出牺牲，求学之路常常被迫中断。作为中影公司领导胡健先生的夫人，她始终承担着家庭生活的重任。"文革"后，在生活留给她的缝隙中，王老师在日本电影研究领域开辟出属于自己的天地。

吴青老师是生活的强者，她的人生因为奋斗而精彩。幼时父爱的缺失影响了她的一生，在巨大的生活压力面前，她用瘦小的身躯和母亲共同支撑起家庭的重任；她可以为了追求自己梦想的艺术道路而放弃在读的名牌大学；她视达官显贵的追求如粪土，积极投身于风起云涌的革命大潮；吴老师的坚强和独立意识也决定了她后来在表演教学方法上能够自成一家，她对西方美声和中国传统表演艺术的语言做了细致和深刻的研究，开辟了表演艺术语言教学的独创模式。

俞虹老师在电影美学、蒙太奇理论、苏俄电影研究、日本电影研究等方面广泛涉猎，每个领域都有不俗的成绩。但她很少谈及理论问题和学术经历，而是把学术作为背景，把社会生活和内心感受作为主要内容，让人读起来别有回味。比如在"文革"后期，她受命到石化公司做科技日语翻译，仍安然自得，原因是能经常回家照顾老人和孩子。对于事业和家庭，也许只有女性，才有如此胸怀去淡然面对。她对钟惦棐先生美学小组的回忆也是一个亮点，值得细读。

本书还收录了两位电影界老前辈的家人对他们的追忆。

郭梅尼老师对她的父亲丽尼（郭安仁）先生的追忆，有幼时记忆，也有来自已故母亲曾经的讲述以及各方面关于丽尼先生的资料。郭老师是记者出身,对材料的组织和表达相当完整。"丽尼夫妇在'文革'前夕的最后一面令人揪心",这引自丽尼夫人——许严的原话,我想读者看过之后,会理解为什么那是老人"最怕提及的事"、"一生中最痛心的一件事"和"永远刻在心里的悲哀"。让人难忘的不仅是其中记录下来的残酷暴行,更是在暴行之下"弱者"对感情的忠贞和担当。这段文字没有华丽的辞藻,却足以令人敬畏。

钟惦棐先生的五位家人的口述访谈包括钟老的妻子张子芳、妻弟张四正、儿子钟里满、钟大陆、钟星座。他们谈的内容很多,包括自己的人生经历,这些讲述充满生活的细节,更饱含感情。但由于本书篇幅有限,我们只节选了回忆钟老的部分,对于这部分内容,当然绕不过震惊文艺界的《电影的锣鼓》事件①,这导致了钟老二十余年的不幸遭遇。张子芳老师对钟老遭受打击时心理状态的讲述,让我们真实触摸到那一代知识分子的精神苦闷。张四正先生的回忆让我们感受到钟老对家庭的责任感。钟里满、钟大陆、钟星座对父亲的回忆让我们从另一个"陌生"的角度认识了钟惦棐先生,钟老对孩子的教育,贯穿了求真、务实、勤奋、自律、明辨、笃行等理念,一些有趣的小故事很耐读。

三

收录于本书的受访者,在电影学术圈内都可称德高望重,应该算是我老师的老师辈。细读他们的访谈,使我在电影专业上受益良多。我也喜欢阅读他们成为电影专家之前的"学术前史",对每位前辈早年的经历,本书均留下了一定的篇幅。所有的老年人记忆中,最清晰的几乎都

---

① 《电影的锣鼓》事件:1956年12月15日,钟惦棐在"双百方针"的感召下,署名《文艺报》评论员"在《文艺报》发表了《电影的锣鼓》一文,对当时电影工作中的种种弊端提出了中肯的批评和建议,例如"文艺为工农兵服务"指示下的教条主义和宗派主义;行政领导过多干涉电影创作等;建议尊重艺术家风格,保证最大限度的创作自由。这篇文章在文艺界引起极大影响,但在1957年,《电影的锣鼓》被当作向党进攻的文章受到批判。毛泽东在最高国务会议上作《关于正确处理人民内部矛盾的问题》的报告时点了钟惦棐的名。钟惦棐因此被打成"右派",直到中共十一届三中全会后才获平反。

是童年往事，我偏爱阅读他们最初的记忆。当读到一个老人如何向你描述童年和青少年那些生活的色彩和滋味，你就会明白，那些记忆里已然隐藏了他们的文化背景、品性习惯、思维模式和生活态度，有的甚至预言了他们后来的成功和坎坷。在他们下意识流露出的情感中，包含着每个人独有的基本信念和假设。正是这些信念和假设在驱使、创造和改变着他们的人生，从而也在一定程度上决定了他们在学术上的成就。

完成本书采访的主要采访人是中国电影艺术研究中心电影研究室的陈墨和启之两位老师，在整个项目的进行过程中，他们始终是我们的学术坐标。在我得知编选本书时，深感到两方面的压力。一方面是对质量的要求，我必须尽可能把所有访谈的精华部分呈现出来，虽然一些人的访谈录曾发表于学术刊物，但我不敢偷懒，本书留给每个受访者的篇幅是三万字左右，约为刊物稿的三倍，为了保证质量，我仔细阅读了所有素材，对访谈稿进行了重新编辑。

我的另一方面压力来源于采访素材的数量，由于两位老师严谨的学术作风和耐心细致的准备工作，每份访谈的时长往往都长达数十个小时，所有访谈录音整理出的素材文字总计400万字之巨，在丛书第一批出版的几本书中，本书在文字整理和选编的工作量上可能是最大的。编辑过程中，查证史实和添加注释的工作比我想象的繁重，但在不知不觉中，我的电影史知识也得到了很大的丰富，这是我的一大收获。比如很多人都讲到了新中国成立初进入电影系统的过程，讲到了电影局剧本创作所、艺术委员会、电影表演艺术研究所、电影工作者联谊会、电影出版社等机构的历史，现在我对这些历史的了解比以前清晰了许多。

我们的口述历史采访现场有高清摄像机和数码笔录音两种同步的记录方式，再由专人将录音整理为文字。从录像到录音，再到文字，是一个信息量递减的过程。录音丢失了受访者的谈话环境以及表情、手势等副语言。而从录音到文字，信息又损失了不少，特殊语气和口语的生动性都大打折扣。有时候，即便是一声叹息，你也可以感觉到那后面无尽的况味。同样一句话，用不同的语气说，含义有可能正好相反。有的话语,只有加上动作,才显出力量和真情实感。受访者有时手持照片或文件,讲话时就会有所省略,而把录音整理为文字之后,很可能让读者不知所云或领会错误。

考虑到口述工作的上述特点,在编辑本书的过程中,我对录音文字中经常出现省略、中断、重复、病句等现象,在不改变原意的基础上,做了适当调整、加工;对于口误和明显的记忆错误,经查证之后,我通过注解的方式进行了必要的修正;对可能造成歧义或意义不甚明确的内容,我都送交受访人亲自过目确认。

有些时候,我还需要找参考书临时补课。比如,对丽尼这位过早去世的老前辈,我以前了解不多,只知道他是散文家、翻译家。为了更好地编好郭老师的访谈,我不但读了《忆丽尼》一书,还找来几本丽尼先生的散文集和译著细读。丽尼先生的散文至今读来依然清新,字里行间激荡着韵律之美,我捧读良久,对这位前辈充满崇敬。我在郭老师这份访谈的章节标题上,做了一点小小的设计,利用了自己作为主编的小小特权。

选编、查证、加注、阅读参考资料等工作做下来,我的书桌上摆满了与受访人有关的各种参考书,还有《中国电影年鉴》《中国电影编年纪事》《北京电影学院志》《北京电影学院同学录》《中国电影资料馆大事记》《中国电影家协会编年纪事》《中国电影家列传》等是我常翻的工具书。不觉之间,春秋两季已过。

本书能够完成,除了要感谢诸位受访的老前辈和陈墨、启之老师,还要感谢为本书提供协助的各位受访人的家人和亲朋。感谢郭梅尼的丈夫丁钢先生、女儿郭兰燕、儿子丁铁军,他们在文稿的审阅、校订、图片编辑上给予我很大帮助;感谢戴彭荫老师的儿子戴适和、戴适弘先生,为做好稿件的确认工作,他们在百忙中抽出宝贵时间取走稿件,并到医院为摔伤住院的戴彭荫老师念诵稿件;感谢高等教育出版社团委书记张江艺先生协助李少白老师审稿;感谢郑雪来老师的儿子周天明先生及时发送电子稿件。我还要感谢檀秋文、赵晶、王家祥、许罗丹、江川的前期录音整理工作，没有他们对数百小时录音的悉心整理，我根本无法完成后期的编辑。在此，我还要感谢我的家人对我工作的理解。

口述历史项目仍有大量工作要做，除了许多亟待采访的老人，在已采访的老人中，仍有不少记忆值得再挖掘。陈墨、启之两位老师也曾多次表示，有些采访不算成功，仍有继续深入访谈的必要。我的遗憾是，本书受篇幅所限，在编辑时，我必须去繁就简，但同时还要保持谈话者口语的原貌，所以，不得不放弃一些内容。在选材时，我虽尽了努力，仍担心不能完整地呈现口述访谈的所有精华。在稿件最后的确认过程中，受访人也对稿件做了不同程度的修改，有的是内容的补充，有的是语句的梳理。本文的稿件都已送达受访人确认，修改比较多的有富澜、郭梅尼、李少白、罗艺军、孟犁野、俞虹、郑雪来等几位老师。

需要说明的是，因为每个受访者的政治立场、学术视角、价值观、生活经历、个性等差别很大，对同一事物（包括历史事件、人物等）的描述和评论可能出现明显差异，这是正常现象。口述历史因带有很大的主观因素，一般不能直接作为确凿的史料使用，它仅仅是受访人的个人记忆和观点陈述。但其中丰富的历史细节和个人感悟，都为我们从不同角度接近历史真相提供了可能。

虽然我们将学术前辈的口述历史集结于此，然而本书的核心内容并不是学术理论，而是学术人的生活史，或者称之为电影学术研究的生态史。我希望读者不仅仅把它看做是一本书，更将它看做是一块记忆的海绵。这里有13位值得你认识的长者，他们鲜活的人生装满了骄傲和梦想，也浸透着欢笑和泪水。一个简约的故事，也许就能透露出鲜为人知的心迹，我期待细心的读者会有自己的发现。

2010年8月

戴光晰访谈录

采 访 人：启之、黎煜、李镇
摄　　　像：李镇
采访时间：2003年5月9日至6月10日
采访时长：20小时
采访地点：北京·戴光晰家
录音整理：许罗丹
文本选编：李镇

受访人简介：

　　戴光晰，女，1931年初生于上海，祖籍浙江宁波北仑区。中国电影艺术研究中心研究员。1950年9月考入中央电影局表演艺术研究所。1951年4月到中央电影局艺术委员会编译组工作。先后在中国电影出版社出版的《电影艺术译丛》和《国际电影》杂志从事电影理论编译工作。1959年《国际电影》与《中国电影》杂志合并为《电影艺术》后，任《电影艺术》国际组组长。从1960年起，任中国电影工作者协会外国电影研究室苏联东欧组组长，兼任中国电影家协会外联部秘书。1973年调入中国电影公司资料处（即中国电影资料馆）从事苏联电影调研工作，曾任外片组组长。1984年中国电影艺术研究中心成立后，在外国电影研究室从事研究工作，直至1992年退休。发表的专著有《导演创作论》（与马德波合著）；在《世界电影鉴赏辞典》第一、二、三、四卷中撰写了《这里的黎明静悄悄》等评析文章四十余篇；著有《苏联电影的哲理性与抒情性》、《电影表演纵横谈》等理论文章数十篇。译有《〈白痴〉的导演构思》等理论文章数十篇,《悔悟》、《高加索俘虏》等电影文学剧本数十个。

家世

启:请您谈谈您的家庭。

戴:我祖籍是浙江宁波的北仑区,原属镇海县,现归北仑区。从老祖宗买讲,我家属于地主阶级。父亲是自由职业者,生于1886年,上学时已经离开家了。后来他在宁波教了一阵子书,又去考北大,1917年毕业于北大法律系。他忧国忧民,很欣赏胡佛等人,抱着法律救国的思想。他属于高级知识分子,家里的生活水平虽比不上资本家,但比一般人要高一点儿。

我父亲是很有性格的人,他当律师,不接受刑事案件,只接受民事案件,他说因为刑事案件弄错了就是人命关天的事。他管的基本上是债务纠纷,或者给某个公司、厂家做常年法律顾问。他经历了科举,考上了拔贡①,又上过洋学校,所以他接受的是土、洋结合的教育。他喜欢写古诗、古文,对文学感兴趣,又非常有志气,我小时候他经常跟我们说:"头可断,血可流,志不可辱。"

我母亲比我父亲小12岁,家乡在湖北沔阳。那里老发大水,十年九荒。她的父母被水淹死了,她十二三岁就逃荒到了宁波。她经历过苦难,所以对所有的佣人都特别体谅,人很勤快,跟佣人一块儿做所有的事情,从来不端架子,特别富有同情心和人道主义精神。而我姐姐就喜欢摆个架子,佣人们都管她叫"小姐",而对我跟我小姐姐都直呼名字,我们跟家里的佣人们关系都处得非常好。

---

① 拔贡:明清科举制度中选拔入国子监的生员的一种。清制,初定六年一次,乾隆七年改为每十二年(即逢酉岁)一次,由各省学政选拔文行兼优的生员,贡入京师,称为拔贡生,简称拔贡。

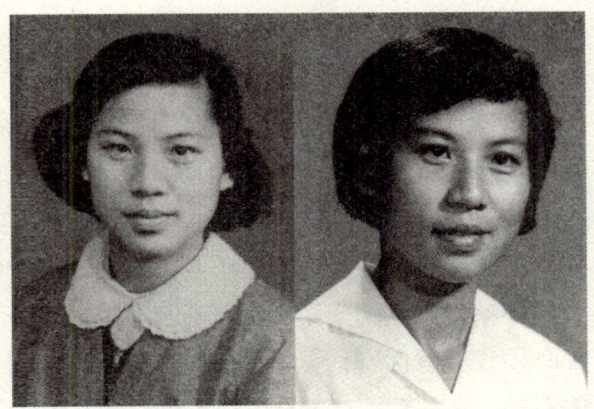

戴光晰（分别摄于1948年、1956年、1964年）

教育

启：听说您是教会学校出来的，最初学的是英文，后来又学俄文。

戴：我从小学五年级开始就上教会学校，是美国教会办的裨文女中附小。我三年级就开始学英语，当时还是中国人教的。但五年级开始就是美国人教，他们不教语法，直接就用实物教学。起先我们也不太懂，听得糊里糊涂的，但是多听听就懂了，而且学的语音比较准确。学校每年圣诞节都要演《耶稣诞生在马槽里》，我们都用英文演。小学毕业后我进了中学，是上海工部局①办的学校，叫工部局女中②。上海沦陷以后，这个学校就由市政府接管了，改名为市立第一女中。它的底子是从英国那边来的，所以教师素质很高，很多教员都是国外留学回来，都达到大学教授的水平。这所中学教的数学挺深的，解析几何、三角函数都教。物理、化学也是很深的。高中作文要求用文言文写、用

---

① 工部局：Municipal Committee，直译应为"市政委员会"，是设置于租界的行政机构。
② 工部局女中：即上海市工部局女中，1931年在上海公共租界工部局华人教育处处长陈鹤琴的力主之下创办。

毛笔写。课文如《出师表》、《陈情表》、《离骚》，以及韩愈的《祭十二郎文》都得背。正楷、大字、小字都得写。

抗日战争胜利以前，有很长一段时间没有放映美国电影，而我是从七八岁开始就跟比我大一岁的小姐姐溜到电影院去看。20 世纪 30 年代末 40 年代初，上海租界还没有被日本人占领的时候，《乱世佳人》、《魂断蓝桥》等好多影片我都看过了。日本人侵占时期不放映美国影片，但我从小就看不上国产影片，觉得表演得很假，而且日本影片也不好看。那时候我就看话剧，到兰心大戏院看了许多，比如当时上海苦干剧团①的石挥、黄宗英等人演的话剧我都看，还有听广播剧。我从小就比较喜欢文艺，有时会脱口而出话剧里的悲怆词句，念着念着就掉眼泪，有一次还冒雨在露天剧场看《雷雨》。抗战结束后，又开始上映美国电影，我就不能只靠周末的时间，好几次都跟同学约好下午逃课去看。当时我们学校来了一个女作家，跟张爱玲同时期的，叫施济美②。她在上海的《万象》③、《幸福》④等杂志上经常发表小说，她的小说有一种淡淡的哀愁，很美。再加上她说了一口很漂亮的北京话，而我从小就喜欢北京话，所以我就喜欢听她的课。施老师个子高高的，每天在黑板上写几句富有人生哲理的话，比如"人生像一座桥，从摇篮到坟墓"，我非常欣赏，这都是她自己想出来的人生感悟。在施济美班上，我每次写作文都特别精心。她觉得我写得特别好，还把我写的两篇文章拿到杂志上去发表。

启：那是几年级？

戴：高一高二的时候。我写的文章不像我那个年龄的人写出来的。我现在比较开朗乐观，那时候却很悲观，写的文字非常悲天悯人。我写了一

---

① 苦干剧团：孤岛时期活跃于上海的重要戏剧团体。1942 年，黄佐临以"齐心合力，埋头苦干"为信约，与黄宗江、石挥等人创办。

② 施济美（1920—1968）：笔名梅子、方洋、梅寄诗、薛采蘩，浙江绍兴人，著名女作家。代表作有《凤仪园》、《群莺乱飞》、《鬼月》、《莫愁巷》等。

③ 《万象》：1941 年 7 月创刊，1945 年 6 月停刊，是上海沦陷时期发行量最大的综艺类刊物之一。

④ 《幸福》：1946 年 4 月创刊于上海，是以文学为主的综合刊物。

篇小散文叫《酒阑人散》，大意是每个人都喜欢华宴盛席，但是任何华宴盛席都有酒阑人散的时候。所以为了避免酒阑人散带来的惆怅和凄凉，我干脆不参加华宴盛席，过节也不去凑热闹，关起门来看书。我还写过一篇《昙花一现》的散文，大意说松柏常青跟昙花一现是相对的，没有永久的松柏常青，昙花虽然一现，但如果"现"得很好也还是不错。施老师对我说："你这么小的年纪为什么写这样的文章？"我的确是非常崇拜她，就跟现在的"粉丝"一样，发型也弄成她那样，后来人家就给我起了一个外号叫"小施济美"。她听说后对我说：我有我的理由，我是这个样子，你小小年纪为什么要学成我这样呢？其意思是说，你小小年纪为什么要有那么多的哀愁呢？我没回答什么，但我对现实也有不满，当时所看到的都是民不聊生，所以有一定的悲天悯人的情绪。我很能理解萧涧秋①的心情，他没投入到革命洪流里②，但他有人道主义、悲天悯人的情怀。我欣赏施济美，她那清高的、沉浸在自己天地里的生活态度，很吸引我。后来我读了《阶级分析论》，明白了我所欣赏的是"小资产阶级情调"。因为我家生活条件还可以，所以才有闲情逸致，否则首先得去谋生。

启：您与施济美老师后来还有联系吗？

戴：我上了大学，考上了表演艺术研究所后还跟她有联系。建国后，她成了上海很有名的模范教师之一，兼教两个学校的课，全心全意地教学生，而且富有人道主义，对学生十分关怀，学生都很喜欢她。我离开上海时，她送给我一份礼物——用银丝打的、很漂亮的别针。"文革"期间我自己"扫四旧"，把所有这类东西都毁掉了。而她则不

---

① 萧涧秋：柔石的中篇小说《二月》中的人物，一个"五四"运动后继续探索人生和社会的知识分子。

② 原作在故事结尾处没有写明萧涧秋的去向——"此后或南或北，尚未一定。人说光明是在南方，我亦愿一瞻光明之地。又想哲理还在北方，愿赴北方去垦种着美丽之花。时势可以支配我，象犹如此孑然一身的青年"。小说《二月》在1963年被改编为电影《早春二月》，影片结尾含蓄地暗示了萧涧秋投入到革命的洪流中。

③ 新中国成立后，施济美从事教育工作，曾任七一中学语文教师兼语文教研组长。在"文化大革命"中，施济美被迫害，1968年5月8日深夜，她在家中和同住的上海育才中学教师林丽珍一同悬梁自尽。

堪折磨自杀了，去世的时候也就四十多岁。③

启：可惜，施济美让我想起了萧涧秋，都是生不逢时。

戴：幸运的是，我一直处在文艺的氛围中，还遇到了这样的老师。即使在抗日战争期间，物质生活水平下降了很多，我也没有觉得苦过。因为我心里有一片天地，心灵是充实的。我后来比较刻苦，与此有直接关系。我上高二高三的时候，是1947、1948年，正值"反饥饿、反内战"运动。我功课比较好，同学们选我当学生自治会的副主席。正主席是个地下党员，很多活动往往不出面，而是找我这么一个中间色彩的人出面。她说现在搞"反饥饿、反内战"，咱们该举行罢课。我觉得这种活动应该参加，就上台讲话动员全校学生。学校打电话到我家里说旷情况，我母亲急急忙忙跑来说："你还不快回去，你父亲摔了一跤。"其实她是骗我。后来家里就再也不让我出来了。不过，在此之前，我们参加了好几次游行，到上海一些领事馆去。凑巧有一天，参加地下进步活动的人都开会去了，我躲在教室后面的衣帽间看书，自己在黑板上写上我缺席没来。校方以为我跟他们一块儿参加进步的地下活动去了，所以高中毕业的时候不发给我们这些人成绩单，说你们属于职业学生，也就是参加了革命运动的学生。我说我跟职业学生毫无关系，学校不相信。进步同学又趁机到家里动员我说，那些成绩单无所谓，咱们一块儿到北平去。我说我哪儿也不去，以后政治活动我也不参加了，只参加我认为正确的事。学校说，我要不写检查的话就拿不了这个成绩单。我父亲不是律师嘛，我就跟他商量，他给我写了一份材料，不是检查，而是说：我身为学生自治会副主席，参加学生的活动是职责所在，没有错误。后来学校没办法，把成绩单给我了。这说明我在学校的时候本来是有可能加入共产党的，但我没有加入。因为我一直对政治有看法，自视清高，愿意独善其身。

启：这在那个时代恐怕难以办到。每个时代都有自己的主题，那个时代的主题是政治。

戴：高中毕业以后，我考大学，有几个志愿，一个是想当新闻记者。圣约翰大学和复旦大学的新闻系都不错，但是复旦大学是国立大学，环境比较简陋，另外政治色彩太浓，我就不太喜欢。后来有的同学考到沪江大学①，那是所教会大学。我到那儿参观，那儿像个童话世界，一边是复兴岛，靠着黄浦江，一栋一栋的小洋楼，很漂亮。每个教授有一栋小楼，学生的宿舍楼也挺漂亮，还有草地。于是我决定来这读书。沪江大学最好的是商学院，我们的同学都考工商管理系。我偏偏去读中国文学系，因为我不喜欢那种老学究式的中国文学系，这里带洋气的中国文学系比较现代一点儿。当时中文系有几个名教授，一个是徐中玉②，文艺理论家，还有戏剧家余上沅③以及历史学家蔡尚思④，都是很有名的。学校中文系系主任朱维之⑤是后来南开大学的中文系系主任，他研究西洋文学，懂英文、日文。校长叫凌宪扬⑥，是中央造币厂厂长，兼沪江大学校长。学校江边那条路叫"love line"，就是"情人道"，有好多人到那里散步。蒋介石撤退前就躲在江对岸的复兴岛，因此学期还没结束我们就被赶回家了。

表演艺术研究所

戴：上海解放以后，我们系里的新民主主义青年团员好几次都要发展我入团，我都拒绝了，因为我思想上还没有觉悟，我不想当一个"红皮白心的萝卜"。当时我的想法是：等我真正想入团的时候我再申请。1950年6月底我递了入团申请书，马上就被批准，7月1日就宣誓入团，因为人家早就想发展我。入团以后，我当学校里的文艺骨干，那

---

① 沪江大学：创办于1906年，原名上海浸会大学，是一所教会大学，校址位于黄浦江畔的杨树浦军工路。
② 徐中玉（1915-）：江阴华士人，作家、文艺理论家。
③ 余上沅（1897-1970）：湖北江陵人，戏剧教育家、理论家。
④ 蔡尚思（1905-2008）：号中睿，福建德化县人，历史学家、中国思想史研究专家。
⑤ 朱维之（1905-1999）：浙江苍南人，基督教文化与文学研究专家，外国文学和比较文学研究学者。
⑥ 凌宪扬（1905-1960）：沪江大学1944—1949年的最后一任校长。1941年，凌宪扬曾任中央信托局在重庆建立的中央印制厂经理。
⑦ 欧琳（1931-2007）：原名卢欧琳，浙江鄞县人，剧作家。

时候19岁,已经读完大学二年级了。后来我们几个人,包括欧琳⑦都成为青年团的文艺骨干,靠搞文艺活动来团结同学,这是我们的使命。有一天,同学告诉我,报上有中央电影局表演艺术研究所①招生的通知,我们几个就去报名。当时上海有三百多人考,笔试完了口试。给我进行口试的是于伶的夫人柏李②,还有凌之浩③等人。除了表演准备好的话剧《思想问题》④中的片段之外,面试官还要当场出题目演小品。柏李问我看过什么书,还问我是不是常游泳,因为我那时晒得很黑,像游泳健将似的,其实我根本不会游泳。三百多人一共考上六个,四个都是我们沪江大学的,包括我、欧琳、高纮、郦子柏⑤。学校的团组织批评我们不跟青年团打招呼就去报考,无组织无纪律。我们就在校刊上发表了声明,说我们是考着玩儿的,不去了。可中央电影局找到我们,说只有你们四个合格,你们都不去行吗?没办法,去吧。我父亲原来有意见,他知道我从小就喜欢戏剧,他说在国民党统治下的演艺界非常腐败,是绝对不能去的。但是他相信,在共产党领导下的演艺界是正经搞艺术的,最后他成全了我。

启:于是您就到了北京?

戴: 对。问题是我们是从"十里洋场"的大学里出来的,所以一到这里,首先面临着思想改造。丁峤的爱人魏峨是一个很会做思想工作的人,她给我们讲上海解放的故事——解放军搭人梯攻城:起先是一个职位比较高的干部在梯子的最上面,另一个干部上来说,你的责任比我重,还是我去吧。你如果牺牲了,对下面的影响比较大。最后,一个战士上去了,他说我是普通一兵,没有牵挂。结果,战士牺牲了。魏

---

① 表演艺术研究所:1950年9月14日经陈波儿倡议,由中央人民政府文化部电影局在北京创办。
② 柏李(1917-2007):原名周尔贤,北京人,演员、戏剧家、电影事业家。
③ 凌之浩(1923-):天津人,演员、导演。
④ 《思想问题》:创作于1949年,蓝光等创作的话剧剧本,1950年由文华影片公司拍成同名电影。
⑤ 郦子柏(1930-):浙江杭州人,导演、戏剧教授。

峨没有激昂慷慨,讲得很平静,但饱含深情。她说完以后,很多同学半天没吭声,有的人,包括我,就跑到一个角落里掉眼泪去了。他们为了上海的解放牺牲了生命。我们还有什么不能放弃,不能改造的呢?思想改造,首先改造的是人生观。我真诚地批判了原来那种悲悲切切的思想感情,认为那是颓废的人生观,革命者对生活应该充满激情,淡淡的哀愁不属于革命。我们在"表演所"接触了很多新事物,首先是当时的革命影片,如《中华女儿》、《白毛女》等。我以前看的都是美国电影,是属于梦工厂制造的虚幻的东西,而现在看的完全是写实的,尽管艺术质量不太高,但是很朴实,富有战斗激情。我看了以后还真是很感动,如张铮演的《中华女儿》就非常朴实,每看一次都感动得流泪。搞表演的人都是感情特别丰富的,看完了大家都满怀激情,自觉地改造人生观,明确学习目标:学表演是为了什么,是为了自己?是爱心中的艺术,还是爱艺术中的自己?是为了当明星出风头,还是以自己的形体来塑造工农兵的形象?大家都抱着一个坚定的信念——将来要去演工农兵!最早的北影厂厂标,就是以我们三个同学为原型做的——女同学叫王执芳,个高体壮,是农民的原型。另外两个一个叫任颐,是工人的原型,一个叫张扬,是战士的原型。我们的班主任是《三毛流浪记》的导演严恭①,蔡楚生也常来讲课。当时强调知识面要广,所以请各方面的专家给我们讲课。戴爱莲②、吴晓邦③,还有人类学家裴文中④都来讲过,连表演所的领导之一谢铁骊都来听课。每天还有人给我们练声乐,不是为了唱歌,而是练演员的基本功。另外呢,还学京剧的练腿,每天早上起来把腿搁在窗台上,一早上起来忙得头还没梳好呢,腿就搁在那里。有各种形体训练,我最不喜欢练的是翻跟头这些东西,我前滚翻学会了,这个后滚翻学不会,还有头

---

① 演员一班的主任教员开始由严恭担任,不久改由谢铁骊任主任教员,直到这一届学生毕业。

② 戴爱莲(1916—2006):广东省新会人,舞蹈家。

③ 吴晓邦(1906—1995):江苏太仓人,舞蹈家。

④ 裴文中(1904—1982):河北丰南人,史前考古学家、古生物学家。

手倒立我更学不会。

那个时候我在表演当中有一种苦恼，就是有时候过多地陷在斯坦尼的方法论中，感情出不来了，我原来感情是很容易迸发的，但是学表演的时候老思考这个理论，其实表演的时候应该下意识了，不应该太理性。我眼睛还有个迎风流泪的毛病，一出去遇到刮大风就容易掉眼泪。后来王逸①就和我谈，他认为我继续学表演，将来付出的要比别人多，因为像头手倒立这样的动作我都做不来；而且拍电影经常要出外景的，我的眼睛也不适合。所以他建议我换一换，有几个可能：一个是从场记做起，将来走导演的路；一个是到艺委会工作；或者去搞话剧。我表示服从安排。在表演艺术研究所学了大概七个月之后，1951年4月我离开了那里，到了电影局的艺委会。当时西单舍饭寺胡同内的花园饭店有两个单位，一个是电影剧本创作所，一个是电影局艺委会。艺委会下面有个编译组，是程季华负责的。

因为我在大学里学过外文，就把我分到编译组。那里有很多苏联电影的文章，因为当时懂俄文的人少，所以很多文章是由英文转译的。我一来，他们给了我一篇文章，是一个演员谈扮演斯大林的体会，是从俄文转译成的英文，很多词汇是政治词汇，我在学校学的英文都是文学、生活的词汇，所以很多词汇都不知道。

刚来艺委会的时候，英文材料不多。所以还干别的事情，我赶上了批判《武训传》。我看了《武训传》以后的确非常感动。但是后来就批判它，我觉得很意外，觉得可能是自己觉悟比较低。当时报纸上发表的批判文章铺天盖地，我们就收集起来，专门编印了三本白皮红字的《关于影片〈武训传〉的批判》②。

黎： 您没有想到再回上海？

戴： 没有想过，就觉得是参加革命了，不能走回头路。我爸爸还

---

① 王逸当时任表演艺术研究所演员系系主任。
② 《关于影片〈武训传〉的批判》：为中央电影局艺术委员会资料，编号为"专题研究1"。此书分上、中、下三册，分别出版于1951年5月22日、6月15日、10月31日。

认为我待在那里不合适,当时沪江大学还没有取消,而且我在学校里是高材生。如果我留在沪江大学里,可能会留下当助教,以后搞教学,那就是另一条道路了。但后来走研究外国电影这条道路,我觉得也不错,因为我所爱好的文学、外文、表演都用上了。

1951年4月份我到艺委会,9月份就去北京俄文专修学校①学俄语去了,学校在鲍家街21号,这个学校是从延安来的②,校长是毛泽东的翻译——师哲③。同学中有延安来的老干部,也有曾经在上海做过地下工作的同志,也有高中毕业的学生,到了这样一个环境里,我觉得自己又多了一层改造。宿舍环境比表演艺术研究所差很多,但是教学质量很好,学校聘请了专门研究教育学的苏联专家来授课。因为我已经有英语基础,懂得语法和语言结构的重要性,所以学俄语的时候也比较顺利。应该是三年毕业,我学了两年半就离开了。但是学校教务处认为我没有提前走,说我按时毕业的,给我发了毕业证书,因为我的所有学习成绩都是5分。当年我在学校里还管了一个广播电台,每天早上用俄语给全校广播。

俄文专修学校里没有别的功课,就是政治和外语。教员直接用外语教学,你不懂也得懂,而且学校里有一个规定,同学之间不许说中文,必须说外文,如果有人不愿意说,就当哑巴。上课的时候,别人回答问题,我自己都在心里回答一遍。我用默读方法看很厚的原文小说,起先读一遍看起来比较慢,后来能够很快地在心里默读一遍,我这样来锻炼自己说话的流利。再加上我在文学和表演方面有基础,知识可以融会贯通,后来工作的时候,我在现场翻译外国片子,一点磕巴都不打,人家都以为我在念电影台本,其实我没有台本。尤其是文学作品改编的电影,我现场口译出来的就是通顺的文学语言,人家都很惊讶。我认为搞

---

① 北京俄文专修学校:1949年创立,是北京外国语大学的前身。
② 北京俄文专修学校从延安来的说法是有根据的:1939年夏,在延安成立的华北联合大学;1948年8月,华北联合大学与北方大学合并,改组为华北大学;1949年华北大学二部外文系独立为北京外国语学校;同年北京外国语学校分离出北京俄文专修学校。
③ 师哲(1905—1998):陕西省韩城人,俄文翻译家。

在西单舍饭寺12号艺委会编译组的院子里（1955年摄）

外文的人中文也要好，还需要文化底子，否则没法去做那个事情，很高深的东西，如果中文都理解不了，你还能用外文理解吗？

"运动"

启：请您谈谈在艺委会工作的情况，从艺委会到电影出版社是怎样一个过程？请您谈谈这期间难忘的人和事。

戴：程季华的管理是很严格的，在他下面，你绝对偷不了懒。我们每天要写工作日记，每个人的工作都有定额，比方说我们刚来的时候一般是每天翻译700或者800字，这是每天的定额。由于工作的关系，我们需要看电影。如果有人在工作时间去看电影了，就得在工作日记中写上从几点到几点去看电影，那么当天的定额就可以少一点。但是看电影的数量是有规定的，如果本来一个礼拜只能看两部电影，结果有人看了四部电影，那他要自己想办法补上未完成的定额。没人偷得了懒，每天都得登记，几点钟干什么，开什么会。由于管理得太严，有人觉得没有自由。

程季华管理我们整个室，他的主意挺多的，特别能策划。这支队伍也是他建立的。而且他唯才是举，不惜"招降纳叛"，把一些外文好的人都给调到这里来。当时我们那个摊儿呢，有所谓"四大金刚"，就是四个业务比较好的人。他们是邵牧君、富澜、郑雪来、冯志刚。我个人比较推崇邵牧君和富澜。

我们这个室一共39个人，最后13个人被划成"右派"，当时党群矛盾比较大。这个矛盾的形成，有一些原因跟政治其实无关，而是与室里的土政策有关。领导当时制定了一个规定，就是不能翻译"外稿"。所谓"外稿"，就是业余的时候，室里的人不能给外单位去翻译东西。当时一般来讲，别的单位还没这种土政策，上班的时间我好好工作，晚上我翻本小说行不行呢？领导就说不行。不是领导规定的东西，室里的人就不能翻，谁要是翻译了就算违反这里的制度。富澜对这点特别不满意，他当时就说："晚上我睡大觉可以，翻东西反而不行？我难道八小时以外的时间就不能做点事情？"

当时我们都是拿国家工资的，艺术出版社出《电影艺术译丛》①给我们稿费，这个稿费不是全分给我们这些做翻译的人，而另外有一个再分配，室里有制度，有专门几个人统计稿费。所以为什么我们每天的日程要记得很清楚呢，比方说当时"肃反"运动来了，党员抽出去搞"肃反"了，没有做业务，政治任务就可以计分，计分有好几种因素，所以算法很复杂。当时没有一个单位像我们这样管理的。这是独创，里面既有资本主义经营的一种东西，又有共产党的那一套东西，政治任务也算一份"生产"。我们室里实际上有一些党员很少干业务，成了专职的政工干部。我因为算是艺委会送去的调干学习，从外语学校刚出来的时候，已经算是干部了，开始给我定的级别还算不低。我是

---

①《电影艺术译丛》：1953年2月创刊，前身为中央电影局艺术委员会编辑、中央电影局出版的《电影艺术资料丛刊》；1954年1月至1957年1月，《电影艺术译丛》由艺术出版社出版。1957年1月之后，该刊物一直由中国电影出版社出版。

1954年入党的,胡英远和程季华是介绍人。那个时候我还是团支部书记,双重组织生活,搞"肃反"什么的,因为抽出时间搞运动,每个季度算下来,我的稿费都比较少。

1956年,电影剧本创作所解散,一些编剧回到各制片厂,艺委会撤掉了。我们的这一摊就成了电影出版社①,我们算是第三编辑室②。编辑室还没成立的时候,给我们调来一个名人——丽尼③,他是个大翻译家,是跟巴金齐名的,《贵族之家》④等好多作品都是他翻译的。他来了,就算是我们编辑室主任,程季华是副主任,由于丽尼是民主人士,实权由程季华掌握。丽尼在国民党二厅当过少将秘书,曾参与翻译蒋介石的《中国之命运》英文版⑤,业务水平的确很高。他是个非党员,来了以后不声不响,一天到晚在那里闷头看稿子。工作质量、数量都是比较高的。我们翻译的各种文字的稿子到他那里,他看中文稿就能看出哪个地方有问题,哪个地方该改,哪个地方不该改。他也不多改你的稿子,因为校对这个工作,只有原稿翻错了或词不达意,校订者才给你改。他是个大家,水平很高。对我们这支队伍的能力的提高有很大作用。

那个时候我们党员的优越感比较强,有点看不起业务强而"历史有污点"的人,这种认识现在看起来的确是错误的。这样就增加了党群的矛盾,人家"鸣放"起来,凡是对党提意见,或者对党员提的比较严厉一点的意见,都被认为是攻击党。加之上面也有指标,这个地方的"右派"一定要划出一定的数量,如果原来不够,还要追划。个别人把大家私底下讲的话通通都兜出来,而且断章取义地把别人都揭发了,自己则痛哭流涕,表示悔改,逃过了一劫。所以当时"右派"划

---

① 1956年5月24日,文化部电影局所属的中国电影出版社在北京成立。

② 第三编辑室:中国电影出版社建立初期,设三个编辑室。第三编辑室即外国电影编辑室,下设翻译科、编辑科。第一编辑室为中国电影编辑室;第二编辑室为电影技术丛书编辑室。

③ 丽尼(1909-1968):原名郭安仁,生于湖北孝感,翻译家、散文家。时任中国电影出版社编审。

④ 《贵族之家》:长篇小说,俄国屠格涅夫著,文化生活社,1937。

⑤ 钱钟书曾参与英译蒋介石《中国之命运》,丽尼有无参与不详,待考。

得比较多，有的是"右派"，有的还是极"右"。比如富澜就没有留单位，被送去劳动教养了，这对我们部门的业务力量是一大损失。

"肃反"的时候，黄钢耍机会主义，搞专案的时候，我管材料，具体审讯是他。他对"肃反"对象进行"审判"，私设法庭，把审查现场摆成一个法庭的形式，"现在我们开庭"，把下面的审查对象都搞蒙了。有一次，一个审查对象是"三青团"的骨干分子，又是天主教徒，黄钢就有点诱供，连骗带忽悠，他说：假如现在你是什么，那么你是不是在那里跟他交换间谍情报？那个人就顺竿爬，说得神乎其神的，好像真是什么似的。这没用！第二天那人又翻供。后来专案就交给《青春之歌》的作者杨沫，杨沫这个人的确比较稳当一点，她说：专案不能从个人兴趣来搞，不能先把人家当什么。最后那个"三青团分子"被审查了半天，都是事出有因、查无实据，最后没有做出什么结论来；尽管"肃反"没有做出什么结论来，但"反右"时还是被错划成了"右派"。有的"肃反"对象当时虽然没有对他做出什么结论来，但还是给他留了一个"历史不清"的尾巴。1960年以后有个规定，政治上不可靠的人要调离北京，当时就是这样的。划成"右派"的人调走了以后还能落实政策再调回来，但是政治上不可靠的人调走了以后那就调不回来了，因为被说成是正常调动。

"肃反"的时候，我们还是艺委会；电影出版社是1956年成立的，"反右"都是在电影出版社。这支队伍受伤害的人有不少。当时西单商场有一个小西餐厅，出版社几个人有时候经常相约在那里吃饭。后来就被认为是"裴多菲俱乐部"。很多人被迫离开北京。有些人历史复杂一点，像冯志刚，是国民党二厅①来的，二厅本身就是一个特务厅，他在那里当翻译，就容易被怀疑。他虽然没有被划成右派，因为他很早就主动交代历史问题，平时表现也很积极。但是60年代初还是把他调到江苏盐城去了。他这个人非常热爱电影，临走的时候，就跟程季华

---

① 国民党国防部二厅：是国民党的情报机构，负责军事情报收集。

说了一下，他说自己没有别的愿望，就想要苏联俄语版的《电影艺术》杂志，程季华同意了，从我们1950年开始，这个摊成立的时候一直到他走，把十几年的《电影艺术》杂志给了他一套，好在这个杂志我们订了好几份。

1958年又开始"大跃进"，那时候就把搞外文的人分成两个队伍，同样是"右派"，一些人因为历史比较复杂，就不能接触意识形态方面的新的材料，因为新材料比较尖端，就让他们去编译艺术理论书籍，派了党员李纬武去领导这支队伍。

启：当时您在里面担着什么职务？

戴：团支部书记，是"左派"，我们那时候对"反右"是没有认识的，党指到哪里就打到哪里，从不独立思考。我们的确认为是资产阶级分子在向党进攻，那是毫不怀疑的。马德波还是"反右"办公室主任，"反右"办公室不是领导小组，主要工作是整理材料，决策不是他。所有的汇报材料都汇集到这个办公室并整理出来，要往上报的。

启：您刚才说有13个"右派"，咱们核一下名字。

戴：罗慧生、罗晓风、邵牧君、富澜、俞虹、周传基、高永田、冯由礼、应子源、许世玮、曹明、张国藩、洪斐。

启：毛泽东说过比例是百分之五，你们也超得多了。

戴：在整个单位里我们部门的"右派"集中，别的部门没我们的多。

启：您怎么没被打成"右派"？

戴：我那时已自我改造得比较"左"。"鸣放"时，我意识到应改进党群关系，我在会上说，我本来是很讲人情味的，并不是非常概念化；但是当时就想尽量去掉自己身上资产阶级人道主义的这种东西，增强阶级性，增强斗争性，于是就变得作风生硬，不近人情了。我还说，章泯的夫人江韵辉是个特别善良的人，一个利他主义者，任何事情都为别人牺牲。她入党的时候，我们对她最大的一个意见就是：她以人性代替了阶级性。人是很好，但是作为一个共产党员，首先要加强阶级性，去掉超阶级的人道主义人性；现在看来她是对的。她后来调到电影学院工作，当时章泯是院长，有个车子每天来接他，同一条路搭个便车就可以去单位，江韵辉都不坐，她去坐公交车，她公私分明，对自己要求很高。她还是从香港来的。我这个发言后来被"反右"领导小组认为是错误的、"右倾"的，是对正确的思想的否定，责令我在党小组会上做了自我检查。

"肃反"的时候，电影局对于我们没有把丽尼列为"肃反"对象不满意，说他是国民党少将秘书。我们说，荒煤说过："丽尼当时各方面很进步。"电影局认为不能光听荒煤的，让我们把荒煤叫到支部来揭发问题，荒煤比较实事求是，他当时很生气地说："我已经说了，丽尼一直是很进步的，我没别的话可说！"说完他就走了。我们党小组就向电影局的领导汇报："荒煤同志说了，没有什么事情。"现在看来，荒煤当时能这么做很不容易。改革开放以后，荒煤写了好几篇文章纪念丽尼，还觉得自己当时为丽尼说话不够。丽尼解放前曾利用在国民党情报机关工作的机会，搞出来一份蒋介石的作战计划，辗转托人交给了党中央，的确立了大功。而且在30年代，他就是一个进步的文艺人。

在新侨饭店接待法国电影理论家贝热隆一家，蔡楚生（后排左四）、司徒慧敏（后排左二）、程季华（前排右一）、袁文殊（后排右二）、周文（后排右一）（摄于1963年）

他之所以到国民党军队去,就是为了混生活。他当时专门靠笔耕不能生活。

启: 被划成"右派"以后,是不是有人没有被下放?

戴: 有一部分人下放了,还有一部分人没下放。有人业务很强,就算是极右分子,也得留着他干活,如邵牧君。第三编辑室留下的人当时分成两部分,《电影艺术译丛》要接着出下去,后来还搞了一个内部刊物;另一部分人搞书。1958年搞"大跃进",大炼钢铁、建设十三陵水库,都得抽调人,搞得热热乎乎。

启:《国际电影》杂志就是那时候创刊的?

戴: 对。当时我们设想,中国人那不能光翻外国人的东西,咱们中国人要对外国电影发表意见,于是我们搞了《国际电影》①,那时候都放卫星,领导认为这种大胆设想长了中国人的志气,就同意了。以孟广钧为首,下面有我、何振淦、李小蒸、李溪桥,我们五个人来办这么一个刊物,还是月刊呢,的确很忙的,日以继夜要发稿,夜里简直经常就不睡觉②。而且找人撰稿都找大家,比方说一个儿童片,我和何振淦跑到北大去找儿童作家陈伯吹③,有的影评文章还去找冯至④,请他们来写文章,他们还真写了。

《中国电影》属于中国电影联谊会⑤,后来我们部分人就从舍饭寺搬到羊市大街了,《国际电影》变成所谓国际电影组。孟广钧算是参加编委之一,和黄钢、贾霁等轮流负责版面,包括《中国电影》的版面也商量商量⑥。

---

① 1958年7月10日,《电影艺术译丛》改名为《国际电影》。
② 《国际电影》每期约16万字,较原《电影艺术译丛》增加4万字。
③ 陈伯吹(1906—1997):原名陈汝埙,曾用笔名夏雷,上海市宝山人,儿童文学作家、翻译家、出版家、教育家。
④ 冯至(1905—1993):原名冯承植,字君培,涿州人,现代诗人、翻译家。
⑤ 1949年7月25日,中华全国电影艺术工作者协会成立。1957年4月11日,中国电影工作者联谊会成立,简称"中国影联"。1960年7月30日至8月4日,中国影联第二次全国代表大会决定将"中国电影工作者联谊会"更名为"中国电影工作者协会",简称"中国影协"。
⑥ 《中国电影》的常务编委是:耿西、黄钢、程季华、贾霁。

启：我原以为是经济困难，纸张困难，所以才把《中国电影》和《国际电影》合成一个刊物。

戴：主要是人力方面的问题。《国际电影》大概一共出了 6 期，我们几个人搞一份杂志蛮吃力的，而《中国电影》这边的外国版面没人搞，后来就商量把两个杂志合并起来，篇幅可以增加一点，就把《中国电影》改为《电影艺术》①。合并半年以后，1960 年初，我就下放了，到河北的丰润县，差不多去了 10 个月。

启：三年困难时期应该开始了。

戴：是的。那是在三年困难期间，农村由于"左"的政策造成人为的贫困。当时我们每个人有四十多斤粮票，算是不少了，但是粮票都交到食堂去，大家都到食堂打饭去，老乡也到食堂打饭去，所谓"人民公社好"啊，实际上是吃空了。最早是 1958 年"大跃进"的时候，还有白馒头什么，而且无限制地吃。我们下去以后，开头去的那个村子里偶尔还能吃到几天一顿的细粮。那时候和老乡同吃同住同劳动，一天到晚听到老乡说"他吃几两，你吃几两……"老是讲吃的问题。我当时听得挺烦的，觉得这些人一天到晚光说吃。老乡们说："你们这几天肚子里还有油水，再过几天你们也跟我们一样！"这话不假，果然过了几天，我们肚子也空了，也感觉到"吃"是第一问题。人没有油水的时候，就吃得多。当时一点儿油水都没有，连酱油都没有，就是搁点儿盐。中午是细粮，晚上就吃一点儿稀的，所谓"两稀一干"。我记得最明显的一次是犒劳民工，那次村子里吃的是死面花卷，就是没有发的面，死面的实在啊，加上白菜粉丝汤，这就上档次了。我吃了三个，再加上粉丝白菜汤。人家说，饿，饿不死；吃，要撑死人的。我吃完了以后，就撑得不能动了，哎呀，气都喘不过来了！那天下午我就没出工，差点儿吃出病来。我和董乐山②的爱人凌婉君住在一起，她原来是南京金陵女大毕业的，英文非常好，我们两个比较合拍，都爱

---

① 1959 年 7 月，《国际电影》与《中国电影》合并，更名为《电影艺术》。
② 董乐山（1924—1999）：浙江宁波人，美国社会与文学研究专家、作家与翻译家。

干净；我们两个都不会挑水，所以一块去抬水。有一次，我们在玉米秆柴火里发现一个小玉米，啊！我们像发现了宝贝一样，就找来一个男同志把玉米烤了，几个人一人掰了一点点吃了，觉得比什么都香。这还不算苦，还有点儿粮食。我们还去挑野菜，我现在还认识车前草，那个还是好吃的，到后来最不好吃的是死驴的下水，都烂了，清水煮煮，我是吞咽下去的。我们在"一类队"里时，两个礼拜给一天休息。这一天，我们就会走二十五里路到唐山去洗个澡，一天来回五十里路，一清早就得出去。不光为了洗澡，中午可以吃到一点儿"金包银"，所谓"金包银"就是白薯面跟玉米面做的粗粮点心。

黎：所谓的"一类队"是什么，是指你们下放的干部吗？

戴： 不是。"一类队"是粮食比较多的队。当时是弄虚作假，收成完了以后，经常要到公社去报表。那些年灾害严重，先是旱灾，根本不下雨，种白薯很艰苦，要去挑水；过一阵子雨季到了，雨下得很多又淹了；淹完以后，虫灾来了，必须挖沟，不挖沟的话，虫子马上就到路对面的地里去了。不是蝗虫，而是像蚕似的软体虫。我们夜里去撒"六六粉"，去时必须把衣裤扎好。我们撒完药粉出来一看，身上全是虫子，吓得要死！虫灾蔓延得很快，中间那条大道啊，走在上面整个脚底下全是虫子，都铺满了。你再害怕也不行，就得踩着那些虫子走。叫我到公社去报表，我就叽叽叽叽地走过去，心里挺害怕的，也得装着不害怕。公社问："报表填了，种子粮留了没有？"就说："留了，留了。"是虚报，说留了，其实没有，粮食不够吃了，最后再从公社拉回来。到了农村以后，我就觉得人越来越沉重，肚子都肿了，是浮肿，人就跟怀孕一样的。而且下去以后，头一个月有例假，第二个月根本没了，整个在那里呆了半年都没有。后来老乡就跟我们说，我们村子里根本就不用计划生育，没有人能生孩子。又一次我偶然发现自己还有半斤粮票，开心得不得了，那天看见一个卖豆腐丝的走过，就用粮票换了点儿豆腐丝，几个人饱餐一顿，觉得像过节一样。农村粮食少，自然柴火也少，都吃公社。炕就是凉炕，凉炕满是虫子，到后来我都不怕任何虫子了，凉席底下那虫子啊，甚至我还看见蛇蜕的皮了，就不管它了。后来我们从"一类队"还派了一些人到"三类队"去工作，我去了"三类队"。那里比"一类队"穷得更厉害。"三类队"吃白薯面做的稀汤，都看不见粮食，一天喝六碗，喝多少也没用。本来我们12月要回来了，结果我11月提前回到北京看病，一检查说是结核性腹膜炎，需要治疗。整个人都浮肿了，小肠粘连，我命大，最后没得后遗症还挺过来了。

启：请讲讲搞"四清"运动的经历。

戴： 1964年，我在山东曲阜搞"四清"。当时单位的重要的领导干部，包括业务尖子，头一批都得下去；还有一些新调来的1964年毕业的大学生，他们要参加两次"四清"，浩浩荡荡的有四五十个人。我没想到山东曲阜是这么样一个贫穷的地方，生活条件很艰苦。在老乡家里吃饭，他们做白薯面的煎饼，叫"捻捻"，因为缺少柴火，所以一次做好一个月的，每次吃的时候，放在锅盖上面腾一腾，锅盖里头做一点白薯稀汤，有几块白薯，一天吃两顿，上午9点多吃饭，到下午3点多再吃顿饭，然后下地劳动，开会搞运动，到午夜12点，都没有吃的，要到第二天9点才进食，9点之前还得劳动3小时。

我下去的时候，一些地富的子弟们最关心的就是我们能不能到他家里去吃派饭，如果哪天到他家里吃派饭，他就放心了，因为这意味着把他看成同志了。我发现那些地富的子弟都是眉清目秀，而且很聪明，功课也不错。但是科技小组没他的份，参加什么都没他的份，就是挺灰溜溜的那种感觉。最冤枉的是所谓"杀关管子弟"①，"杀关管子弟"有的可能是当年恶霸的子弟，其实那些被杀的恶霸，当年定罪可能并没有证据，解放前拉锯战时期，有些人放掉不放心，所以共产党撤走的时候就把他们杀了。我们去搞"四清"的时候，这些"杀关管子弟"就来问我们："我家里什么问题？"希望搞清楚，我们实在不能跟他们说，只好说："你最好不要问。"我们后来划分成份时，尽量给他减轻。比方说给有的人的成份改一改，改成富裕中农。有的人

---

① "杀关管子弟"：家庭中有被枪毙、关押、管制之人的子弟。

是比较冤枉的，真的没什么罪。我回单位的时候，有个别领导在会上也不指名地批判我执行政策"偏右"。紧接着作为"锻炼"，又让我到北京顺义去搞了一期"四清"。

农村当时有个说法，就是所有的干部都有问题，都在"楼上"，要求他们交代问题，经过群众批判，才能"下楼"。我头一次搞"四清"的时候是副队长，没有完全的决定权，我跟正队长经常有矛盾，他是个农村干部，比较简单化。上级领导问"你们那的干部有几个'下楼'了？"，我说"有的根本没有楼，也用不着下楼"。

我第二次搞"四清"的时候，任正队长，比较关心生产，我不懂生产，就让那农村干部副队长来管生产。我绝对不动用生产时间，该生产的时候生产，开会不能当饭吃。我们那支团队比较有政策水平，我们单位一起去的有邵牧君、罗艺军。另外还有科技大学的一批硕士研究生。到1966年我们走的时候，别的生产队都对"四清"工作队意见很大，但是我们走的时候，群众都列队欢送。

谈苏联电影

启：请谈谈苏联电影的变化。

戴 50年代末，关于外国电影，还有好几个争论的问题。苏联电影当时已开始摆脱公式化概念化。苏联影片《共产党员》[①]出来以后，有人认为，主人公后来爱上了一个富农的老婆，是丧失阶级立场；第二点，他不发动群众，一个人蛮干，想以自己的行为来带动别人。而作为共产党员，应该发动群众。所以他不能作为一个模范共产党员，因此这部影片就被认为有问题。这时候，黄钢发表了很长的文章，反对这种看法，我认为他对这部影片的看法基本上是正确的。但他这个人忽左忽右，常说常有理。

---

① 《共产党员》：莫斯科电影制片厂1957年出品，导演尤里·莱兹曼。

还有根据《茹尔宾一家》①改编的电影《大家庭》②，主人公的女朋友原来受人诱惑，被人欺骗以后，主人公又接纳了她。出版社的领导反对这个片子，说"这叫什么啊"；这个问题牵涉到一个人的伦理道德观，这个领导还是封建观念。有人赞赏这部影片，黄钢认为男主人公原谅她的一念之差，态度还是对的。所以，那个时候谈电影呢，倒不是很空洞的，会联系到诸如道德观点来谈。从50年代开始，苏联电影已经开始有变化了，开始描写个人生活。《未完成的故事》③的电影文学剧本是我翻译的，我当时非常喜欢这片子。你可以看，1954年之前的苏联电影，主人公没有个人生活。主人公不是在工厂的机床旁边，就是在田野里，要么在战场上。表现主人公的家庭生活的场面顶多一闪而过，没有专门讲的。他们认为共产党员一切为公，不能有个人生活，就不去表现；而且人物都是单一化的，正面人物就是正面人物，反面人物就是反面人物，没有中间人物。当时还批判"中间人物论"，实际上人就是又有优点又有缺点。我们那个时候都是走两头。

黎：当时我们引进的苏联电影，主要是斯大林后期的那些所谓的无冲突论的影片 包括《顿巴斯矿工》④、《金星英雄》⑤、《幸福的生活》⑥。

戴：孙谦的《葡萄熟了的时候》，就有点儿学《幸福的生活》，是个喜剧，农村一片歌舞升平，本来人物之间有矛盾，等到一丰收，爱情问题也解决了，一切都很好。但是《幸福的生活》的艺术水平还是比较高的，这个片子即使挨批判以后，几首歌是打不倒的，《红莓花儿开》这歌非常讨人喜欢。所以包括解体以后，有的时候还播，就是因

---

① 《茹尔宾一家》：苏联1952年的长篇小说，作者柯切托夫。
② 《大家庭》：列宁旦影制片厂1954年出品，导演约瑟夫·赫依费茨。
③ 《未完成的故事》：列宁电影制片厂1955年出品，导演艾尔姆列尔。此片放映时，中文片名为《没有说完的故事》，受访者认为翻译成《未完成的故事》更为贴切。
④ 《顿巴斯矿工》：高尔基电影制片厂1950年出品，导演列昂尼德·卢科夫。
⑤ 《金星英雄》：莫斯科电影制片厂1950年出品，导演尤里·莱兹曼。
⑥ 《幸福的生活》：莫斯科电影制片厂1949年出品，导演伊凡·贝利耶夫。

为这些歌站得住脚，演员站得住脚。罗姆的《列宁在十月》、《列宁在一九一八》也一样，尽管人家知道它不真实，但是艺术成就还是高的。最早的像《夏伯扬》，之所以拍得好，是因为夏伯扬有缺点。这个人物没有缺点就不可爱了，正面人物起点太高，完全没有缺点必定会失败，因为人物性格没有发展了，起点很高还演什么啊？

《幸福的生活》、《金星英雄》后来在苏联都挨批评了。批评得最厉害的是《攻克柏林》①，苏联都把拷贝打成碎片了，我们还在放映。《攻克柏林》图解政策，主人公的未婚妻被敌人掳到德国去了，他只有攻克柏林才能有情人终成眷属。就是说，国家利益和个人利益是统一的，如果国家的利益解决不了，那么你个人的利益也甭想谈。这是一种概念化的东西，主题先行，主题有了以后，再来设置情节。我们后来很长时间还把这批影片作为好影片。

吕：咱们什么时候对《攻克柏林》这些片子才有所非议、有所批驳的？

戴：我们到现在还认为那是好的。

黎：《攻克柏林》那个降旗，咱们所有解放中国的场面，有一模一样的那个镜头。

启：《赫鲁晓夫回忆录》里专门谈了这个《攻克柏林》，他说它实际上是个人崇拜的标志性产物，影片把斯大林吹得料事如神，用兵如神。

戴：有些影片也是虚构历史，比方说在《宣誓》这部影片里，让斯大林和列宁在红场会面。其实没那么回事。这个就是"社会主义现实主义"，社会主义是倾向性，现实主义是真实性。实际上就是后来毛泽东说的："源于生活，高于生活"。那就是说，文艺作品应表现"生活应该是怎么样的"，而不是表现"生活是怎么样的"。苏联影片一直为这个问题争论不休，很多问题都出在这里。我们国家17年来很多问题

---

① 《攻克柏林》：莫斯科电影制片厂1949年出品，导演 Mikheil Chiaureli。

也出在这里,我们如果按照"生活是这样的"就不行。主题要拔高,当时有个时髦的讲法叫"加点亮色",比如给影片加上一个光明的尾巴。苏联影片里,当主人公牺牲的时候,必定是要响起《国际歌》,另外还得交党费,党费还没交好,人是死不了的。交完了党费,唱完了《国际歌》才能死。形式上就是这样的,正面人物永远不能倒,不能有污点。我们的电影也是这样的。

启: 我们从苏联电影里面接受了什么?

戴: 我们还不如他们呢。因为他们尽管公式化、概念化,还是有好些好的细节。我们没有,我们光把公式化、概念化学来了。罗姆①的《列宁在十月》、《列宁在一九一八》,今天看起来是否定的,因为影片内容应该说是不真实的。但是为什么苏联人爱看,包括苏联解体以后,电视里还播放过呢?就是因为它的艺术性还是不错的,把列宁描写得还有点人情味——列宁瞒着护士,偷偷看书;牛奶烧开了列宁都不知道——表面上看起来这好像是他的毛病,实际上是对他的一种赞扬,表现他的专心,这个人物就生动了。我们中国人印象里的列宁,就是从这两部影片里来的,虽然谁都没看见过列宁。

启:《列宁在一九一八》和《列宁在十月》有一个共同点:竭力宣扬革命暴力,对富农就是一个字"杀",对他们的粮食,就是一个字"抢"。并且严厉斥责当时的知识分子太软弱。我们说,"文革"前是"狼奶"教育,这"狼奶"里面有苏联电影的营养。

戴: 列宁对待富农的政策是很错误的,把整个富农全都作为被打倒的阶级,伤了一大批人。富农和地主不同,还有劳动的一面。我搞过两期"四清",一次是副队长,一次是正队长,了解一点农村的情况。

启: 我想借这个机会和您探讨一下,苏联影片对中国这个公式化、概念化有哪些影响?比如拿《金星英雄》来举例。

---

① 罗姆(1901—1971):苏联电影导演,编剧。1937—1939年间,他导演了《列宁在十月》等几部表现列宁革命生涯的影片,把列宁形象搬上了银幕。

戴：有影响。《金星英雄》塑造高大全的正面人物，主人公只有阶级的共性，没有个性，我们的很多影片中的主人公也是按照这个模式塑造的。又如《普通一兵》，颂扬马特洛索夫这样的纪念碑式的英雄人物及其丰功伟绩。但是整个卫国战争当中，纪念碑式的英雄到底有几个？在牺牲的两千八百万人里头，能够为之树碑立传的英雄终究是少数，但是你能说整个卫国战争的功勋就是这些树碑立传的英雄创造的吗？那些牺牲的普通士兵，有的可能刚上战场，还在战壕里，来了一个流弹把他打死了，他没立功，难道他就没为国家付出吗？很多很多无名英雄难道就不能提？在苏联的老百姓心里头，如果不为这些人说话，他们的心情就不能平静，因为苏联的几乎每一个家庭，都有为卫国战争付出生命的人。所以苏联在50年代后期要写"战壕真实派"①，要写普通士兵，但是中国没有。

启：您记得不记得马德波老师跟您合写的那个《北影五大导演》②，那里面分析《烈火中永生》的江姐，那是1965年拍的，您说起点太高了，一投足一举手都是伟大的。

戴：最有趣的就是那个许云峰啊，当时有一个说法，"敌在暗处，我在亮处"，因此呢，有的时候，敌人在暗处暗到什么程度呢？你都看不清楚他的面目了，要不然你就是长敌人志气。

启：这不是后来的"三突出"吗？

戴：就是这样。许云峰站得高高的，敌人在下面的暗处。当时为什么观众看起来还不是特别难受呢？因为水华这个人不愿意搞得太过火，他是违心地在拍，他尽可能拍得含蓄一点。成荫拍《南征北战》的时候，上面是有规定的：犯错误的那个干部，级别不能超过团级，死人不能超过多少个，死多了就阴暗了。都有规定的，苏联也有这个规定的，但不

---

① "战壕真实派"：苏联当代军事文学的一个流派，出现于20世纪50年代末至60年代初，由亲身参加过卫国战争的一些青年作家组成，他们根据自身的经历和感受，用自己的方式来认识、分析和描写这场战争。

② 即《导演创作论——论北影五大导演》，马德波、戴光晰著，北京，中国电影出版社，1994。

是那么具体，意思也是不能死得太多。苏联战争影片《星星》最早是斯大林批判的，现在又重拍了，一个五人侦察员小组到敌后去侦察，最后所有的人都牺牲了。斯大林看了很不高兴，后来禁演了。

黎：您说为什么像《夏伯扬》这样的作品，咱们也看了，但咱们不吸收？

戴：夏伯扬的悲剧是在于他有游击习气，自己造成自己的悲剧，但是他这人的可爱也在于他是一个有活生生性格的人。80年代影协召开了一个国际电影研讨会，请了外国很多导演来，美国的大导演马丁·斯科塞斯看完咱们的《喜盈门》以后就说："我怎么不喜欢那个正面的儿媳妇呢？那个儿媳妇太正面了，她没戏了，惹是生非的那个儿媳妇可爱，有戏。"我们那些英雄模范人物写出来往往是失败的，写报告文学宣传得已经够了，你别再云拍戏了。再拍出来的话，又不允许把他写活了，有点小毛病都不让写，那有什么看头？最明显的一个例子就是《焦裕禄》。

"反修学习"

启：您曾提到过，1963年，电影出版社在很短的时间内出版了一批外国电影剧本和评论等资料，大概有17本，请您讲讲这批资料的背景是什么？

戴：1963年，在北京开了所谓"反修学习"的座谈会①。主要看了《士兵之歌》②、《雁南飞》③、《第四十一》④等这样一批苏联影片，有些影片已经是译制好的。从创作上来讲，苏联电影从1955、1956年起已经

---

① 1963年1月5日至18日，中国电影工作者协会在北京举办批判"修正主义电影"座谈会。北影、八一、新影、发行公司、资料馆、珠影、西影及协会机关各部门的负责人和主要创作干部共226人参加。

② 《士兵之歌》：莫斯科电影制片厂1959年出品，导演格里高利·丘赫莱依。

③ 《雁南飞》：莫斯科电影制片厂1957年出品，导演米哈依尔·卡拉托佐夫。

④ 《第四十一》：莫斯科电影制片厂1956年出品，导演格里高利·丘赫莱依。

悄悄地有些变化,到1957年有了质的突破,出了一批片子在西方的电影节上得奖,《雁南飞》是在戛纳电影节上得了奖,《伊万的童年》①是威尼斯电影节得奖,包括《士兵之歌》也在国外得了很多奖,西方开始注意苏联电影,开始赞扬它了。关于《第四十一》,有件事可以提一提。1962年我们去参加卡罗维·发利电影节的时候,中苏关系已经是不行了,我们走以前,电影局就给我们讲:"你们这次去,见到丘赫莱依他肯定会问:'为什么我的影片在你们那里没有放映?尤其是《第四十一》已经上映,怎么又拿下来了?'你们就这样回答好了,'我们是上映了,因为观众不喜欢才给拿下来了'。"在那里,丘赫莱依恰恰就问我:"我的影片在你们那里都没演啊?"我说:"演了一阵,好像观众不喜欢才拿下来的。"他其实心里也明白。

1963年在北京参加"反修学习"的时候,北京的电影单位统统看《第四十一》、《雁南飞》、《伊万的童年》这些片子,看完了以后就讨论。讨论苏联从共产主义演变为修正主义了。影片不表现英雄主义,把反法西斯战争表现得悲悲凉凉、凄凄惨惨戚戚,这样的话以后谁还去打仗呢?而且说在《雁南飞》里面,战士在前方打仗,后方未婚妻就背叛了,跟别人好了,这不是动摇军心嘛?《伊万的童年》把那个孩子表现得不像我们《小兵张嘎》那样昂扬的调子,好像是受尽了人间的折磨,已经是异化了的,心灵受到摧残的,那不行。说了好多。

在北京学习不是太集中。学完以后,大家都各自回自己单位去讨论。后来陈荒煤就提出来要出一套书,一个是关于苏联的理论,怎样从党性变成了修正主义的所谓超阶级的人性,这问题要好好地谈一谈。仅理论问题,我们就出了五本集子。然后荒煤让我们开个名单,把那几年苏联打得响的影片都弄来,像《雁南飞》、《一个人的遭遇》、《士兵之歌》、《一年中的九天》②、《人与兽》、《七面风》、《跟随太阳走的人》等大概有十多部影片,每一部影片出一个专集。他说:"你们不要

---

① 《伊万的童年》:莫斯科电影制片厂1962年出品,导演安德烈·塔尔科夫斯基。
② 《一年中的九天》:莫斯科电影制片厂1961年出品,导演米哈依尔·罗姆。

乱批判，原汁原汤拿出去。前面就写一个简单的开场白，发表一些东西供大家参考。凡是文学作品改编的，把小说也找来。"小说、文学剧本、镜头剧本——这样影片原貌就出来了。然后下面是评论文章，苏联国内的评论文章加上西方各国的评论文章，当然不一定能收全。每一部影片出一本专辑，这对研究影片是很好的。

荒煤说："动员社会力量，你们自己也加班加点。"我们那里原来是没有任何报酬的，加班加点的话，可以适当给点稿费。因为人手不够，我们从长影调来两个人，一个是尹广文，一个是胡伯胤，他们就住在我们羊市大街的招待所。胡伯胤对影片比较熟，他口语也不错。他们真是挺快，一两个月，他们与我们齐心协力，20几本东西都出来了。这套资料一共就印了1000套[①]，各电影厂、电影学院买了一点儿，个人没有让买的。

我做的是罗斯托茨基[②]的电影《七面风》，还翻译了好几篇理论文章，是格拉西莫夫的讲话。当时有一个社会主义国家电影创作会议[③]，经常是在东欧一些国家开的，我们国家也参加过几次。在这个会议上，格拉西莫夫做了好几次讲话，他的发言理论性很强。

启：我想，陈荒煤要求这套集子原汁原味，实际上他内心深处是抵触"反修"这种东西的。

戴：对。陈荒煤非常欣赏影片里的一些艺术性强的细节，他经常作报告，讲的几个例子里面有一个是《茶花女》里的细节：玛格丽特最后病得很厉害的时候，她要见阿尔芒，阿尔芒来的时候，她从床上挣扎着起来，坐在梳妆台前还把自己化妆得稍微好一些，怕他看到自己病容满面的样子。陈荒煤说这些细节是写得非常好的，而我们的影

[①] 这套内部参考资料包括：《一年中的九天》(1-2)、《一个人的遭遇》(1-2)、《雁南飞》(1-2)、《第四十一》(1-2)、《士兵之歌》(1-2)、《晴朗的天空》、《伊万的童年》、《跟随太阳走的人》、《人与兽》、《给初生者以和平》、《七面风》、《未寄出的信》、《苏联电影文集》(1-4)、《关于日本电影〈赤贫的岛〉》等。共计22本。

[②] 罗斯托茨基（1922-2001）苏联电影导演，苏联人民艺术家。曾拍摄《这里的黎明静悄悄》、《白比姆黑耳朵》等影片。

[③] 即"社会主义国家电影工作者创作会议"。

片里面就缺少这样的细节，比较粗糙。他说，"你光说人家影片内容不好，那么你能打倒了它吗？它的艺术感染力强，你就打倒不了它，你要拍出好影片，才能打倒他。"

苏联影片已不是过去那种公式化、概念化的东西了，在艺术上有了创新。说这些影片不好，可是西方也在赞赏它了。我们说它"大不真实，小真实"。大的来讲，它诋毁了卫国战争，把整个社会抹黑了，但是从小的细节来讲是真实的。你也没法批它。实际上陈荒煤是以这种方式让大家学习，用心良苦。所以我们这套集子出来呢，给各个制片厂有一定的份额，很可惜印得非常少，只印了1000份。

当时内部还出了一套《新现实主义文集》，因为意大利新现实主义很受关注。另外还出了一套《格拉西莫夫文集》①上、下两本。当时我白天搞外事活动，晚上搞苏联电影调研，我都是在夜里翻译的，那时候家里小孩儿也小，我八九点就睡，一两点钟起来开始工作，一直到天亮。当时这批书还没搞完，我们就去上海搞所谓的反修学习②，名义是由影协牵头，实际幕后指挥是陈荒煤。外地的电影制片厂都在上海集中，而且规定：文艺7级以上，就是相当于行政13、14级吧③，差不多相当于副处级那样的干部，才可以看片子。有好多人当时是不够格的。我们住在锦江饭店，放片子也在锦江饭店。哎呀，当时好些上海的电影工作者级别不够，天天跑到锦江饭店门口来等着。都觉得如果没能看这些片子是非常遗憾的了。上海的导演里像郑君里、沈浮，演员白杨、张瑞芳，那时候能不出去拍片子，尽量都来。我的事情太多了，所有的片子都得去翻译，一天三班：上午翻译两部片子；下午他

---

① 《格拉西莫夫文集》：中国电影出版社1961年11月出版，中国电影工作者协会外国电影研究室编。未分"上、下册"，而是分一、二册出版。

② 1963年2月8日至3月4日，中央文化部和中国电影工作者协会在上海召开反对"现代修正主义电影"座谈会。上影、长影、西影、珠影、新影、内蒙厂等主要创作干部及外请作家等314人参加了会议。

③ 1956年6月国务院《关于工资改革的决定》，基本确立了我国此后将近40年的工资制度。文艺7级大致相当于行政13级。

们开讨论会，我得到会场去；夜里还有两部片子。我是不可能事先翻译出来的，当时从中影公司引进的影片还有原文台本，我就是看着外文直接说出中文来。当时也没有别的国家的片子看，一放内参片，都是本人在那里，所以我和电影界的人都特别熟。

影协的第一书记袁文殊带领我和吴荫循到上海去搞"反修学习"，我们在火车上就听到一个消息，就是柯庆施在上海宣布，所谓现代题材，就是新中国成立以后的十三年。范围那么窄，解放以前的抗日战争也不算现代题材了，只能写"十三年"了。

在上海，下午是批判会，每个人都有专题发言的。好多人说《雁南飞》好批，比如战士的未婚妻为什么背叛？批判她比较软弱；男主人公在临死的时候，居然不想别的，倒下去的时候看见那个树枝转转转，后来转到和未婚妻结婚的景象，好多人就从这种角度批。《伊万的童年》也好批。小孩儿应该受到大人的呵护，应该是壮壮实实的形象，但在这部电影里，孩子是备受折磨、瘦骨嶙峋的样子。唯独《士兵之歌》呢，他们觉得这个阿廖莎是个很不错的人，救死扶伤，本来是去休假的，到最后一路上净帮助别人了，和他妈妈只有在村头匆匆一见面就完了。后来郑君里来找我，他说："别的东西你叫我批，《雁南飞》还好批，这个《士兵之歌》很好啊，叫我怎么批呢？"我说："荒煤同志说，有些事情可以从'大不真实，小真实'这个角度去看。那么这个影片呢，小的地方来看，表现了战争期间的一些阴暗面，比方说：火车的列车员，给了他肉罐头就让你上车了，不给肉罐头就不让上车；还有一个军人的妻子背叛了，跟别人结合了。尽管跟主线没关，但是也就是通过主人公的眼睛看见战争中的一些事情，那总还是有一些负面现象吧。也就是，主人公以这些战争中负面的东西诋毁了伟大的卫国战争了。你顺着这些思路去批吧。"事实上来讲，这些影片的优点很多，真正被感动的人比较多。有个女演员看完了《雁南飞》以后，一边流着眼泪一边说："你别说，我看片子的时候，还确实被感动得流眼泪了，这正像毛主席说的，反动的东西，艺术性越强，毒害越大。"

这些影片的创作方法也是不一的。比方说《一年中的九天》的主人公搞科研受到辐射，而且历经挫折，但这没有动摇他的信心，这里穿插了一段三角恋爱，他的未婚妻跟另外一位科学家结婚了。他第二次辐射已经没救了，那就是说，科学实验也并不是都能成功的，要付出很多代价，影片作者就是写这个失败。影片是一个散文结构，不是一个情节性的结构，在艺术形式上也是一个创新，这是罗姆拍的。

启：我记得看了这个小说《一年中的九天》，他一开始是一个科学家躺在地上，因为身体的缘故嘛，昏厥了倒在地上。然后呢，一颗硕大的泪珠在眼眶上，他就通过这个泪珠，反射出他当年的生活，一段一段的就像您说的散文式结构，倒叙地把他的一生讲出来。

戴：对。人物传记不一定要从出生写到老，其实人的一生当中，真正闪光的也就是几个片段，抓住他的几个片段就可以了，从一滴水来看海洋。苏联这样的影片有《奥勃洛莫夫一生中的几天》、《陀斯妥耶夫斯基一生中的26天》、《一年中的九天》。我那会儿说凌子风的《李四光》写得太多，把他的一辈子写出来，把一些不需要的东西也都写出来，人家看烦了。我认为如果你把他一生当中最精彩的那么几天表现出来要好得多。《一年中的九天》跟罗姆以前的作品截然不同。他原来的《列宁在十月》、《列宁在1918年》基本上还是历史正剧，也是现实结构的那种东西。有人说《一年中的九天》像是生活流，其实它不是生活流，结构还是很严谨的。但是，不管怎么样，仍然可以看出罗姆的目光是对准在人物身上。这就是创作个性问题，就是题材可以不同、情节也可以不同，但是你能看出他的创作个性和手法来，因为他的思想虽然变化了，他还是他。

领导人看片

戴：70年代初，朱老总常常把内参片调到"中联部"礼堂与一些"靠边站"的老同志一起看。我非常愿意去为朱老总翻译影片，因为在那里我经常能见到耿飚等老同志，复出的邓小平也常去那里。老同志们都默默地坐着，寡言少语的，彼此相见知道都平安无事就够了。而我见到他们安然无恙也感到很欣慰。邓小平第二次"被打倒"前的一两个星期还在"中联部"看片，有一天他没来，老同志们的心情都很沉重，似乎已预感到有什么事情要发生。

叶帅经常把影片调到西山的住所去看，经常请荣毅仁夫妇来看内参片，利用这种场合彼此见面很好，因为这不是"聚会"，只是一起看影片而已。其实叶帅看片时经常打瞌睡，他调片常常是为了别人。

宋庆龄最了不起，她在自己的寓所看任何语言的影片都不需要翻译，而且从下午四五点一直看到午夜一两点，一口气看四五部影片。

陈毅同志复出后到"中影"公司来看片，一边走一边用四川话大声嚷嚷："什么《山本五十六》，什么《虎，虎，虎》，我怎么什么都不知道！"

黎："四人帮"看片时，您有哪些见闻？

戴："四人帮"在台上的时候，刘庆棠等人负责选片小组，说是为毛主席为中央首长选内参片，又让上海电影译制片厂专门为他们译片。"四人帮"里看片的是江青和王洪文。江青调看的电影不多，美国片看得也不多，因为那些片子30年代她在上海都看过，不像王洪文什么都没看过，都很新鲜。江青让我去译影片的时候，恰恰是外界正流传"红都女皇"的时候。当时她调看《这里的黎明静悄悄》。这部片子一共23本，她分三个晚上看，每个晚上看七八本，还看了苏联的一部片子叫《继母》。我连续去给她翻译了三四个晚上。

黎：请您详细讲一讲给他们口译影片的情况。

戴：钓鱼台的人都是半夜看影片，但是他们手下的人都提早好几个小时准备，比如晚上八点就把你接进去，免得有差错。先到那里吃一顿晚饭，吃完饭就在客房里等着，一直要到凌晨快两点江青才来。这些人在钓鱼台都是一个人一个楼观看。王洪文跟江青一个是17号楼，一个是14号楼，楼下是服务人员呆的地方。江青看电影不带别人，自己一个小放映厅，沙发前面还有一个脚凳，后面有两个护士随时给她量体温。江青实际上没有什么水平。她看《这里的黎明静悄悄》时好多东西都没有看进去，倒是注意女兵洗澡。俄罗斯人洗澡都要用白桦树枝拍打身体，她看不惯，说："这是很下流的。"我没说话，她连俄罗斯人的习俗都不懂，把人家想歪了。

李：那儿的放映厅是什么样的？江青对外国影片都有哪些评价？

戴：放映厅很小，跟现在资料馆的小放映室一样，也就三四排座位，我们坐在第二排，她紧挨着我，两个人并排坐着，所以她叫我声音不要太大。她当时还很高兴，问我的俄语是在国内学的还是在国外学的，我说在国内学的。她还问我叫什么名字，说以后我就管你叫小戴吧。江青喜欢挑剔人的名字，"中影"公司有位英语翻译叫杨树正，江青对他说：你树什么正气啊？你的名字要改！江青对苏联片《继母》也发了一些议论，不是谈论人家的艺术表现手法，而是对人家的生活习惯和演员品头论足。她没有看过多少外国文学作品，所以她谈得比较肤浅。

李：您印象中，她看的苏联影片大概有多少？

戴：看的不多，她并不喜欢苏联影片。她不看邦达尔丘克的《战争与和平》①，要看美国金·维多的《战争与和平》②。她欣赏不了俄罗斯那种有深刻内容的作品，包括《这里的黎明静悄悄》这种表现战争违反人性的影片。

黎：当时调的影片是她自己选的吗？

戴：是她自己要的，当时《这里的黎明静悄悄》名气不是很大，因为好多人都在看嘛？她说也要看看。《继母》可能是别人给她推荐的，因为她不一定知道。

李：江青对苏联影片有过什么好的评价吗？

戴：没有。从来没听到过她有什么好的评价。她搞样板戏的时候，也没举例出什么影片来。她认为自己懂得艺术，已经融会贯通，自成体系了，不愿意学别人的。实际上她可能学了一些美国影片，苏联的

---

① 《战争与和平》：莫斯科电影制片 1968 年出品，导演谢尔盖·邦达尔丘克。
② 《战争与和平》：派拉蒙影业公司 1956 年出品，导演金·维多。

影片也不见得没有看过。但是她不谈，一切外来的东西都变成她自己的艺术修养，而且她对你有好意的时候你还不能拒绝，有一阵她想器重京剧演员赵燕霞。有一次她见赵燕霞穿得少，就把自己穿过的一件毛衣给赵燕霞，赵燕霞没有穿，她就很生气，后来就整赵燕霞。她这个人是很难伺候的，稍有不顺都不行，心眼儿非常小。我那天给她翻译，她还比较满意，没惹事。

黎：王洪文呢？

戴：王洪文跟江青不一样，他是从上海的一名工人当上国家副主席的。我去他的楼里，听见他在楼上叫："再来一瓶茅台。"他在那里大吃大喝后，醉醺醺地下来看电影。他对严肃的影片不感兴趣，有人推荐他看德语版的法国影片《悲惨世界》。孟广钧叫我去翻译，说德语翻译口齿不清。剧本是德文的，我后来又请人翻译了一遍，翻译得很不全，好在我熟悉小说，最后拿了个翻译得不全的德文版的剧本跟影片对上了。这影片很不错，冉阿让这个人物写得很好，法国有名的演员让·迦本演得也很好。我在那里辛苦地翻译着。王洪文在那里吃橘子，根本没好好看。我挺生气，我翻译得挺累，他还看不进去！结果看了一半多点儿就不看了。他感兴趣的是何振淦推荐的美国三四十年代的歌舞娱乐片，他就知道吃喝玩乐。姚文元是搞评论的，也不看这些东西，他热衷于耍笔杆子。张春桥看片子也不太多，江青看得也不多，主要就是王洪文一天到晚在那里看。

黎：除了"四人帮"之外，您给别的领导人翻译片子吗？

戴：给华国锋、邓小平、赵紫阳、李先念都翻译过。华国锋看影片在西山，不带任何人，就在那里认认真真看片，不端架子，个人素养不错，不发表议论。他看了许多影片，当时苏联比较著名的影片他都看了。邓小平呢，看了好多美国影片，也看了不少苏联影片。邓小平看影片是坐在一个躺椅上，他女儿毛毛坐在旁边给他当二翻译，只要你说一句，她就给他重说一遍，别人的话他听不清楚。他不多说话，是比较谨慎的人。赵紫阳看影片的时候也不说什么。中南海里有一个放映厅，他和工作人员一起看。我去了好几次，有一次他还特意绕到我翻译桌前面,说我记得你给我翻译过好多影片。他说了一大堆片名,还问我俄语是哪里学的等等。后来有很长一段时间我没去,艾敏去翻意大利片时,他还问你们资料馆的那位俄语翻译怎么好久没来了?有一次是李先念在看片子,那次是看苏联的《驯火记》。翻译这类影片对我是个考验,因为影片是表现发射火箭的事,70年代以后我翻译的影片都没剧本,而火箭涉及很多专业问题。所以我要了解很多科技方面的知识,否则无法翻译。那时候"四人帮"还没被粉碎。当影片里说到,苏联是第一个发射运载火箭的时候,下面就有人说:"又吹了!什么都是他们第一。"李先念说话了:"不能那么说,人家是第一,要实事求是。"那时候"反修"旗帜打得很高,骂"苏修"骂得越起劲越好。李先念能做到这一点不容易,我很赞赏。

启:《这里的黎明静悄悄》在中国是什么时候公映的?

戴:大概是1984年,我们电视台为庆祝十月革命胜利要播一部苏联片,丁峤给我打电话说想把《这里的黎明静悄悄》让胡乔木审,让我介绍一下影片的情况。我介绍了之后,丁峤问我,你看怎么样?我说,我认为是一部好片子,让他们审查的人去看吧。第二天丁峤打电

戴光晰参加第13届莫斯科电影节期间,在红场留影(摄于1983年)

话给我，说总算通过了，就是把洗澡那场戏剪掉了。审查者认为影片表现了英雄主义。而我认为洗澡那场戏是深化影片主题的，影片是要告诉人们：战争毁灭了这些花季少女的青春和生命，也许有朝一日子弹会击中这些像雕塑般美丽的形体。后来不是有一本书嘛，叫《战争中没有女性》，斯·阿列克茜叶维契写的。作者告诉人们：女人应跟美好的事物有关，如爱情、生活，跟战争无关。我们强调"不爱红妆爱武装"，而人家强调武装违背女人的本性。没看比主题更好，要是你跟他说这影片反映战争残酷，他们没准儿就不敢放了。播完以后，刚好苏联大使馆有一个电影招待会，文化参赞就跟我们说，这部影片你们播了我们很高兴，不过为什么把洗澡的镜头给剪掉？它跟色情无关啊！谢铁骊说你别忘了，我们正在清除精神污染。参赞没说什么，只好笑笑。

总结

启：您对自己的学术成果有没有做过统计？

戴：我退休前写了一百多万字；退休以后又写了七十多万字的东西，总起来有二百万字；翻译的理论文章是七十多万字；翻译了几十个电影文学剧本，也有一百五十来万字。另外我还做了一件事情是别人没有做的——我把30年代的国产片《夜半歌声》、美国片《一曲难忘》的对话本对照影片画面改写成了可读性较强的电影文学剧本，而且都发表了。美国片《公民凯恩》的文学剧本也是我翻译的。新的文学剧本也有很多，比如丹麦片《黑暗中的舞者》，我译的时候真的沉入进去了，我觉得剧本的确是写得好啊！去年我把章泯的《静静的嘉陵江》的对话本做成了文学剧本。应该说，除了搞苏联电影以外，我又做了很多各个国家的电影文学剧本。还有，去了很多电影制片厂和大专院校讲课，一百多次都不止了，是从苏联电影史的角度讲，然后谈创作，基本上是讲一些导演风格，不是讲叙事。

戴光晰与马德波在三亚天涯海角（摄于2005年）

【采访手记】

无论从哪个角度讲，戴光晰女士都是必须采访的人。她是当代中国电影史的见证者，是新中国文艺界逸事秘闻的知情人，是为"文艺革命的旗手"口译苏联电影的资深译员，是深谙电影艺术三昧的教师，是具有精微艺术感受力的鉴赏家，最后，她还是月旦人物，品评时政的评论员。可以想像，这样的人的口述会包含怎样丰富的信息。

这是一个顺利的、颇富情趣的口述。你面对的是一个性格开朗、思维敏捷、有胆有识、爱憎分明、不善于闪烁其词、不屑于"弯弯绕"的知识分子。经验告诉我，几乎所有的经受过思想改造的老一辈人，都不同程度地患有心理疾患——多疑、偏执、恐惧……戴光晰是个例外，她的心境如霁月光风，谈吐如行云流水。她的人生道路，是在三零后的知识分子中带有普遍性的：年轻时"左"倾，上大学时投身革命，五六十年代自觉自愿地思想改造，奔走劳碌于一元化的国家意识形态建设，"文革"中参加造反，"文革"后在反思体制的同时，反躬自省。值得称赞的是，她的反思和反省都是有相当的深度的。

戴光晰的记忆力惊人，洞察力亦惊人。加上她那足以与三江源比美的滔滔不绝，其口述似乎成了精彩纷呈的壶口瀑布。以至于摄像李镇、主访者黎煜和我一致认为，戴光晰的大脑一定是特殊材料制成的。因此，我们一再认真地建议她百年之后，一定要把大脑捐献给国家，以供科研之用。

戴的讲述最引人入胜的是，她对历史细节的描述和人物心理的分析。三四十年前的事情，在她那绘声绘色的叙述中，活泼泼呈现在我们眼前。时至两年后的今天，我还记得，给她以文学启蒙的中学老师，是怎样地穿衣,怎样地上课,怎样地判作文,又是怎样地不堪凌辱,在"文革"中自缢身亡于自家的门框上。

泪花在她的眼睛中闪动,她的声音由嘶哑而终至停顿。她不再压抑,不再强忍,一任泪水奔涌而出,在面颊上自由流淌。我们也鼻酸无语,泪水盈盈。访谈停顿了,中止了。室内只有唏嘘之声。然而,这一动情,这一中断是值得的,这是真善美的挽歌,这是对优秀而高贵的生命的礼赞,是对阶级斗争为纲的控诉。同时,它也是对灵魂的清洗。

在戴光晰不知疲倦的讲述中,时间倏乎而逝。不知不觉之中已达28个小时。然而,这份精神大餐却令录音整理者叫苦不迭:戴光晰的语速像开机枪似的,她讲一小时比别人讲三小时的字数还多。同是一百元一个小时,整理她的口述可亏多了。聊以安慰的是,戴的发音标准,吐字清楚,整理起来比较省力。由于所讲内容丰富有趣,录音整理者甚至产生了一睹受访者芳颜的冲动。"我能不能见见戴老师?"录音整理者对我如是说。

(启之)

戴彭荫访谈录

采 访 人：李镇
录　　音：李镇
采访时间：2009年12月25日、28日
采访地点：北京左家庄·戴彭荫家中
采访时长：5小时
录音整理：江川
文本选编：李镇

受访人简介：

　　戴彭荫，男，满族，本族姓戴尔佳，曾用笔名：黎抒、章抒，1913年出生于辽宁开原。美术家、电影家、书法家。毕业于东北大学及北平美术专门学校。1936—1942年间曾任新疆文化协会艺术部副部长、新疆反帝会文化部副部长。在报刊上发表大量以漫画为主的文艺作品，同时开授漫画讲习班，培养了大批美术人才，被认为是新疆文艺的拓荒者之一。1942年，被新疆军阀盛世才逮捕，入狱3年。1949年，任北京电影制片厂美工科见习技师。同年调至中央电影局艺术处任俄语翻译，译有电影理论集《论苏联电影》、《党论电影》（合译）等。后调至中国电影家协会，在中国电影出版社本国电影编辑室任副主任。1958年被文化部授予"先进工作者"称号。在编辑书籍的同时，还以"章抒"为笔名发表过数篇有影响的影评。1974年退休后，其主要精力用在研习书法上。先后被聘为东昌书画家联谊会理事、中国江都书画院特聘理事、东方画艺术研修中心高级书画师、《东方书画

艺术报》特约记者、中国书画名家研究会副理事长、金陵书画院艺术顾问、中国毛泽东诗词书画艺术国际研究院顾问。2008年，出版了《书法探索——戴彭荫专辑》。

童年和学生时代

李：请您回忆一下您的童年、家庭，那些最初的记忆。

戴：我是民国二年，也就是1913年生人，阴历是九月初一，阳历是9月30。我现在就过30日这个生日。我出生在辽宁开原，是满族镶蓝旗人。满族的本家姓是戴尔佳。这个"戴"字就变成我们汉族的姓了。大清国已经不在了，可是我们家过年，我爸爸还让我写"天地君亲师之神位"①，过年的时候到那儿磕头。我们满族人的磕头，没有女人的事，都是男的。我父亲跪倒在前头，我就跪在他后头，他对着家里的老祖宗三拜九叩，磕九个头，我也磕九个。女人们在旁边看着。女的晚辈——我嫂子过年的时候，见着我的父亲、母亲，就叫"公婆"，她跪下摸鬓角——这是满族人的习惯，她自己拿着一个垫儿，放在地上，她就这样跪在地上，对着公婆摸鬓角，摸三回。我就在旁边看着笑。

那时候过年随便放鞭炮，有人放炮，有人在旁边说吉利话，如果是"嘣——"一声，他们就说："响响亮亮地"。第二个鞭炮，从他后边"嚓——"，炮没放开。他就说吉利话："痛痛快快地"。第三个鞭炮怎么点也不响，别人说这会儿看他还有什么好听的话，他说："平平安安地"……我小时候穿上新衣服：棉袍、马褂、戴个帽头，帽头里面有皮子，皮子能拿出来，平常就搁里头；穿毡靴，毡靴挺厚的底，走道也不会走了。

李：家境还好吧？您父母做什么营生啊？有几个兄弟姐妹？

戴：那时候讲射箭，家里买了一大堆箭。到了晚上点上香，香稍

---

① 天、地、君、亲、师，合称"五圣"，是我国民间供奉的"神"。

青年时代的戴彭荫

微有一点亮,用箭射,能射到那个香,就算是射得好的,天天练。我父亲后来就搞这个,可是身体越来越差,所以没干什么具体的工作。我有两个哥,家里靠他们生活。我大哥、二哥和我不是一个母亲,他们是前头的那个母亲生的,他们比我大多了。我大哥在外头当教员。我二哥还上了大学,学的是开矿冶金,结果找不着这样的工作,别人介绍上财政厅当科员,反正有点收入,主要是靠这个。我们就兄弟三个,家里没有女孩。我母亲也是满族人。

李: 您从小就喜欢书法吗?从什么时候开始上学的?

戴: 我家里有点书法的书,那个时候还不知道好好学,随便买回来就学着写。我大哥写字写得好,大哥给我们写的是"黎明即起,洒扫庭除",出自《朱子治家格言》,挂在墙上,他字写得好,我跟他比,差太多,小时候不行,我天天玩。我七岁上学,上到四年级毕业;然后上高小,高小二年毕业;完了上初中,三年毕业;后来读东北大学附属高中，念了不到三年就到"九·一八"了。

李：请谈谈抗战爆发之后的经历？您读的东北大学是一所什么样的学校？

戴："九·一八"日本开炮，打到北大营张学良的部队。这事儿我正赶上①，那一年的冬天我高中快毕业了，就没毕业成，因为"九·一八"了。东北大学挪到北平②，我们高中停办了，高中校长也去了北平。虽然高中没毕业，但是我们那个校长还是给我们发了毕业证书。我用这个毕业证书考了北平的东北大学，考上了。东北大学实际上是一种救济性质，吃饭不花钱，讲义也不花钱，住房也不花钱，什么都不花钱，就在那儿住着。你不愿意上课也没有人管。东北让日本占了，大伙儿非常气愤。我们学校分成三派，一派是"左派"，主张抗日，以共产党为核心。"右派"是国民党的，不主张打、不反对日本，他们认为反日这种事是国家管，学生的任务就是好好念书，别掺和这个事。一般东北的同学都恨国民党，自然而然地就站在共产党这边，因为共产党做得对，人家抗日。我积极参加抗日活动，那个时候我喜欢画画，画漫画、出壁报、写大标语。我闹得挺欢，结果学校对我很不满意，学校的头是站在国民党那边的。学校把六个人抓进监狱，其中就有我一个。在监狱住了一个星期，就把我们放了。第二回又抓人了，我没在学校住，没抓到我。我住在我大哥家，他是参加东北义勇军的。义勇军弹尽粮绝，没人帮助，他们少数人在山沟里和日本人周旋，把枪弹都打没了，后来也上北平了。他们住在一个大院，叫难民大院，实际上就是义勇军大院。

李：义勇军大院在哪里啊？您还参加了哪些进步学生运动？

戴：在北平，离我们的东北大学很近。东北大学那个时候分成南校、北校两部分。我在北校，就在西直门里路北的大院里。他们第二

---

① 开原距离沈阳北大营约120公里。
② 东北大学：始建于1923年4月23日，1931年"九·一八"事变后，被迫先后迁徙北平、西安、四川等地。

回抓了好几十人，没抓着我，我那天在我大哥家睡觉，早晨我上学一出门，我一个同学就来了，他说你还上学啊，抓人呢。我就上很远的地方，到我侄儿家住了，到那儿住了有一个来月，后来风声过了，我才回学校了。

回学校第二天，有个同学把我领到一个教室里，里面都是我们那班的"右派"，他们买了许多吃的东西招待我，因为看我抗日积极，又写大标语、又画漫画，想把我拉拢到那个阵营去。我说："你们很可能把手里头仅有的一些钱拿出来买这些好吃的东西接待我，我对此表示衷心的感谢。而我们家里哪能寄来这么多钱呢？东北的家乡被日本占领，在日本铁蹄下，他们的生活是很困难的，给我们寄钱不容易，各位都知道我是主张抗日救国的，那么今天各位对我这个抗日救国的同学热情的接待，我特别感谢，也特别高兴，今后为了抗日救国，我们应该站在一起，携起手来为打倒日本帝国主义、为解放东北三千万父老兄弟而共同努力，不达目的誓不罢休！"——他们想把我拉到那边去，我要把他们拉过来。

同学之间，我们谁也不知道谁是共产党。我在"右派"那儿的讲话就传到"左派"同学那边去了。第二天有个"左派"同学告诉我，说在咱们的北校，一共有四个"左派"的大队，其中一个大队从明天起就由你担任会议的主持人。这样就让我去主持会议，一个大队有好几十人。这是我在东北大学念书的时候做的事。我还加入了共产党的外围组织，叫做"民先"，就是民族解放先锋队①。

我还参加了党的地下油印组织。那时候党组织没钱，印不了铅印的东西。由我来写油印的字，还有一男一女扮作假夫妻来帮着掩护，那个男的就往我这儿送。有一天我在东北大学看书报的小屋子里，还看见了我写的、印出来的共产党宣传材料，我很高兴，也不知道这是谁送来的。

---

① 民先：全称应为"中华民族解放先锋队"，1936年2月1日在北平成立。是中国共产党领导下的以抗日民主为奋斗目标的先进青年的群众性的组织。

李：您还在北平美术专门学校①学习过，这所学校很有名，请谈谈这段经历？

戴：东北大学是照顾大伙生活的性质，就是给你饭吃，给书念，所以要求不严格，课不去上也没人管。所以我一方面在东北大学，我愿意听课我就听，不愿意听我就去上美术学校。②张恨水是我们美术学校的校长，他是文学家。他的兄弟是搞国画的，利用他的名声成立了这个美术专门学校③。我就在那儿学画素描，画石膏像。

李：您正式学习美术就是在这个学校里吗？

戴：就是从这儿学的美术，当时水彩画、油画我还没有学到，只学了素描。

新疆

李：您是怎么去的新疆？为什么要去？刚去的时候做什么工作？

戴：学了美术以后，我1936年就到新疆去了。我二哥先去了新疆，他是搞采矿冶金的，新疆有采矿的工作，我随后也就去了。我到了那，说自己会画画，就受到了欢迎。过去，他们的中等学校没有画画的课程，第一中学、女子中学、师范学校都是没有美术课。我去了以后，这儿也想要我，那也想要我；虽然我兼职，但不兼薪，去工作了半年，一分钱也没给。

李：没有薪水？

戴：没有，到那儿给人家上课，这一班上完，上那一班。

李：您去那儿，直接跟您接洽的是什么部门啊？是教育局吗？

戴：好像有教育局。

李：您算是哪个单位的呢？新疆那时候社会稳定吗？

---

① 全称是"北平华北美术专门学校"，简称"北华美专"，创办于1931年。
② 1933年后，大批东北学生流亡北平，许多人求学于北华美专，学生多时达400多人，学校破例招收流亡学生。
③ 张恨水的四弟张牧野办美术学校资金不足，得到张恨水的资助。

戴：我算"反帝会"①的。这是当时的一个群众组织，是政府办的。新疆那个时候是一个进步的地方，它实行"六大政策"：第一个是反帝：就是抗日；第二个是亲苏：和苏联亲善，亲苏就是亲共；第三个就是民平：新疆十四个民族一律平等；第四个是清廉：当官不爱财、不贪污；第五个是和平：各民族和平；第六个就是建设：建设新疆。

李：开始大家对盛世才怎么评价？

戴：听说盛世才加入了苏联的共产党②，因为苏联帮助他。苏联人到新疆来，各种需要的东西也都从苏联运来。在新疆的东大门哈密，大概驻有一团苏联的军队③，就怕国民党来打新疆。苏联军队在那儿帮助他维护政权，所以他依靠苏联，和苏联亲善。然后内地陕北中共也派人来④。所以说他当时是进步的。后来茅盾也去了，赵丹也去了。

李：您是否记得有鲁少飞、陈谷音、萨空了、徐梦秋、张仲实、史枚……？

戴：对，鲁少飞⑤也去了，都是全国出名的，到那儿去对盛世才进行歌颂，认为他很进步，觉得他比起国民党好多了。

李：您到新疆的时候，"六大政策"都实施了吗？

戴：确实是实施了。我就是反帝会的。反帝会由盛世才担任会长，实际上他没工夫到这儿来，就由秘书长王寿成⑥负责，他是苏联来的，是联共党员，他来领导反帝会。他还送了我一大本叶菲莫夫⑦的漫画集，反法西斯漫画，画得很好，我也是受他的影响，开始画时事漫画。盛世才为了拉拢王寿成，后来把自己的妹妹盛世同都嫁给他了。

---

① 反帝会：全称"新疆民众反帝联合会"，1934年8月1日成立于迪化（乌鲁木齐），是盛世才统治新疆时期成立的官办性质的群众组织。
② 1938年9月，盛世才曾到苏联秘密加入联共。
③ 即苏联红军第八团，驻扎哈密的目的是保证中苏之间国际运输线的通畅，大批军火物资得以通过新疆运往抗日前线。
④ 1937年前后，中共驻新疆代表先后是陈云、滕代远、邓发、陈潭秋。
⑤ 鲁少飞（1903—1995）：江苏上海县人，著名漫画家。
⑥ 王寿成（1899—1939）：即俞秀松，原名寿松，字柏青，又名余寅初，浙江诸暨人，革命家。
⑦ 叶菲莫夫（1900—）：苏联著名漫画家和政治讽刺画大师。

李：您什么时候当上了反帝会文化部的副部长？什么时候担任新疆文化协会艺术部副部长？都做了哪些工作？

戴：那是以后了。我在那儿先当秘书，有好几个秘书，组织部秘书、宣传部秘书、青年部秘书，我是青年部的。那个时候我主动提出来，我说我会画漫画。反帝会有区会、分会，需要发给他们画漫画的材料，让他们把漫画放大，贴到大街上。我说我可以刻版，把漫画印出来发给各群众分会，我们秘书长听了挺高兴。这工作本来属于宣传部，因为我是秘书处的人，就归到秘书处了。我们以秘书处的名义，把材料发给区分会，大伙照样放大。那时候用的纸都是苏联的纸，叫大洋纸。

李：您刚去的时候，跟您一起去的还有哪些人啊？白大方那时候去了吗？

戴：白大方①还没有去，他是后去的。和我认识的有白大方，还有于村②。主要是于村，他们俩老在一块儿。我在文化协会艺术部的时候，我的工作是漫画，于村的工作是歌咏。白大方后来想让他做戏剧方面的工作。过一些时候，赵丹来了，于村和白大方就和赵丹他们一块儿去演戏。还有王为一、徐韬……

李：还有朱今明、叶露茜……？

戴：对。他们搞戏剧。赵丹为首的十来个人，包括于村、白大方……他们一块儿写《新新疆万岁》③在《反帝战线》上登载，歌颂新疆的。

李：《新新疆万岁》是话剧吗？

戴：是。他们准备演这个。来歌颂盛世才，盛世才当时是比较进步的，后来变了。

李：在把您抓进监狱之前，您担任了文化协会艺术部副部长，还有反帝会文化部副部长吗？

---

① 白大方（1913—1974）：又名白亦周，河北沧县人，电影教育家。
② 于村（1919—1986）：原名刘德亨，直隶安新人，戏剧编导、戏剧事业家。
③《新新疆万岁》：大型话剧，新疆文化协会实验剧团集体创作并由茅盾润色。

戴：在进监狱以前，我是反帝会文化部副部长。

李：您是正式的官员吗？这个职位有薪水吗？

戴：有。正式的，有公职的。

李：您主要的工作是漫画还有版画是吧？

戴：也做过版画。你从哪儿听说我做版画的？

李：**我看到一份资料说，1938年您发表了一幅黑白木刻的版画，是新疆历史上第一幅。**

戴：1936年，我刚到新疆的时候带去了木刻刀。我在反帝会的时候，是刚去新疆不久，他们听说我会木刻，《新疆日报》就给我来信，他们副刊的刊头很不好看，请我给重新搞一个。他们搞了一块儿木头，我就刻了。

李：**这幅木刻非常有历史意义，第一幅版画刻的是什么内容？**

戴：刻的是新疆的"六大政策"，一个人拿着火把，上面是六大政策，光芒万丈。在《新疆日报》上作为副刊的刊头。

李：**您是怎么学会版画的？是在北平学的吗？**

戴：我在北平买了好几套木刻刀，我就看人家的木刻刀刻出来的东西，琢磨应该这么刻，没有跟着人家学。我学美术的时候没有这个东西，就是画素描，画石膏像，没学过木刻。我刚到新疆的时候，那里搞美术也没别人，就是我了，各个学校都请我。

李：**这是新疆历史上第一幅木刻版画，您这个是最早的了。**

戴：是最早的。

李：**1941年，有一幅作品叫《消息传来》是您画的还是刻的？**

戴：你收集的材料还真不少，这都知道，《消息传来》是漫画。新四军和国民党打仗，新四军取得胜利的消息传来，我们高兴，画了这么一幅画。①

---

① 据载，戴彭荫的作品《消息传来》的背景是皖南事变，画中是一群愤怒的青年手举《新疆日报》疾呼"声讨！声讨！声讨！"刊登于《新疆日报》。与受访人的描述出入较大，详情待考。

李：我听说那时候您和鲁少飞还在各大院校当美术讲师？

戴：鲁少飞是全国闻名的漫画家，他去以前，《反帝战线》的封面都是我画的；他去以后，我画一回，他画一回，我们俩就这样换着画。鲁少飞是《新疆日报》的工作人员，常有他的作品在报纸上发表。

李：那时候新疆还有一个叫《时代》的月刊是您们办的吗？

戴：《时代》是我们出的，鲁少飞是报社的人，我是新疆文化协会艺术部的人。我们出的《时代》，鲁少飞看着他们的漫画是线条的，不加色①；我们出的是带色的。四版，一个版上写着"时代"两个字，其他三个版都是漫画，漫画加上颜色。就把它挂到迪化（乌鲁木齐）的南门。有许多人到那里去学，照着样临摹下来。

李：《时代》是印刷出来的吗？

戴：不是印刷的，《时代》是手写的，动手画的，带色的。"时代"两个字是写在木头上，把它刻出来，然后贴到木板上，挂在南门。《时代》出了不少期。

李：《新疆画报》是您们办的吗？

戴：《新疆画报》是《新疆日报》出的，《新疆日报》隔几天印出一些漫画，那时候可以用锌版影印，原来画时什么样就能印成什么样。我在报社也干过，当过副刊的编辑，后来我离开那儿了。

李：那时候在新疆，画得好的就是您和鲁少飞了。

戴：对。我在报纸上隔一星期左右出一次漫画，我的漫画受到欢迎。

李：您当时的漫画现在还有没有留下来的？

戴：没有。我感到后悔的是，我在新疆发表的很多东西都没拿来，忙着回家看我的老母亲，就惦着回家，我父亲早死了，他身体不好。我回来的时候什么东西也没有拿。特别是纪念高尔基的时候，我写了一篇长诗，新诗，在《新疆日报》发表的，我比较满意，也没带过来。

---

① 《时代》：创刊于1941年，由新疆文化协会艺术部出版，原是纸质黑白印刷刊物；文化协会解散后，其艺术部并入反帝会文化部，《时代》继续出版，刊名不变，但形式转变为彩色漫画壁报，每月1期，悬挂在迪化南门砖墙上。

李：您发表了大概多少作品？

戴：发表的东西多了，主要在《反帝战线》上。

李：《反帝战线》是刊物吗？

戴：是刊物，在新疆，《反帝战线》是非常著名的。包括盛世才都参加写文章，茅盾也去了。因为我会画漫画，所以也把我算作编委，一两星期开一次会。赵丹他们写《新新疆万岁》的剧本，歌颂盛世才，在《反帝战线》上连载发表了很多期。

李：听说您那时候也参加话剧了，您也演了是吧？

戴：演剧那回是纪念高尔基，高尔基的像就是我画的，那是我跟一个苏联人学的，用砂纸磨把木炭磨出小粒儿，然后用棉花粘着小炭粒儿画画。画完了喷胶，把炭粒粘上。①我就画了一个高尔基的像，受到欢迎。

李：那时候新疆有不少苏联人是吧？

戴：苏联人不少。苏联人一般都是当领导②。反帝会的秘书长王寿成是联共的；报社社长也是苏联来的联共党员，叫王宝乾③。我在报社编副刊的时候，他是那儿的领导。那时候我想结婚，可没有房子。王宝乾说"我这儿有房子"，他也是外交部的领导，同时兼报社的社长。他说"外交公署有房子，你去看吧"，那天就把我领去看了，房子很多，让我随便挑；新疆净是土坯的房子，砖的很少，一下雨房子就会塌下来。我要是在那儿结婚并住下来，就"再见"了。

李：您是在新疆结婚的？您是文化官员，待遇如何？

戴：我在文化办会艺术部当副部长，是一个小官。给了我一间房，外屋是可以打乒乓球的运动室，里屋有一间房，我在那儿结的婚。那

---

① 戴彭荫退休后自创颗粒书法，其工艺与此很相似，是用米粒等颗粒物在纸上撒出字型，然后喷墨覆盖，待墨干后取下米粒形成书法作品。

② 受访人在这里提到的"苏联人"，是指苏联派来的人，并不是真正的苏联人，其实王寿成和王宝乾在新疆时是受中国共产党领导。

③ 王宝乾（1905—1973）：原名赵登秀，又名赵实，笔名三连。1938年任改组后的反帝总会的民众部长。1939年，任反帝总会秘书长。同年冬，任中苏文化协会新疆分会会长。

时候,新疆的房子质量都不怎么样,我结婚的那间房子不久墙倒了,墙倒下来把那家的小房给盖上了。我和老伴儿就到外间住,在乒乓球桌子那儿睡。后来领导听说了,让我晚上去他们管事务的一间办公室睡觉。

李:盛世才怎么一下子就变了呢?就把您们给抓起来了呢?

戴:盛世才参加了苏联的共产党,后来看到苏联让德国法西斯进来了,斯大林的队伍退守莫斯科,退守在斯大林格勒、列宁格勒几个大城市里头出不去,让人家给包围上了。这个时候,盛世才一看不行了,靠苏联不好办了,他就投降国民党。后来,他在反帝会那里成立了国民党的支部,让大伙参加国民党。那时候我已经进监狱了,没有参加国民党。①

李:抓您进监狱,罪名是什么啊?

戴:盛世才想向"右"转,就把这些靠"左"的人都抓起来了,早晚找个罪名,一开始没说罪名。他本来就知道我和共产党的关系挺好。盛世才靠特务,公安管理处里头有一大批特务;各个单位也都有。我和于村的关系比较好,解放以后到北京工作,就是于村给我介绍的,我在电影界工作都是他介绍的,于村是陕北的共产党员。于村晚上到我那儿,肯定有特务跟着,所以盛世才的人对我不满意,就把我抓起来了。这是一方面,另一方面,他想靠国民党那边,怕我这种人靠不住,就抓起来了。

李:您们被关进监狱,不在一起吗?像赵丹、王为一、白大方、朱今明,您们不是关在一个监狱里吗?

戴:监狱有好多②。我进监狱的时候,于村还没被抓。进去以后,我还经常听到唱歌,反帝会旁边就是关我的监狱。监狱墙挺高,上头有铁丝网,墙上有站岗的,来回端着枪在那儿走,怕犯人闹事。我被

---

① 1943年,盛世才加入国民党,并表示"矢志拥护中央,尽忠党国,绝对服从领袖"。随后,盛世才取消了六大政策。

② 盛世才统治时期,迪化市虽只有八万人,却有五座正式监狱,即第一、二、三、四、五监狱,而且监狱人满为患,不得不将其他场所改作非正式监狱或作监狱用。

关在新西院①，关押期间我听到于村唱歌，他唱得特好，那个时候他还没有进监狱。后来把他也抓进去新西院了，抓共产党是最晚的，后来我们还想法联系了。

李：监狱里面条件怎么样啊？他们审问不审问您们啊？打不打人啊？

戴：还没有打人，就是在那儿住着。有审问的，有一回盛世才的五弟盛世祺②审问我，审问我的还有老邱头——盛世才的老婆姓邱③，这个人就是他老婆的长辈。还有一个大概叫刘秀理，当地人，他作为一种表面上好像很民主、很懂得法律的人，把他搞到那儿做个样子。实际上他不了解真正的情况，真正的情况他们也不会告诉他。那天他们三个人审问我，还有一个记录的，记录的人老转过去给我一个背影看，我看着像我从前在报社的一个同事。先由刘秀理跟我说了一些废话、空话，表示他这个人还是很公正的。我就问他，我的问题是什么问题，他不吱声，低下头，好像我审问他似的。真正给我什么罪名他不知道，罪名是内定的。等了半天，盛世祺就说了："你的问题说大也不大，说小也不小……像你这样的人，外面很缺，会画漫画的人很少。"我问我到底是什么问题？是不是由于我过去写的文章？我过去写的文章多，画漫画也多，发表了很多作品。我问是不是由于我哪个文章不合适，而我自己还不知道？这时候老邱头就说了："你把我们政府看成什么样儿了，我们政府能够因为你发表一篇文章就把你抓起来吗？"他对我大发脾气。我说你别发脾气，那告诉我到底犯什么错误了？那个盛老五就说了："你的问题大也不大，小也不小，咱们下回再问你。"后来，就没再问我，就这样了。他们把你定成什么，你就是什么；并不是你真正地反对他们。我还确实没有反对他们，因为我当时还不知道盛世才怎么变的。

---

① 可能是第二监狱，位于新中剧院，又称西库监狱。待考。
② 盛世祺是盛世才的四弟；受访者记忆有误。
③ 邱毓芳：盛世才的第二任妻子，小军阀邱宗浚的二女儿。

李：是派警察把您抓到监狱里去的吗？

戴：他们不说"逮捕"，说"我们的处长找你说几句话"，处长就是公安管理处，专管抓人的，你一听这个话就明白了——你被捕了。

李：您当时也明白了？

戴：我明白，心里清清楚楚，因为事前都准备了。我和老伴说了，早晚的事儿。因为已经听说盛世才要转变了，要投靠国民党。于村常去我那儿，他是党员，一去就是半夜，后头一定有特务跟着。早晚的事儿。

李：您当时在监狱里还能和外界联络吗？

戴：在监狱里我是这样和外边通消息的。那时候苏联的纸烟和中国的纸烟不一样，它的前一半是烟，后面是用硬纸做成的烟管，整个看是一个，其实两部分是可以分开的。家里可以给监狱里送东西，我老伴用个蓝布口袋，里面装点烟什么的，监狱连口袋带东西都给我。我和我老伴事先都商量好了，香烟的硬纸里可以写字，有什么话你就写到硬纸里。后来反帝会变成国民党的党支部这个消息，我就是这么知道的。我在口袋底下缝字，用的是密码，把汉字变成字母，再把字母变成数字，把数字变成长短不一的针脚缝上去。监狱怎么查也查不出来，监狱里的人说，看你老在这儿缝，缝什么呢。我就这么传递我的简单情况，太不容易了。

李：我去年在广州采访了王为一先生，他也给我讲了新疆的事儿。他说，在新疆想跑也跑不出来。

戴：对，他知道得多。盛世才要想把你抓起来，你是跑不了的。因为必须通过哈密，而迪化到哈密只有一条道，半路就可以把你堵住，没处跑，谁也跑不了。你只有被逮捕。人家要想抓你，太容易了。也没地方藏，谁也躲不开，一点办法也没有。后来盛世才连共产党都抓起来了，把毛泽东的兄弟毛泽民杀了。

后来斯大林把法西斯打回去了，盛世才一看，他又想投靠苏联，反过来开始抓国民党。国民党不干了，盛世才本来是投降国民党的，国民党调他去当农林部长，新疆的地盘他别管了。这样，国民党来了把大伙都放了，包括国民党。王为一他们也都出来了，大伙一块儿都放了。我在监狱里住了三年。

李: 听说盛世才在新疆的10年半中,屠杀了10万多人。您在的监狱里有没有人被杀的?

戴: 听说有。一个和我相处挺好的同事,搞文学的,他说过这样的话,他说"盛世才得罪了国民党,又得罪了共产党,他的日子长不了"。他在他老伴的家里住,结果他老伴的家里有人是特务,就把他给告了,他就被杀了。没有任何人替他伸冤,杀了就杀了,许多人都不知道他怎么死的。

李: 监狱里的条件好吗?

戴: 吃的还对付。先去都住单间,后来就不老在一个地方,有时候换牢房。有的牢房大一点,犯人多一点。像我们的牢房只能住四个人,后来人就多了。他安排的牢房,里面有维吾尔族、哈萨克族、满族、汉族,语言不通,很难团结起来。

李: 维吾尔族、哈萨克族的犯什么罪了呢?

戴: 好像也是怀疑他们。有个哈萨克的青年学生说了:"原来吃的是六大政策的面条子,现在吃的是三民主义的面条子"——他嘲笑盛世才。

李: 您跟赵丹他们是谁先被抓起来的?

戴: 我和赵丹不熟悉,彼此没有联系,我只知道他们是左派的人。

李: 朱今明、白大方和您是一个监狱吗?

戴: 不是。我和于村在新西院,挨着反帝会,是一个长条的监狱,一个小房一个小房的。他在第六个屋,我在第二个屋。

李: 监狱里有没有强制劳动?

戴: 那倒没有。就在那儿呆着,上午放风放一会儿,下午放一回,放十来分钟,在那个院里活动活动,可以上厕所。

李: 很多文章里都提到您,当时还有一个新疆文化干部训练班吧?

戴: 有一个文化训练的班,讲漫画、戏剧、歌咏,请大伙去当教员。①

---

① 据参加过训练班的学员事后回忆:徐韬讲戏剧知识;赵丹讲表演艺术和导演艺术;朱今明讲舞台技术;王为一初教写生画课,后又教戏剧理论;于村上音乐课;戴彭荫则教漫画课。

戴彭荫、李凤翘夫妇在新疆
(摄于40年代)

李：您释放之后想回东北？

戴：我去探望老母亲，这一路上得花钱。我老伴是一个小学教员，她挣钱很少。所以我出狱以后，又在第一中学继续当了半年图画教员，积攒一点路费，就靠这些钱回东北。从新疆回东北路远，路上不太平。因为国共还有摩擦，得躲着打仗的地方。我东躲西躲，都躲到南京去了。日本投降了，国民党给流亡在外的东北人发许多吃的东西，有罐头。

李：您怎么证明自己是东北的，有证件吗？

戴：你说自己是东北的就行，很随便的，我去那儿拿过好几回。因为没多少钱回家了，不舍得买东西，钱还得留着作路费。拿了八个小罐头，带回去给我母亲，拿不回去别的东西。我从南京逐渐往山海关走，在山海关坐火车到了东北。一路上很困难，那时候是我和老伴还有大儿子，三个人一起回家。我家里那时候还有粮食和柴火，勉强对付。我大哥在北京，是他在照顾家。我二哥也在新疆，他也曾被抓进监狱，连我的侄子，在初中念书的也进过监狱。

李：您回东北以后，对将来的工作有什么打算？

戴：看来看去还是北京好，我搞美术的，在东北顶多当个教员。没想到这时候于村东找西找，把我找到了。他在北京，就把我介绍到北京电影制片厂美工科。北京电影制片厂刚成立，正在招兵买马，还没有正式拍片子。我在美工科担任见习技师，职位比一般美工科的同志还高一点。于村介绍我的时候，说了许多好话。

当时北平已经解放了，但是开国大典还没开始呢。

北京·翻译和编辑

李：您在厂里刚开始做些什么？后来怎么去的中央电影局艺术处？

戴：那时候没有拍片子，天天没事儿。因为是于村介绍的，科长挺重视我，让我给大伙讲点儿美术常识。我在北影工作的时间很短，只有一两个月。后来，电影局艺术处准备成立一个翻译组织，要介绍苏联先进的电影经验，领导问我的俄文怎么样，我说我的俄文是在新疆的时候自修的，能对付，就把我调到了电影局艺术处，由程季华领导。我是第一个到那儿做翻译工作的。开始翻译的是单篇的东西，零碎的翻译文章容易丢，后来程季华希望出书，我就翻译了一本《论苏联电影》①。后来出版的《党论电影》②、《攻克柏林》都不是一个人译的，而是好几个人一块儿翻译的。

李：《论苏联电影》这本书不薄，您翻译了多长时间？

戴：我说不清楚，我当时翻了不少苏联的文章，这本书的内容是从我翻译的许多文章里头选出来的，还有一些文章没用上。先翻译和后翻译大不相同，我是先翻的。很多电影专用名词怎么译，得考虑，我查字典，然后来回琢磨，第一个人没有什么参照，所以费点劲儿。

---

① 《论苏联电影》：〔苏〕И·波尔沙科夫等著，中央电影局艺术委员会编，戴彭荫译，时代出版社，1951。

② 《党论电影》：〔苏〕列别杰夫著，中央电影局艺术委员会编，徐谷明等译，时代出版社，1951。

李：但您还是很快的，因为这个书1951年5月就出版了。50年代苏联电影理论方面的书出了很多，您这本可能是最早的。

李：当时翻译苏联电影的书，上级有没有什么要求？

戴：没有。当时由我来考虑翻什么，先翻后翻也由我来考虑。那时候领导急于要知道苏联的先进经验。《论苏联电影》是一篇篇的文章组成的，其中有一篇文章叫《论苏联电影》，后来用它正好做书名了。

李：也就是说，这本书原本不是一本书，而是您找了一些文章合成了一本书？

戴：对，原来不是一本书。是我从许多文章里面，选出几篇内容好的、容易懂的，做成一本书。这也是程季华的意见。我开始翻译的时候，还没考虑出版成书。

李：《论苏联电影》的文章是您选的，那么没选上的文章是什么？不选的原因是什么？

戴：记不太准了，好像有的谈得比较空一些。文章很多，反正去的多，留的少。

李：那些零散的苏联文章都是从哪里来的？

戴：不会是零篇来的，一定是一些杂志……记不清了。

李：《党论电影》是不是也是零散的文章组成的集子？

戴：不，《党论电影》是一本书。我记得这本书里是列宁、斯大林等关于电影的一些看法和指导意见。

李：我知道《党论电影》您也参与了，您还参与别的书了吗？

戴：好像参与翻译了《攻克柏林》[①]。

李：您后来怎么没继续搞翻译呢？

戴：后来翻译的人多了。这个时候成立了电影出版社，人员不够，他们领导希望我到电影出版社工作，负责本国电影编辑室，让我当副

---

① 《攻克柏林》：中央电影局艺术委员会编，署名"史敏徒译"，时代出版社，1952。"史敏徒"是一个虚拟的作者，在五六十年代电影出版社的出版物中，在两种情况下会署名"史敏徒"，一种是作者在政治上被怀疑或被看做是清查、斗争的对象；第二种情况是，多人参与的著作。

主任。我是非党员，但是领导对我比较信任，主任当着大伙的面说："戴彭荫同志虽然不是党员，但是我们拿他当党员看待。"确实，后来出的那几本书，我没有出现过任何错误，没有人批评，没有人提反对意见或者不足之处。不久，文化部给予我"先进工作者"称号。那个时候电影出版社就两个人得了这个称号。

李：您做本国电影编辑室副主任的时候，编了哪些书啊？

戴：我记不太清楚了。我写过一篇文章，是根据《祝福》的分镜头剧本，做的详细的评论，用了笔名章抒。

李：这篇文章很长。

戴：这是我比较满意的一篇。写了这篇以后，一些刊物认为写得不错，约我写文章，包括我给《人民日报》写过一篇，是关于外国电影的。

李：您还有别的笔名吗？

戴：在新疆的时候叫过"黎抒"。

李：您写过多少这样的评论文章？

戴：不多，一共写了五六篇。因为在出版社天天要看稿子，用去的时间比较多。

李：后来好多影片都受了批评了，这个《祝福》也受批评了，您了解吗？到"文革"，好多影片都成毒草了。

戴：他们搞得太过分了。太不像样了。我退休就是他们搞的，因为我得罪了军宣队……

李：那个时候本国电影编辑室有没有计划、任务啊？

戴：没有一个事前的计划。一个国产片子出来以后，如果文章评论得比较多，党比较重视，我们就挑其中一些比较好的文章，集结成书出版。也没有规定一年出多少本书的任务。那时候就是八小时工作，中间可以有休息，中间操可以打乒乓球、羽毛球，活动活动。星期日可以上公园或者在家休息，肯定没人找你。

李：您原来俄文翻译得挺好，为什么没把您分到影协搞翻译啊？

戴：在俄文方面，我并不是科班出身的，我是在新疆自修的，不是很有把握。既然翻译的人多了，我就做中文方面的工作了。我在电影出版社除了出电影评论的书以外，还搞过电影连环画。连环画很受欢迎，书出得不少。

我们做编辑工作的，没参加过电影的拍摄工作，许多人总觉得自己还是外行，对于电影的构成没有亲身经历。后来，我看过一些电影的分镜头剧本，对我很有帮助，帮助我认识这个电影，为什么用这种镜头，渐隐渐显为什么会这样？就考虑它的艺术处理，怎么样打动别人，分镜头剧本对我启发很大。后来，我觉得应该跟片子，从头到尾看看电影怎么搞的，导演、音效、美术、摄影等等，从头到尾参加一遍，就知道电影是怎么构成的，就不外行了。后来没等我提这个建议，就退休了。

李：您在本国电影编辑室，做副主任一直到退休吗？

戴：一直到退休。我退休的时候正好赶上"文化大革命"。没退休的时候，大伙在军宣队领导下，下放劳动。我和军宣队相处的不怎么好，我觉得他们管得过分，就得罪了人。就有人审查我的历史，派电影出版社的一个人，到全国各处去收集我的材料，想给我定个罪名，收集了很长时间。

李：收集到了吗？

戴：没有收集到。他派的那个人我还认识，就是我们电影出版社的人，他告诉我的："我上全国各处去收集你的材料"。这个事儿就看出"四人帮"对人、对下边的干部的看法，和党中央的看法是不一样的。

李：后来咱们跟苏联的关系破裂了，苏联成了批判的对象了，您翻译过苏联的书，有没有因此受什么影响啊？

戴：我出的那本书大概是印得也不多，没什么影响。我的看法是这样，斯大林他在国内做得可能过分了，但是他打倒法西斯，把欧洲拯救出来，确实功劳不小。

李：您在电影出版社的这段期间内，你们平时业务观摩、看片予这个机会多不多啊？

戴：几乎每天晚上，下班以后都看片子。因为做这个工作，不看片子怎么评论啊！怎么知道评论的合适不合适啊！所以你得心里先有个底，那时候几乎天天看，作为工作的一部分。

退休

李：讲讲您退休的经过。

戴："文革"的时候在干校，我不同意军宣队的做法，那是1974年初，当时我还没到六十岁，但是我要求退休，我想，退休他就管不着了。军宣队就说了："你退休？行！你原来的单位——电影出版社已经被我们砸了，你回不去了，你退休就去街道。"

戴彭荫在家中（摄于2009年）

李：哦？退休只能到街道？

戴：对。我退休后，人事关系就转到了西单横二条居委会，那时候我家住在小石虎胡同11号。1984年，我家搬到朝阳区三源里，就是现在这个地方。

李：请谈谈您退休以后的生活。

戴：我自退休后就与电影出版社无关了。电影出版社有任何活动也不找我了。因为我已经退休到街道了。后来我也想继续研究电影，但是回不去了。没有办法，我就在家里研究别的。先研究的是世界语。世界语有规律，很好学，我买了世界语字典和各种参考材料，研究了一两年。后来发现中国并不提倡世界语，咱们也没有这种报纸，学了半天没地方用。我看此路不通，只好又换了，学书法，研究书法。

我这人还是好高骛远，先是用毛笔写书法，又研究用米粒写字，现在的字都是米粒写的，叫"颗粒书法"，用米粒来写，为什么呢？我很偶然发现的，桌子上撒了许多米粒，我看把它摆来摆去，觉得好看、有趣味，就开始研究。我用过好几种米粒，最小的是小米，用过黄米、也用过东北的高粱米，高粱米是大粒的，写大字用高粱米，都试过了。后来研究外文书法。

李：外文书法？

戴：当时有一种理论，说中国书法只能以中文作为具体的载体，就是说书法只能写中文，不能写外文，我就不赞同。我就研究，中文和外文都是点线艺术。事实证明，中文的书法是线条，外文也是点线，不过是拼到一起变成长条的。中国字是方块的，其实外文的每一个字母也是方块，不过是把方块集中到一起。让它们有变化又统一，这就要动脑筋了。《科学发展观》的学习读本中就谈到文化问题，书里说了"创新内容、创新形式、创新手段"。从书法的角度看，我搞外文书法、颗粒书法、趣味书法，都是"创新手段"。我最近刚出版的《书法探索——戴彭荫专辑》你看了吧。我有工夫的时候还研究了一种新的象形文字。我想在那个基础上，变成一种新的书法。这种文字要是搞出来，外国人也能懂。将来我告一段落，想办法发表一下。

【采访手记】

在电影界做过翻译的很多老人都提到过"戴彭荫"这个名字,说他是新中国最早翻译苏联电影理论的人之一。在我认识的人当中,最熟悉戴彭荫老师的人,莫过于戴光晰老师,他们都姓戴,不过不是亲戚,但是他们有个圈子,都是影协的老前辈,有时还举行聚会活动,过往甚密。在戴光晰老师的引荐下,我得到了采访戴彭荫老师的机会。2009年11月,我开始准备戴彭荫老师的资料。我发现 关于他,能找到的资料很少,除了他独立翻译的《论苏联电影》和参与翻译的《党论电影》以外,关于戴彭荫的多数信息都不在电影领域,而是集中在另外两个艺术领域:美术和书法。比如在关于新疆早期美术历史的一些论文里,很多人对戴彭荫老师有着相当高的评价,在三四十年代,他因为在新疆做了大量美术方面的工作,被誉为新疆文艺的拓荒者之一。比如成立于1939年4月的新疆文化协会,是抗战时期在中国共产党的组织和影响下成立的进步文化艺术组织,在文协的组织机构中,设有艺术部,茅盾兼任部长,戴彭荫任副部长,这个组织在两年的时间里为推动新疆文化艺术发展做了很多工作。戴老师在新疆期间,还曾被军阀盛世才关押在监狱长达3年之久,这段不堪回首的历史,我在赵丹写的回忆录,以及2008年我在广州采访王为一老师的过程中都了解一些。现在知道那段历史的老人也不多了,我很好奇,因此"新疆的经历"是我采访的一个重点。

戴彭荫老师出生于1913年,到今年已经97岁了。而且他1974年就退休了,离开了电影界时间比较长,退休至今,他研究过世界语和书法,尤其在书法方面颇有名气,他自创的颗粒书法自成一家。在他95岁的时候,还出版了自己的作品集,如此高龄还能在艺术上如此孜孜以求,着实令人佩服。这次采访,我有两点遗憾。首先,因为戴老师年纪大了，再加上离开电影界时间久，对于经历过的一些事情，尤其是电影方面的记忆，非常模糊，比如对《武训传》的批判，他没有印象。所以我准备的很多问题，他都无法回答。第二点遗憾是，戴老师不想对过去自己在电影界一些不愉快的经历做详细的讲述，所以在谈到一些事、一些人的时候，他希望不公开讲述的内容，我们完全理解并尊重他的意见。他的回忆中虽然关于电影的内容不多，但外国电影理论在新中国传播的过程里，他是毫无争议的前辈，据此，我决定将他的采访放入本卷。

戴彭荫老师曾婉拒过采访，但经过戴光晰老师多次与他沟通解释，我才得到机会。遗憾的是采访过程没有录像，只有录音和拍照。采访现场只有我和戴老师两个人。总的来说，戴彭荫老师给我的印象是个乐观、谦逊、温和、淡泊名利的老人。在第一次采访前，他还为我讲了一个笑话，唱了一首由他改编的歌曲，使整个采访在一种活跃、轻松的气氛中开始。

祝戴老师健康长寿！

（李镇）

富澜访谈录

采 访 人：陈墨
摄　　像：赵晶
采访时间：2009年2月9日至28日
采访时长：31小时
采访地点：北京樱花园·富澜家中
录音整理：赵晁　江川
文本选编：李镇

受访人简介：

富澜，男，原名刘正龙，1929年生于天津，祖籍湖北武昌。1938年随家人迁居北京。1947年由唐山进入冀东解放区参加革命。1949年12月毕业于哈尔滨外国语专门学校，分配至中共中央俄文编译局任翻译。1951年底调入电影局艺委会研究室任翻译。1957年被划为"右派"，1958年2月至1962年3月在兴凯湖农场和茶淀农场劳动教养，解除教养后当农工。1964年1月调至北京市公安学校外文班教俄语。1965年9月全家外迁至山西榆次，在张庆中学教俄语。1971年在张庆公社插队落户。1972年抽至公社建农业科学实验站，任站长；1978年任榆次市农科所副所长、所长，榆次市科委顾问。1979年9月调回中国电影出版社，任外编室副主任、副总编辑、总编辑。1991年离休。1981年加入中国民主同盟，1984年加入中国共产党。

童年和学生时代

陈：请问您的"富澜"这个名字的来由？您的原名用的机会多吗？

富：原名"刘正龙"等于是作废了，只有填表和调查我的时候才写，身份证也不是原名了。1947年8月5日我们进入解放区的时候，要求我们每个人取一个化名，就用了"富澜"这个名字。在那以前，我曾经叫做过"富兰"。这个名字是这么来的，我从十几岁的时候，知道了作曲家弗兰茨·舒伯特[1]，我爱上了他的"艺术歌曲"，他一共做了六百多首歌曲。我一开始写文章就是写他的《冬之旅》。我钦佩他，因为他是我所知道的作曲家里最接近平民的作曲家。所以我就用弗兰茨·舒伯特的"弗兰茨"，但是叫"弗兰茨"不像中国人，我就去掉了一个字，就叫富兰，可是"兰"容易让人误会成女性，所以就变成了三点水这个"澜"。从进解放区填表的时候开始用，这个名字以后就一直没变。

陈：请您谈谈您的童年，包括父母的情况，您的家庭对您的人生有怎样的影响？

富：我的祖父大概有十亩田地，有五个儿子，我父亲刘汉卿是老五。如果十亩田地是一家子的，那倒是蛮富裕的，因为武汉地区是鱼米之乡。但是分成五个家庭的话，那就很悲惨了。所以我父亲从很年轻的时候就离开了土地，他把两亩地给了他的某一个哥哥，自己到汉口谋生，主要工作是拉洋车。

我的三伯父是黎元洪的马弁[2]。黎元洪接受副总统的职位到北京上任后，我三伯父是他最亲信的随从；就把我父亲带到了北京黎元洪的府里打杂，那时候他二十多岁。后来黎元洪下台，去了天津，我父亲也一起跟着到了天津。再后来黎元洪家庭没落了，用不了那么多人，就

---

① 舒伯特的全名是"弗朗茨·泽拉菲库斯·彼得·舒伯特"Franz Seraphicus Peter Schubert（1797–1828），奥地利作曲家，早期浪漫主义音乐的代表人物。

② 马弁：旧时官员的随从。

逐渐把我父亲介绍给官僚、资本家，或者是给公家单位做佣工，也就是仆役。他三十岁结婚的时候，社会地位低，没什么财富。我母亲老家也不是天津的，我外祖母生了九个孩子，三男六女，我母亲是老九。我母亲结婚的时候才18岁，结婚第二年就生了我的姐姐，大概过了两年又生了一个女孩，但是那个姐姐大概一两岁的时候就夭折了。然后就生了我，我和我姐姐之间差五岁。虽然我们家庭是在社会的底层，比较贫穷，但是穷人的孩子未必早当家，照样也可以受宠爱。因为我母亲生了三个孩子，只保住了两个，而且男孩子只有我一个，所以父母亲对我宠爱有加。我后来一生的命运，都跟他们的性格，跟我小时候他们对我的宠爱有很多关系。我父亲工作非常认真，扫地都是抠砖缝。我在扫地上也随他，我做事受他的影响，特别认真。在这样家庭里长大，一方面我是最娇贵的，在邻居的孩子当中我是最聪明的，我的自信心特别强，又特别认真，所谓"较真"，这也决定了我一生的命运。

陈：您是否上过私塾？小学教育是在怎样的学校里完成的？

富：我上学大概在1934年冬天，那不是一所正式的学校，一个中年妇女在她自己家里摆了几条凳子，立一块黑板，我姐姐带着我去，因为我妈妈嫌我在家里捣乱。也没什么年级不年级的，就这样上了一个冬天。第二年一年在家里写字，没上学。等到1935年的冬天，我一去就上了一年级的下学期。《百家姓》、《三字经》、《千字文》这些我都读过，但不是在学校里，是在家里，我姐姐找来自学的。我进入的小学校叫"天津市特一小学"。"特一"是指"特一区"，第一次世界大战德国战败后，中国就把德租界收回来，改叫特一区。我在特一小学上了一个学期，到二年级的时候换到第七十四小学，什么原因我不知道。那时候我很腼腆，特别害怕换新环境，好不容易跟同学熟了，忽然到了一个新环境，我觉得特别拘束。我这个人进入新环境，接触新的人，就特别怵。二年级结束进入三年级的暑假，就是"七七事变"那一年——1937年。我妈怕我在家淘气，在暑假里给我报了一个补习班，有一天早晨，我睁开眼，太阳已经很高了，我说"糟糕了"，怪我妈不早叫我起床，补习班迟到了。她说今天不用去了，院子的大门都关了，不让上街了。到傍晚的时候，打开大门，人们站在门口，从胡同里看着胡同外面有29军大刀队，穿着一身白制服，每人扛着一把大刀走过去。这是从北平撤下来的部队①——抗战开始了。

陈：抗日战争开始前后，您的生活环境和学校环境、学校生活有怎样的变化？您是如何适应这一变化的？生活在被日本人占领的北平，您有哪些记忆？您在中学阶段比较喜欢阅读哪些书籍或报刊？

富：抗战开始后，时局紧张。我父亲原来在一个叫齐协民②的人家里做仆役，这个人是个官员，当时赋闲在家，他的房子在法租界③。后来齐协民家里为了节省开支，就要裁员，他把我父亲介绍给他一个姓李的朋友，是行政委员会的交通局局长，我父亲就做李局长的仆役。行政委员会就是王克敏④成立的伪政府。所以我父亲就来到北京⑤了，1938年4月27日，他想办法把全家都从天津搬到北京来了。我父亲在行政委员会上班，交通局长的办公室里订有各种各样的报纸，有北京的《新民报》⑥、《实报》⑦、《晨报》，还有天津的《庸报》。我父亲每礼拜六夹着一大堆报纸回来，并不是为了让我们读的，而是准备攒下一个月来可以卖钱，但是在卖之前，我和我姐姐就享受这些报纸。所以从我不到10岁的时候开始，就习惯了每礼拜六从头到尾地读拿回来的报纸。我姐姐爱读连载小说，她后来一生手不释卷。我读得更广泛一些，国家大事、国际形势、文艺的、科普的等等。

我在三年级下学期转到北京的新鲜胡同小学⑧。三年级开始每周增

---

① 全面抗战爆发后，29军仓促应战，但迅速失败，遂向保定撤退，受访人所述可能是29军撤退途中的情形。
② 齐协民：生卒不详，记者出身，北洋军阀和民国时期的政客、报业家，人称"齐六爷"。
③ 根据齐协民之女齐晴云回忆，齐协民在天津的住宅位于英租界。
④ 王克敏（1879-1945）：字叔鲁，浙江杭州人。1937年日本扶植的傀儡政权"中华民国临时政府（北京）"的首脑之一。
⑤ 日伪时期"北平"改称为"北京"。
⑥ 《新民报》：1938年1月创刊于北平，1944年4月停刊。是抗日战争时期华北伪政权机关报。
⑦ 《实报》：1928年10月4日创刊于北平，1944年4月30日停刊。是以市民阶层为主要读者对象的报纸。
⑧ 北平市立新鲜胡同小学：位于东城区新鲜胡同36号。

加了两个小时的日语课。后来我家搬到北城黄化门附近的东板桥大街。因为我在学期中间转学，公立学校暂时不能收，所以我五年级下学期是在宽街的一所私立小学——怀幼小学①读的。六年级开始我就在府学胡同小学②，在那儿毕业。那里有个日本教官，名叫续光明，每周一的朝会他都要用日本腔的中国话讲话。

1941年我考上第五中学③，学习成绩中等偏上。五中当时在北京是很有名的平民中学，学生多半都是家庭比较贫寒的。初中的国文课本中有鲁迅、高一涵④、傅斯年⑤的文章，也有一些古文。我初中三年是一位叫卢允孚的班主任一直带上来的，他在课堂上公开跟我们讲29军大刀队。我们校长张景涛曾经被日本宪兵队捉去一段时间，不知道在里面受了什么罪。在中学的时候日语是每星期三小时，英语是两小时。我们的业余时间很多。

陈：您当时为什么想当歌唱家？怎么学习声乐？

富：以前在天津我不怎么知道音乐，天津小学只教简谱。到了北京之后，我才知道原来上音乐课需要到音乐教室。我以前甚至没见过风琴。我家搬到东板桥大街之后，房东的儿子叫周友儒，他喜欢音乐，而且他们家里就有一架风琴。因为我跟他年龄很相近，就成了好朋友，用北京话说我们俩就叫"发小"。他喜欢音乐，所以带着我也喜欢音乐。上初中的时候，周友儒有个同学家里有手摇的留声机，我们一帮人经常到他家听唱片。我听唱片是从《钟表店》⑥开始的，假如你要想你的孩子有音乐修养的话，不要一开始就叫他听贝多芬的交响乐，而要给

---

① 怀幼小学：创办于民国，具体时间不详，位于东城区宽街47号，是北京宽街小学的前身。

② 府学胡同小学：兴建于1369年，最早名为"大兴县学"；位于东城区府学胡同。受访人就读时该校全称为"北京市市立府学胡同实验小学"。

③ 北平市立第五中学：创办于1928年5月，位于东城区方家胡同。

④ 高一涵（1885-1968）：原名永浩，别名涵庐、梦弼，笔名一涵，六安南官亭人，翻译家、诗人、社会活动家。

⑤ 傅斯年（1896-1950）：字孟真，山东聊城人，祖籍江西永丰，历史学家。曾任中央研究院历史语言研究所所长、台湾大学校长。

⑥ 《钟表店》：德国作曲家阿图尔·奥尔特（1850-1893）写的一首通俗管弦乐曲。

他听《钟表店》这样的音乐，就是一个小孩走进钟表店，听到各种各样的钟表发出的声音，中间穿插着很温柔的、似有似无的旋律，吸引孩子对音乐感兴趣。然后就听一些比较浅近的古典音乐。比如各种各样的小夜曲，器乐的、声乐的，还有就是各种序曲。循序渐进地从通俗到比较严肃的音乐。在学校里每星期六上午有音乐课，每星期三下午连着有两节是作文，这都是我所期待的时间。我还读过丰子恺的《世界十大音乐家》，促使我树立了学音乐的想法。我觉得天才不是生下来就是天才，每个人可能在体质上、智力上略有差别，但是决定性的东西是后天的，比如教育和机遇。所以我觉得我也有可能像贝多芬那样，给人类留下宝贵的财富——这就是我当时的雄心壮志。由于家境困难，我初中毕业后就去银行工作了。我挣的钱全部交给父亲，只是在我需要的时候找他要一点零花钱，我可以用零花钱买一张唱片或者我喜爱的东西。我在银行有一个同事叫石锐，是五中高中毕业的，我们非常要好。他的家境比我好，他家有留声机，我没有，就经常把买来的自认为很好的唱片拿到他家里去放，边欣赏音乐边聊天。就这样，从听普通的音乐、通俗的音乐到交响乐，到歌剧，我的音乐教育就是这么来的。

　　同时我自己也唱，主要唱舒伯特的歌曲。我最喜爱的歌曲就是《菩提树》。还有《冬之旅》里面的好几首我都喜欢，此外还有《魔王》，不过这首歌的难度比较大。为了唱这些歌，我还专门在业余时间去"中德学会"[①]学德语。中德学会是德国人在北京办的，大概相当于现在的歌德学院，在南锣鼓巷进去路西某一条胡同里面，一个很深的院子。好像隔天去一次，晚饭以后有一两个小时在那儿听德国人教德语，学了三四个月，唱歌词的德语发音没问题了。我的目的就是要成为歌唱家，为此还专门请汇文中学的音乐教员杨老师教我美声唱法，好像是每个

[①] 中德学会（Das Deutschland – Institut）：1931年在北平创立。是一所在中德文化交流中具有明确的学术目的、完整的计划、从事实际工作的机构。

礼拜去他家两次,他教我呼吸,先学最简单的发声,最简单的歌曲。他认为我适合唱男低音,大概按照他的方法学了几个月。

陈: 学习声乐对于您的经济状况是否造成压力?

富: 银行、邮局、铁路当时都是最好的地方。我工资虽然不高,但是银行每月都供应粮食,有油、棒子面、白面等,每个人拿着自己的证件去领,那是工资的一部分,而且中午饭是在单位里免费吃。那时候在城市里面买粮食都是很困难的,有一段时间有钱也买不到,但是我们有保证。我的零花钱除了修自行车,大概能买一两张唱片,找杨老师学声乐的学费也是用我的零花钱。在中德学会学德语好像是不交费的,而且还免费给一本教科书。我父亲是反对我学唱歌的,他说湖北人有一句话叫做"鸡唱下蛋,人唱要饭"。

陈: 说说您另外一个特长,您13岁左右就开始在北京《晨报》副刊上发表文章,而且还不止一篇?还记得这些文章的内容或题目吗?您作文的特长是怎么形成的?

富: 我们每星期三下午有两节课连着是作文课,老师会讲评和宣读上次课的优秀作文,被念的作文常常是我的。所以我的自信心和成就感得到最大的满足,也就更热爱写作。我的国文老师姓姚,据说是桐城派姚鼐的后代,他非常推崇姚鼐,我算是他的爱徒了。最初的投稿是我和周友儒两个人。周友儒家里面有很多书,乱七八糟、五花八门,有一套书叫"万有文库"①,里面有一本是介绍声纳的。我们两个人看了之后,根据书中对声纳的介绍,我们写了一篇通俗的科普小品寄到《晨报副刊》②。当时的报纸一个是官方办的《新民报》,那是汉奸报;还有一个相当于现在的晚报一样,叫《实报》,是比较通俗的。比较正经的就是《晨报》,虽然日本人占领了北平,但是这份报纸保持

---

① 万有文库:民国时期商务印书馆出版的一套百科类丛书。
② 受访人提到的《晨报》原名为《北平晨报》,该报于1937年12月1日出版《晨报副刊》;它与孙伏园、徐志摩等先后主编的《晨报副刊》(或称《晨报副镌》)没有关系。

着比较严肃的风格。我记得第一次知道《离骚》就是在《晨报副刊》上看到的《离骚今译》。我们的稿子发表以后，我们两个人一起骑自行车跑到《晨报》馆，领了几块钱稿费回来，是很得意的一件事情。我集中向《晨报》投稿的时间是1942年，我上一年级下学期到二年级上学期这段时间。后来都是我自己写，记不得到底写了多少篇。印象比较深的是一篇短篇小说，大体上是模拟了《少年维特之烦恼》写的一篇爱情小说。在我当时读的那些乱七八糟的书里面，给我印象最深的就是《少年维特之烦恼》，也影响了我一生的爱情观。那时候用的笔名是"留连"。我记得还写过一篇很短的散文诗，是看到新搬来的邻居家的女孩，我开始不知道她叫什么，灵感的触发而写的，用很抒情的笔调，题目叫《不知名的花》。《晨报》大约在1942年底彻底停刊[1]，我记得终刊号的那期副刊版上还有我的一篇文章。

陈：您发表作品，家人肯定特别高兴吧？

富：没人知道，我也不拿它到处炫耀。家人不知道，我母亲去世了，继母也没什么文化，不关心我这些事情。我父亲也没什么文化，他只会写他自己的名字。

陈：您母亲什么时候去世的？

富：我12岁那年考上五中，我把这个消息告诉我母亲，她很高兴，在暑假里还没有开学，阴历七月十五日的夜里，我母亲就去世了。过了一年，我父亲又续弦了。我的继母对我应该说是不错的，但是我有一种抗拒的心理。

陈：您工作的时候还不到15岁，为什么没想过考大学？

富：当时觉得没出路，在我那个家庭，也别指望考大学。而且我看到，那时候的大学生都是穿着一身蓝大褂，穿着一双磨白了的皮鞋，留着很长的头发，都是那种名士派头，我不羡慕那种生活。我在少年时期只想当贝多芬。

---

[1]《晨报》于1943年12月终刊。

陈：您是如何获悉抗战胜利的消息的？是否参加过庆祝游行？抗战胜利结束，本国政府接管，您反而失去了工作，这一段时间您干什么呢？

富：我在1944年8月7日进银行工作，1945年11月2日银行发了三个月的工资就把我们遣散了，银行科长以上的职员都留下了。国民党不懂得怎样对待群众，他把低级职员当做汉奸都给解散了，反而把够得上汉奸的留下来了，等于把大批的青年人推向了他的对立面。抗战胜利是1945年"八·一五"，大概在8月10日的时候，我们家对面的商店开着无线电，我在那儿就听人家说大概是日本投降了。8月15日那天中午有广播，日本天皇宣布无条件投降。这时候虽然还在上班，但是我们也没心思上班了，整天骑着自行车跟我一个很要好的叫王树萱的同事到处去看，跑到西苑机场、南苑机场，飞机场不让我们进，也没有国民党的国军空降的消息。真的有一天，国军来了，我们在东单那儿碰到军队，每个人抱着枪坐在一辆辆卡车上，都是面无表情，泥塑木雕的样子，对于被光复了的人民的欢迎完全没有反应，我们感觉非常失望。

当时我用遣散费和四个同事创办了一本叫《红叶》的杂志，登过一些严肃的东西，比如前面有社论，我记得我写过一篇《严厉管制日本》，主张对日本进行民主改造，要从小学教育做起，批判他们的军国主义。在这上面我还写过一篇《舒伯特传》是根据日语编译的，日文里有大量的汉字，所以就连蒙带猜地编译了这篇文章。杂志办了四期，三个月工资的遣散费花完了，工作也没了。后来我爸爸把我介绍到天津《中华日报》①当校对，我去天津工作了一星期，那里环境非常差，也没前途，我就跑回了北京。抗战以后我父亲也失业了，他就带着我

---

① 《中华日报》是日本投降后在天津出版较早的一份报纸，每天只印几百份，最少时印二三百份，是天津报纸中以印数最少而出名的一家。抗战胜利后，齐协民接任该报的发行人兼社长。根据前文，大致可推断是受访人的父亲利用齐协民的关系将他介绍到这里工作。

继母和我继母生的妹妹搬回了天津。我爸爸又把我介绍到天津的一家私人开的证券行当练习生，待了大概两个多月。1946年4月18号我考上了"青年复学就业辅导委员会"①办的"北平师资训练所"，短期培训了半年，10月18号结业。这期间的食宿都是公费的。因为这个所长是天津市教育局的局长，所以大多数学员都一起分配到了天津，我结业后被分配到天津老城区的南大街的一所很简陋的小学里。后来，有个同学说，第六区中心小学需要一个音乐教员，第六区就是原来的特一区，第六区中心小学就是一个比较好的学校了。大约在1946年11月我跳槽到了第六区中心小学当音乐教员。

"青年复学就业辅导委员会"的主任委员甘家馨②到东北去视察工作回来，路过天津，在天津召集起北平师资训练所的毕业生开了一个座谈会。他讲了一些鼓励的话，并许诺谁愿意继续学习，他可以提供帮助。我想学声乐，最向往的是去读上海音专，那是当时中国音乐的最高殿堂。所以我就写了一封信给这个人，不多久他就来了一封回信给天津市教育局，由天津市教育局通知我，复学就业委员会已经把我介绍到上海音专，让我自己去报到。正在我想方设法筹钱去上海的时候，我接到了上海音专的一封信，让我不要去了，理由是学校名额已满。其实可能是学校不接受官方的"旨意"，这是我后来猜想。

陈：后来您又到唐山当了广播电台播音员，您是如何获得那份工作的？这工作的报酬如何？您还记得播出过的节目吗？

富：没有去成上海音专，学校的工作也没有了。我又失业了又从天津回到北京，为了维持生计，先给一个同乡家的孩子当家庭教师，有几个月的时间。后来我的一个同学写信介绍我去唐山广播电台做播音员，到了那儿，播音科长给我一篇天津《民国日报》社论让我朗读，他

---

① 青年复学就业辅导委员会：国民政府教育部1945年11月底设立的机构，由战前的青年招致训练机构改组而来，主要职能为协助收复区教育复员而开展对失学失业青年的救济。

② 甘家馨（1904—1977）：又名义连，字友兰，江西萍乡人。1944年任教育部战区青年辅导委员会副主任委员。

在外面通过麦克风听着,我说的是标准的普通话,朗读完了他很满意,所以就留下了。这是正式的工作,1947年4月9日开始上班,我的主要工作就是报新闻,有三个播音员,两个女的负责娱乐性的节目,我负责播社论和重要新闻。

陈:正式工作为什么又想到变动呢?1947年,您想报考北平艺专音乐系,但经朋友介绍而进入冀东解放区加入革命队伍。您当时是如何作出这一选择的?当时与您同道者多吗?您的家人是否会不同意?您是如何进入解放区的?

富:因为我想当歌唱家、音乐家的野心并没有改变。在师资训练所期间,我曾经抽空考了北师大,考声乐时我唱的是亨德尔的《绿叶青葱》,带前面的宣叙调①。主考老师俄国人霍尔瓦特夫人②给我评的是一百分,但其他各科全都不行,数学连一道题也不会做,没有考上。我在唐山的时候周友儒已经在北京艺专上学了,学音乐。他曾带着我去见过北京艺专音乐系的主任赵梅伯,赵梅伯同意我夏天去考,通过考试来接收我。到了夏天,我写信给周友儒,让他替我报名,但他没有给我报名,却来信告诉我给我介绍了一个好去处,就是到解放区去。当时北京艺专地下党负责人名叫石岚,后来在新影工作,很多人都是他介绍出去的。周友儒当时也去了解放区,改名为许直,他倒是真的搞了一辈子音乐。我立即接受了他的意见,愿意到解放区去。但是我当时还不能说对共产党有多少了解,与其说我是向往解放区,不如说是厌恶国统区。国民党抗战胜利后接收这几年,给沦陷区的人民留下了特坏的印象。所以一般群众普遍有一个求变的心理。

陈:后来为什么放弃了学音乐?

富:我喜欢音乐,但我之所以千方百计要学声乐只是因为我除了自己的嗓子之外,没有钱去搞任何乐器。但是从一个歌唱家的角度来说,我的肺活量很差,音域很窄。杨老师把我定位成贝斯,就是男低

---

① 宣叙调:歌剧、清唱剧、康塔塔等大型声乐中类似朗诵的曲调。
② 全名"霍尔瓦特·依夫娜",北京师范大学音乐系俄籍教师。

音,比起男高音,男低音可唱的歌曲范围就少,而且我不是很乐意唱男低音。我考音专实际上没多大希望,因为他要求会弹琴,我不会。何况,当时的中国,我也知道唱歌,尤其是唱洋歌根本就不可能存活。

陈:您对解放区、共产党,对政治有了解吗?

富: 我看过一些杂志,比如《解放》三日刊①,这是共产党办的;《民主》旬刊,是民盟办的;还有就是储安平②办的《观察》,这些我都看过。所以我对共产党并非全无印象。我们到了解放区之后,冀东的城工部接待我们,住在农村老乡家里,等到更多的人来了以后,越过铁路到了遵化,就把我们这批从国统区出来的一百多人集合起来,办了个思想培训班。九月十几号的时候,上级派了两个人把我们从学习班的主任手里接过去,带领我们到热河省去,每天步行大概走八九十里。到赤峰附近的五家,是冀察热辽分局的所在地。到了五家以后,分局的赵毅敏③接见了我们,我们停留了大概一两个星期,正好1947年10月《土地法大纲》正式公布,要学习《土地法大纲》。随后我们这些人就参加到当时已在建西县平庄附近展开土改工作的冀察热辽联合大学土改工作团,团长也就是联大校长,就是大名鼎鼎的徐懋庸④。我和几个同志被分配在一个叫三十家子的村里。这里在我们来之前已有一位萧队长带着一些人开展工作。通过土改,我一方面学到了关于土地问题、农民问题的一些最基本的知识,同时也实地体验了土改中的实际过程。对土改中间的一些极端的做法,坦白说,我当时就很不赞成。所谓启发农民的阶级觉悟,实际就是设法挑起仇恨。这个村有一个大地主,他本人已逃跑了,就剩下一个老太太在这儿。开始发动农民时,

---

① 《解放》三日刊:北平的进步刊物,创刊于1946年2月22日,终刊于1946年5月29日。

② 储安平(1909—1966):江苏宜兴人,学者、知识分子、评论家、《观察》社长和主编。

③ 赵毅敏(1904—2002):原名刘昆,河南滑县人,当时任冀察热辽中央分局常委、组织部长、宣传部长、冀察热辽联合大学校长。

④ 徐懋庸(1911—1977):浙江上虞人,当时任冀察热辽联合大学副校长。

农民说这家人是大善人，经常给人们周济、帮助。我们就要想法告诉他们那是伪善，归根结底他为什么能有那么多土地，那都是劳动人民开垦出来的。他用各种办法蚕食、剥削，最后都集中在他手里。当然，你要是讲社会发展史，这是很容易说明白的，但你要说服老百姓，而且使他从心里爆发出仇恨，这就很难。而且，历来中国人所受的教育就是：人家的是人家的，我的是我的；该拿的拿，不该拿的不能拿。让他理直气壮地接受分给他的土地、浮财，也是很难的。所以只能依靠个别的"勇敢者"，或许他们挨过什么欺负，或许跟这家人有过什么过节儿，就带头出来诉苦，甚至动手打人。这样就撕破面皮，冲破原来道德观念的约束。可是一经冲破这个底线，那就不得了，打死你也要把你家里的地契拿出来，把你家里的洋钱拿出来。有一天夜里，就把那个老太太吊在树上，问她地契在什么地方，浮财在什么地方。先是不说，后来胡说，她说在厨房水缸底下，农民就去找，什么也没有，回来更生气了，又打又问。打人的人都累了，好吧，休息一会儿，一个老太太可经不住那么吊。待会儿又去问，又打，再过一会儿，休息完了再去继续打的时候，她已经没气了。

也有的农民看准工作组就是希望制造这样的效果，便事先告诉地主在棉裤里垫上厚厚的东西，斗争会上他们抢着扁担打地主的屁股，喊得很凶，打得却不重，完全是做给工作组看的。工作组也心知肚明，虽然不太满意，但也觉得能做到这样也就不容易了。

随后便是丈量土地，按人头平分，土地好坏远近全都打乱重分，这也严重侵害了中农的利益。

陈：您被组织上抽调到哈尔滨俄语专科学校去学习俄语，此前是否经过某种形式的考试？您从未接触过俄语，您觉得组织上为何会选中您？

富：第二期土改转到赤峰。这期土改还没有完，1948年3月22日我接到通知让我去城里报到，为什么选中我，我一点都不知道，也不知道报到干什么。到了校部我才知道让我去东北学英语，我很高兴。4月16号我们到了哈尔滨，在东北局报到，这时候才知道是学俄语。在东北局的招待所住了几天,让我们每个人写自传什么的,然后就到了哈尔滨外国语专门学校。①

艺委会和出版社

陈:1949年10月1日,新中国成立的那一天您是怎样度过的?您怎样得知新中国成立的消息?

富: 当时我在哈尔滨外国语专门学校学习俄语。学校特别安排我们12班专门学习新民主主义的经济,除了毛泽东的《新民主主义论》,我们还读了薛暮桥②、许涤新③等经济学家的书。所以对于为什么提出新民主主义,将来怎么向社会主义发展等都比较清楚,对新中国的成立有了比较充足的思想和理论认识。10月1日下午三点,我们学生都在学校礼堂里。我是文娱委员,负责把收音机调到直播的频道,听到毛主席在天安门城楼上喊:"中华人民共和国中央人民政府今天成立了。"随后,我把学校的扩音器装在车上,推着车和同学上街游行庆祝,热闹了好几天。

我在外专读书的时候,在哈尔滨的秋林公司④买过一些列宁的单本的著作,如列宁的《进一步退两步》、《左派幼稚病》,还有《做什么》,这和车尔尼雪夫斯基的《怎么办》俄文是一样的,但是那个翻译成《怎么办》,这个翻译成《做什么》。另外还有一本很特别的书,就是《联共中央关于文艺问题的几个决议》⑤,它是由四个决议拼成一本小书,

---

① 哈尔滨外国语专门学校前身是1941年在延安成立的中国人民抗日军政大学第三分校俄文队,先后易名为中央军委俄文学校、延安外国语学校。1946年,学校迁至哈尔滨,成为东北民主联军总司令部附设外国语学校。1948年,易名为哈尔滨外国语专门学校。
② 薛暮桥(1904—2005):原名雨林,江苏无锡人,经济学家。
③ 许涤新(1906—1988):广东揭阳人,经济学家。
④ 秋林公司:是俄商在哈尔滨开办的最早的商行之一。秋林公司原名秋林商行,由俄巨商尹万·雅阔列维奇·秋林创办。
⑤ 全称应为《联共(布)中央委员会关于文学与艺术问题的决议(一九四六——一九四八年)》。

是关于电影、音乐、文学、意识形态的四个决议。我当时觉得很奇怪。因为一个执政党或者一个政党以中央委员会决议的形式来批评一部影片，顺便批评了一大堆的电影工作者，这不太寻常。我觉得非常古怪。当然现在咱们知道是当时苏共中央意识形态负责人日丹诺夫①领导文艺工作的时候做的这四个决议，都是很强词夺理的给人扣大帽子的东西。其实这在当时是开了一个很不好的风气与先例。②关于电影的决议叫做《关于影片〈伟大的生活〉》。反映了当时的苏共是怎么样管理电影的。③我当时对执政党控制文艺这种现象说不上反感，但是觉得非常奇怪，我觉得不符合逻辑。后来，《人民日报》以社论的形式批判《武训传》的时候，我也有同样的感觉。

那个时候我第一次接触了《钢铁是怎样炼成的》，这当然是非常能鼓舞人的作品，其中关于人生的那段名言被我奉为激励自己的座右铭，但是也有些东西我不喜欢，比如一开头，保尔给神父的面团里放烟丝，我就认为这纯粹是一个恶作剧，不是阶级斗争。我这个人一辈子就反感恶作剧，平时人之间玩笑如果开得超过一定的限度，我就非常反感。

陈：1951 年底，您被调到电影局艺委会研究室担任翻译，正

---

① 安德烈·亚力克山德罗维奇·日丹诺夫（1896—1948）：苏联政治家，负责意识形态领域的工作。

② 日丹诺夫的报告和联共(布)中央的决议大多是三四十年代出台的。我国虽然在同期有及时的翻译介绍，但阅读和影响面仍局限在文艺界，并未引起太大的反响。到了 50 年代，出于全面学习苏联和强化文艺界的政治导向的需要，我国先后编辑出版了《苏联文学艺术问题》和《日丹诺夫论文学艺术》这两本书。前一本书收入了日丹诺夫关于文学艺术的四次演讲和联共(布)中央关于文学艺术的六个决议，后一本书则收入了日丹诺夫关于文学艺术的的全部讲演和报告。这样就把苏联的 "日丹诺夫主义" 全部推介给了中国人。尤其突出的是，把日丹诺夫关于文艺问题的报告和联共(布)中央的决议，与马克思主义经典作家的有关著作并列为规定的学习文件，使之成为指导我国文艺发展的重要文件之一。周扬曾在一篇文章中指出："联共(布)中央关于文艺思想问题的历史性的决议，日丹诺夫同志的关于文艺问题的讲演。所有这些，为中国和世界一切进步文艺提供了最丰富和最有价值的经验，给予了我们以最正确、最重要的指南。"
——引：吴俊忠《俄罗斯文学对中国文化的深层影响》，《深圳大学学报》(人文社会科学版) 2006 年第 23 卷。

③ 1946 年 9 月 6 日联共(布)中央通过了对批判《伟大的生活》等影片的决议。决议批评影片给战后苏联社会的现实抹了黑，歪曲了党的形象，鼓吹落后、无文化和愚昧。

式进入电影界。这次调动是否与您参与翻译《党论电影》①有关？您喜欢在电影局的工作吗？

富：这与我参加格拉西莫夫导演的《解放了的中国》②摄影队工作有关。学校本来分配我去电影队，由于一个偶然的原因才去了中共中央俄文编译局③，这次调动是正常的，也是符合我个人意愿的。我在编译局时翻译了政治经济学、哲学方面的书籍，到电影局翻译的第一篇文章《什么是美》是美学方面的论文，从哲学转到美学并不困难。所以我并没有觉得来到这儿是一下子变成一个新的部门、新的领域，没有感觉特别苦恼。《党论电影》是苏联《真理报》30年代关于电影的社论和评论的结集，由徐谷明、冯志刚他们组织翻译的，我译了其中两篇，都是赞扬《夏伯阳》④的，那时我还在编译局。

陈：您是如何被调到艺委会去的？

富：因为我的编制已在编译局，片子拍完了还得回编译局。在编译局，我翻译了政治经济学教科书十六个分册中的三个分册，只有其中第一本《政治经济学底对象与方法》是经过何匡同志校订的，以后我的译文便不再需经人校订，而是经常要承担校订别人译文的工作了。在此期间，何匡有一天交给我一篇题为《形式逻辑与辩证法》的文章，说是某位领导同志急需参考。于是我用了整整一昼夜的时间，除了吃饭，一刻不停地译完了这篇两万五千字的文章。我不知别人的速度如何，但对于我个人来说，这是一次空前绝后的纪录，以后再也没达到过。政治经济学教科书出齐了以后，创办了一个《学习译丛》⑤，我在那上面翻译了一些我觉得很重要的、可能是很有影响的文章。但是那

---

① 《党论电影》：列别杰夫著，中央电影局艺术委员会编，徐谷明等译，时代出版社，1951。
② 《解放了的中国》：1950年中苏合拍的大型彩色纪录片。导演谢尔盖·格拉西莫夫。
③ 中共中央俄文编译局：是中央编译局的前身。1953年，该单位与中共中央宣传部斯大林全集翻译室合并为"中共中央马克思恩格斯列宁斯大林著作编译局"（简称中央编译局）。
④ 《夏伯阳》：列宁格勒电影制片厂1934年出品，导演瓦西里耶夫兄弟。
⑤ 《学习译丛》：1951年创刊，学习杂志社出版。

时编译局尚未明确承担翻译马列经典的任务，仿佛是在自己找活干。我觉得学校分配我去搞电影是充分考虑了我的特长，非常符合我的兴趣，所以我便向领导提出希望还是去电影局。最后同意放我走了。电影队的几个翻译，徐谷明、冯志刚、江韵辉这时都已在电影局艺委会研究室了，于是我也就调到了这里。

艺委会研究室当时有两个组。一个叫编辑组，组长是张小怿。另一个叫翻译大组，翻译大组又分成"俄文组"和"其他外文组"，俄文组当时好像是由戴彭荫负责。戴彭荫的资格比我老多了，他的本行是搞美术的。1951年底我去了之后，让我做翻译大组的组长。成立三编室以后，我在译丛组，郑雪来在丛书组，邵牧君在其他外文组，冯志刚在资料组。

陈：您曾参与过《世界电影》的前身《电影艺术译丛》的创办，请介绍一下这一刊物的创办过程。

富：起初艺委会研究室编印一些内部参考资料，1952年创办了《电影艺术资料丛刊》，双月刊，公开发行，里面的内容全部是译文，没有中国人自己写的文章。中国人写的关于电影和文学的文章，发表在一个权威的刊物叫《文艺报》①。现在还在，它叫文艺"报"，但不是一个报，是一本杂志。1952年底的时候，我提出把《电影艺术资料丛刊》改成《电影艺术译丛》，因为这是电影艺术理论方面的译文杂志，还是双月刊。译丛组实际上就是《电影艺术译丛》编辑部，组长就是我，当时译丛组成员有戴光晰、周传基、杨秀实、俞虹、罗慧生、罗晓风，后来短时期来了一个高永田。那时候译丛组的人不只翻译译丛的文章，丛书组的人也不只翻译书籍，劳动力是统筹安排的。从1953年开始到1958年初，这本杂志始终是由我负责编、选、译、校。当时并没有明确谁是主编，谁是编辑部主任，但实际工作就是我负责。首先是我读外国的报刊进行选

---

① 《文艺报》：全国性文化艺术类报纸，1949年5月4日创刊于北平，由中华全国文学艺术界联合会编辑，是探讨文艺理论与文艺创作问题的评论性刊物。该刊历任主编有茅盾、丁玲、冯雪峰、张光年、冯敢等。

材，选材后做成目录：每一期计划要介绍哪些文章，每一篇文章大体讲的是什么，有的从标题上能看出来，有的需要做一些简单的介绍。有时一下就编出两三期，拿给程季华请他提意见。然后再把这些稿子分给各个人去翻译。定稿后交程季华、后来是郭安仁①终审发稿。

"大跃进"时期，《电影艺术译丛》好像一度改名叫《国际电影》②，后来又恢复成《电影艺术译丛》，但是不定期，一共出了七期，不过那时我已经不在社里了。"文革"后复刊，还叫《电影艺术译丛》，从1980年开始改名叫《世界电影》。最开始时选题以俄文为主，占到90％。其他外文文章由邵牧君提供给我，也主要围绕同一个主题，能与我挑选的俄文文章搭配上。最极端的情况也有全部都是俄文译文的时候。我记不清是哪一年了，当时《苏维埃文化报》上每一期都有大块文章讨论"斯坦尼"体系，我们每一期的"译丛"除了电影方面的文章之外，就专门设立了"斯坦尼"讨论的专栏，由郑雪来负责。关于"译丛"我还要补充一点，当时作为刊物的主要负责人，我尽量把那些苏联反对公式化、概念化的文章介绍进来，尽量把那些我认为是开放的东西，改革的东西，强调人性的、人情味的东西介绍过来。比如日丹诺夫时期苏联主流意识形态的内容我们就从来没有介绍过。相反地，稍微有一点突破表现，我们立刻拿来介绍。比如第一部多少有点儿解冻味道的影片，就是普多夫金根据尼古拉耶娃的小说《收获》改编的电影《瓦西里·波尔特尼科夫的归来》③。它对于苏联卫国战争和那个战士归来的遭遇，多少有些比较真实的表现，与当时《金星英雄》④、《顿巴斯矿工》⑤、《库班哥萨克》⑥等几部粉饰现实的影片不同。《顿巴斯矿工》

---

① 郭安仁（1909–1968）：笔名丽尼、立尼等，生于湖北孝感，翻译家、散文家。时任中国电影出版社编审。
② 1958年7月10日，《电影艺术译丛》改名为《国际电影》。
③ 《瓦西里·波尔特尼科夫的归来》：莫斯科电影制片厂1953年出品，导演普多夫金。
④ 《金星英雄》：莫斯科电影制片厂1950年出品，导演尤里·莱兹曼。
⑤ 《顿巴斯矿工》：高尔基电影制片厂1950年出品，导演列昂尼德·卢科夫。
⑥ 《库班哥萨克》：莫斯科电影制片厂1949年出品，导演伊凡·贝利耶夫。此片在中国上映时译名为《幸福的生活》。

的导演是列昂尼德·卢科夫，也就是受批判的《伟大的生活》的导演，《顿巴斯矿工》把矿井表现得富丽堂皇，意思大概是弥补过失吧。我们开始着力介绍的是"反无冲突论"①，后来就是"干预生活"②、"写真实"③等理论。"译丛"每期还专辟了一栏"简讯"，及时介绍当时出现的具有突破性的作品，如《大家庭》④、《忠实的朋友》⑤、《生活的一课》⑥。特别是1957年的影片《雁南飞》⑦。《雁南飞》这个名字是我起的，原来的俄文片名直译是《仙鹤在飞翔》，对中国人来说没有意义，我把它翻成《雁南飞》，一下子就叫响了。如果说是搞俄文翻译的这些人把苏联的那套对文艺专横武断的做法介绍过来，这不是事实。相反，我们是把解冻的东西尽量介绍了过来。

陈：1954年，电影局编译组扩建为"电影艺术编译社"，社内分四个外文业务组，您和邵牧君、郑雪来、冯志刚等四位组长并称为编译社"四大金刚"。这个称呼是怎么来的？

富："四大金刚"是在工作中慢慢自然形成的，但说法似乎是从1956年才有的，我猜主要是因为1956年调工资，冯志刚、郑雪来、邵牧君和我都评成翻译七级，就是相当于行政15级，工资126.5元。我们比创作所同年龄、同资历的人的工资似乎是高了一些，所以很引人注目。

---

① "无冲突论"：40年代以来尤其是战后，苏联文坛出现的一种文艺主张。表现为作品中一般不表现冲突和矛盾，它们被暂时的误会所代替；作品一味歌颂社会主义光明的"本质"和"趋势"。50年代初，苏联文学界开始反思这种文艺理论，认为其导致文学对现实做出反现实主义的、歪曲的和片面的描写。

② "干预生活"：苏联50年代初提出的文学主张。1953年《真理报》发表社论《进一步提高苏联戏剧的水平》，提出反对回避尖锐问题，"积极干预生活"。该主张鼓励作家要积极参与社会生活，用政治和艺术的勇气表现生活中的矛盾和冲突。

③ "写真实"：20世纪50年代初期到中期苏联的文学主张，针对"无冲突论"，以及由此引起的粉饰现实、公式化概念化等倾向，苏联文艺界强调文艺创作的"写真实"原则，主张忠实地反映现实发展和它的矛盾以及新与旧的斗争；真实地描写生活；真实地描写同时代的活生生的人。

④ 《大家庭》：列宁电影制片厂1954年出品，导演约瑟夫·赫依费茨。

⑤ 《忠实的朋友》：莫斯科电影制片厂1954年出品，导演米哈依尔·卡拉托佐夫。

⑥ 《生活的一课》：莫斯科电影制片厂1955年出品，导演尤里·莱兹曼。

⑦ 《雁南飞》：莫斯科电影制片厂1957年出品，导演米哈依尔·卡拉托佐夫。

富澜（摄于1956年）

其实"四大金刚"就是四个组的负责人，是四个能够独当一面把关的审稿人。除这四个组之外还有一个编辑科，科长是张小怿，专管对译文做编辑工作的，也编辑了几本中文书。

陈：1956年，电影艺术编译社集体并入新成立的中国电影出版社，成为该社的第三编辑室（外国电影编辑室），您在这个新单位担任什么职务？您当时有怎样的集体工作计划和个人工作计划？

富：肃反结束以后，我恢复了《电影艺术译丛》的工作，还是担任译丛组组长。还是像原来那样，编、选、译、校全是我搞。三编室的主任是丽尼，副主任是程季华，下面分几个组，不是科。1956年是意气风发的一年，知识分子心情最舒畅的一年。全社会在向科学进军，对于我们来说，就是向艺术进军，想把这个杂志办得更好，把自己对于艺术的修养更提高一些，争取将来不光单纯地办译文杂志，也能发表自己关于电影的研究成果，邵牧君就主张将来自己写文章；就我自己而言，我更希望假如能够有一点自由活动的余地，要向文学翻译方面发展。

政治运动

陈：新中国建立初期，曾有一系列政治运动，如"镇反"、"三反五反"、"肃反运动"等，请您谈谈您在这些运动中的经历，以及您的所见所闻。

富："镇反"的时候我在编译局，我好像没有什么事，社会上搞得很凶，但是"镇反"不涉及机关，在机关内部管这个叫做"忠诚老实运动"，就是有什么问题向组织坦白交代，一般就没事了。冯志刚把他怎么到的国民政府国防部二厅的经过统统详细交代了。于是他在电影局被树为坦白交代问题的榜样，以后运动也没他什么事了。

"三反"运动开始后，把我抽到节约检查委员会工作，这个委员会就是搞运动的临时机构，主任委员是个知名的作曲家。我一共参与了两个人的案子，一个是机关食堂司务长何家铸，一个是创作所女打字员那延秽（音wèi）。对何家铸，是把他隔离起来，让他交代问题，同时组织若干人查他几年来在胡同口菜店买菜的账。把几年间在那一个店里所花的钱的总数累积起来，然后就去问他按什么比例拿回扣。他说没拿，就昼夜不停地"熬鹰"。他说百分之一，继续熬；他再涨一点，继续熬；当他涨到百分之四五的时候，让他退下去。他一出门，主任委员就拍案大呼"打出了大老虎"。可是到结案时，何家铸一翻供，没有任何证据可以定案。市里组织各单位与受审者有关的工商业者在中山公园质证。我们在那里见到那个菜店老板，一个像现在的农民工一样的年轻外地人，他承认认识何，但矢口否认给他回扣。市里的人在旁劝导、吓唬，全都无效。最后不了了之。

那延秽不是管钱的人，她所经手的唯一一笔数目较大的钱是替公家在一个叫五昌打字机行的店里买了一台中文打字机，是某一种型号的改进型，她觉得用起来很不习惯，又去退换成那个型号的原型，价钱稍便宜一点，但打字机行不愿退钱，而是给了一瓶涂改液抵顶。有人就怀疑她从打字机行得到回扣。一台打字机当时也不过一百多万元旧币，新旧型之间差价能有多少？为什么一瓶涂改液就顶了？就为这个纠缠了很长时间。也是把她隔离在单位，不让回家。她丈夫在国家民委工作，是让我找到国家民委，通知她丈夫送毛巾牙刷之类的东西来。查来查去毫无结果。跟她同打字室的年轻人就揭露她在食堂打饭时跟掌勺的大师傅打情骂俏，借以在饭菜的分量上占便宜，于是开始计算她从何时起至何时止共在食堂吃了多少顿饭，乘以每顿可能占的便宜的钱数，指望以此作为结案的事实，这不但荒唐，而且严重侮辱人格。后来也只好不了了之。

这两个案例使我非常不高兴。一点儿实事求是的精神都没有，而且拿一个人的尊严、荣誉、政治生命完全不当回事。运动过后，那延秒不知是辞职回家还是另找了工作。何家铸倒是老老实实当他的司务长，后来大鸣大放时也从未为自己喊冤，可是1958年却不知为什么被下放到甘肃省去了。两个人都是不仅挨了一顿不白之冤，而且从此改变了人生轨迹。而我在运动过后却不得不在团小组内检讨自己立场不坚定、温情主义。当时的气氛就是这样，查出有问题就高兴，查不出问题就不高兴。其实任何怀疑都总有被证实和被否定这两种可能性。所以我后来在学习八大文件的会上主要说的就是人们——当然首先是指领导的思维方法不对。

"肃反"的情形也与此相似，只是形势更加严峻，气氛更紧张。这次我没有资格参与审查别人，只在交代完我私下对本单位领导的牢骚咒骂以后，被允许参加对"肃反"对象的批斗会。这里就不举什么案例了。"肃反"给我最深的印象就是彻底撕破面皮，大声呵斥，肆意羞辱，因为一经定为对象就已经是敌人，不存在有没有问题、是不是反革命的问题。但是后来绝大多数对象又都照样坐回办公室，该干什么干什么了。这就使人觉得很为难。运动开始时，昨天还是好朋友、好同事，忽然之间变成斗争对象，走在对面连招呼也不能打，以免让人认为对他抱有同情。及至过后,却又不知他到底是有问题而得到宽大处理,还是本来就没有问题。彼此都很尴尬,连要不要称"同志"都得再三考虑,要过很久才渐渐习惯这种局面。我在每次运动到来时跟我的亲戚朋友,哪怕是介绍我去解放区的许直,都暂停书信来往,免得不明情况,给人家带来麻烦,或者给自己惹上是非。这绝不是一个正常的社会里正常人际交往的合理情景。而且,所有这些政治运动每次都给挟嫌报复、告密邀宠、落井下石等等无道德的投机行为大开方便之门。每次都是对人们、对整个社会的道德操守的严重冲击。

陈:1954年,您有一段时间没有负责《电影艺术译丛》,原因是什么?您当时是"肃反"对象吗?

富:我1954年因为给领导提意见,一度把我的大组长职务免了,翻译大组改名叫翻译科,任命徐谷明为科长。不过那时候也没有受什么影响,又不是处分,只不过有一个短时期我不管《译丛》,而是校订了好几本书稿。"肃反"时确实把我整了一下,是因为我背着领导翻译外稿,但我不是"肃反"对象,只是把我吓唬得够呛,逼我在全花园饭店①的团员和青年大会上作检讨。成立三编室以后,我就又恢复了《电影艺术译丛》的工作。

陈:1957年"反右"运动是您人生的重大转折,您是因为什么样的言论被划为右派的?据说您当年曾写过赞赏钟惦棐《电影的锣鼓》中观点的文章投稿给《人民日报》,那是怎么回事?

富:1956年初大概是中国知识分子的"春天",有一个在周恩来的主持下的全国知识分子工作会议②,会议明确宣布知识分子经过了这么

---

① 花园饭店:位于北京西城区舍饭寺胡同12号,解放后为中央电影局艺术委员会和电影剧本创作所的所在地。

② 1956年1月14日,中共中央召开知识分子会议,周恩来代表中共中央作《关于知识分子问题的报告》。报告包括知识分子问题和发展科学技术两大部分内容。他在做出知识分子中间的绝大部分"已经是工人阶级一部分"这个重要论断的基础上,报告着重阐明"最充分地动员和发挥知识分子的力量"的政策和措施。他在作出"科学是关系到我们的国防、经济和文化各方面的有决定性的因素"这个重要论断的基础上,用相当多的篇幅阐明"向现代科学进军",大力发展我国科学技术的战略构想和规划。1月20日,知识分子会议闭幕,毛泽东在会上讲话,称赞"这个会议开得很好"。

几年的改造已经成为工人阶级的一部分了。在这之前，1953年斯大林去世；1954年以后苏联的文艺界已经开始松动，叫做"解冻时期"；到了1956年特别是苏共二十大以后，解冻风带到中国来了。这年10月份，程季华陪着来中国访问的萨杜尔到南方去①，那时正好是中共八大召开以后，让大家学习八大文件，八大文件把当前中国社会主要矛盾表述为"落后的生产力和人民日益增长的物质文化需求之间的矛盾"，没有说"资产阶级和无产阶级的矛盾"，也就是说阶级斗争缓和了，暴风骤雨式的阶级斗争已经过去。所以大家越学习越兴奋，越学习越高兴。

在学习会上，大家对领导那几年的工作提了很多意见。这次学习会后来被说成是"小匈牙利事件"。罗慧生在会上说，过去几年来，领导对知识分子不是"团结、教育、改造"，而是像对资本家那样，是"利用、限制、改造"，这后来就成了他的右派言论之一。冯志刚这次忽然冒了个大胆，说这么几年来，创作所和艺委会的这些事，一言以蔽之就叫"权术"。我一开始没发言，因为我认为领导现在不在，背后这么说没有用。等到会议休息的时候，郑雪来在走廊里问我怎么不发言，"你受的委屈最大，你最应该发言"，就这样，等重新开会的时候，我就发言了，是个很长的发言，主题是几年来人们的思维方式不对：对于各次政治运动，总是随便找点什么就给人安上一个罪名，求证来，求证去，证不出什么来，但是又不肯认错，对个人的政治生命非常不珍惜。我根本没提我本人受的对待，也丝毫未涉及对本室领导的意见。在座的两位党员同志脸色铁青，一言不发。我明知道，其实我即使不发言，她们也肯定把我看做反领导反得最厉害的人。1957年划我为右派的主要罪状，就是攻击"三反"、"肃反"，反对党的领导。实际上鸣放期间，我一张大字报也没贴过，就是报纸来了坐在办公室，就着报纸发些议论。

1957年"鸣放"的时候，各界都鸣放得很热闹，尤其是戏剧界，唯独电影界死气沉沉，顶多有一些小小的牢骚，我认为，之所以如此，是

---

① 1956年10—11月，萨杜尔访问中国，访问了北京、长春、上海、杭州、广州、武汉等城市。

因为1956年底《文艺报》登了钟惦棐的那篇《电影的锣鼓》，而那篇文章从1957年一开年就批判，一直批到了"鸣放"的时候，所以人们就不敢说话了。鸣放的时候，我写了一篇文章，前半部分主要说的是电影界的"鸣放"为什么搞不起来，原因就是《电影的锣鼓》挨批；后一半就是替钟惦棐辩护了。他说为工农兵拍的电影，工农兵不爱看，这是事实，而且有统计数字。他的观点即便有些可以商榷，也绝对不是反党的。在那以前没有人提出"票房价值"这个说法，绝对以票房价值为标准当然是不对的，但是票房价值是评价一部影片的价值之一，而且很重要。电影的思想艺术性再好，没人愿意看就是失败的。我这篇文章写好了还没有寄出去，一天晚上，冯亦代①邀请郭安仁带上我们"四大金刚"中的三个"金刚"去参加民盟开的电影界"鸣放"会。冯跟郭安仁是很熟的朋友。郑雪来因为在自己家里住，所以晚上没有临时通知他。我记得当时会上发言的有李景超、莽一萍等，他们谈到北影的宗派主义，诸如"我们这些演员都轮不上戏"、"有角色，轮不上我们，演员能够工作的时间是很短的，等着等着就等老了"此类的牢骚。我听了之后，觉得他们说不到点子上，于是我就把我兜里的稿子拿出来，照本宣读了一遍。散会之后，冯亦代说这个问题恐怕翻不了案，这是主席批了的。我这时候才知道，对于钟惦棐的批判是跟毛主席有关的。

陈： 那时候您没有参加民盟，怎么会去参加民盟的会呢？

富： 他以民盟市委的名义，邀请电影界的有代表性的人物，郭安仁也不是民盟的。

陈： 您此前不知道批《电影的锣鼓》跟毛主席有关？

富： 我不知道，公开的批判里没有。

陈： 您感到恐惧吗？感到压力吗？

富： 不。我承认我崇拜毛主席，但是我不迷信他。包括我读毛选

---

① 冯亦代（1913—2005）：原名贻德，笔名楼风，浙江杭州人，散文家、文学翻译家。

的时候态度也是：这一句我信服，这一句我存疑。回来之后，我觉得反正已经把稿子念了，算是公之于众了，就把它装在信封里，寄给《人民日报》了。《人民日报》的副刊已经把我的稿子打成了清样，寄给我，我也在清样上该改的都改了，又寄回去，这时6月8日社论出来了，反右开始了。《人民日报》副刊的编辑又把这一套东西，连我的原稿带清样一起寄还给我。

陈：那是想保护你。

富：对，如果他还是照样发出去了，那就惹了大乱子了。

陈：而且把原稿留住，你也逃不掉，《人民日报》还好最后没登出来，但是北京民盟的会上，您还有三四个同事在一起，冯志刚、郭安仁、邵牧君。

富：他们都没有说，没有拿这个当回事。

陈：您知道了毛主席点的钟惦棐，为什么后来还把它寄给《人民日报》？

富：我认为这是可以讨论的，这个结论是可以扭转的。我不认为一个人说定了就定了。到6月8日《这是为什么？》那篇社论出来的那一天，我还不觉得这是毛主席的主意，我认为可能大家提的大量意见对于党的高层干部有很大的冲击，可能接受不了。当天晚上，我还对一个同事发议论说，这是毛主席被一些教条分子包围的结果。我当时根本没有想到什么"引蛇出洞"、"阳谋"。因为从1956年10月以后《论十大关系》、《论两类不同性质的矛盾》的录音我都是听过的，我以为毛主席的态度是很开明的。但就是我这句话，第二天就被揭发出去。后来在全花园饭店的大规模"反右"批判会上，有人批判我，说我说"毛主席被教条主义分子所包围"，那么岂不是毛主席著作就是教条主义的了！这是他的引申，上纲到我攻击毛主席著作。多年以后，在准备给我摘帽子的时候，又把这一条拿出来，说富澜说："毛主席被教条主义分子所包围，所以毛主席著作都是教条主义的。"把我的原话，和曲解我话的话，连在一块儿，都成了我的话了。整个这几十年，若干个运动就是这样胡搅蛮缠，把人莫名其妙地缠进去，根本没有你申辩的余地。而且你越是申辩，就会有更多的辫子被人抓住，越陷越深。

把我正式指名叫做"右派分子"是在8月5日。我记得特别清楚，因为我是1947年8月5日走入解放区的，1957年8月5日正好是10周年，在舍饭寺①的走廊里贴出了大标语：打倒右派分子邵牧君、许世玮、富澜反党集团。

陈：这三个人怎么成了反党集团呢？

富：没什么理由。我跟邵牧君怎么成了集团？也许是因为还是在1956年底学习"八大"文件那时候，有一天晚上在办公室里开过学习会，散会以后，人们的情绪还很兴奋，我的家就在大门口旁边，一大帮人临回家前又涌进我那个房间，其中包括邵牧君和许世玮，大家又继续议论了一阵。

"肃反"毕竟还是要查到有没有反革命的事实，"三反"毕竟还要查出有没有贪污的事实，而"反右"不需要查，纯粹是以言论定罪。以前还会需要调查证明。而右派不需要证明，说你是，你就是。因为你说的话，他们可以做各种各样可能的解释，包括我刚才举的那个例子，可以把别人的分析也算成你的言论。还可再举一例。也是学习"八大"文件时，因为议论历次政治运动的不良后果，一次会下，我对别人说："长此以往，岂不成了 Человек человеку волк（人对人是狼）。"我是指运动使得人人只求自保，对别人不惜落井下石。这话也被揭发出去，而且把人说成狼，这够凶狠的。我赶紧解释这是一句俄国谚语的直译，或者可以意译成"人不为己，天诛地灭"。当时领导花园饭店"反右"的负责人之一不知怎么听到了这个话题，就在《中国青年报》上写文章说：一个受党培养教育长大的年轻人竟然鼓吹"人不为己，天诛地灭"这种资产阶级人生观！把我所担忧的，硬说成是我所鼓吹的，完全是自己捏造一个靶子，然后发起攻击。

---

① 舍饭寺在这里特指北京西城区舍饭寺胡同12号，解放前这里是花园饭店，解放后为中央电影局艺术委员会和电影剧本创作所的所在地。

陈：那时候您在思想上挨批，但是在组织上有没有挨批？

富： 6月8号以后已经开始小规模的批了，7月19号是全室规模的批。散会之后，我出去到照相馆照了一个二寸半身的照片，在相片的背面我写着"摄于一个倒霉的日子"。从6月、7月，一直到8月5日的大标语，算是正儿八经的右派分子了。最后从我的各种各样的言论里搜集起来，一共搜集了15条，整理出来，让我签字，后来的事实证明我的那些言论大半是正确的，可是我再解释也解决不了问题，我就签了字，爱怎么样就怎么样吧。1958年2月，正式对我宣布的结论是"极右"。

陈：您所在的出版社外编室即三编室灾情严重，"右派"比例远远超出其他单位，这是为什么？得悉自己的名字从此进入另册，您当时心灵如何能够承受？对"右派"的处理各不相同，您因何成为处理最重的一类？

富： 我当时的心情就像人死之前要准备后事一样。昨天是堂上客，今天是阶下囚。我认为很冤枉，我是不服气的，但是我不能不应付，让我检查，不检查过不了关，不能僵在这儿。

当时的"右派"共分六个档次：最严重的是第一档：就是"劳动教养"，又分成两类：保留公职劳动教养、开除公职劳动教养。开除公职劳动教养是最严重的，仅次于刑事处分。三编室共划了13个"右派"，开除公职劳动教养的二人，曹明和罗晓风。我是保留公职劳动教养。

第二档叫"监督劳动"，有许世玮、洪斐、应子源、张国凡、高永田，去了虎林农场。

第三档叫"留用察看"，具体待遇我不清楚，邵牧君属于这个档次。可能罗慧生、冯由礼、俞虹也是这个档次。

第四档叫"降职降级"，工资、职务要受影响。

第五档叫"调动工作"，调离工作岗位，不是原来的职位了。

第六档叫"免于处分"，因为问题比较轻或者是揭发交代得比较好，所以免于处分，但帽子还是要戴的。归入这档的是周传基。

1958年2月28日我还在上班，忽然出版社来了个人，可能是总务科的，通知我去报到。我已经做好了准备，我已经离了婚，把钱交给了我姐姐，书也存放好了。我当时肩膀上扛着个行李卷，手里提着一个皮箱。出门到西单上了电车，坐到王府井下车。大约是现在的工艺美术服务部那个地方，就是北京市公安局东单分局，到那儿去报到。我们到的时候已经过了午饭的时间，那天就是饿着去的，而在这儿也没有午饭吃。从那天开始我的感觉就是饿，后来几年占据我头脑唯一的一件事情就是饿，到了1962年稍微宽松一点，到1964年以后才缓解。我虽然没有戴着手铐进去，但是进去之后十个手指指纹，两个手掌掌纹全留下了，我感觉是平生极大的耻辱。然后到一个房间里面去等着，等着凑齐了一批人，大约到下午四五点钟的时候，各方面送来的人凑够了一辆汽车了，就把我们叫出来，各自拿着行李爬上一辆很大的敞篷载重汽车，上去之后就让我们蹲下，卡车的四角站着四个持枪的警察。王府井大街上很多人围观，不知道我们犯了什么罪。卡车把我们运到半步桥街北京市公安局看守所。

陈：您在看守所待了多长时候？

富：12天，从2月28日进去的，到3月12日夜里突然通知紧急集合，打行李走。饿了12天之后，还是原来的行李只会减少不可能增加，可是我下楼走不动了，就是饿的。半夜有几辆大轿车把我们运到清河附近北京市公安局劳改处的新都砖瓦厂。天亮之后就在那个很宽阔的大院子里开一个大会，宣告我们要去一个地方，在去之前我们可以跟家属见见面，有什么交代的，有什么准备的，这儿有理发室，有澡堂子，我们可以轮流到那儿洗个澡，这就是出发前的准备，至于去哪儿没有说。我谁都没有通知，就静候着出发。

陈：是准备去兴凯湖吗？谈谈前往兴凯湖农场的具体历程和细节。

富：是。在这儿等了四天，然后从清河火车站出发，火车往东北开，大概走了几天几夜，到了最后的一个城市密山，下车到了一个兵站，有个很大的院子。在那儿住了一夜，第二天起来坐敞篷的大卡车经过一个城镇叫一知，不久汽车就开到兴凯湖湖面上了，那时候是三月份，兴凯湖湖面还没有解冻，冰冻得厚到什么程度呢？就是这样的载重汽车，载满了人在上面开得飞快。三月下旬了，这就是东北气候。

兴凯湖在地图上看，上面是一个细长条，中间是一个小葫芦口通着，下面大的一个叫大兴凯湖，小的叫小兴凯湖，我们就整个横穿过这个小兴凯湖，在东头登上陆地，往南稍微一拐就是兴凯湖农场的总场部。在总场部停了多长时间我不记得，然后继续坐上卡车往南走，那个地方是个沼泽地，有自然形成的几条土的高岗，下面都是沼泽，我们后来就在两条土岗之间修排水渠，把沼泽变成土地。3月23日开始让我们尝试劳动。当然他们也知道我们这些人对于那种劳动还是不适应的，所以一开始的要求是比较宽松的，第一天劳动我记得就是铲雪，不太累。然后慢慢地加重劳动量，那时候主要干的是在两个高岗间的洼地上开一条主要的干渠，然后再开若干的支渠，把水通过这个排出去，劳动强度就大了，因为我们这些人有的连铁锹、镐都没有用过，所以经常要挨训。到后来就种地，我的动作很慢，人家割麦子，最高的一天一个人能割三亩地，我一天一亩地都割不到。

当时正式的规定是零下三十度，风力三级以上停工，叫气象停工。1959年的元旦，我穿着一件衬衫，里面没有背心，外面就是一个棉袄，下面穿着棉裤。干活的时候把棉袄脱了就剩下衬衫来干，冬天就是拿镐刨冻土。我身上出的汗把衬衫后背整个冻硬了，外面一层白霜，而里面是汗乎乎的往下流到腰。

那时候就是饿。有一次有个人病了，几个年轻力壮的小伙子以他为借口上伙房要回来一盆满满的病号饭，是白米的稠粥。这时病人已经不行了。于是这几个小伙子抛开垂死的病人，为了分这一碗病号饭争来抢去，我当时觉得有一种要哭的感觉。这还是在外面的"三年困难"发生之前。整个管理制度当中的确让人觉得是拿饥饿作为一种惩罚手段。队长训斥人时，动不动就说：再调皮就给你吃"三两六"。因为关禁闭的规定是每天只给三两六钱粮食。

陈：1960年您是怎么结束了兴凯湖的劳动，来到了北京茶淀农场[①]?

[①] 茶淀农场：即北京清河农场，位置在天津宁河县。

富：1960年10月我们见到《红旗》杂志发表了社论叫做《列宁主义万岁》，我们知道中苏关系恶化了。大概他们害怕我们逃到苏联成为反华工具，所以所有的右派都转移了，其他劳教人员仍继续留在那儿。

陈：请谈谈您在茶淀农场的经历。

富：到茶淀农场后不久，更严重的饥荒真的来临了。玉米面窝头不知何时起变成了代食品窝头，代食品是什么成分无法知道，只是吃了之后普遍排便困难。有时偶尔能吃到白薯干或白薯面窝头，那就很不错了。这年冬天农场领导把每日三餐改成每日两餐，只在两餐之间，即阳光最暖和的时间出工，劳动定额也不要求得那么严格了。但还是有许多人浮肿。是不是有饿死人我不知道。我倒是没有浮肿，但整个一个冬天处于消瘦、无力、低温，即达不到正常体温的状态。

终于熬过了这个可怕的冬天，1961年春天的一件大事是宣布"定期"。原来制定劳教条例的时候不知道为什么没有规定期限。到这时为止，我们这些人多半都已超过三年。大概上面也考虑到，总不能叫"劳教"变成"无期"吧。定期的办法是根据每个人在已经过去的这段时间的表现，从这时起再劳教半年、一年至三年。宣布半年的极少。我被定为三年。我深感绝望。我甚至觉得1961年这个冬天再像去年那样，恐怕我都熬不过去了。不过外界情况渐渐有了变化，不时传来一些好消息。我们中间也开始有极个别的人不知以什么理由被原单位接走，例如北影的戴浩。1962年3月16日，我列队准备出工，队长念了几个名字叫留下。然后就向我们宣布解除劳教。我有幸赶上了这次大环境宽松的机会。有许多没有在这时得到解脱的，到了后来重又强调阶级斗争"年年讲、月月讲、天天讲"，他们就只能熬到1979年的右派"改正"了。我把行李从圈里搬到圈外，身份变成了农田工。根据我的劳动态度和技能，最初定为一级，每月32元；后来定为二级，每月36元。这期间我复了婚。我妻子1960年因中央万名干部下乡随同电影局系统共10人去青海，为期一年。一年期满，其他9人均各回各单位，唯独把她留在了青海，不知什么原因。那时她和我毫无关系，应该不是受我牵连。后来经多次申请恳求，调至离北京较近的山西榆次。1963年夏，由李纬武经手通过她交给我一本书翻译，这便是弗雷里赫著的《银幕的剧作》。我利用午休和晚上的时间，用了20多天把这本书译出，化名出版，再版时才把署名改了过来，得到了约400元的稿酬。

1954年春，北京市公安学校外文班从劳改释放和劳教解除的人员中寻找外语教员。我经过书面和口头考试，被接回北京教俄语，每月工资57元。我每星期六回城里，也就是屯绢胡同宿舍，星期日晚返校，出版社领导不可能不知道我已解除劳动教养，但无人张罗调我回本单位，无人提出给我恢复公职。直到1965年，"备战、备荒、为人民"，北京市疏散人口，出版社大概也有名额指标吧，这才想到了我，把我连同我的子女逐出北京，一下子就能完成外迁4口人的任务。作为交换条件，也算对我的照顾，由出版社建议公安学校考虑给我摘掉帽子。经过又一番的我深刻检讨和人家严厉批判之后，我终于被摘掉帽子，恢复公职，重新确定工资级别，由过去的翻译7级相当于行政15级，降为行政18级，北京标准每月82.5元，山西标准80.5元。我这样啰里啰嗦地细说这些经过，你们听着有意思吗？

陈：希望那永远成为历史，这些经历都应该被记录下来。请您继续讲讲去山西榆次的经历。

富：简单地说，1965年9月18日，我和三个子女和回来接我们的妻子共5人告别北京，登上了去山西榆次的旅程。到1979年9月17日我独自一人调回北京，整整差一天满14年。当时可是永远的诀别，没有指望还能回来。至今我的两个女儿仍在山西，已经退休。

陈：您到榆次之后，都做什么工作？

富：到达山西榆次，分配在一个农村初级中学——张庆中学，中间也有一些波折，不必细讲了。一到学校便赶上"四清"。不是让我们抽调人下乡去"清"别人，而是市里派工作组进校"清"我们。先是集中在市里"清"，后来开学后就在每天晚上"清"。"清"了足足一个学期也没有正式宣布结束，这时"文革"开始了，先是"破四旧"，差一点把学校图书室的书烧掉。后来是斗校长、关老师。后来就跑出去串连，有不愿出去的就各回各家了。串连回来不久，一派人夺了学校的公章，主要是一个毕业班,他们幻想夺了权或许能分配工作,其实初高中毕业生向来是不管分配工作的。所以尽管《人民日报》明确提出复课闹革命,他们仍继续折腾并跑到城里参加派性斗争。学生分成了两派,都说自己是捍卫毛主席革命路线,这就要揪对立面的黑后台。我的"摘帽右派"身份自然成为最大目标,立即被指为主张复课一方的黑后台。一天夜里,攻击我的那派学生从城里跑回来翻墙进入学校,直奔我和一位李老师合住的房间,一通乱砸乱打。恰巧这天是星期六,而我不管学校乱成什么样,仍是按规矩每星期六下午回家,星期日晚上返校。所以这天夜里我不在学校。李老师找了一个他班里的学生陪他,睡在我的蚊帐里。这孩子替我挨了一阵砖头的猛烈攻击,脸上颧骨都被打成了骨折。小孩子睡得沉,被打了半天才迷迷糊糊地坐起来,那帮人发现是个学生,这才罢了手。李老师腿上挨了两刀。第二天我听到消息,去医院看望了李老师,听他讲述了当晚的情景,再也不敢回学校。又怕那些人就住在城里会找到我家里来打我,我家在榆次一中。于是我只身一人只带着十块钱逃回北京,榆次至北京慢车票价9.6元。这一天是1967年8月5日,又是一个8月5日,正好是我去解放区20周年。我终生都不会忘记。那位同学姓褚,如今也是快六十岁的人了。我每一想到都要流泪。

临近国庆,不便在京久留,我回到榆次,躲在家中读书。我的外文藏书相当丰富,但多年来漂泊动荡,没有时间细细品读。这次我倒是狠补了一下俄罗斯古典文学。

以后军队支左,城里的学校是工宣队进驻,农村的学校则是贫宣队进驻。我们被集中在城里,清队、一打三反,每道程序一一来过。1971年11月,我被下放到张庆公社条件最差的东贾大队插队落户,准备做一辈子的农民。

陈:在这期间,您好像成为了一名水稻专家,此前您虽然在茶淀农场种过水稻,但应该并不懂得农业科学与技术,您是如何迅速地让自己从外行变成内行的?您还参与培育出冬小麦高水肥品种"张麦1号",并获得了许多荣誉,请谈谈经过。

富:在那儿的盐碱地上种庄稼收成很差劲,公社副书记提倡试种水稻，那地方没有人懂水稻，人家知道我在农场的时候种过稻子，于是把我弄到那儿去写种稻子的材料，我就从怎样播种、育秧，怎么样管理一直写到怎么收割，写了这么一份关于种水稻的科学普及材料。那时候又提倡科学种田，这个公社原来有一个小农场，很小的一片地，算是公社自己经营的，在那个基础上成立农业科学实验站，就把我放到这个农科站里头。那儿原来有负责人，还有个叫詹少卿的技术员，他是真正农校毕业的，是原来农林局的干部，后来不知因为什么原因下放了，我有很多农业技术知识是从他那儿学的。我从来都没学过农业，过去好看杂志什么乱七八糟的都喜欢看一看，遗传学这些马马虎虎有点概念。这个时候我专门跑到山西省图书馆借了好几本书，钻研遗传学、植物保护、作物栽培与育种，这是一个专门的学问，就这样用硬抠的办法，在农科站立住了脚。比如说从北京引进了若干小麦育种的

富澜在张庆农科站，
小麦品种为"张麦一号"
（摄于1977年）

原始材料，什么叫"原始材料"，就是人家做了杂交工作之后，杂交的第一代是一致的，第二代就开始分离，就是五花八门的什么样的都有。高的也有，矮的也有，你就要挑选，哪些性状是适合于你的丰产要求的。不要以为长得高大的就是好，长得高大，到了临收割前夕，一阵风雨都倒伏了就完了。所以你要看这个地方是贫瘠的山区还是水浇地的田。所以我那个"张麦一号"前面有一个定语叫"高水肥品种"——它就是适合于能浇水，能够有充足的施肥的条件。从北京拿来的这些分离中的原始材料都有编号。每一个编号种一小块儿，一方面是试验它对于这个地方的适应性，它是不是适应这个地方的土质、气候等等。一方面从这里面挑选出那些你认为最合乎丰产要求的植株。我的"张麦一号"就是从这里面经过了几代选育出来的。"张麦一号"是普通的杂交育种，另外还有一个课题叫"杂交优势利用"，就是像当时推广的杂交高粱，以及后来袁隆平搞的杂交水稻。就是利用杂交一代的优势取得高产，年年都制种，年年都只种杂交一代。这个说起来要复杂些。我们也参加了山西省农科院主持的杂交小麦的协作研究。实际上农科站的主要任务和日常工作还是面向全公社的大田生产，就是推动"科学种田"，从选用良种、科学管理直到推广间作套种①和间作套种条件下的机械化、防治病虫害、特别是推广生物防治（即以虫治虫、以菌治虫）等等。既然不让我搞我的专业，在我有生之年，我总得干点有益于社会的事情吧。

新时期

陈：1979年您回到中国电影出版社，是时隔22年才重新回到电影界，肯定有陌生感和隔膜感，您是如何克服这种不利因素，迅速投入工作中去的？

富：1979年9月17日，我回来就被任命为外编室副主任，当时没

---

① 间作套种：在一块地上按照一定的行、株距和占地的宽窄比例种植几种庄稼。

有正主任。毕竟22年跟电影毫无关系，自己有一种很自卑的心理，从技术到艺术，从概念到观念都是新的，都要重新熟悉，一直到1981年以后，才渐渐地有了信心。我刚回来时，许南明拿了一本30年代郑君里从英文译的关于"斯坦尼"体系的书准备重印，要我把它改得合乎现在的阅读要求，名词术语按现在的习惯用法统一。由于没有英文原文，我只能根据自己对"斯坦尼"体系的了解，猜测原文可能是怎样的，同时又要尽量保留30年代的味道，所以这个活儿其实是很麻烦的，大概是许南明要考察一下我的中外文能力吧！不过结果很好。我们以前不认识，从此合作得很好，也成为好朋友。他对我的工作很放手，很支持。

陈：您在中国电影出版社期间，主持创办了《外国电影剧本丛刊》，具体动因和过程是怎样的？该丛刊一共出版了50期，后来因何故停刊？

富：当时因为跟外界隔绝了二十多年，虽然有些电影在内部可以看到，但广大的群众没机会接触，所以就出一批电影剧本，让人们用看剧本的办法欣赏电影，于是创办《外国电影剧本丛刊》。每期包括两三个剧本，小32开。这也是从我接手以后才创立的。一开印就是三万，后来订数少了，到1986年就不出了。此后电影剧本还照样出，把大师的作品结集，这样学术性强一些，如苏联格布里罗维奇有一本，安东尼奥尼有一本，包括《奇遇》、《夜》、《蚀》三部曲和《喊叫》，还有一本布努艾尔的，后来还陆续有一些其他大师的剧本集。

陈：在中国电影出版社工作期间，您参与策划、编辑、审订、出版的"外国电影理论名著系列"、"大师（传记、剧本）系列"尤为电影界所重视，请您谈谈这两个系列的策划和出版情况。

富：那个时候，译丛组已经变成了《世界电影》编辑部了，由邵牧君负责，我管的就是出版社的外编室。一开始，我们把"文革"前邵牧君他们译好但没来得及出版的、完好保存在中国电影资料馆的那些书稿，包括克拉考尔的《电影的本性》、马尔丹的《电影的语言》等，拿回来出版。又把"文革"前已出的书重印了一批。在此基础上做了一项较长远的出版规划，提出了一份重要国外电影理论著作的清单，有计划地翻译出版，这就是《外国电影理论名著丛书》。把已出的《电影的本性》、新译的巴赞的《电影是什么？》，以及我退下来以后翻译的两本爱森斯坦的东西都纳入这套丛书，至今仍在持续。与此同时，有意识当做文化积累来搞的就是大师传记，雷诺阿、希区柯克、布努艾尔、黑泽明等人的自传或者评传。后来人们把它称作"大师系列"，其中包括前面提到的剧本集。另外，跟《中国电影家列传》同时出版的还有一套《世界电影名人录》，按国别出，美国部分本来计划从"A"出到"Z"，后来大概出到"H"就停下来了，也比较遗憾。德国、法国各占一本。

陈：您建议创办的《环球银幕》杂志已成为中国电影出版社的一个重要品牌，当时您是出于什么考虑要建议创办这一杂志的？

富：1984年下半年，发行部门向社里面反馈回来的信息是小人书的发行量不行了。在这种情况下，在《大众电影》即将从出版社独立出去，小人书、挂历这几个经济支柱还没有全部垮掉的时候，1984年底我提出来要办个画册。当时电影出版社订阅的一些日本画报，如 SCREEN、ROADSHOW，图片都特别精美，不加以利用是浪费。于是在1985年过阳历年的时候，我提出这个想法，得到许南明、邝锦宽的支持，先以书号代刊，把杂志办起来，起名就叫《环球银幕》。我最初发动外编室四个编辑，每人负责一期，阴历年就出了第一期。正月十五我们在国际俱乐部办了一个各国使馆文化官员的招待会，正式宣布杂志的诞生。但1985年只出了三期，一直到1986年的四五月份，新闻出版署才正式批准这个刊物，我们也才建立正式的《环球银幕》编辑部。同时尽力开拓合法授权使用的图片的来源，不再依赖翻拍别人的东西，这是个很艰难的过程。美国的卢燕给了我们很大帮助。杂志是月刊，最开始发行量是50万份，后来是二三十万份。一直到我退下来的时候，也还有十六七万份。到现在每年仍有可观的稳定利润，现在杂志这么多，能做到这点已经很不容易了。如果说有冒尖的事情，就是有一期我们中间的彩页上发了梦露成名之前的一张全裸照。当时发这个是冒一定风险的，但我认为这是一种美，是人体艺术。总之，这个杂志是开风气之先的。

陈 您参与过《电影艺术词典》、《电影电视技术词典》的编撰领导工作，还为《中国大百科全书》的"电影卷"和《不列颠百科全书简明版》的电影部分做过翻译、撰写、修订、组织等多种工作。请谈谈这些工作。

富 这是1984、1985年前后的工作。《电影艺术词典》的筹划，主要是许南明依靠沈嵩生确定各个分科主编，我们开了好多次会定条目。当时责任编辑是沈善和孙韵清，还专门成立了辞书编辑室。1986年出的第一版我只是参与策划，并撰写总论部分的一些条目。为了迎接中国电影100周年要出修订版时我已经退了，新的社领导请许南明出山来主持这件事情，我也参与其中，三个主编的署名就是许南明、富澜、崔君衍。我们从2004年开始筹备，聘请人员、召集编委会、确定修订方针以及一些重大问题都是许南明负责，具体的工作如看稿子这些都是由我负责。由于1986年出版第一版到这时整整过去了19年，电影观念、具体的技术都有些变化，主要是中国人的一些观念发生了很大变化。比如说，商业片以前是贬义词，现在就没有轻蔑的意思，甚至成了主流。这样的改动，散见在不同的分科条目里面。有的改动很厉害。具体的条目修改，比如电影观念的条目，我就希望它不仅仅是名词解释，而要丰富它的内涵。《电影电视技术词典》是与《电影艺术词典》同时提出的，主要由马守清同志牵头。后来出版社经济状况下滑，但我坚持这项工程一定要完成。最后出版是我已经退下来之后的事了。《中国大百科全书》电影卷里面有涉及外国电影的条目，我写了一些，如电影眼睛派、杂耍蒙太奇等几条。1986年出版的《不列颠百科全书简明版》里电影的条目则是我和陈梅包了，从英文译成中文。1995、1996年的时候，《不列颠百科全书》要出一个国际中文版，比原来的简明版更完备。电影这一部分撰稿、修订都是由我一个人负责，此外关于政治、新闻出版、农业技术的内容我也帮助编译修改了一些，有的是全译，有的是在简明版条目的基础上进行调整。书是1999年出版的。另外，1992、1993年，大百科全书出版社的副总编辑林盛然以他个人关系跟河北教育出版社签订合同拟出版《美国学习百科全书》(AAE)①，我参加了书中所有关于电影、文艺、农业等方面的翻译，花了大概两年的时间，后来由于版权之类的原因没出版，很可惜。

翻译和校订

陈：您翻译了苏联导演尤特凯维奇的《银幕上的人》②的部分章节，翻译这本书难吗？

富：这是我在《什么是美》之后翻译的第二篇文章。尤特凯维奇的那本书《银幕上的人》一共有四章。尤特凯维奇在苏联电影导演当中被认为是很有学问的一个人。我翻译的第二章是从美术设计的角度讲怎么样来塑造人物。具体地说，这篇文章相当于《带枪的人》拍摄总结。而且书中还有插图，他们搭了斯莫尔尼宫内部的一个景，他就讲怎么用镜头运动来表现出斯莫尔尼宫走廊里面的样子。因为之前有了各方面知识的准备，所以转入这么具体的导演、摄影、美工问题的翻译，我觉得这个转变过程不困难，并没有觉得陌生。这本书后来由冯志刚译完其他几章出版了。

陈：您说您翻译的苏联导演罗姆的《文学与电影》③是您最满意的一篇文章，能谈谈为什么吗？

富：这篇文章是我翻译的电影理论方面影响特别大的文章之一，另一篇是前几年《世界电影》登的波德维尔写的《强化的镜头处理》。文章写得特别精彩，我翻得也特别来劲儿，所以我就特别喜欢。还有一篇也是罗姆的，叫《重提杂耍蒙太奇》。罗姆是个很有名的导演，他的成名作是根据莫泊桑小说《羊脂球》改编的电影，之后他拍过《列宁

---

① AAE：American Academic Encyclopedia。
② 《银幕上的人》：史敏徒译，电影艺术编译社编，艺术出版社，1956。
③ 《文学与电影》：富澜等译，艺术出版社，1954。

在十月》和《列宁在1918》，树立了他在苏联电影界的地位并获得了当局的认可。后来解冻时期又转变得很鲜明，拍过《但丁街凶杀案》、《普通的法西斯》、《一年中的九天》等等。《文学与电影》是从文学和电影的关系这个角度来写，强调电影的文学性，强调文学的可视性。其中举了很多经典文学作品，比如普希金的《黑桃皇后》。他举了其中一段普希金完全用主观镜头方式描写军官盖尔曼企图向老太太打听三张牌的秘密的过程。当电影导演看小说时，完全可以把它当做分镜头剧本来读。他说好的作家在描写一个场景的时候，也是像导演一样，知道怎么样引导读者的视觉想象力。此外，还举了福楼拜的《包法利夫人》等几个著名文学作品里的片段，来说明这些作家的描写都是非常合乎人类的视觉想象规律的。所以这篇文章，不管是文学家、电影编剧，或者是电影导演看都是非常有启发的。后来就以这篇文章作为书名，把一系列重要的电影剧作论文编成一个文集，其中有几篇是我译的，署名是富澜等译。这是第一本署有我名字的电影理论书。在那以前，我大多是校改别人的译文，很少署名，这次也算是对我的照顾吧。

陈：请谈谈您帮助校订的《斯坦尼斯拉夫斯基在排演中》①、《在底层导演计划》②、《苏联戏剧大师论演员艺术》③、《科学普及电影的技巧问题》④等书的经历。

富：《斯坦尼斯拉夫斯基在排演中》的作者是演员托波尔科夫，书是讲他在"斯坦尼"指导下的排戏经过。这个稿子等于是我在行间重译的。《在底层导演计划》的书左右对照，一面是高尔基的原作，另一面是对相应文字的导演处理计划。原作采用人民文学出版社的译

---

① 《斯坦尼斯拉夫斯基在排演中》：文骏译，富澜校，北京，中国电影出版社，1957。
② 《在底层导演计划》：伍蒿卿译，富澜校，北京，中国电影出版社，1957。高尔基的作品《在底层》在中文中还译做《底层》。
③ 《苏联戏剧大师论演员艺术》：江韵辉等译，富澜校，艺术出版社，1956。
④ 《科学普及电影的技巧问题》：李纬武译，富澜校，艺术出版社，1956。

本，但我也有个别改动。导演的阐释往往涉及具体内容，如一句台词不但要说人物的表情、心理状态，还要说舞台场面和台上的主要布景、道具。翻译需要很强的想象力、空间感，在这方面原译就差一些，所以我主要是改这些内容。当时一共出了三个"斯坦尼"导演计划，三出戏分别是《在底层》、《奥赛罗》和《海鸥》。《苏联戏剧大师论演员艺术》是著名戏剧演员谈表演艺术体会的文集，第一篇就是作家契诃夫的夫人克尼碧尔—契诃娃的文章。因为是讲演技，所以稀奇古怪的什么东西都涉及。还有一本是《科学普及电影的技巧问题》，作者是日丹，他当过苏联电影学院的副院长，写了不少书。这本书稿也改动得很厉害。

陈：50年代您还有其他的校译作品吗？1958年2月，组织上还让您翻译了一个电影剧本《共产党员》①，那是怎么回事？

富： 后来还译了一些，值得一提的是《一个角色的诞生》②。那本来是登在《电影艺术译丛》上的一篇文章，是苏联著名演员切尔卡索夫扮演堂吉诃德的心得笔记，大概有三四万字。别人给定的署名为姚格之译，意思就是"要革职"吧，因为我已经戴了"帽子"了。《一个角色的诞生》单行本出版的时候我已经在兴凯湖了，所以我没有看到，也没再领过稿费。

至于《共产党员》也是出的单行本，有六七万字，小32开本。当时是预付的稿费，大约是他们对我临走之前经济方面的照顾吧。署名也是个瞎编的名。剧本是戴光晰经手给我的，钱也是她给我的，大概有两三百元。这个剧本的作者叫格布里罗维奇。我当时用了不到一个星期的时间就把它翻出来了。我翻译的时候这个电影还没进入中国，后来听说这部影片在国内引起轩然大波，很多人对这个故事表示非常不满。

---

① 《共产党员》：林欣群译，北京，中国电影出版社，1958。林欣群为富澜的临时笔名——编者。

② 《一个角色的诞生》：姚格之译，北京，中国电影出版社，1958。

陈：您翻译过政治、经济、哲学、电影理论、电影剧本、小说等，您最喜欢翻译哪个领域的著作？

富：当年我们单位有一项规定：业余时间不得替外单位翻译东西。我因为背着领导在人民文学出版社的《巴乌斯托夫斯基选集》①中翻了两个短篇小说，后来不得不批判自己"个人主义恶性膨胀，滑落到反革命的边缘"。80年代没有了这项禁忌，但我那几个中篇是每隔一天熬一个夜，从晚上八九点到次日凌晨三四点，一次翻七八千字，白天照样上班。熬上十来个夜，翻出一个七八万字的中篇小说。就这样在《苏联文学》杂志上发了几个中篇，其中一个还出了单行本，那是唯一署我名字的文学作品。后来工作忙、年纪也大了，不敢再那样玩命。前年在申报资深翻译家的材料中，要求列出主要译作，结果我发现凡是署我名字的译作几乎都是业余时间或是离休以后完成的。就是说我大部分时间都是在校订别人的译文。而且翻译一般不喜欢被署上某某校的字样，除非改得特别厉害，才署校者名，那都是由领导做主的。《眼珠》和《医生的葬礼》是2006年人民文学出版社为配合中俄友好年出的《当代俄罗斯中短篇小说选》中的两篇，因为翻译理念以及对具体文字理解与出版社方面有一点分歧，最后清样还是按我的想法改了回来。翻译的总字数估计也就只有二三百万字，校订的字数要多得多。

陈：1991年您正式离休，但翻译工作并未停止，译出爱森斯坦的《并非冷漠的大自然》、《蒙太奇论》等理论著作及《莎翁情史》、《不忠》、《滴血钻石》等剧本，并帮助校订过《七部半——塔尔科夫斯基的电影世界》等书，您能谈谈这些工作的情况吗？

富：1993、1994年，我才开始翻《并非冷漠的大自然》和《蒙太奇论》。依据的原文是苏联时期出的六卷本《爱森斯坦选集》，我选了其中两个题目。一个是《并非冷漠的大自然》更多谈的是美学、构图，就是他的美学思想。另外一个就是《蒙太奇论》。前几年爱森斯坦故居

---

① 《巴乌斯托夫斯基选集》于1957年6月由人民文学出版社出版。

博物馆馆长克莱曼给我寄来最新增订出版的两本爱森斯坦著作，恰好也是我所选定的那两个内容，所以我觉得我译的那两本书是把爱森斯坦关于电影的主要理论思考都包含其中了。《七部半——塔尔科夫斯基的电影世界》是崔君衍委托我做编辑工作，但拿原文一比对，我发现必须据原文逐字逐句地校改。我2000年七八月份从日本回来之后动手，一共三十多万字，用了十个月才改完的。几个剧本都是登在《世界电影》上的，《莎翁情史》、《不忠》翻译得比较愉快。《滴血钻石》有些被编辑改动的地方，没有给我看清样就发了，有些遗憾。目前，我仍在力所能及的限度内给《世界电影》翻些东西。

出访

陈：1981年您曾去过朝鲜，1988年又去过捷克斯洛伐克。请谈谈您这两次的出国经历。

富：第一次出国去朝鲜，许南明带队。没有什么特别的目的，就是跟朝鲜建立起互相交流的关系。1981年10月16日出发，11月2日回来。虽然受到的礼遇规格很高，但我们有一种仿佛回到了"文革"时代的感觉。人都很规矩，上班穿戴整齐，女性一律化淡妆。除与电影工作者同盟的会谈外，我们还参观了领袖的故居、纪念塔、少年宫、三八线板门店谈判的地方等。坐火车从平壤到开城或到金刚山，一路看到村庄里最好的建筑据说毫无例外都是学校。总的感觉，那里的物质比较匮乏，精神比较拘谨。1983年朝鲜代表团回访，我和《大众电影》的王明智全程陪同他们参观了北京、西安、上海、苏州，他们都很羡慕。

1988年7月，中国电影家协会代表团由我带队访问捷克。我们先参观了布拉格和郊区的斐迪南大公的城堡，后来去了卡洛维·发利电影节。我在电影节第一次看到《红高粱》，观众的反响也很热烈。对方电影家协会热情接待我们，互相交流情况。捷克环境好，人也文明。捷克到处都很干净，从飞机上看不到田地，满眼都是森林。布拉格也是欧洲最美的城市之一。

陈：1988年您从捷克回国初访苏联，同年再访苏联，两次访苏的缘由是什么？

富：我们从捷克回国在莫斯科转机停留了两天，当时觉得在哪儿都要排队，乱糟糟的。回国后不久，有一个苏联代表团访华，团里就有那位弗雷里赫。他听说他的《银幕的剧作》1963年在中国翻译出版。当时中苏关系非常敌对，他很好奇在那种情况下怎么能出他的书，就一定要跟译者见面。我跟他说，我是在劳改农场，坐在稻草垛成的地铺上，用午休时间翻译出来的。他特别感动，就说一定想办法让我去一趟苏联。他回云后不久就发邀请并寄来机票，让我参加在莫斯科举办的爱森斯坦会议，因为1988年是爱森斯坦逝世40周年。新中国成立以来咱们介绍爱森斯坦的东西很少，50年代初以中央电影局的名义出过爱森斯坦的《电影艺术四讲》，依据的是陈力①译成英文在美国出版的一个版本，由邵牧君、卓文心等人集体翻译成中文。再有就是在"文革"前夕，陈笃忱从日文翻译了《战舰波将金号》的台本。除此之外，"文革"前还出版了苏联时期编的《爱森斯坦论文选集》，是由罗慧生、俞虹、伍菡卿翻译过来的。开会接待的是爱森斯坦故居博物馆馆长克莱曼，他亲自到机场把我接回来。会也是爱森斯坦故居博物馆主持的，爱森斯坦故居博物馆是苏联电影家协会的一个具体的部门。开会的第一天是开幕式，弗雷里赫、罗斯托茨基（《这里的黎明静悄悄》的导演）都来讲话，还有一些著名的苏联电影理论家以及英、美、日等国的爱森斯坦研究者。第二天，不知怎么就让我主持会议，我借机讲了中国是怎么介绍爱森斯坦的，主要意思就是在介绍苏联电影理论方面起起落落，有过一些波折，总是比世界潮流慢了半拍。这个会开了好几天，快要散会的时候，克莱曼把我介绍给另外一个会议的主持人，我就又去参加了另外一个会议，

---

① 陈力（Jay Leyda）（1910 — 1988）：美国先锋电影制作者、电影史学家。对苏联电影、中国电影有较深研究。1959年至1963年在北京工作和生活了四年，他以外国专家身份参与程季华主编的《中国电影发展史》的资料整理工作，回国后著述了中国电影史著作《电影》（Dianying/Electric Shadows）一书，在1972年出版，成为西方最早研究中国电影史的专著。

主题叫做"电影与现时代"。我介绍了改革开放后中国电影的新动向，比如《小花》、《生活的颤音》、《苦恼人的笑》的手法给人耳目一新的感觉。我在那儿一共待了20天。第二次印象比第一次多少好一点，但当时苏联的轻工业产品供应很差，宾馆里提供的卫生纸都是像印书纸一样的硬纸，裁成四四方方的一叠，令人不可思议。

陈：2000年您访问日本，这是一个什么情况？

富：当时我已经离休了，山田和夫先生邀请我去他们的电影大学做讲座。我是在莫斯科开会时认识他的。早在90年代中期，他曾邀请我去，但当时没有去成，我给他发了一个用俄文写的长篇演讲稿，关于1988年回来后几年间中国电影新的变化。2000年我此行演讲的题目是《中国电影发展的道路》，主要是讲解放后中国电影的发展情况。在东京给爱森斯坦研究会的成员讲了一次，后来在名古屋讲了一次，最后是在神户的电影大学演讲。所谓电影大学是以全国电影鉴赏团体联合会名义每年暑期举办的短期学习班，聘请本国和外国的电影从业者和研究者做讲座，学员都不是专业的电影工作者，但学习却都非常认真。

翻译的技巧

陈：您学了不到两年时间的俄语，22岁的时候就已经翻译了很多东西，能够完成中央编译局信得过的作品，怎么做到的？而且，有些文章是您没学过的专业，比如"形式逻辑和辩证法"，学翻译有什么诀窍？

富：一般来说，社会科学的文字是比较规范的，你只要把语法关系弄清楚，不会有什么歧义，不像文学作品有复杂的描写，或者需要你搞一点技巧什么的。20世纪50年代初，出版总署有一个刊物叫《翻译通讯》，那里面的文章经常对翻译出版的书做一些分析批评。对于很多粗制滥造的翻译，批评得很严格，甚至于挖苦。所以我对我自己的东西要求非常谨慎，不能叫人家挑出毛病。不懂的一定要弄懂，不能糊弄过去。我对翻译标准的理解基本上还是接受严复提出的"信、达、雅"。"信",就是忠实于原著。人家怎么说,我必须怎么说,不能凭猜想替人家说话,不能额外添枝加叶;"达",就是文通字顺,要合乎中文的语法,要让人明白;"雅",这个说起来复杂些,严复原来的意思可能是指既是文章就得有个文章的格调,不能粗鄙俚俗,不成体统。因为他提出这一条的时候还是在使用文言文、不兴白话文的时代。我们倒应把这一条理解为尽量符合原文的文体、风格。如果原文就是使用粗俗的文字,本意要表现底层社会的情境,你就不能"雅"。总之,翻译最理想的境界就是使中国人在读你的译文时能够得到跟以原著语言为母语的人读原著时一样的感受。

我不知道有什么诀窍,不过我知道中文不行就翻不好。再一个就是知识面要比较广,翻译应该是个杂家,什么都得知道一点。不管干哪一行,知识面多少都要宽一点。你要想翻译好了,除了你在字面上需要理解,还需要知道必要的社会背景和历史知识。这个活儿,老实说是吃力不讨好,你必须得知道很多的杂七杂八的事。自己写就由着你了,你理解到什么程度就写到什么程度,有把握的才写上去。但是翻译就必须知道许多零零碎碎的东西,不知道你就没法理解、没法表达。

学外语我的主要经验可以归纳成两条。第一条,用最节省的脑力,去记尽可能多的东西。话是这么说,怎么做到呢?就是记根本性的东西。不记各种各样的例外,各种各样的特殊情况,那些你用不着费脑筋去记。所有的欧洲的文字都有一个共同的特点,就是它有一个构词法,就跟中文的偏旁部首的道理是一样的。你只记住最核心的词根和它的最根本的含义,这就是一个最节省成本,最节省资源,达到最大限度的效果的方法。第二个经验就是多读。中国人学外语,除非你干脆到外国去,对于绝大多数的中国人来说,必须通过大量接触外语,必须尽一切的可能多读。我年轻的时候有一本苏联人改写的英文小说,我开始读的时候觉得里面的生字特别多,几乎不大容易懂,勉强马马虎虎,连蒙带猜地看,有的时候看看后面的注释。等到我把这本书读完了之后再回过头来读开始那一页的时候豁然贯通,在不知不觉中,自己已经长进了一大步。读的时候哪怕看不懂，也不要查字典，一查字典，就变成一个痛苦的过程了。我是主张快乐学习的。你只要一个劲地往下看就是了，能懂多少懂多少，你越看越懂。你越看进去了，连情节什么你都掌握了的时候，你就越发地懂了，就没有问题了。

学习需要的不是被动的动力，不是理性的动力。"我要为人民服务，所以我要学好外语"——这当然很好，但这是一种被动的动力。而是需要你自己出于一种好奇。当年开始学俄文时，上自习的时候，我不知道人家做什么事情，我上自习的时候就翻字典，我在同样词尾、同样词头、同样前缀的单词里找规律，给自己制造趣味。

翻译的第一条就是要掌握这个词的根本含义，不要单纯地信词典，因为词典能给你的解释、汉语的对应文字毕竟有限。第二条就是你又不能不查词典。免得想当然，特别是有些习惯用语，你非得查字典不可，如果不查字典，两个完全没有关系的词连在一块儿就当某个意思讲，是没有什么道理可讲的。翻译和电影有关的文字，你必须有空间感，或者叫银幕感。他说了半天，你得想象出来，这个镜头里是怎么回事，这个人怎么走过来，这个人怎么走过去，场面调度是怎么样的，你必须想得很清楚，而且还要表达清楚，这样别人才能懂。

我在这儿顺便插一句，这跟翻译没关系。最近马未都在电视里讲收藏，其中提到"床前明月光"的"床"不是睡觉的床，而是一个小板凳，一般人误会了以为就是床，其实唐朝人是没有床的，唐朝的人是席地而卧，像日本人一样睡榻榻米。但是我觉得一个人躺在榻榻米上，那儿放着一个小板凳，然后说"小板凳旁边的地上有月光"，这个不通，而且也非常没有诗意。我认为"床前"是"窗前"的讹变。李白坐在窗前，看的是外面，不是室内的地，是室外的土地，这就说得通。所以对这些东西，你就需要展开你的想象。你要想翻译得让读者得到跟读原文一样的感受，那么通顺，那么明白。除非作者原来就设计成迷宫，就是让你糊涂，假如人家描写得很明白，你不把它一步步地想明白了，你就不是好翻译。要有空间感，尤其是外国的语言，有时候有一些复句什么的，你需要整理一下。按照咱们看电影的习惯，或者从远到近,从大全景到特写,或者是从近到远。你不能看一眼近处,再描写一下远处,忽然又描写中景,这个视点不可能无目的地这么乱投射。你不要因为它那个句子后面有一个 that,有一个 which,有一个 before,主句连着很多的从句,你就按照它的顺序翻。你要理顺时间和空间,这样才是真的忠实,硬扒过来那反而是不忠实的。

陈:我觉得从语言上看,《医生的葬礼》特别厉害,不光是通顺,汉语的弹性都很好。

富:那是因为人家原文好,不是我的功劳,他用了一个新写法。翻译的时候,必须体会原作者写作的时候心里想的是什么。你必须认识到人物的身份和性格,翻译绝对不是照字面扒,有些时候需要加进你的理解和领会。《医生的葬礼》里就有一个很好的例子。有一个俄语词组,直译过来就是"对自己秘密地"、"背着自己"、"瞒着自己"。可是人不可能自己对自己隐瞒什么。这个词组在不太远的地方接连出现了三次。第一次,是说这个人已经80岁了,但是她不服老,还干劲十足,但是,她"瞒着自己"已经对即将到来的死亡有了一些精神准备。意思显然是说她在理性上仍不服老,但在内心深处、潜意识里,在自己不太明确意识到的情况下,悄悄地承认了死亡的临近。第二次出现,是说她忙了一天已经很累了,正在考虑还有一个酒会要不要去参加。她"瞒着自己"还是想去的。并且叙事者在这里用括号说明这个"瞒着自己"是一个含义不明的、已经不存在的说法。显然是说,从道理上她完全有理由不去了,但在内心里还是愿意去,接下来说她"喜欢享受那种受人注意……受人尊敬的荣耀"。第三处不必说了。综合这些情况,我把它译成"在内心里"。在不同的上下文中都很合适。编辑把它改成"违心地",我坚决要改回来,因为"在内心里"是内心的、下意识的东西违抗理性的、表面的道理。而"违心地"恰恰相反,是理性的、关利害得失的考虑违拗了内心的、良心的要求。何况,"违心地"一词常常被人使用,绝不是已经不存在的说法。一个词的确定不但要在含义、在微细的意味上贴近原著,而且也不能与作者自己的声明产生矛盾。不搞翻译的人可能不大容易理会原来这是这么麻烦的抠字眼的事。

还可以举一个例子。在《滴血钻石》里，美国女记者想从男主人公口中得知血钻贸易的内幕，不惜做出性挑逗的暗示。男主人公说了一句："I used to be kissed before fucked."便扬长而去。这句话如果一字不差地照译过来就是："我曾经（不止一次）被（人家）吻了吻然后被（人家）干了。"这是什么意思？他是怎么回答女记者的挑逗的？这意思显然是：我曾经不止一次被人家先给一点甜头，然后就给一个大苦头。然后走掉，拒绝上当。这里的"吻"和"干"并不是直接回应女记者的性暗示。我把它译成："这样的当我上得多了，先给你点甜言蜜语，然后叫你欲哭无泪！"可是编辑把这句话给改成了："我习惯先有前戏再动真格的。"这在字面上倒是紧扣女记者的性暗示，可是意思却满拧。而且说完扬长而去，那么到底是答应还是拒绝呢？本来很明白的意思被弄得既猥琐又模糊不清。可惜我没看到清样，就这样发出去了。

总结

陈：您自己总结，您觉得最得意的译作是什么？

富：从译文文字上说，我最得意的是《最严厉的惩罚》和《莎翁情史》，最近的还比较好的就是伯格曼的《不忠》。理论方面，我最得意的就是《斯坦尼斯拉夫斯基在排演中》，虽然那只是我校订的，但实际上代表我50年代时的水平，而且书的内容本身很有意思，并不是只有搞表演的人才觉得有趣。还有就是罗姆的那篇《文学与电影》以及《重提杂耍蒙太奇》、波德维尔的《强化的镜头处理》，文章本身就很有分量，我也很确切地把它们的意思充分表达出来了。爱森斯坦的东西旁征博引，思维跳跃得很厉害，译起来特别费劲，但译完后并没有特别快乐的感觉。

陈：以"富澜"为署名的各种各样的单行本译著有多少？包括"富澜译"和"富澜校"。

富：《斯坦尼斯拉夫斯基在排演中》、《在底层导演计划》、《科学普及电影的技巧问题》、《苏联戏剧大师论演员艺术》，这些是署"富澜校"的。《七部半——塔尔科夫斯基的电影世界》署的是"富澜审校"。《文学与电影》、《电影导演的培养》、外国电影剧本丛刊里的若干辑、大师系列里的安东尼奥尼、格布里罗维奇的剧本集等，或是署"富澜等译"，或是一个集子中在各篇篇首或篇末署自己的名。单独署"富澜译"的有《银幕的剧作》、《并非冷漠的大自然》、《蒙太奇论》、《最严厉的惩罚》。《一个角色的诞生》和《共产党员》都署的是瞎编的名字。此外，在编译局时期有：《政治经济学底对象与方法》、《资本积累与无产阶级贫困化》和《资本主义总危机》，都是署"富澜译"。

陈：您对后辈的年轻翻译家的忠告和建议是什么？

富：最主要的一条忠告就是：要耐得住寂寞，厚积薄发。

富澜在家中(1999年摄)

【采访手记】

富澜先生是资深翻译家、编辑家、出版家。20岁刚出头就到中央编译局担任翻译工作,新中国初期就有多部译作出版,后调入电影局从事外国电影编译工作,长期负责《电影丛刊》的选题与编校工作。离休前曾担任中国电影出版社外国电影编辑室主任、副总编、总编;离休后仍不断有译作问世。

富老师1957年曾被错划为右派,此后22年飘零京外,在电影界、翻译界、文化界外。然而始终不甘沉沦,在下放农村劳动之际钻研农业科技育种并成为行家,培育出"张麦一号"等优良品种,并多次获得荣誉表彰。

富老师天资聪颖,学养丰富,平生好学且善于学习,心地善良敦厚,为人耿直方正,自尊且敏感。富老师年届八旬,仍身体健康,精神充实,心灵活泼,思想开放,因而与他交流令人愉快,预备采访工作非常顺利。正式采访开始后,更发现富老师工作作风认真扎实,有惊人的记忆能力,思路线索清晰,言语准确生动,所述历史细节丰富,历历如在目前。进而,他不仅准确地回忆并讲述了自己的经历和见闻,且有良好的洞察力及自觉的自我反省精神,态度诚恳,襟怀坦荡,使得整个采访过程融洽、顺利,具有相当可观的历史与思想深度。

对富澜老师的采访频率为每周三次(一、三、五下午),每次采访时间为3小时。这样的频率和时间长度是富澜老师根据自己的时间安排和身体状况确定的,这样的时间密度与强度反映了富澜老师的性格,实际效果不错。摄像和录音师是赵晶。

富老师少年时曾学习过美声歌唱,汉语字正腔圆,嗓音浑厚动听。对富澜老师的正式采访共进行了31小时,超过了罗艺军老师、詹沙浪老师曾创下的 27 小时纪录，成为当时的一项新纪录。

(陈墨)

李少白访谈录

采 访 人：陈墨
摄　　像：王家祥
时　　间：2008年12月1日至2009年1月9日
采访时长：25小时
地　　点：北京红庙·李少白家中
录音整理：王家祥、江川
文本选编：李镇

受访人简介：

  李少白，男，1931年生，安徽太和人，中国艺术研究院研究员，博士生导师。1949年高中毕业后参加"二野"西南服务团。20世纪五六十年代，曾先后在中国电影发行公司和中国电影家协会工作。新时期后，1980年主持组建中国艺术研究院电影研究所和研究生部电影系，创办《电影文化》杂志（现《当代电影》前身）。培养了我国第一批电影学硕士、博士研究生，是中国首位电影学博士生导师。学术及教材著作有《电影历史及理论》、《影心探赜》、《影史榷略》，主编《中国电影史》（高教版）。另有旧体诗词选集《灵府轨迹》问世。

童年和学生时代

陈：谈谈您的家庭及您的父母亲人。您的父亲李道明先生是当地名医，也是一个诗人，对您的一生影响较大，他是怎样的一个人？

李：我出生在淮北平原的一个小镇上，叫三塔集。那个地方在12世纪末以前还是很宜居的。南宋和金打得不可开交的时候，就不行了，因为黄河的入海口堵塞，黄河之水夺淮而入，那里就成了黄泛区了。我小时候出了一件事，就是为打日本鬼子，蒋介石把花园口炸开，大概是1938年，洪水遍野，一片汪洋。我父亲李道明1890年生人，他小时候家境可能比较贫穷，但是家里看他还有点出息，就想培养他。后来清朝完了，民国兴起，科举废掉了，他就在我外祖父家开的药铺里当学徒。我母亲家比较富，是比较老的地主阶层。据我母亲后来讲，我父亲性格太强，做学徒的时候不知道因为什么事，一气之下跑了。我母亲没上过学，但她的能力很强，从我记事起，一直是她主家。小时候，母亲对我的管教很严。我一生受我母亲的影响也很大。在我的心目中，她是一个很了不起的人。

陈：他是先有婚约关系再去学徒？还是学徒后恋上了东家的小女？

李：那就不知道了。我父亲走了三年都没有音信，后来学成回来，拿了一个上海医学专科学校的文凭。我翻了一些材料，对上海医专没有记载。当时没有大学，所以他那个专科学校在当时来说是医学最高的学校了①。我父亲可以说是多才多艺。他古文功底很好，喜欢写诗，字写得非常漂亮，在当地很有名；他还会拉河南坠子；他也会画画，画兰草、竹子什么的。他学成后先参加了北伐军，这是他的一段光荣史。他当过军医处长，是校级官。北伐以后他就自己行医了。他在涡阳开

---

① 民国元年(1912年)7月，政府公布《大学令》，允许私人办大学和专门学校，上海出现了最早的医学专科学校。上海医科方面的大学是在1927年后才出现的。

过一家医院,但是后来医院被一把火全烧了,所以他在三塔集重新创业。我老家在农村,叫李沟涯①,现在叫李沟。我记事儿的时候,我们家已经比较富裕了,家里吃粮食、吃菜,包括花钱都不发愁。我家在镇上有三处房产,街西头还有一个大菜园子。我特别喜欢去那个大菜园子,它的周围是用小溪水包围起来,里面有两口井,吃菜都是自己种的。我父亲开的药店在当地非常有名,叫道元堂。他给我最大的影响就是奋斗精神:一个人的条件再不好都没有关系,你去奋斗就行了。他自己最得意的有两件事,一个是30年代初我们那儿发生了一场大瘟疫,就像现在的"非典"一样,他当时有个药方子一下子救了好多人。所以从30年代初开始,我父亲在当地的威望就特别高。三教九流跟他的关系都非常好,他们叫他"李老道"。另外一件事与何柱国②有关,何柱国那时候是东北军的一个将军,他的儿子得了病,到处求医都治不好,最后是我父亲治好的。何柱国送我父亲一个很大的匾额,上面写的是"医界巨擘"。此外,还有一件事,在抗战的时候,他当过亳县卫生院的院长。那个时候亳州让日本占领了,卫生院设在离亳州往南六七十里路的古城,是国民政府政权下的。国共两党打起来以后,他就不当了,我们家又搬往蚌埠。所以我父亲历史上没有什么问题。解放以后,他被安徽省立医院聘请为专家,也算是个高级知识分子。他特别热爱医生这个职业。

陈:谈谈您上学的情况。抗日战争爆发后,对您的教育有怎样的影响?您在初中之前所受的教育中,哪些让您受益?

李: 我记得战前就上小学了。当时我虚岁7岁,念的时间没太长就打仗了。为了安全,我家搬回到农村老家李沟涯。只有三塔集有洋学堂,回到李沟涯只能念《四书》,我在那儿念了大概一年半的《四书》,我印象里背了《论语》,《孟子》大概学了一个开头。以前我在家里已

---

① 三塔镇有很多村庄名字带"涯"字,"涯"字在这里念为"yé"音。
② 何柱国(1897—1985):别号铸戈,广西容县杨梅镇成美村人,国民党陆军上将,东北军重要将领。

经背诵,认字已经不错了,我父亲要求很严,我的古文就是在那时候,包括在小学打下的基础。高小语文里面有很多都是古文,我记得比较清楚的是高小学李华①的《吊古战场文》。我大概在1939年回到洋学堂,课程有常识、语文、数学。那时候学洋知识还是对的,比如说数学,培养的不光是知识,而是启发思维。常识课什么都有,包括了历史、地理。

陈:您对1945年8月15日日本投降有哪些记忆?

李:日本投降的时候,我在我们小镇的国立二十一中②的三分校上初中,师资基本上都是徐州的,老师的水平相当高。因为都是别的地方来的老师,抗战后人家要回去;我就转学到了阜阳的私立安徽中学,它是从上海迁来的,原名是上海私立安徽中学③,学费比较贵。8月15号这一天我没有太多的记忆。

陈:您上中学的时候最喜欢的科目是什么?

李:我最喜欢的是数学,我的数学是最好的。

陈:您小时候爱看什么书?

李:我父亲有很多书,我上小学开始就爱乱翻,甚至于在学龄前都爱乱翻,抓到什么书就看什么书。我小学读过《三国演义》,一开始一些文言文感觉不是太理解,但是《水浒》就读得非常溜了。我爱找书摊,那时候清代出的那批演义小说看得最多,比如《隋唐演义》、《薛仁贵征东》、《杨家将》、《说岳》。武侠小说也看,我们家有《七侠五义》。我喜欢听说书,听了许多章回小说。高中的时候,我爱读流行小说,几分钱就可以在小摊上租一本鸳鸯蝴蝶派小说④,最流行的是冯玉奇⑤。

---

① 李华(715—766):唐代散文家、诗人。
② 抗战期间,1939年以前组建的国立中学不得不多次后撤到后方;1939年8月起,教育部决定国立中学按成立时间的先后顺序,以数字命名。国立二十一中先设在安徽太和,后迁至陕西山阳和兰田。
③ 上海私立安徽中学太和分校:创建于1938年,1942年改为"国立二十一中",抗战胜利后该校又恢复原校名。受访人曾在三塔集就读的是国立二十一中位于三塔集的三分校。
④ 鸳鸯蝴蝶派:发端于20世纪初叶上海的文学流派,主要题材是言情小说。
⑤ 冯玉奇(1918—1985):民国"礼拜六"派代表作家,其作品以武侠小说和社会言情小说居多。

我看书比较快，两三天就一本，看的都是鸳鸯蝴蝶派这类的。左派文学没有印象，但读过《家》。

陈：您上高中是到蚌埠去上了？

李：我读初中后内战爆发了，我父亲在蚌埠开了一个新药店。我上的是安徽省立怀远中学①。念了不到一年，转学到国民党办的长淮临时中学。当时听说这个学校管吃、管穿、管住，一切都包下来了。

陈：您家生活条件很好，也用不着到那儿去。

李：到了那时候经济已经比较困难了，因为我哥哥那时候正上南通医学院，家里负担比较重，我父亲倒是没说什么。我更重要的是受同学的影响，我的好多同学都去了那儿。在淮河战役前夕的半年多以前还是很平静的，后来社会乱了，不管在哪里念书都没办法念了，国民党已经没办法控制了。物价一天天上涨，尽管流通金圆券，但是金圆券制一点用都没有；实际上形成了金本位制，真正保值的是银元。国民党的货币就是一个代用品而已，真正起作用的是银元后面的市场。我父亲有了收入以后必须都换成银元，物价每天都不一样。

陈：您当时的政治意识是什么？有政治意识吗？

李：那时候我没有政治意识，比较现实，觉得生活得好最重要，要有口饭吃，生活得比较富裕一点，就是这么一个思想。我父亲帮过共产党，他说有一次碰到国民党的军队押着一个人要枪毙，说是共产党。那时候子弹都不舍得打，要把那个人活埋。后来看在我父亲的面子上把他放了，我父亲救人是出于人道。

陈：对于淮海战役，国民党叫徐蚌会战，您心理上倾向于谁？

李：我那时候对共产党没有什么认识，不管怎么说，我在国统区生活，那时听国民党的宣传，觉得共产党是比较厉害的。国民党把共产党宣传得可怕极了，说他们杀人放火，但是我觉得宣传的未必都是实话，这个判断我还是有的。

---

① 安徽省怀远县第一中学：始建于1903年，位于蚌埠市怀远县。

陈：您第一次看电影是什么时候？是什么电影？是什么情况下看电影？您的青少年时代看电影最难忘的经历是什么？

李： 1948年，我从阜阳到蚌埠的时候，正好赶上高中暑期，大部分时间是租言情小说看，那时候电影票很贵，起码要花上租十本小说的钱才可以看一次电影。我看过两次电影，一次是《海茫茫》①，是秦怡和乔奇演的，现在拷贝没有了，片目上有。另外一个就是《万家灯火》②，我的家庭境况和电影很相似，看后感觉很沉重，感觉到生活确实很艰难；但也很投合自己的心情，还比较喜欢。后来知道这两部片子一个是言情片、商业片、消极片；一个是进步片。我当时没有这个概念。

陈：请讲讲解放前夕这一段，淮海战役期间，学校里还能够正常上课吗？当时您在哪里？心态如何？对您来说，"解放"和"解放区"意味着什么？

李： 淮海战役前夕，当时不知道要打仗，但是觉得不安定，学校要搬迁。先从蚌埠出发坐火车到南京，然后又从南京到杭州，在杭州灵隐寺住了一个多月，又翻越浙西的山到了徽州。这段经历对我还是很重要的，使我更开阔了眼界。长淮临时中学就这样迁移到了皖南，最后落脚在潜口和西溪南，是两个很美的小镇，环境与皖北平原大不一样。我对皖南的印象不错，尤其到了春天，满地的油菜花特别漂亮，还有风车，水也特别干净。我当年有一首诗，专门写在皖南的感觉。后来我们学生不集中住宿，而是分散到老百姓家里去住，我估计可能是出于安全的考虑。和我同住的是三个最要好的同学刘家训、杨禹九、孙文涛，一共四个人。我们住的那家是两层的小楼，特别漂亮，睡的是人家的大走廊；冬天也那么睡。生活条件很艰苦，国民党本来提供的东西就很少，学校管东西的人又贪污，所以吃的是糙米，老是萝卜干发起来的菜，有时候还不够。吃都吃不饱，所以学校不可能上课，老

---

① 《海茫茫》：香港建华影业公司1947年出品。
② 《万家灯火》：昆仑影业公司1948年出品，导演沈浮。

师也没心思讲课。我们高兴到哪儿玩就到哪儿玩，家里比较有钱的学生，身上带有银元、金戒指，这些可以换钱，徽州的金店很多，可以把戒指截成一节一节地卖，有了钱可以买点吃的补充一下。国民党那时候退守江南了，我听说国民党可能不行了，隔江而治有一点耳闻。淮海战役以后学校很不安定，说山区的共产党要来，大家就很紧张。渡江战役打了以后，学校的人往福建跑。我也和三个同住的同学往南跑，我们在浙江跑散了，最后我带着我同班同学的弟弟孙文涛———一个初一的学生回到了西溪南的学校。皖南行署把我们组织起来，登记办学习班。开始在学校，大概也就是三五天，以后就集中到徽州学习，可能学习了半个月，最后动员大家留下来，我没有留下，而是选择带文涛一起回到蚌埠的家。我要特别感谢我的一位同学，叫刘振亚，是他在逃难的时候给了我两块银元，就是靠这个钱才有路费回的家。

参军与最初的工作

陈：1949年9月，您参加了中国人民解放军第二野战军西南服务团，当时要经过什么样的手续？要经过培训吗？您在服务团的主要工作是什么？对这段生活，您记忆最深刻的是什么？

李：解放后，我父亲跟我谈过两次话，一次是建议我去银行当练习生，一次是介绍我到邮局工作，我都不愿意，后来通过父亲的一个老关系去了南京，这个人就是李晨，我去见他的时候，他已经是南京二野西南服务团直属支队第三大队的大队长。1949年8月，我刚到南京，算命的说我应该向西南走。李晨后来介绍我到军大、革大，我都不是太积极。最后他把我留在西南服务团[①]第三大队。三大队都是老革

---

① 中国人民解放军第二野战军西南服务团：是一支为解放、接管和建设西南服务的干部部队，是直接配合野战军完成解放任务的组成单位。1949年6月由二野在南京等地组建，共17000多人，其中以6000多名老区来的干部为骨干，以南京、上海、苏南、皖南、北平等地招收的11000多名大、中学生和青年职工为主体。

李少白任西南服务团第四支队第四大队第七中队文书（摄于1949年·宜昌）

命，我进去的时候没有一个年轻的。在那儿最大的感觉就是生活大大改善，吃的特别好，有美国洋面、红烧肉，那是我漂泊以来最大的改善，许多老同志也对我很照顾。我对共产党的印象好就是从那儿开始的。

陈：1949年10月1日新中国成立的那一天，您在什么地方？您是通过什么途径得知新中国成立的消息的？

李：通过看报纸，10月2日我才知道新中国成立了。我在南京，当时全国的联系不像现在这么紧密，部队也有各自的任务，所以部队没有搞什么活动，很平静。但我记得报纸上的标题很醒目，给我的印象很深，当时感觉到这是一次划时代的事件。李晨后来把我从三大队换到了四大队。三大队是个职工大队，那里的人以后都分配到工会系统；四大队虽然也算是职工大队，但是它是一个后备力量，优越性就是给西南区直属机关准备的。四大队里面不是老革命了，都是在上海招的一些青年学生和青年工人，有很多是地下党。进军西南途中，在湖北的黄陂停了一个来月，我被分配到七中队当文书，任务就是一个月填一次表，记录这些人有什么变化，其他就没有什么事了。

陈：您怎么去的重庆？您对重庆当时的印象是什么？因为重庆是八年抗战的陪都，据说蒋介石撤离重庆的时候炸了很多地方。

李：我从武汉坐民生公司的轮船一直到重庆，因为晕船，睡了一路。从宜昌下了船又停了十几天，我在那儿还照了一张相片，是我唯一穿军装的相片。到了重庆后，我去了市中心，重庆还是很安静的，市中心区一点破坏都没有，基本上就是抗战晚期的那个面貌。我到那里不到半个月就分配了，因为我是搞文书的，所以领导想把我留在西南军政委员会办公厅。但是我表示想搞技术工作，这是受我父亲的影响。后来西南影片公司①来要人，来人叫刘恒月，河北人，是40年代初参加革命的。管分配的那位负责人说话的口音很重，我把他说的"电影"听成了"电业"，就去了，最后到那儿一看不是电业公司，而是电影公司，我很失望。我就这样转业了，我当兵实际上不到半年，就五个来月。刘恒月是西南影片经理公司的第二把手。第一把手叫拓新，是西南影片经理公司的副经理，没有正经理。我到了西南影片经理公司以后，一开始在秘书科。我办公兼住宿的地方离解放碑很近，是国民党时期三青团中央所在地的青年馆。

陈：西南影片经理公司那时候的业务是什么？

李：最主要的任务就是接收。公司的放映队一部分人是东影放映训练班的②，一部分人是南京电影放映训练班③的，大家都搞接收。

陈：当时接收什么？

---

① 西南影片经理公司成立于1950年2月1日。
② 1947年5月至1949年3月，东北电影制片厂举办了4期训练班，共培训学员650余人。
③ 1950年6月至12月，由中国的电影事业管理局、教育部、全国总工会、中苏友好协会等单位共同在南京组办的电影放映训练班，共有学员1886名。

李：接收影片，就是所谓的敌产：国民党的财产，中电一、二、三厂的片子，加上美国八大公司的片子。后来接收了三间房子的拷贝。

陈：从哪儿接收？

李：一是从电影院，电影院所有的拷贝都要交上来。另外还有一个国民党管发行的地方。

陈：有一些电影院是私营的，片库里存的影片也接收吗？

李：影院是不掌握影片的，拷贝不是私人影院的财产。私人影院的财产是绝对不会接收的。

陈：当时易燃片很多，放在办公室隔壁很危险，有没有保护影片的工作？

李：那时候几乎都是易燃片。放映员也有这个知识，了解这个不能着火，一直都是封着的。在青年馆大概待了不到一年就搬了，没有出什么事。新地方很大，在五四路，是一个独立的老银行大楼。

陈：这时候西南公司有自己的放映厅吗？

李：有两个放映队，把机器支起来就可以放，放映地点是活动的，不是固定的。搬到五四路后就有固定的放映室了。

陈：您在西南公司看过哪些影片？

李：最主要的是美国片。在青年馆那段时间，实际上没有多少事，经常找片子看。我们看一半，如果觉得好，没有意见就继续放；如果谁看了一半喊一声"这片子没劲儿"，马上就停，再换一个。那时候我看美国片最多，尤其是西部片，动作多一点，所以大家都爱看。其他还有一些包括爱情片、家庭片，太沉闷的不看。当时是闲着没事看的，纯粹作为一种娱乐。

陈：您很快就入行了，1950年去的时候还不知道为什么去，但是您在1951年就发表了《谈苏联影片〈起死回生〉》。很快爱上了电影发行吗？还是喜欢上电影了？

李：到现在我都没有说喜欢，它是一种工作。我们搬到新办公大楼之后，我还是在秘书科，起草公文都是我做。我爱读书，干电影这一行，就要看这方面的东西，当时艺术出版社出的一些翻译的东西，能找到的我都看。1951年的最后一个季度，我的一篇文章发表在《大公报》上，评论苏联影片《起死回生》，一千多字，这个影评是怎么写的我自己都记不清了。还有一篇是我和李邦珍一块儿署名的文章，我们讨论，由我执笔，大概有两千多字，评的是一部苏联传记片《斯维尔德洛夫》①。另外还在《新华日报》上写过"三反五反"的新闻纪录片专辑的影评，没有署名。那时候我写的不多，主要目的是学点业务知识。

电影发行总公司

陈：1954年您被调到北京电影发行总公司宣传处工作，主要原因是因为大区公司撤销，还是因为您是一个"笔杆子"？

李：1954年大区撤销以后，西南影片经理公司也相应撤销，并成立了一个代表处，两三个人。我们被分配到重庆市办事处。我觉得在重庆待着没有意思。那时候我和李邦珍已经在重庆结婚了，我跟她商量以后，就给总公司副经理洪藏写了一封信，也就是一两个月，洪藏没有给我来信，但是接到一个总公司的公函："调李少白、李邦珍来总公司工作"，这样我就到了总公司，肯定是那封信起了作用。调到北京以后，李邦珍原来是做人事的，她分到人事科；我在宣传处。我们俩住在西交民巷84号办公楼的最顶层。我有一篇文章叫《难忘西交民巷》②，就是写这里的生活。

陈：当时的中影公司有"四大笔杆子"，您是其中之一。您在宣传处的任务是什么？

李：我的任务就是起草总公司电影宣传方面的工作指示，这个影响特别大，因为各个地方都要以这个口径来宣传。一个月写一份，包

---

① 《斯维尔德洛夫》：苏联儿童电影制片厂1940年出品，导演谢尔盖·尤特凯维奇。此片经东北电影制片厂译制后，改为中文名《优秀的党员》。
② 李少白：《难忘西交民巷——在中影公司工作期间的回忆》，载《中国电影市场》，2001(2)。

1953年李少白在重庆　　1954年李少白在北京

括每个月上映多少影片,哪个片子怎么宣传都有严格的标准。我后来写《中国电影发展史》,得益于在中影公司老写宣传指示,符合宣传口径。在写《中国电影发展史》的时候,我有这种书写意识,"跟舆论保持一致"——当时的舆论不像现在,那时候非常具体。我的第二项任务就是组织观摩,就是给新闻界看电影。有《人民日报》、《光明日报》等,还包括广播电台。对于重点影片,还要搞宣传招待,范围就大一些,除了新闻界,还包括工会、妇联、团中央等有关各界。

陈: 如何判断一个具体的片子和中央精神有什么关系?

李: 从好多文件里看。每一个中央的文件,包括各个行业的,比如农业的,都得知道。有一些不一定全在文件里,报纸上也有。各行各业的报纸我都仔细读。那时候太一体化了,太"舆论"了。

陈: 农业文件跟咱们电影宣传有什么关系?

李: 有关系,关系到写农业题材的电影要宣传什么。比如《葡萄熟了的时候》写的是丰收,但当时葡萄不是丰收的问题而是销售的问题，只宣传丰收对工作没有实际意义，当时是统购统销政策，收购了那么多，卖不出去都坏了，所以电影宣传要和政策结合起来，要求从葡萄销售的角度来宣传这部片子。又比如要写一个涉及工业题材电影的宣传指示，我得把工业的政策都了解，这样才可以写得准确。

陈：宣传工作指示的工作程序是什么样的？比如说要不要宣传处开会，然后明确下个月放哪些片子，然后明确有哪些方针、口径？

李：流程比现在规范多了，发行处把下个月要上映的片子拿过来，我一看就知道要上什么电影。

陈：重点是哪些？

李：自己来考虑，最后由处长丁达明审定、签发。

陈：是，而且还要有非常清晰的思路，对政策把握、拿捏要非常准确。

李：对。我大概就是从那时候开始养成了看报纸的习惯，一开始我到总公司还看不到政策文件，就特别注意看报纸，感觉从报纸上差不多就可以理解宣传口径。政策观念需要一个积累，常看的有《人民日报》、《光明日报》、《北京日报》、《大公报》、《文汇报》，《参考消息》是后来才有的。人家可能就看文艺或者与自己有关的，自己感兴趣的，我必须看政策方面的。所以我写的东西总的来说没有什么大的毛病。此外，还写过文字宣传材料，包括说明书、黑板报①、宣传词句②。

陈：实际上写宣传工作指示要比写电影说明书难得多。

李：那是两回事。你不能有你自己的思想，上面怎么要求你就怎么表述。另外当时整个的文风就是越通俗越好，越口语化越好。

陈：那时候写电影宣传指示就您一个人吗？

李：就我一个人。

陈：电影宣传指示常规的长度大概是多少？

李：这在公文里面是最长的，长短不一，长的两千多字，短的也

---

① 这里指可供直接登在黑板报上的资料。
② 这里指可供电影海报、电影广告上使用的简短语句。

要一千多字，包括影片的介绍，当然要十分简要，一两句话。我的印象里，每个月有一到两个重点片要重点宣传，其他的都是一般的。

李：重点宣传要介绍这个片子是写什么的、它应当配合什么进行宣传、现在的政策是什么、如何配合，另外有一些还可以联系宣传部门来看，中心就是政策如何就照样宣传。各地方对这个东西是很重视的。

陈：每个月一份是吗？

李：每个月一份，后来就没有了。1956年毛主席讲"百花齐放"，我国的政策也相应地发生了变化，不是统得那么严了，所以这项工作就停止了，没有再写。

陈：您在1954年到1956年期间写的影评多吗？

李：这是我写影评最多的时期。我写影评有得天独厚的条件：一个是看电影早，一个是我接触的记者、编辑都是干这行的。他们看某个片子好，就首先找我，"少白你替我们写吧"，我觉得好的就揽下来了，我觉得写不出来的，或者我不感兴趣的，就谢绝了。所以当时有条件发我的文章，我写稿没有自己投稿，都是约稿，包括新华社的电讯稿。

陈：那时候的稿费您还记得吗？

李：稿费就有意思了，我最高的一笔稿费来自《文艺学习》，这个刊物在当时是很有权威性的，对稿件要求很严格，我写了一个《玛利娜的命运》①，稿费56块钱。

陈 那时候56块钱相当于一个大学毕业生的工资。

李：1956年调工资，绝大多数人的工资都长了；最初的名单中也有我，后来由于某种原因又被去掉了。有时坏事也可以变好事，工资没给我长，我就多写影评。那时候一级工资的级差十块钱上下。在发行公司三年，我每个月写的文章平均相当于三级工资。那时提倡写短文章。我给《人民日报》写稿子稿费最多的一次是关于《铁道游击队》

---

① 《玛利娜的命运》：苏联基辅艺术电影制片厂出品，导演依·史麻鲁克、符·依夫琴柯。

的文章，九百多字，稿费有三十块钱。

陈：从1954年到1957年，您总共写了多少篇文章有统计吗？

李：现在记不大起来了，重要的、属于影评类的可能有六七十篇。比较有影响的是在《人民日报》、《光明日报》、《文艺学习》、《大众电影》、《北京日报》，有四五十篇。我写影评大部分集中在这阶段。我搞电影史以后几乎不再写影评了。

陈：这些文章当中您还有记忆，并且觉得还可以回味一番，或者来分享的有哪些稿子？

李：介绍西方电影的有《罗马11点钟》①、《没有留下地址》②；苏联影片有《玛利娜的命运》、《没有说完的故事》③；国产片我写的很少，比较长的就是给《人民日报》写的以长征为题材的《暴风雨中的雄鹰》④，是我和谢逢松合写的。他和胡健是当年我在总公司的两位好友。其他的就是介绍蔡楚生的《南海潮》的短文章，还有评论《上甘岭》的，另外一个影响比较大的就是在《大众电影》上发的一篇文章。在1956年举行了一个"五四以来优秀影片展"⑤，我写了一篇推荐《马路天使》的文章。《大众电影》的销量大，这篇又是头版头条，标题特别大，电影界的反映也不错，说我的"历史观"好，这篇文章可能和他们后来点我参加撰写《中国电影发展史》有一些关系，我猜想。其实我那时候对30年代电影的历史什么都不知道。我不知道历史，所以也就没有包袱，那篇文章我写得有感而发，也比较放得开。萨杜尔⑥说过，意大利新现实主义和中国"五四"以来优秀影片的现实主义有共同的东西，

---

① 《罗马11点钟》：意大利电影1952年出品，导演朱塞佩·德·桑蒂斯。
② 《没有留下地址》：法国与意大利合作影片1951出品，导演让－保罗·李塞诺。
③ 《没有说完的故事》：列宁格勒电影制片厂1955年出品，导演Fridrikh Ermler。
④ 《暴风雨中的雄鹰》：长春电影制片厂1957年出品，导演王逸。
⑤ 1956年11月，根据"百花齐放"的方针，一批"五四"以来的优秀影片重印拷贝并公映。
⑥ 萨杜尔（1904—1967）：法国电影史家、影评家。著有《电影艺术史》、《世界电影史》、《电影通史》、《法国电影》、《卓别林传》、《G.梅里爱传》、《L.卢米埃尔传》、《G.菲利普传》、《电影艺术家辞典》、《影片辞典》等。他首次在西方著作中用专门章节介绍中国电影。

这也许是我能写好这篇文章的原因。

陈：您在中影公司看片子是什么情况？

李：我搞宣传指示，每部片子必须看。

陈：有没有这种情况，这个片子您没有看过，写了工作指示？

李：那绝对没有。

陈：除了上映的国产影片外，您还要参与外国进口影片的选片工作，这方面的工作量大吗？

李：外国片一开始没有，好像到1955年才开始的，有这项业务以后，我就成为选片小组的成员，每一次进口影片我都参加了。比如说需要一部或者是两部，但是可能送来十几部，初选的时候，这十几部都要看。记忆最深的就是看得太多了，累得要死。看电影对我后来搞电影史是个积累。我看了很多和我们有关系的西方国家的电影，最多的是意大利和法国的，还有瑞典，苏联的就更多了。亚洲的电影，印度和日本的看得最多，感觉到眼界就不一样了。我看外国片就看原版，因为凡是翻印过的，拷贝彩色的颜色都变了，失真太多。

陈：中国当时洗片的水平不行。

李：中国电影资料馆的拷贝好多都是翻印的，我那时候只看原装的影片。看的时候有人做现场翻译，他们要先看一遍甚至于两遍，对台词进行口译。这个差事干得最好的是戴光晰，她的速度快，而且翻得最好。

陈：您一天最多看多少场电影？

李：六部电影。上午两部，下午两部，晚上两部。大部分就是一天四部。不是每天有，而是在某个阶段，会集中把这一个国家的看完。也可能再过一两个月再看。

陈：1954年到1956年，您对国产片的观感和印象是什么？因为差不多每一部片子您都看过。哪些影片让您不忍卒读？不好看的影片多吗？

李：当年的印象，国产片没办法和外国片比，我说的外国片指那些电影大国，像苏联、法国、意大利的，日本电影我倒不觉得怎么有特点。国产片的可看程度，包括艺术都赶不上人家。这是心里的想法，当时嘴上不能这么说。

陈：当时中影公司写宣传工作指示，主要不是为了中影公司发行影片去做商业推广，而是替国家做政治宣传？

李：对。它是一个宣传指示，不是一个广告，要符合政策需要。

陈：那选的重点影片不见得是最好的影片是吗？

李：它有政治标准，政策觉得是重要的就是好的。现在很多人听不懂"十七年电影"的那些语言，因为环境太不一样了。它要求的是为政治说话，而不是为工业说话；所谓为观众服务，也是政治的需要。艺术也需要，但是第二位的。

陈：您这三年看的影片中，对哪些影片的印象非常不好？

李：非常不好的就是关于农业合作化和工业改革的，什么《春风吹到诺敏河》、《伟大的起点》这类，没法看。但是它是政治需要，没有办法，还要作为重点片来推荐，当时发行公司要宣传政治，而不是宣传这个片子。

陈：那几年比较好的电影呢？

李：像《祝福》、《林家铺子》，革命历史题材的大多都觉得不错。现实题材都是最糟糕的，根本没有办法看，大家看了都摇头，但是在公开场合谁都不会说。

陈："反右"期间您在发行公司吗？您在"反右"中有怎样的经历、怎样的记忆？您当时才华出众、思想活跃，但却没有成为右派，主要原因是什么？

李：我在发行公司参加过两个运动，一个是"肃反"运动，另一个就是"反右"。"反右"的时候，最刺耳的话倒不是对国家的不满意，而是对单位的不满意。有人说领导工作作风粗暴，对领导的不满变成了对党的领导的不满，说起运动是很复杂的事。公司有个外文和古文都不错的同事讲了一个观点：共产党不是搞"百花齐放，百家争鸣"，而是"独尊儒术"。公司许多人不明白"独尊儒术"的出处，我就讲了"罢黜百家、独尊儒术"是怎么回事，并且发了言：共产党怎么可以跟汉武帝是一回事呢？不是一回事！这之后，总公司经理杨少任对我有点印象了，所以后来他在向影协推荐人的时候推荐了我，当然这只是我的猜想。

关于《中国电影发展史》

陈：1957 年您调到中国电影工作者联谊会①，这次调动是组织分配还是您自己申请的？在刚调过去的时候，您在哪个部门工作？

李：我调到影协属于组织上的需要，是当时任发行公司总公司经理的杨少任同我谈的，正式调动大约在 1957 年 10 月份。刚去的时候联谊会有几个部门：社会活动部、电影技术部、对外联络部、艺术研究部，还有行政办公室。我在艺术研究部②，当时只有我一个人。所以在后来有一家报纸的编辑问我在哪些方面占了第一时，我说我是第一个在职、在编的电影艺术研究人员。艺术研究部的主任是黄钢，副主任是贾霁、程季华，当然他们都是兼职的，当时联谊会的领导大多都是挂名的，实际管事的是联谊会常务副秘书长周文，我去的时候就是他接待的。

陈：调到艺术研究部以后，接下来就是您被抽调来写作《中国电影发展史》，从研究部到电影史撰写组，这是怎样一个过程？

李：那是主编程季华和领导层商定的，具体怎么定下来的就不清楚了。当时是 1958 年，整个社会在"大跃进"的氛围下，这是《中国电影发展史》能上马的条件之一；1958 年正好又是第二个五年计划的第一年，这时文化部提出一个从 1958 年到 1967 年的"艺术科研十年规划"。影协也报了自己的规划，叫做"中国电影工作者联谊会艺术研究工作项目"③，这是有案可查的。其中有两个重点项目上马：一个就是"电影史"，另外就是"年鉴"。因此艺术研究部一下子调了十来个人，

---

① 中国电影工作者联谊会：1954 年 4 月成立；1960 年 7 月改名为中国电影工作者协会；1979 年 11 月改名为中国电影家协会。
② 1957 年 6 月至 1958 年该部门的全称为"电影艺术理论研究部"。
③ 1958 年 3 月，中国电影工作者联谊会审核通过了《中国影联艺术研究部 1958 年工作计划要点》，其中谈到了"进行中国电影史、电影年鉴的研究和编纂"。

基本上是两组，一摊儿是"电影史"，由程季华负责；一摊儿是"年鉴"，由季洪负责。

陈：据说电影史研究室在《中国电影发展史》正式写作的很多年前就开始搜集大量资料，是这样吗？

李：据程季华说，从解放后50年代初陈波儿领导的那个时期，就开始搜集这方面的材料，但具体情况我就不了解了。艺术研究部在调人的时候，程季华把原有的一个"电影史搜集整理小组"合了过来。这个小组一共有三个人，王越、沈次琼和萧长傑。①

陈：这个资料小组要比电影史撰写小组成立得早吧？

李：那当然要早，但具体是什么时候成立的我就不清楚了。史料是电影史写作的基础，应当说程季华在这方面做了很多工作，包括这个资料小组搜集了很多材料；还有，当时《中国电影》杂志有个栏目叫"昨日银幕"，登老电影人写的回忆性文章，程季华是主管这一栏目的编委，具体负责约稿的编辑是邢祖文，比如《感慨话当年》，还有鲁思的《影评忆旧》，都是他约的稿。另外还有一个同志魏峨，她后来是电影史研究室的副主任，她也负责了几本回忆录的约稿工作：田汉的《影事追怀录》、欧阳予倩的《电影半路出家记》以及梅兰芳的《我的电影生活》，这些老电影人的回忆录，对于写电影史也起了很大作用。另外在1958年，王越专门去上海图书馆藏书楼拍了一个多月的缩微胶卷，把上海主要报纸上有关电影的文章都拍下来了。因为当时老上海的杂志相对好找，报纸就困难了。夏天藏书楼里很闷热，工作条件是很艰苦的。那一次王越还去了南京第二历史档案馆，花钱委托他们抄写了不少资料；祖文和我在参加电影史写作之后，也对资料做了一些

---

① "当时没有助手，艺术处有一个工作人员叫沈次琼，帮我采管这些资料，并根据我的意见把有用的资料编目、编索引备用。这种状态持续了好几年……'中国电影史小组'前后陆续有十个人左右加入，主要成员是我、沈次琼、王越、李少白、邢祖文和魏峨。还有几个是'过路的'，来了又走了，因为搞电影史还是很辛苦的事情，要坐冷板凳查资料。"引程季华：《病中答客问——有关〈中国电影发展史〉及其他》，载《电影艺术》，2009（5），第109页。

搜集。当时我们工作地点在舍饭寺，不远处就有一家中国书店，当时那里也有旧电影杂志卖，祖文和我去那里买了不少次，而且主要是邢祖文挑的，所以应当说在史料收集方面邢祖文也做了不小贡献。

陈：有传说，当年写电影史的文图资料可以用卡车拉。在您的印象中是不是有那么多？

李：那是传闻中被夸大的说法。实际上在"文革"中拉走的并不是全部资料，只是有关江青的部分。因为当时上边交代得很清楚：凡是有关"首长"的都给挑出来。负责此事的是沈次琼；我和祖文此时已被造反派揪出来，但也被找来挑拣。当时来拉资料的车我也没看到，有可能是派了一辆大卡车，但是拉走的也就是两米来高的两摞，比如电通公司的杂志，《联华画报》等牵涉到有关江青的文字、图片资料。当时接触第一手资料最多的人是祖文，我当时好多都没有来得及看，因为起写电影史，时间要求很紧。

陈：当时是专门有一个资料室吗？

李：有专门的资料室，也就是沈次琼的办公室。办公地点搬到舍饭寺以后，萧长傑管。

陈：那个资料室有多大？

李：一间房子，大约有十四五平方米，柜子堆得满满的。

陈：撰写电影史最重要的一个准备工作就是看电影，但早期中国影片大部分都不存在了，存在的影片有些也不能看，当时怎么解决这一问题？

李：看电影，这得感谢中国电影资料馆为我们提供了最大的方便。还有新影厂，不少纪录片都是在新影厂看的。由于夏衍、陈荒煤、蔡楚生等老电影人都很支持电影史写作，所以大家都很配合我们的工作。当时凡是我们需要看的影片，只要中国电影资料馆有的，都可以无条件地调到影协放映室来看。

陈：是资料馆现存的影片全都看，还是挑一些重点影片看？

李：集中看了进步电影，资料馆现存的进步影片都看了；还有像《化身姑娘》、《天字第一号》这种需要重点批判的也看，剩下一般商业片就不看了,时间来不及。我记得第一批先看了蔡楚生的作品,像《粉红色的梦》、《迷途的羔羊》、《渔光曲》、《都会的早晨》、《联华交响曲之小五义》、《王老五》,而且是蔡老跟我们一起看的。

陈:大概看了多少部电影,您还记得吗?

李:可能有二三十部吧。在"大跃进"的形势下不允许有很多的时间看影片,那是一个有点违背历史研究规律的操作。

陈:在写作《中国电影发展史》时,还有大量20-40年代中国电影的亲历者在世,撰写组是否曾有计划、有组织地访问过这些人?

李:几乎没有,只对萧三①作过一次访问,是我和王越一起去的。因为1939年苏联记者卡尔曼去延安拍纪录片的时候②,萧三是作为他的陪同翻译,那一次毛泽东还接见了他。我们采访萧三就是去了解这一段历史,采访回来以后就由王越把采访整理成文字,经萧三过目,以整理人王越、署名萧三登在《中国电影》杂志上③。后来《中国电影发展史》里的引文就出自这篇文章。其他就没有直接访问了。因为整个写作时间要求很短,来不及。这些工作是应该去做的,但那时候"大跃进",各行各业都是这样,不可能去提出这样一些符合常规的、史学规律的建议。但是应当说,程季华在这一点做得还是不错的,他还是尽量地多找一些材料,像梅兰芳的回忆录、田汉的回忆录、欧阳予倩的回忆录等。另外"昨日银幕"栏目发表了不少有关早期电影的文章,这对写电影史是很有用的。

陈:最初进入《中国电影发展史》撰写小组,是如何分配写作任务的?您负责写哪一部分?

李:这个项目确定上马后,实际做领导工作的周文对我说,程季

---

① 萧三(1896-1983):原名萧子暲,笔名埃弥·萧、爱梅等,湖南省湘乡县人,现代诗人。

② 1939年,苏联电影摄影师卡尔曼来华,到过武汉、延安等地,拍摄了纪录片,在延安期间,曾由萧三陪同,卡尔曼回国后完成了纪录片《中国在斗争中》和《在中国》,并出版了报告文学《在中国的一年》。

③ 萧三:《忆苏联电影摄影师卡尔曼在延安的日子》,载《电影艺术》,1960(8)。

华想让我参与写作电影史，写解放后的部分。我当时觉得写解放后的还行，对解放前的电影我就不熟悉了。在这之后，程季华分配任务，让祖文和王越写解放前的，我来写解放后的。本来这个电影史项目是计划向1959年的建国十周年献礼。当时的要求是不超过20万字的简史。

陈：那就是说按照原计划需要在一年的时间内完成？！

李：那就是要"放卫星"、"献礼"，不切实际的。

陈：写作小组定下来之后，有没有开过专门的会议讨论电影史的写作？

李：开过一次会，艺术研究部其他组的人也都参与了。由程季华主讲写作提纲和写作要求。我那时候因为有别的事要做，就没有能参加这次会。后来我是听祖文传达会议内容。当时大家有一个想法，就是尽量地写，想到什么就写什么，当然事先都是要有提纲的。因为内容少了的话以后很难补充，多的话删除非常容易，我记得有这么个不成文的约定。所以在1958年"大跃进"的情况下，我写了二十万字左右的解放后的部分，大体是概述性的，按照简史的方法写。这份手稿在"文革"中被造反派抄走之后就再也没有下落，很可惜。

陈：在这之后是什么原因又决定把解放后的部分拿掉了？而且撰写组的人员也发生了变化。

李：从根本上讲，这个在"大跃进"氛围下提出的"献礼"，本身就是不切实际的。从1958年秋到1959年10月份，也就是一年多一点，在这么短的时间内怎么能写出一本史书呢？这期间编写组的另一个成员王越生病了，这时候程季华决定：拿掉解放后的部分，集中写解放前的。

陈：这时候您写的解放后的简史实际上都已经出来了，为什么又决定拿掉？

李：它只是一个初稿，非常粗糙，没有经过审读、修改、补充、认定，所以它就毫无意义，扔在那儿了。

陈：王越先生离开了《中国电影发展史》的写作小组，那是怎么回事？

李：王越在进入电影史编写小组以前，一直是在原"电影史小组"工作，在电影史写作开始阶段他负责写抗战时期和解放区电影那两章。他的资料工作做得挺好，很细，而且文笔也漂亮。他是编剧班毕业的，更熟悉创作的路子，相对来说做史的功力弱一些，比如说构造一个史的框架，他在这方面就不太强。而且他所负责的抗战那一章也是最难写的，那个时期整体上不大好把握，首先时局变化太快，局面很复杂，所以分段、归纳等都不大好把握。比如，抗战爆发时电影的中心在上海，后来转移到武汉，之后又到重庆，这期间国共合作、皖南事变等事件让当时的电影局面非常复杂，更不要说"孤岛"、沦陷区、香港等等，都很难处理，这是难写的一个原因。其次关于这一时期的史料也比较缺，还有敌伪方面的史料也缺，写作起来难度就更大，他迟迟写不下去，就生病了。后来他就被调走了，很可惜。

陈：他的生病与电影史的写作困难有直接关系吗？

李：当然有。那时候"大跃进"，写史要求有"进度"，他老是写不出来，所以有压力，自己也感觉到负担很重，开始神经衰弱，就病了，之后就没有再写。所以后来这一部分也是交给祖文去完成。他在写完30年代以后，接下来写这一段。抗战后的那一部分，即第七章由我来写。

陈：您接手进行第七章的写作，这是在什么时候？

李：大概是1959年的上半年，我开始写解放战争时期这一章。大概到1960年10月，我完成了这一章的初稿，这时候我才回过头来看祖文写好并已打印的第一、二章，祖文看和改我写的第七章。其实在我刚开始写第七章的时候，第一、二章的油印稿就已经出来了，但我是之后才看的。

陈：就是说您写第七章花了一年多的时间。

李：没有一年多，因为中间有很多事，1959年反"右倾"，1960年"文代会"，这些时候我都被抽出来，所以业务基本上都停下来了，专门的写作时间也就是半年左右。

陈：在这一阶段，您和邢祖文先生在写作《中国电影发展史》

时，相互交流的方式是什么？

李：运作方式就是：祖文写的部分我来修改，我写的祖文来改。比如我在改祖文写好的第一、二章的时候就做了一些补充，更明确了它的理论框架，多了些史论，包括那些小结性的话语。所以《中国电影发展史》所呈现的既不是我的文风，也不是邢祖文的文风，祖文文笔是很轻快、流畅的，是很优美的，而我的则比较简练，逻辑性比较强，所以我给他改一改，他给我润色一下，这样就形成了《中国电影发展史》的文风。

陈：当每完成一章的初稿时，小组里有没有做一个讨论评述，比如这一章的缺点是什么，优点是什么……

李：没有，没有现在这些常规论证，像讨论每一章的提纲等，都没有，当时也没有工夫做这些。

陈：在您和邢老师把全部七章的稿子相互修改一遍之后，然后做什么？

李：然后又改一遍。它不是一次成稿。一篇文章还得改一两遍呢，一部史书不能够说改一遍就完了，所以再通读、再改。从1961年开始，就集中进行重新修改。先由祖文来改，把我修改过的消化一遍，然后我再改一遍。

陈：第一、二章已经有了油印本，在修改过以后就又成了稿纸吗？

李：不是。在修改的时候是用贴的方法，就是剪裁，比如说有一些结构需要调整，就从这里剪下来之后贴到那里，在这个过程完成以后，才基本上算是一个草稿。有些不明确的部分还需要重新补充资料。这时管资料的是沈次琼，她的办公室就在我和祖文的办公室对面，查资料就在那，这个工作都是祖文做的。祖文组织、运用史料的能力很强，所以《中国电影发展史》现在真正有价值的，就是史料。搜集的那么多史料本身是零散的，能把它理成一体，有年份、有人、有影片，这个框架都是祖文搭下的，所以他对这部书贡献很大。

陈：在您和邢先生所进行的三四次相互修改过程中，有哪些地方需要重写？因为什么？

李：重写的部分现在都已经记不大清楚了。之所以要重写，更多是希望把它理得更顺，是在叙述上、结构上的改动。比如说这里面最大的一个改动，原来有关30年代的内容只有一章，后来祖文觉得写不下去，经与程季华讨论，决定分成三章。这个改动就是后来做的，在结构上进行了重新调整。

陈：关于对电影史上的某些人、某些制片公司如何进行评价，在这些问题上撰写组成员内部有分歧吗？

李：这几乎是一致的。虽然我们互相之间的交流也不是太多，但观点基本上是一致的，如果不一致的话，这本书就没法写了。另外，对这些事物进行评价的主要根据并不是个人的，而是根据材料和当时的主流舆论，这样就不会有不同意见。所以我们三个人在写作过程中，不存在因为觉得某些评价不合适而重新改动的情况。

陈：经过您和邢老师反复几次修改，形成一个基本的草稿之后，下一步是怎样进行的？

李：这个书稿不是像好些人想像的那么简单，因为我和祖文在写的时候是他改我的稿子，我改他的稿子，不是一次成稿，反复了三四次。有的一开始感觉写得不行，就重新返工，真正稿子成形是在1961年。所以从1959年到1960年间反复进行修改，写完以后回头再看，又感觉不行，就重新再改，这个文字的底稿，就是我和祖文写的手稿是很乱的。不仅稿纸上的字很乱，而且由于它反复的次数很多，还要进行章节的调整、段落的调整，所以很多情况下是采取剪贴的办法，剪贴的纸短的有半页，长的可能有将近两页，稿子到了最后是很乱的，所以我们就用一个办法，最后用墨笔把需要删除的部分涂盖掉，另外增加的部分都用墨笔把它重新勾画清楚，然后再给程季华。程季华当时觉得我们俩的字太不好认，另外粘贴得又那么乱，觉得几乎没法看，所以他决定专门找人来抄写一遍，抄稿件的人名字叫雷美环。

陈：您说原稿很乱，那她能认清吗？

李：她看得也挺费劲，一开始的时候就经常来问我们，大概抄一段以后她也就熟悉了，这有一个适应的过程。一式两份复写抄完之后，就把稿子交给了程季华。程先生在翠明庄呆了近四个月时间，进行审阅、修改，这大概已经到了1962年的夏天了。这期间对我和邢祖文来说就是一段空余时间，我们一起整理出两个电影剧本，一个是田汉的《三个摩登女性》，这是根据文字资料和一本连环画整理的；另一个是夏衍的《压岁钱》，这是有影片的。在这之前，邢祖文还做了一项工作，把本书的影片目录、人名目录整理出来。

陈：关于影片目录，我有一个问题，在1961年，中国电影资料馆已经编辑完成了《中国电影总目录》（1906—1949），《中国电影发展史》附录中的中国电影片目是否参考了这个影片目录？

李：这一点我可以很肯定地说，《中国电影发展史》的片名目录并没有参考中国电影资料馆的那个目录。1961年底《中国电影发展史》的初稿完成以后，祖文也就是花了二十来天的时间，把片目和人名的部分完成了。哪一年出了哪些影片，这在那些旧电影杂志上都是很清楚的，另外在1934年的电影年鉴里也都有，祖文还补充了很多。如果有兴趣可以把这两个片目做一个比较，你会发现它们是不一样的。

陈：在程先生审阅完了稿件之后，《中国电影发展史》的下一步工作是什么？

李：之后就是发稿了。在这之前程季华曾把稿件给郭安仁①看，郭安仁对稿件也做了一些修改。他当时是中国电影出版社的编审。而对《中国电影发展史》这部书，他所做的工作，据程季华说是责任编辑。他是著名翻译家、散文家，文笔很好，学问功底深厚，所以这部史书经过他来进行文字把关，加以润色、改动以后，让语句更加流畅，基本上没有语病；有的改动使叙述更显平和。应当说这是郭安仁的功劳。

陈：在您印象中，郭安仁先生对哪一部分的改动相对比较多？

李：我现在回忆一下，郭安仁改得比较多的，应该是同"软性电影"斗争那一部分。这部分是由我来执笔的。左翼与"软性电影"论

---

① 郭安仁(1909–1968)：笔名丽尼、立尼等，生于湖北孝感，翻译家、散文家。时任中国电影出版社编审。

战在当时是很大的一件事。从1933年开始,一直到战前还没有结束,这场论战有理论的成分,但更多的是政治原因,由于双方的政治观点、政治立场不同引起的,里面可能还有一些个人的意气用事,也有一些相互谩骂的文字。所以当年我在看到这些材料的时候,问过祖文:"鲁迅讲过'辱骂和恐吓绝不是战斗',看来不是个别现象。"祖文有同感。所以凡是谩骂的材料,我们一概都没有用。但是我在写这一部分的过程中,还是用了一些尖锐的词语和批判性语气。郭安仁在修改的时候,把它改得缓和一些、平和一些,这些改动是有的。

陈:郭安仁离开电影出版社是怎么回事?

李:他是陈荒煤的朋友,据说是陈荒煤把他调来出版社的。毛主席第一次文艺批示以后,大家都很紧张,这时候陈荒煤都自顾不暇了,他就赶快设法把郭安仁调走了。

陈:据说本书在校对阶段还在进行修改,是这样的吗?

李:稿子最起码校对了四遍,同时在第一、二次校对过程中,我和邢祖文又对校样进行了一些改动,比如发现有些语句上还有毛病,或者论述不够充分,甚至于某一部分的史料感觉到不那么准确的,都重新进行了核实、修改。改到最后,校对科的人员向我们反映印刷厂的工人都很有意见,说你们改得没完没了这怎么行,把人家的计划都打乱了。当然最后定稿的还是程季华。

陈:请您谈谈上级对《中国电影发展史》这部书的审查状况。

李:《中国电影发展史》当时不光是文化部、电影局审查,还送请中宣部审查。把校样送去后,代表中宣部审查的是林默涵,具体经手的是邹士明,她当时是中宣部文艺处联系电影口的一个工作人员,这个审查工作就是她负责的。邹士明对《中国电影发展史》也有不小的贡献。她审看了《中国电影发展史》,并且提了三页纸十几条的意见。她当时在中宣部文艺处,具体负责《中国电影发展史》的审稿。中宣部是非常有权威的,"影协"又受中宣部直接领导。在当时,她提出的意见也可以看成是代表中宣部的意见。她提出的那十几条具体意见基本上都采纳了,做了相应的修改;其中最重要的一条意见,就是认为这部书里要有胡蝶的小传，这是原来的校样稿里所没有的。现在书中的胡蝶小传就是根据邹士明的意见由祖文补写进去的。

陈：原来为什么没有呢？她是整个30年代中国影坛的皇后啊！

李：那时候写东西不像现在就事论事，而要考虑政治影响。当时的顾虑是胡蝶在抗战期间的那一段历史不是太清楚，所以就没有写她的个人小传。祖文在写这一部分时也觉得按理说应当有她。没想到中宣部的意见中有这一条，所以当时祖文很痛快地就把她的小传给补上了。另外，林默涵也提了意见，我现在能够知道的就是对插页剧照的选择，原来作为插页用的照片中程季华选了好几张有江青的剧照，林默涵当时决定凡是有江青的剧照，一律抽下来。

陈：这条意见当时也就采纳了吧？

李：当然照办了，但最后还是漏了一张，就是《王老五》的一张剧照，并且在那张照片上江青的形象不大好看，误把这张留下了。另外在这部书里误把《中华儿女》的主演康健写成了江青，这是根据史料《中华儿女》特刊依错就错的。后来还是赵丹发现了这个差错，写信给程季华，但书已出版，来不及改正了。在1963年初版上是这样印着的，在80年代再版时才改过来。据程季华说，当年《中国电影发展史》出版以后，蔡楚生写了一封信给江青，专门送了两套书给她，所以她应该是看到过这本书的。

陈：书中的电影剧照是由谁来选的？

李：程季华一手负责，邢祖文可能也管一点，最后由程季华决定。

陈：当时在写《中国电影发展史》的过程当中，内容涉及有关江青的，您和邢先生如何处理？

李：那还是想突出她一点。比如《狼山喋血记》，其实她在这部电影里戏并不多，费穆有一篇文章说她演得好，我们在写的时候就引用了费穆的这个评论。如果是换作别的演员，那我们可能就不用这段评论了，就因为是江青，所以就专门把费穆那段话给引用了，这也算是一种照顾吧。

陈：文化部和电影局的审查情况呢？

李：这都是程季华通过陈荒煤办的，我就不了解了。我所知道的还有蔡楚生提过意见。其他的都是通过程季华，据说他访问过阿英、阳翰笙、田汉等人，听取了他们的意见，具体的我就不知道了。

陈：程先生是在写作之前访问的呢，还是完稿之后？

李：前后都与他们联系过，至于具体谈了些什么，之前谈了什么，之后谈了什么，我就不大了解了。

陈：您刚才提到蔡楚生先生提出过意见和建议，具体是什么？

李：最主要是涉及《中国电影发展史》对他导演的影片的评价。其中对《王老五》的故事简述他作了很大的改动，几乎是他重写的；再就是对《一江春水向东流》的结尾的陈述、评价问题。蔡老很在意自己的作品。另外，他对《中国电影发展史》的贡献是很大的，不可磨灭的。他对于电影史写作一直是极力支持的，甚至到了1964年《中国电影发展史》已经挨批判的时候，他仍然希望能够重写，这在他的日记里有所反映。他有一个关于"电影科研的十年规划"的发言，通过这个发言就能够看出他的观点，这个规划对于电影史的写作也是很关键的。

陈：《中国电影发展史》原来还有第三卷、第四卷的撰写计划，后来为什么搁浅了？

李：《中国电影发展史》之所以能够出来，正是因为它赶上了"十七年"中最宽松的一个时期，就是三年困难时期。《中国电影发展史》出来还不到一年时间，就挨批了。1963年陈荒煤为了再修改《中国电影发展史》，计划在上海、北京和长春开座谈会，征求修改意见，这正好撞上了柯庆施在上海提"大写十三年"，所以这两个事情正好对上了，上海就彻底抵制了这个会议，这个会也就没有开成①。接下来毛主席发出第一个文艺批示②以后，《中国电影发展史》就成了批判对象。在

---

① 1963年10月，陈荒煤提议，为总结"三十年代电影的传统和经验"，决定在北京、长春、上海等地邀请老电影工作者进行座谈。中共上海市委书记柯庆施得知后，拍电报给中宣部，座谈会计划被迫取消。

② 第一个文艺批示：毛泽东在1963年12月12日关于艺术工作方面存在的问题给中共北京市委负责人彭真、刘仁的批示，批示说：文化部是"帝王将相部"、"才子佳人部"、"外国死人部"。

第一次文艺整风期间，周扬做了一个总结性讲话，我参加听了这个讲话。他这个讲话是对当时文艺界问题的总结，涉及《中国电影发展史》大概是这样的："《中国电影发展史》千错万错，但是它能把那么多史料整理到一起，就不容易嘛。"他算是为这本书辩护了一下。但接下来第二个文艺批示①发出之后，就没人再敢说这种话了，这时已经是1964年。

陈：《中国电影发展史》在当时写作起来有很重要也是很难的一点，就是政治把关。这项工作是谁来做的？

李：《中国电影发展史》中所谓的理论框架这一块，基本上是我出的主意。我在参观殷墟的时候曾写了一首诗，里面有两句是："史言当有言凭据，论判须正判目光。"就是在写史时，一定要做到言必有据，论必有理，这个"理"从哪里来？《中国电影发展史》的基本观点有以下几个依据：第一就是毛泽东在《新民主主义论》中的两段话，一段就是说30年代有两种"围剿"和两种"深入"，"声势之浩大，威力之猛烈……前所未有"，等等。另外一段就是说30年代文化革命的成绩，无论在史学、哲学、文学、艺术（又不论是戏剧，是电影，是绘画，是音乐……）都取得了很大的成绩，旗手就是鲁迅②。第二个依据是陆定一在1956年毛泽东提出"双百"方针之后，写了一篇文章《百

---

① 第二个文艺批示：毛泽东在1964年6月27日在中宣部《关于全国文联和各协会整风情况的报告（草案）》上的批示。批示说：文艺界各协会和他们所掌握的刊物的大多数"不执行党的政策，做官当老爷，不去接近工农兵，不去反映社会主义的革命和建设。最近几年，竟然跌到了修正主义的边缘"。（"中共十一届三中全会以后，中共中央正式宣布，这两个批示对文艺工作的指责不符合实际情况，并且被后来的《部队文艺工作座谈会纪要》所利用，产生了严重的后果。"引《邓小平文选》第二卷，第296页，第126注）

② 原文："在'五四'以后，中国产生了完全崭新的文化生力军，这就是中国共产党人所领导的共产主义的文化思想，即共产主义的宇宙观和社会革命论。'五四'运动是在一九一九年，中国共产党的成立和劳动运动的真正开始是在一九二一年，均在第一次世界大战和十月革命之后，即在民族问题和殖民地革命运动在世界上改变了过去面貌之时，在这里中国革命和世界革命的联系，是非常之显然的。由于中国政治生力军即中国无产阶级和中国共产党登上了中国的政治舞台，这个文化生力军，就以新的装束和新的武器，联合一切可能的同盟军，摆开了自己的阵势，向着帝国主义文化和封建文化展开了英勇的进攻。这支生力军在社会科学领域和文学艺术领域中，不论在哲学方面，在经济学方面，在

上海大学校长钱伟长（中）赠书给李少白（右）和于润洋（左一）（摄于2004年）

政治学方面，在军事学方面，在历史学方面，在文学方面，在艺术方面（又不论是戏剧，是电影，是音乐，是雕刻，是绘画），都有了极大的发展。二十年来，这个文化新军的锋芒所向，从思想到形式（文字等），无不起了极大的革命。其声势之浩大，威力之猛烈，简直是所向无敌的。其动员之广大，超过中国任何历史时代。而鲁迅，就是这个文化新军的最伟大和最英勇的旗手。鲁迅是中国文化革命的主将，他不但是伟大的文学家，而且是伟大的思想家和伟大的革命家。鲁迅的骨头是最硬的，他没有丝毫的奴颜和媚骨，这是殖民地半殖民地人民最可宝贵的性格。鲁迅是在文化战线上，代表全民族的大多数，向着敌人冲锋陷阵的最正确、最勇敢、最坚决、最忠实、最热忱的空前的民族英雄。鲁迅的方向，就是中华民族新文化的方向。"

"一九二七年至一九三七年的新的革命时期。因为在前一时期的末期，革命营垒中发生了变化，中国大资产阶级转到了帝国主义和封建势力的反革命营垒，民族资产阶级也附和了大资产阶级，革命营垒中原有的四个阶级，这时剩下了三个，剩下了无产阶级、农民阶级和其他小资产阶级（包括革命知识分子），所以这时候，中国革命就不得不进入一个新的时期，而由中国共产党单独地领导群众进行这个革命。这一时期，是一方面反革命的'围剿'，又一方面革命深入的时期。这时有两种反革命的'围剿'：军事'围剿'和文化'围剿'。也有两种革命深入：农村革命深入和文化革命深入。这两种'围剿'，在帝国主义策动之下，曾经动员了全中国和全世界的反革命力量，其时间延长至十年之久，其残酷是举世未有的，杀戮了几十万共产党员和青年学生，摧残了几百万工人农民。"

以上引自毛泽东《新民主主义论》。这是毛泽东1940年1月9日在陕甘宁边区文化协会第一次代表大会上的讲演，原题为《新民主主义的政治与新民主主义的文化》，载于1940年2月15日延安出版的《中国文化》创刊号。同年2月20日在延安出版的《解放》第九十八、九十九期合刊登载时，题目改为《新民主主义论》。

花齐放、百家争鸣》①，同时他在上海电影公司成立时作过一次讲话②，里面就提到继承传统的问题，当然它重点还是肯定30年代进步电影的传统，这也是根据"百花齐放、百家争鸣"的政策来的。第三个依据是夏衍的一篇文章《瞿秋白的两三事》③和一次重要讲话《中国电影的历史和党的领导》④，他提出中国电影的传统在哪里？不在以前，而在30年代党领导电影以后⑤，这就成了指导《中国电影发展史》写作的一个主导思想。另外一个重要的依据就是毛泽东《在延安文艺座谈会上的讲话》，延安文艺与30年代进步文艺既有继承的一面，又有很大的不同，它是一个新的世界。程季华也特别重视延安电影这一块，决定给延安电影立专章，这是程季华的主意。延安电影实际上数量很少，而且都是纪录片，但是给了它整整一章，而且写得非常详细。这几点就是写《中国电影发展史》的基本的理论依据。

另外，它的一个基本指导思想应该说是马列主义的历史唯物论。我给我的学生说过，我的电影理论没有自己的体系，无非就是把马克思主义这个思想体系用于我的科研，用于《中国电影发展史》的写作，这部书在当年之所以能够出来，也正是因为以上这些。

---

① 陆定一：《百花齐放、百家争鸣》，载《人民日报》1956年6月13日。这是陆定一于1953年5月26日在怀仁堂的讲话。在此之前，4月28日，毛泽东在中共中央政治局扩大会议上说，艺术问题上的"百花齐放"，学术问题上的"百家争鸣"，应该成为我国发展科学、繁荣文学艺术的方针。中共中央赞同毛泽东的意见，确定"百花齐放、百家争鸣"为党的科学和文化工作的方针。

② 1957年4月，上海电影制片公司成立，中宣部部长陆定一到会并讲话。"陆定一部长就中国电影传统、对解放后电影事业的估价和电影工作者怎样长期地努力与工农兵结合、为工农兵服务等三个问题做了明确的指示"。引《上海电影制片公司成立》，载《电影艺术》，957（4），第13页。

③ 夏衍：《追念瞿秋白同志》，载《文艺报》，1955（12）。

④ 夏衍：《中国电影的历史和党的领导》，载《人民日报》，1957年11月16日。

⑤ "把解放以前的电影描绘得十分美好，好像那时候是中国电影史上的一个黄金时代，可是他们却完全忘记了中国电影能够在1932年以后有了一些进步和发展，主要是党参与和领导了电影事业的结果，主要是党从政治上、思想上领导了电影事业的结果，主要是党和非党进步电影工作者紧密地团结起来，与电影界的一切落后、反动思想进行了不屈的斗争的结果……"引自夏衍《中国电影的历史和党的领导》。

陈：在《中国电影发展史》的写作过程中，您觉得最难写的是哪一部分，为什么？

李：在我执笔的内容里，最难写的是关于与"软性电影"斗争这部分。本来整个30年代都是由祖文来写的，但是他觉得这一部分比较难把握，就交给我来写。在写之前我看了二十多万字的原始资料，看完之后我也犯难，我发现这场论战双方都不是很心平气和的，言语都非常激烈，而且还有谩骂的文字，这些东西就不可能用在《中国电影发展史》里边。另外那二十多万字头绪纷繁，如何把它组合到一起，放到一个框架里面，这也是有些难度的。经过反复斟酌，同时也跟祖文商量，最后写成现在的样子。这一部分也是我在《中国电影发展史》上最花心思的部分。现在对这一部分的评论很多，总的来说就是说《中国电影发展史》的观点"左"，认为刘呐鸥、黄嘉谟的很多观点都是有道理的。但是我还要重申一点：从实质上来说，这次论战不是艺术争论，也不是学术讨论，而是政治的、意识形态的争论，只要看一看所有的原始材料，就可以清楚。这场论战是涉及了学术问题、艺术问题，比如刘呐鸥论述艺术观的部分，包括黄嘉谟的娱乐论，也不是一点道理都没有，但究其本质，它是一场意识形态观点不同所引发的分歧，各自都有很明确的政治目的。左翼的基本上都是共产党员，软性电影的提出者基本上属于汪精卫这一派了，主要的人后来都做了汉奸。在今天来看拍得还是很不错的一些影片，比如夏衍的《春蚕》，在他们眼里都是被一骂到底的。所以如果不看整个的争论，仅就几篇文章就做结论，作为学术观点的文章可以，但是写历史不能这样。鲁迅有个观点：看一篇文章不仅要顾及全文，还要顾及全人，就是说要看这个人所有的文章，另外还要顾及时代。所以我在《中国电影发展史》中所写的，对这场电影论争的基本观点，我至今没有改变，而且我想我永远也不会改变。当然刘呐鸥、黄嘉谟他们关于电影的一些观点里面，有一定的学术价值，有学术性的一面，但在"十七年"那个气氛下，是不喜欢两点论的。这篇文章错了就是错了，不能说哪一部分是对的，哪一部分是错的，那是折中主义，是"各打五十大板"，这样做自己首先就要挨批判。

陈：在《中国电影发展史》的写作过程当中，您自己遇到的最大的困难是什么？

李：我遇到的最大的困难是对史料不熟悉。因为我接手的时候时间很紧，已经不可能专门看资料了。除了我写的第七章以及"软性电影"之争那一部分我是看了原始材料以外，其他的部分实际上我就是做了一些文字上的润色，再加一些理论上的评述，我是起了这么一个作用。所以我觉得，没有邢祖文就没有这本书。我做的工作不多，就是给它捋出一个史论的框架、做一些文字上的修改，更多工作是祖文做的。

陈：这部史书在新时期曾有多次修订再版的机会，但却始终没有修订，您能说说没有修订的主要原因吗？

李：主要原因是从组织建制上不可能，我们三个人都面临着新任务，各忙各的事。比如我在中国艺术研究院电影研究所工作，行政事务也很多，另外很多都是从初建的工作做起，招研究生、办杂志等等工作，所以就没有时间去做这件事。如果要改的话，那得在非常心静的状态下，不受外界的任何干扰，才能改得好。另外我个人觉得在新时期的大环境下，众说纷纭，也不适合再改。这种大部头的东西出来以后，想再改几乎是很难了。

陈：您对《中国电影发展史》有没有什么遗憾？比如写法上等等具体问题。

李：现在看来，它的史料还差很多，还可以再搜集得更丰富一点，对影片的评价，或者对作者本人的评价，都可以有更多的史料。它还是有不少缺失的部分，比如抗战那一部分的史料缺得最多。当然这也是一个时代的局限，资料都有个积累的过程。另外就是它的观点，在写法上太偏左翼，其他方面忽略过多，所以它的倾向性确实太突出了。做历史还是应该以尊重历史的原貌为好。比如说，作为一部近现代电影史，这里面没有国民党的线索，是不应该的。国民党政府作为当时实际的统治者，它所采取的一些针对电影的管理措施，比如成立审查委员会、电影教育委员会，如何来管理电影等等，这些内容都应当有。不管是哪种意识形态，不管它是好是坏，最起码应该有。如果时间再充裕一点，观点再学术一点，它可以比现在好，尽管都是官修史。

陈：我本人对《中国电影发展史》有一点点不太满意的地方，就是它缺少一个"后记"，在这里面应当感谢一些为这部书做出过贡献的人。这个工作初版的时候没法做，后来再版的时候总是可以做的。

李：你说得很对，我同意你这个说法。

陈：《中国电影发展史》的历史地位毋庸置疑，作为本书的作者之一，您对它如何评价？对这部书的评论很多，您如何看待的？

李：陈山教授有一篇文章谈到对《中国电影发展史》的看法，说这是一部官修史，我认为这个说法比较恰当。它里面个人的东西很少，基本上就是按照当时主流的舆论，当时领导层对于中国电影历史的种种意见来论述的。郭安仁当年在《电影艺术》上发表的那篇书评[①]中，说它是马克思主义学说下的一部电影史[②]，评价很高。我觉得它应当说还是以马克思主义思想为指导来写的，当年也只有符合这种意识形态的要求，这本书才能够出得来。它是解放后出版的第一部艺术类的史书。

对这部书的评论确实很多，而且众说纷纭。从"文革"中批判它是"资产阶级反攻倒算变天账"到新时期有人说它是"无产阶级庸俗社会学"，这两种说法太过极端。除此之外其他看法都各有各的道理，说它是意识形态史，它确实是体现意识形态的；说它是左翼电影史，也对，它讲的基本上就是左翼，其他都一带而过；另外，还有人说它是通史，也能算通史吧，因为经济、思想、内容、形式、艺术，基本上

---

① 立尼：《中国电影的战斗道路和革命传统——〈中国电影发展史〉（初稿）读后》，载《电影艺术》，1963（12）。郭安仁在此文中以"立尼"为笔名。

② "它是在马克思列宁主义基本原理指导之下，对中国电影的发展道路进行了认真调查、具体分析与长时期研究的结果……"引自立尼：《中国电影的战斗道路和革命传统——〈中国电影发展史〉（初稿）读后》。

也都谈到了。我对这些各种各样的看法都能容纳,因为人是各种各样的,从不同的角度看问题得出的结论也就不同,所站的立场不一样,有不同的看法是很正常的。

陈:《"五四"以来的电影剧本选集》是您编的?

李:这些剧本的主要搜集者是程季华。应该程季华是主编,我是编选,当时都没有任何的名字。我是起一个文字作用,编选说明是我写的,你得看当年的第一版[①]。另外这个送到出版社以后,校对、送厂、版式又是一个编辑,所以应当说这本书的编辑是三个人:程季华、我、电影出版社的一个人。

经历"文革"及其前后

陈:谈谈1958年"大跃进"的事儿?

李:1958、1959年杂乱的事儿最多了。1958年,到十三陵水库劳动,我还是带队的。半个月,劳动量非常大。那时候孟犁野也在那个队里,他还被打成了右派,组织上让我通知他回来,以后就发配到青海。

那时候大炼钢铁是不能反对的。因为这是毛泽东直接说的,钢铁要翻一番,谁要反对大炼钢铁肯定可以够得上是严重右倾的。

1960年前,影协的变化特别频繁,我1957年刚调去的时候,才十几个人;1958年初就把《电影艺术》合过来;再接下来就把《大众电影》也合过来了;最后把出版社也合过来。另外,1959年底到1960年这段时间还成立过一个"中国电影艺术研究所"。文代会以后,我集中写电影发展史,外界的事儿就不怎么知道了。

陈:我希望您谈谈参加文代会的情况。

李:我从1960年7月份就被借出去了,我是作为工作人员参加文代会的。文联当时的秘书长是阳翰笙。文联从影协抽调了两个人,一

[①] 《"五四"以来的电影剧本选集》,北京,中国电影出版社,1961。

个是马德波，另一个就是我。我俩都在宣传组，我是负责搞内参的，其实就是个联络员。我的印象比较深的有两件事：一件是长影对上影有意见，有一个很长的内参。

陈：是什么内容？

李：这个现在记不清楚了。

陈：还有一个印象深的是什么事？

李：就是让我去黑龙江代表团取了一个有关丁玲的材料，这个我没有看，我知道那个不好看。

陈：丁玲那时候已经是定成反党集团，已经打到北大荒去了，1960年还提丁玲的材料干什么？

李：上面要了解。领导要让黑龙江代表团写一个关于丁玲近期表现的材料，我就跟他们说了，过了一段时间，我就把这个材料拿回来了。

陈：您对文代会还有哪些记忆？

李：还有很重要的就是听陈老总在人民大会堂做了一个外事报告，讲得很好，很有气魄，我是从那才知道中苏关系破裂了。

陈：《中国电影发展史》交稿以后，从1962年到1964年文艺整风，这段时间您在干什么？

李：我们就有空了，那时候《电影发展史》是正走红的时候。毛主席的第一个批示下来后，就进行了整风。

陈：《电影发展史》走红的时间比较短，没有几个月凉风就来了。您当时了解这部书被打成毒草的背景吗？

李：就是。第一个批示下来以后，整个文艺界做检讨。第二个批示下来，陈荒煤下放到重庆，夏衍调到了对外友协当副会长去了。那时候就把电影史研究室取消了，把我和魏峨分配到《电影艺术》，邢祖文到外国电影研究室，只留下一个沈次琼看着《电影发展史》的资料没动。我到了《电影艺术》以后，《电影艺术》已经完全变化了，成立了两个组，一个是浇花组，一个是锄草组。

陈：也就是一个批判组，一个吹捧组？

李：我就是批判组的，这个组当时有三个人：吴荫循负责，还有秦裕权和我。第一个批判的就是瞿白音的《创新独白》。人要敢于承认自己做错了事；不管是做好事还是做坏事，都要实事求是，不能为自己掩饰。批瞿白音的《创新独白》我就有责任。当时分了三个题目，一个是总的文章，这是吴荫循写的；我写了《瞿白音反对"三神"提倡"三新"的实质是什么》①这篇文章；从文艺观批判的那篇开始由汪流写。吴荫循那篇和我那篇都独立完成了。文艺观那一篇反复了好几次，主编耿西老不满意，所以第一期没有赶上发表。我的这篇文章是我这辈子唯一一篇用了笔名或者叫化名的，叫做"李茨东"。

陈：用李茨东这个化名原因是因为马上自己也要挨批，不好意思？

李：一个是批人家多尴尬。第二个原因，我确实有很多不是那么想的。

陈：文章当中有很多话不是您想说的话，但是不得不说？

李：不完全是那样。我那篇文章是逻辑推理的，因为我这个人不愿意讲违心的话，随便给人扣个帽子，得言之有理，得能站得住，最后逻辑到一个杠上，非常的烦琐，要绕弯子。这篇文章最后审定是陈荒煤，他给我提了很具体的意见，哪句怎么改都有。我只要在上面改了就行了。我特别高兴，我就说"荒煤同志，你的意见都成文了，你改上去就行了"，陈荒煤说"还是你自己改好"。我刚开始以为是他尊重作者，后来想了一下他也是很慎重的，不能在人家的文章里面随便留下什么东西。我和吴荫循②的这两篇文章影响挺大的，据说不少报纸都转载了，尤其是《光明日报》。

陈：批判夏衍论文集的文章您怎么写？

李：我一共写了两稿，他们看完之后意见就是"你这个没有上纲"。后来又改了一稿，打印发给他们，他们还说"上纲不够"。我批判人家，

---

① 李茨东：《瞿白音反对"三神"提倡"三新"的实质是什么》，载《电影艺术》，1964（1）。

② 吴荫循：《电影创新的两条道路——斥瞿白音〈关于电影创新问题的独白〉》，载《电影艺术》，1964（1）。

自己又挨批，这是一个非常尴尬的位置，另外我确实写不出来。这时候正好要组织最后一批"四清"，就是1965年5月份，我说我完成不了稿子，坚决提出申请要去"四清"。

陈：在"四清"当中您有什么记忆？

李：我去的是顺义赵全营，我那个村死了两个人。搞"四清"也很不容易，我那时候是工作队长兼支部书记，实际上是第一把手。应当说，我在当地的人缘，包括工作队的人缘都不错。

陈：死了两个人是什么情况？

李：清理阶级队伍阶段，有一个国共拉锯时期当过伪军的人，可能他这段历史没有交代，被查出来了。分团政法组的组长就跟这个人谈了一次话，可能因为谈话方式简单、粗暴，这个人就自杀了。还有一个队长有点"四不清"，也是当官的时间比较久，群众对他的积怨比较大，可能是以前对他的处理太重了，本来他还对这次运动抱以希望，后来他看到他的问题解决不了，就自杀了。1966年3月，上级要求我们必须都撤退。

陈：回来干什么？

李：那时候已经很动乱了，业务几乎停止了。我感觉自己就要挨批了。大字报一开始主要贴的是走资派：蔡楚生、袁文殊、周文、程季华这些人。我和祖文写了几个大字报。

陈：您也写了大字报？

李：我也写，主要是祖文写的，他说"咱们也贴大字报"。我说"等着挨批算了"。他说"我那有日记，《电影发展史》咱们可以自己批自己"。所以我们写的大字报都是揭发《电影发展史》的，也就等于揭发自己，带有检讨性、自我批判性的，这些大字报都是祖文起草的，署名是我们俩。因为他有日记，清清楚楚，大概写了三篇。

陈：您参加过谁的批斗大会？

李：我就参加过一次蔡楚生的，开会有两大派，一个是革命造反委员会（"革造"），一个毛泽东思想战斗军团（"兵团"）。我没见过程季华的批斗会，但是听说他被红卫兵打，用带着环的皮带打。再见到他的时候，是他从秦城监狱里面出来，我跟祖文一块儿看过他一次。

陈：您有没有当过造反派？

李：我也进过造反派的队伍。邢祖文爱看大字报，所有的小报他都搜集，看了就给我传递这些信息，我们揭发《电影发展史》，自我检讨，也没有人理我们。祖文说："咱们也得成立组织。"于是我俩还有一个同事，三个人成立了一个学习组。最后并到"革造"里去了。

陈：您在"文革"初期没有进过牛棚，您对"文革"有恐惧吗？

李：当然有恐惧，首先是红卫兵，他想揪谁就揪谁。黄鸣野头发长一点，穿着皮鞋，带着尖的，就说砍掉，把头发剪了，当场就给剪了。那时候很恐怖的，因为社会特别不安定，红卫兵一激动就把人打死了，这个比较可怕。接下来就是两派职工的武斗，西单商场那两派都打到屋顶上去了。影协也有很恐怖的一点，比如说他们揪斗、关押贾霁和黄钢，晚上，住那儿的人可以听到刑讯他们的声音。这不是我亲身经历的，我只是听人家说。"文革"绝对是非常野蛮的一个时代。

陈：您到什么时候才开始觉得稍微平静一点？

李：进了牛棚就平静了。我和祖文退出"革造"后，就不参加大家的活动了。所以他们就揪我们。应当说揪我们这不是个好事，"革造"如果慎重一些它也不会揪我们。

陈：这个话我没有听明白，就是"揪你们不是好事"？

李：揪了我们以后给他们带了灾难。揪我们的时候，就抄了祖文的办公室，抄了我的办公桌。我那时和方杰一个办公室。他是我在影协时的好朋友。他们抄走了有关江青的材料。这些材料千万不要沾它，那时候谁沾谁倒霉。

陈：您在牛棚里的心态是怎么样的？

李：一进去的时候还是很低沉的。贾霁挺乐观的。我消除低沉的情绪，感觉是受到了贾霁的感染，所以我以后跟他的关系不错。另外跟我住在一起的还有袁文殊。印象最深的是他烤馒头片，他每次烤的时候都拿扫地的笤帚把炉子上面的平面扫一下，我心里觉得很不卫生。后来睡觉都不让关灯，怕有人自杀，万一有人出了问题他们会有责任。

陈：您在那儿待了大概多长时间？

李：审查了好几个月。他们审查我，可花钱了，跑到我们家乡去调查我，从蚌埠坐飞机到阜阳，然后从阜阳又坐汽车直接到我们家乡调查我。但是没查出什么问题。

陈："揪出来"是做什么？

李：揪出来就是开会批斗，抄了我的办公桌之后就开始批斗我。

陈：您接到被批斗的通知之后怕吗？

李：无所谓了，人到最危险的时候反而不怕了。怕的时候是似揪而未揪的时候。而且我的人缘很好，所以我很自信。在"文革"期间除了大字报之外，我没有任何检讨。其实没人要你那个检讨，因为造你的反也好，还是干什么也好，他是要自己的政治地位，不是要你到底认识到了什么错误，他真正想听你的错误吗？不是这样的，他的目的是自己要当司令。

陈：请您谈谈您下干校的经历。

李：我下放干校是在1969年。我们是在国庆节前几天走的，干校先在沙城，现在叫怀来①，旁边不远就是官厅水库。然后又搬到河北宝坻。最后是静海。下放就是流放，我下去的心情是很低落、很消沉的。那时候没有想到未来如何，我在这以前就下决心，电影干伤了，绝对不再干了。所以我下去以前，把所有的电影的书，包括那些不一定是电影的书，但不是我喜爱的，可有可无的，尤其是很多资料都给处理了，卖废品。剩下的就是自己喜欢的一些古典诗词、古文保留了。那些书到现在仍然是我不断翻阅的东西。

陈：李邦珍老师当时也下放了吗？

李：她没有下放。她们那个单位是保留单位，她们有胶片、有材料；另外他们一个最大的任务是要给中央首长提供影片。她送了我一下，车开动的时候，我心里是很难受的。一路上，大家都不说话，各

---

① 沙城是怀来县县城所在地。

想各的心事。沙城在长城外，很冷的。有经验的人说一定要有一个毡子，所以我买了一个很厚的毡垫子；另外鞋一定要很暖和的，所以我买了一双翻皮的很结实的鞋，那鞋一直伴随着我度过整个干校时期。

我们一共有五个连，都是文联系统的。原来管我们的是一个野战部队，后来又把干校交给了河北省军区，安排我们到宝坻。我觉得在宝坻比较安定一点，有自己的住处，另外吃饭也好一些。那时候我的身份还是被审查对象，属于牛鬼蛇神一类，位置很低。

陈：当年劳动也是比较苦的吧？我看过您的干校生活的回忆文章以及《灵府轨迹》中写于干校时的许多诗，感觉是"苦闷与逍遥"，这感觉对吗？

李：把人当牛，那时候我就拉犁，这是很不人道的。我的身体也不是太好，当然有一些人比我更差。我那时候还比较年轻，蔡楚生如果不是"文革"的话，他不会才60多岁就死了，你看他的日记可知他那时是很痛苦的。像种地，也不知道你种它的意义何在。夏天收庄稼的时候，都是趟着水走六七里路。我好歹还是农村长大的，而且我的左手天生就比较强，右手练一练就会了，所以左右手掰棒子都可以用，如果累了，左右手就换一下，有的人只会用右手，就挺艰苦的。在宝坻待了不到一年的时间，秋天收完庄稼以后，我们就搬到静海去了。静海条件更好一点，它是一个劳改农场，真正待得时间比较长的是在静海。到了那里也是先盖房子，生活区是给劳改犯住的，房子都破了。我当过泥瓦工、上过房子、安过烟囱、喂过马、打过草、捡过粪，我最主要的工作是育秧。整个一季，从很冷的时候就开始育秧，一直到四月份。一起育秧的有周传基、许南明、冯由礼、邢祖文、林冠夫等，送饭的是邵牧君。

"九·一三"事件以后形势大变，林彪倒台了，我就翻了身。整个军宣队对干校管理就基本上放松了。但是还有一个任务就是抓"五·一六"，几个造反派的头子就特倒霉了，天天开他们的会。那时候我干点捡粪、打草的活儿，比较闲在。

陈：我读过您那时候写的诗，看到您当年的豪言壮语时触动特别大，因为我知道一些老人或者是老干部，要把过去写的诗改了以后再发表，其实早已经不是当年的模样了。但是您还把自己当年写的豪言壮语、庆祝诗也一起发出来。我认为这需要有一点勇气和见识。

李：出版社也跟我提过，说"那个诗有一些早就过时了，你发它干什么"。我前言说清楚了，那就是历史，我不掩饰问题，人就要活得真实，那也是我的一部分。不管是美好的，或者是糟心的，就是这么走过来的，用不着掩饰。包括面对你们的采访，好的坏的我都讲了。因为我是搞历史的，我最尊重的是真实。况且，这些诗词里边有我自己的寓意，也是一种宣泄。

陈：我同意，尊重历史的原形原状对我们非常好。1973年您从干校调回北京是什么情况？

李：1973年抽调干部回北京，第一批是新华社要的；第二批是人民出版社要的；第三批就是我们这一批，邢祖文、孟广钧、何振淦、戴光晰、陈笃忱都在这一批。我留在艺术研究院。那时叫文学艺术研究所，所下面成立了各个研究组，我管的是电影组。我们组几个人以"尹岩"为笔名，在《人民日报》等发表了十来篇评论样板戏电影的大篇幅文章。这些文章的主要执笔者有黄式宪、郦苏元、王人殷等。写了这些之后，这个电影组就站住了脚，以后由组到室，由室到所，就是这么发展的。这个阶段我还曾作为调查组的成员，到过珠影厂，了解这个厂的情况，开了几次座谈会，他们也反映了一些问题。

陈：关于干校您还要补充什么吗？

李：我这个人总的来说是比较乐观的。对自己受过的苦难或者是挫折想得比较少，对过去的好的一面我想得比较多。说实在话，世界上任何国家都不会像中国这样对待知识分子。我觉得马克思主义首先是人道主义，没有人道就不是马克思主义。

在新时期

陈：1980年1月，电影研究室改为电影研究所，鲁勒担任所长，您和赵国英担任副所长。请谈谈当时电影研究所的建制、人员组成情况。

李：粉碎"四人帮"以后，文学艺术研究所变成了文学艺术研究院。电影科研能留在研究院，是时任文化部长的黄镇点头同意的。随着整个艺术研究院的改制，电影组成了电影研究室，后来又变成电影研究所。1980年初，电影研究所正式成立，任命鲁勒为所长，我和赵国英是副所长。鲁勒原来不在研究院，丁峤认为这里应该有个老同志，所以就推荐了鲁勒。艺术研究院的院长历来都是文化部的领导兼任的。在"四人帮"时期，文化部叫"文化组"，袁水拍是文化组的副组长，相当于副部长，兼任文学艺术研究所所长。粉碎"四人帮"后是贺敬之兼的。分管电影研究这一摊的先后有罗光达、冯牧、苏一平，苏一平管的时间最长。他当时任研究院的副院长，也是党委书记。我把鲁勒推荐给了苏一平，他最后同意了。我筹备起这个摊子，论资历、年龄都不够格，所以就当了个副所长。

陈：《当代电影》的前身《电影文化》丛刊是由电影研究所创办的，您主持创刊，请谈谈这一刊物的创刊宗旨和过程。

李：1980年4月，我主持创办了《电影文化》，一切都是从头开始，很多人都参与了，参与创刊的有郦苏元、张震钦、胡明等。那时出一本刊物不容易，北京印刷比较困难，所以《电影文化》创刊号是在沈

电影所刚成立不久，李少白在位于恭王府的办公室内（摄于1984年）

阳印刷的,由中国社会科学出版社出版。1983年改丛刊为期刊以后,成立了编辑部,周湘玫任主任。参与编辑的有刘树生、武兆强、沈及明等。那时候没有主编制,分管刊物的是鲁勒。

陈:1982年3月,艺术研究院研究生部电影系成立,这是我国首次招收电影学硕士研究生,当时的筹备和招生情况如何?

李:那时候办电影研究生教育比较难,因为它牵扯到一个够不够招生条件的问题。包括对导师、宿舍、教室等的要求,国务院学位委员会有文件,这个时候好像已经通过了学位条例了。①电影系的成立在艺术研究院已经是第二批研究生教育了,第一批包括戏曲、美术和音乐专业,因为艺术研究院是在几个老所的基础上合并成立起来的,又带了一些单位,大的研究单位一个是中国戏曲研究院,另外一个就是美术学院的美术研究所,再一个是在文化部下面的中国音乐研究所,这三个专业都是解放初期就有的,它们建所的时间很久了,1978年最早一拨招研究生班。电影系完全是草创,没有任何条件。我们在1981年就开始准备。要申请设立硕士点最少要有三个具有高级职称的人才行。那时研究院还没有评职称。只有贾霁够条件,他也是电影所的顾问。我被特批了一个副研究员。听说鲁勒因为作品太少,所以上面没有批。我当时请示苏一平,还缺一个高级职称人员怎么办?我想把电影学院具有副高职称的汪岁寒请来做我们的特聘副研究员,我把想法说了,苏一平同意。这才算够条件组成一个有电影硕士培养资质的专业点。1982年3月进行了招生考试,录取了陈犀禾、鲍玉珩、王汉川、钟大丰、张爱华等入学。分为电影理论和电影史两个班,郦苏元、王亮衡分任班主任,杨振铎为系秘书。授过课的老师有汪岁寒、沈嵩生、汪流、余倩、傅正义、周传基、邢祖文、俞虹、郑雪来等。1983年的夏天,初审小组在京丰宾馆开会讨论授予点。当时初审小组成员有沈嵩生、孙明经、程季华和我。还有一个应该到而没到的,就是张骏祥。

---

① 1980年2月12日第五届全国人民代表大会常务委员会第十三次会议通过《中华人民共和国学位条例》。

他那个时候正忙，好像是在上海开会。这个学位点能办起来，靠的是大家的力量。沈嵩生同意汪岁寒支援我们，还帮我做孙明经老师的工作，程季华当然也同意，所以我们初审组全票通过。

陈：您是评审的对象，而自己又是初评组评审员，这难道没有问题吗？

李：当时是可以的，是符合规定的。第一级是初审，第二级是正式审。参加初审会的很多人员不会再参加正式审了，能够参加正式学位组评审的专家组成员就是张骏祥。他对我有点误解，说"李少白连邢祖文都团结不了，能办好这个点吗？"因为有传闻说，邢祖文去了外国文艺研究所，原因是我排挤他，这完全是没有根据的捕风捉影。其实是邢祖文坚决要去，他说外研所要比电影所看的外国资料多。他对搞中国电影不感兴趣，只喜欢搞外国的，我坚决不同意他去，他和我吵了好几架。没有办法，不管怎么说我们是好朋友，最后我就同意他去了。后来我还和祖文提，我说："你看，因为你坚决要走，我支持了你，我反而成了'排斥'你了，咱们这个学位点的评审还差一点受影响。"张骏祥的意见后来让王朝闻顶了一下，王朝闻也是学位委员会的，是艺术学科组的副组长，组长是张庚。这两个都是艺术研究院的，实际上把握着学科组的领导权，所以他们的发言有决定性的影响。王朝闻就支持了我们一把，他说了一句话："李少白不能带，那谁能带？"王朝闻为什么这么说呢？"文革"的时候，我们在一个干校，后来上来以后，又都在八条①学习，又一起参加过一些学术活动。我对他当然是很敬重的，他对我做学问也有点了解，所以就发了这么一个言。据说，王朝闻说完以后，除了张骏祥，几乎是全票通过了，于是就成立了这个学位点。这件事能办成不是靠一个人，而是集体的力量。我跟好多比较熟的人也说过，严格意义上，办电影研究生教育，研究院也不够资格，虽然有两个高级职称，实际上没有一个是真正的研究级别的，都是临时转过去的。但从长远来看，它还是有益处的，事业总得

---

① 即北京市东城区东四八条，中国戏曲研究院的旧址。

发展，总得有人先做。我后来也支持后几个硕士、博士点，比如我一直支持电影学院，但是老沈后来和我说，电影学院有的老师不愿意搞研究生教育。艺术研究院之外第一个拿到电影学硕士、博士点的是北师大，我也是很支持的，他们申报，我作为通讯评议专家组的成员投了赞成票。第三个点才是电影学院，后来就是上海大学了，总共也就这么几个点。

陈：第一届电影专业研究生的培养情况如何？

李：第一届电影硕士研究生1982年春季招生，1984年底毕业。电影史专业我是导师，电影理论专业贾霁是导师。我名下学生有钟大丰、张爱华和王汉川。贾霁名下的学生有陈犀禾、鲍玉珩等。他们的学位论文，如大丰的"影戏"研究、犀禾的改编研究、汉川的袁牧之研究、爱华的费穆研究。学术界的反映都不错。大家都通过了论文答辩，取得了学位。

陈：资料馆这个硕士点是艺术研究院这个点分出去的吗？

李：是的，1983年11月，文化部下文件，电影所与电影资料馆合并，成立中国电影艺术研究中心。到1985年，这个硕士点也给了电影艺术研究中心。

陈：1985年电影艺术研究中心和电影学院联合招生的那一届，也就是单万里他们那一届，您在那儿做导师吗？

李：我不做了。第二届的时候，我已经回艺术研究院了，我是1985年1月回来的。

陈：电影艺术研究中心合并后，您为什么选择回艺术研究院？您肯定有自己的想法。

李：这个说来话长了。解放后，电影界有一个传统，我认为是一种集体无意识：就是始终要把电影一统天下。我回来主要是我觉得研究院这个环境更适合我搞研究。

陈：影视室成立的时候有几个人？

李：开始回来时，是在当代文艺研究室。1985年上半年，我与唯一和我一起留下的吴瑞庭去上海收集中国电影史料。后来，刘树生、周培龙也要求回来了。1986年11月，经新任文化部长的王蒙的同意，并得到新任研究院常务副院长李希凡、院党委书记刘颖南的大力支持，又成立了所一级的电影电视研究室，任命我为"负责人"、吴瑞庭为"副主任"。原在当代室的陆红实也到了影视室，他找来丁亚平接替了他的工作。丁亚平以后也搞上了电影，现在已是影视所所长了。影视室成立后，还陆续进了一些人，有陈强、王素萍、高小健、贾磊磊、李清、吕宁等。特别是俞虹、邢祖文的加入，使得影视室有了一个科研、教学核心。影视室申请过两个重点科研项目，《中国电影艺术史》和《世界电影史》。虽然两个项目，由于种种原因，均未能最后完成，但各有相应的成果。此外，还出了《影视文化》丛刊，以刊登我们自己室的科研成果为主。

陈：影视室成立以后，第二次申请硕士点，是这样的吗？

李： 1988年9月我们重建了电影系，1990年重新拿到电影硕士点的授予权；1988年招生，1990年正好批准了。第一届招生是三个导师，邢祖文、俞虹和我。

陈：1988年这次招了多少学生啊？

李： 研究院跟别的地方招生不太一样，招生就是为了给自己培养人才，是要留下来，要有人事编制才能招，所以当时我们电影系就招了三个。一个导师带一个学生。我带的是卫小林，邢祖文带的学生叫张亚彬，俞虹的学生是冯博。1988年招生，1991年9月毕业。此后我带的学生还有孟宪丽、赵小青等。这个时期，陆红实做了很多工作，他是电影系副主任。到1995年，又由高小健接替了这摊工作。

陈：电影学博士点是什么时候申请的？

李： 研究生部的材料说1991年就有了，我记忆是1993年才获得博士学位授予权。1993年这一年没有招生，就是给陆红实留着，结果他没有考。1994年才招第一届博士生，是丁亚平和李道新他们两个，博导就我一个。我们是电影界第一个博士点。拿到博士点的过程好像比较平淡，这和研究院的大环境有关，它是综合的艺术学科，它的学风、培养经验等等都比较有条件。另外还应当说，感谢沈嵩生，他这个时

第一届电影学博士生答辩会，从左至右：李道新、李少白、邢祖文、程季华、陈景亮、贾磊磊（摄于1996年）

候是艺术学科组电影方面的成员，也称学科委员，他为我们拿这个点做了不少工作。他去世的时候，我在《当代电影》上发表了一篇纪念他的文章①，把他对中国电影教育的学科建设所做的贡献都写了。此后，我又带了两届博士生，一届是石川，再一届是高小健、秦喜清。

《影心探颐》·《影史榷略》

陈：电影的"尝试时期"原来的分期从1905到1919年，但是您的《〈中国电影艺术史〉提纲补叙》②分期是1905到1923年，这个分期改变的依据是什么？

李：原来根据毛泽东划的新民主主义革命开始于1919年。但是我

---

① 李少白：《他是个好人——怀念沈嵩生同志》，载《当代电影》，1998（4）。
② 李少白：《〈中国电影艺术史〉提纲补叙》，载《影史榷略》，北京，文化艺术出版社，2003。内容"本为国家85重点社会科学研究项目《中国电影艺术史》的备忘和统一构思、结构用的"。因种种原因，《中国电影艺术史》项目撤销。

们研究了以后,认为作为一个电影的特殊状态,还是把拍完《孤儿救祖记》以后划一个阶段比较合适。这是考虑了中国电影历史的特殊规律。

陈:您不主张称"左翼电影运动",而主张称"电影文化运动"或"新兴电影运动",除了您当时写的理由以外,还有什么样的理由重新命名?

李: 我觉得这个事情,陆红实的文章包括我的文章,包括赵小青的那一篇学位论文,对于"左翼电影运动"为什么改称"新兴电影运动"的由来已说得比较清楚。主要有这几个原因:一个是当时没有"左翼电影"这种提法,当时有"新兴电影"或者叫"新生电影"。夏衍就称它为"新生电影","新兴电影运动"是阿英的电影文章里写的。正式的称谓是"中国电影文化运动"。"左翼电影运动"是夏衍在五六十年代总结30年代党领导电影这段历史的时候才提出来的,可能沿用了"左翼作家联盟"这么一个概念,但是电影确实和话剧运动、音乐运动有很大的不同。容纳、参加运动的人是不一样的。最大的不同在于电影要投入市场,资本家弄不好要赔钱,赔钱人家是不愿意的。电影跟话剧不一样,左翼话剧演一场就是一场,两场就是两场,你能赚点钱就赚,赚不了钱就算了。当时如果叫"左翼电影",那么资本家,包括电影公司的老板就不敢参加。如果他们不参与,就没有这个运动,所以只有叫"中国电影文化运动",以抗战、进步、反帝反封建为目标可以提出来。资本家之所以能够接纳左翼文艺工作者进入电影界,就是因为"一·二八"①。他们自己的财产就在"一·二八"战火当中被消灭、被破坏,他们就对鼓吹抗战的电影由衷地拥护。张石川、罗明佑、严春堂都支持,因为他们有切身之痛,所以就参加。包括《晨报》,国民党让左翼影评人主持它的副刊②就是有这个原因。这和共产党搞的左翼话剧、左翼音乐,包括左翼的书都是很不一样的,左翼文学更不一样了。

---

① "一·二八"事变:1932年发生于中国上海,是日本为了把由北向南的入侵计划改变为由东向西,以有利于长期作战,而在上海主动发起的一场战役。
② 指上海《晨报》副刊《每日电影》。

第二个原因是运动方式也不一样。左翼的话剧可以完全按照艺术家的意图；左翼电影包括《狂流》①、《脂粉市场》②这些就得加入商业元素，没有商业元素不行，你得让资本家赚钱。你看看很多影片，尤其是张石川，他是急于要票房才拍有声片的；无声片的都是左翼的，不赚钱没关系，反正有几个赚足了就行，包括《姊妹花》③、《啼笑因缘》④等等。一些真正有左翼内容的电影改动很大，比如《狂流》，那个三角恋爱多陈旧，但是如果里面没有三角恋爱，人家能看吗？《脂粉市场》和《压岁钱》⑤都很典型，电影不完全是剧作者的意图，也有老板的意图。比如说胡蓉蓉⑥学秀兰·邓波儿跳舞，那么多的歌舞，和夏衍的路子是两回事儿。祖文说过："电影如果真正完全都是夏衍，老板都不赚钱了。"老板要拍片子就必须加上他的赚钱意识。现在更年轻一点儿的人写文章，重新发现左翼电影里本来就有商业元素、市场元素。

陈：《中国电影发展史》基本上以公司作为纲领，《中国电影艺术史》以人作为纲领，怎么做到平衡？您分的27章有不平衡的地方，而且看您的提纲补叙中也不太平衡，长的非常长，短的非常短。

李： 我想写史应以尊重历史本身来安排章节，所以并不是太注意它的结构。中国电影最好的发展时期应当说是30年代。这个时间虽然短，但是很多东西都在这时候完成，包括从无声到有声的变化，人才也是在这时候出来的。以后没有太多的新人，40年代出的新人很少。抗战时期，重庆要真正拍出像样的电影太难了，技术条件没有，物质条件缺乏，再好的艺术工作实现不了。沈西苓⑦之所以苦闷，包括他的英年早逝都和这个有关系，英雄无用武之地，所以他很苦恼。战后改善

---

① 《狂流》：明星影片股份有限公司1933年出品，导演程步高。
② 《脂粉市场》：明星影片股份有限公司1933年出品，导演张石川。
③ 《姊妹花》：明星影片股份有限公司1933年出品，导演郑正秋。
④ 《啼笑因缘》：明星影片股份有限公司1932年出品，导演张石川。
⑤ 《压岁钱》：明星影片股份有限公司1937年出品，导演张石川。
⑥ 胡蓉蓉（1929—）：女，江苏宜兴人。电影演员、舞蹈家、舞蹈教育家。30年代曾因擅长舞蹈而成为电影童星。
⑦ 沈西苓（1904—1940）：原名沈学诚，笔名叶沉，德清人。电影、戏剧艺术家。代表作有《十字街头》、《马路天使》等。

了不少，出了不少好片子，可以说也是一个繁荣时期，但很短。

陈：以人为纲的分法在技术上太难了，因为还有人跟公司的关系，跟流派的关系。

李：我也感觉到这个问题，后来写的时候特别难。比如说，你写导演、编剧还好一点，演员也还好。但是如果你要写摄影师、美工师就特别困难。写专业史重在看片子，而看片子又很难，有的看录像不解决问题。

陈：您在《提纲补叙》当中说到何非光①，您说他是抗日统一战线的自由派人士，没有像过去的那样把他列入国民党的阵营，这是为什么？

李：他确实是比较自由的。他的思想也是自由的。他跟共产党和国民党的关系基本是对等的。所以他当导演，有他的条件。另外我说人家都非常赞赏他的长镜头，他就跟我讲："那不是为了显示我有什么技巧，是我要实实在在地——他们日本人不是说我们电影里表现抓那么多日本俘虏是假的吗——我要告诉所有人那就是真的。"他用一个横移，调过来又用一个直推的长镜头来表现一个场景，这从技术上说是很有特点的。因为西方的很多先锋派都这么用，特别注意研究技术的多样性。要拍一个长片，我要能拍50个花样，80个花样那才好，谁拍得越多，谁水平越高。中国不太讲究技术多样性，更注意内容。从内容出发，何非光也能创造出一些好的东西。当然30年代的导演也注意技术上的探索，比如朱石麟的《慈母曲》②有一个很长的长镜头，这么一个镜头在技术上要实现，只有铺轨道才能达到。

李：您的《提纲补叙》重视商业电影，甚至列为专章来讨论，这是原来最开始的设想吗？还是与时俱进的结果？

李：很早以前我就说，软性电影那些作品，以《化身姑娘》为代表

---

① 何非光（1913—1997）：台湾人，电影演员、编导。代表作有《保家乡》、《东亚之光》、《新生命》等。

② 《慈母曲》：联华影业公司1937年出品，导演朱石麟。

的艺华的电影作品,从严格的意义上,它是那个时代的时尚商业片。它加载了两派的理论斗争,就变得复杂起来。如果把当时的语境去掉,它就是非常一般的商业电影,就是以娱乐为主的。软性电影和新兴电影之争当中,很多搞创作的比如说黄嘉谟,他打着软性电影的旗号,这样就让电影含有了政治的或者意识形态的意味。实际上它就是一个商业的部分,是有声电影出现以后最纯粹的商业片。

陈:您后来写了《走向市场——从中国电影历史看中国电影的发展走向》,您对商业越来越重视,您怎么看电影的艺术维度和商业维度?

李:我觉得它要有一个度。电影不管怎么是商业的,但是必须是艺术的。娱乐性我是赞成的,但是把电影搞成纯娱乐,这就把它的任务和自身价值贬低了。好莱坞特别强调商业价值,商业价值是第一位的;欧洲总的来说是把艺术摆在第一位的。所以它的可看性有时候并不是太多,但是它对人性、人生、人的心理进行哲理性的探究。

陈:您说说您的费穆研究前后的情况,这和《中国电影艺术史》有关吗?

李:有关。费穆原来没有那么详细,我把这个研究伸展开了,后来越写越多了。如果以后再写,没有新的东西就没有发表价值了,所以我就觉得要再深入展开,就写了那么长的一个东西。当然它还是受篇幅的限制,我要写肯定可以写一本书,我有的是材料,起码写个六七万字没问题。改革开放以后,从文化角度来研究问题兴起了,我觉得费穆研究也要跳出意识形态研究。意识形态研究说他是中间派,他和国民党和共产党都是半斤八两,这个就没有意义。所以得换一个角度,我认为费穆的思想受中国的儒学或者叫国学的影响比较大。

陈:您论文的题目是把他作为现代电影的前驱,是中国传统儒学影响下的现代电影的前驱吗?①

---

① 李少白:《中国现代电影的前驱——论费穆和〈小城之春〉的历史意义》,载李少白著《影心探颐——电影历史及理论》(增订本),北京,中国电影出版社,2000。

李：我是在现代电影艺术观念和中国的传统文化之间的十字交叉点上来认识费穆的。他的思想是传统文化的，但是他的艺术思想又是很现代的，受欧洲艺术电影的影响比较大。费穆的法文学得非常好，好到能读原著，所以他借鉴法国的一些艺术就比较多。不光影响到他的电影，而是影响到整个艺术观念。

陈：但是老板见到费穆拍电影都头疼，都要超时，要超出投资。

李：各个时代都有这样的，包括水华也是。大师怎么定义？狭义上讲，就是以独特的思想、独特的艺术、独特的操作方式来创作，一切独立。费穆是其中一个，蔡楚生也是一个。蔡楚生特别有自己的理念，你别看他的片子是最卖座的电影，但是他有观念——"我就是要拍人性，我明知道它'不好'，'精英们'看不起我，但是我要拍"。这是他的一种追求，而不是迎合。他既有艺术电影的元素，又很大众化。他特别喜欢卓别林。包括郑正秋，他尽管有迎合商业的一面，但是他保证"自己"，就是我自己，这个艺术家自己的特点比较突出。

陈：请您谈谈《电影历史及理论》和《影心探骊》。

李：这几本书的出版有很多的不得已。有的是为写《中国电影艺术史》，有的要写一本电影的理论书。我不想叫它美学，也不想和蒙太奇有太多的挂钩，我觉得蒙太奇不能概括电影的特性。所以我很少用蒙太奇来概括，而是用电影特性或者电影本性来说。认识电影艺术的特点必须在艺术共性与个性的统一中来找，电影作为一种艺术形式，它到底有哪些特点，不同于其他艺术的特点，在比较中才能看出来。

陈：《电影历史及理论》和《影心探骊》增订本，二者的关系是什么？

李：因为那时候理论书还比较少，所以《电影历史及理论》出来以后，很快就脱销了，读者都到电影出版社去买这本书，但这本书是文化艺术出版社出的，不是电影出版社出的。很多年以前他们就提出要再版这本书，但是因为换了出版社，需要重新出版。重新出版得有点新的，不然就有版权纠纷，尽管我和文化艺术出版社很熟，但我也不想违规操作。所以我没有把这本书原封不动地去出版。这样一拖就是好几年，后来电影出版社再三要求，文化艺术出版社也同意，我就删掉了一些，又补充了一些，我不太喜欢这样出书，这对读者没有什么好处，觉得很对不起读者。

总结

陈：您离休是什么时候？

李：1996年吧。

孙①：办离休手续是1995年10月。

李：1996年，影视室与外研所正式合并，成立电影电视研究所，任命章柏青为所长。

陈：请您谈谈您的婚姻、家庭的状况，请您回答人生当中的情感、婚姻和家庭对您意味着什么？在这方面您有什么遗憾吗？

李：我觉得我的两次婚姻都非常美满。我认为在成人之后，首先要有家庭，没有家庭，事业就很难做。在中国尤其是这样，它不仅是生活的港湾，也是事业的书桌。

陈：您作为一个电影界和电影史学界的前辈，对电影史研究有什么建议和忠告？

李：我觉得历史的研究有基本规律，不管你要写一部什么样的史，艺术史也好，思想史也好，或者是企业史也好，另外还有现在的新电影史学，心态史也好，思潮史也好等等，无论你侧重于什么，都有一个普通的规律，就是你首先要有材料，这个和搞理论不同，做历史要有材料。第二，做历史必须要有"论"的工具，否则就是材料堆砌，所谓"论"就是从最低层次语言学、逻辑学层次，包括文献学层次，到科学方法这个层次，一直到美学的、哲学的，到辩证发展理论。这一系列都要有方法的基点。

---

① 孙承谨：李少白的夫人。

另外，史学是由局部到整体的，现在有一些学人对电影发展史提出的意见很多，就是因为在不具备写一个通史的条件下写通史，所以缺陷很多。我不是从意识形态"左"和"右"的角度说的，而是从纯史学的角度来说。比如在《中国电影发展史》里对张石川的评价就不够客观，有点抬高郑正秋，贬低张石川，这个不对。整个20年代的银幕，真正确立电影形态和电影语言的主要是张石川，当然郑正秋的历史地位很重要，但不应影响恰当地评价张石川。还有对费穆、孙瑜等的评价也有失公允。费穆在他那个时代，电影语言的表达确实高出一块儿来，比如《狼山喋血记》的电影语言运用就比其他的要好，他有自己的思考。孙瑜是浪漫派，不能以现实主义的批评标准来要求他。

第三点就是你还要符合时代，要对大家有用，否则这个研究就是一味地研究，我高兴怎么弄就怎么弄，和时代一点也不呼应，人家就不需要。不符合时代，就必然要放下，这是历史的规律。你要不被人家消灭，就得呼应时代。这些都是历史研究的一些基本规律。

陈：对于您的事业、人生，请您简洁地做一个自我总结。

李： 我是一个幸运的人。身体那么不好，其实没做太多的工作，但是现在给予我的评价太多了。不应该得到的我都得到了，所以应当说是命运，或者最后归结于神灵的保佑。换一个说法，历史是一种合力，人的一生就是历史。有相辅相成一面，也有相反相成一面。罗雪娟①说得好：感谢帮助过自己的人，也感谢反对的人。

陈：但您做的都是开创性的工作。

李： 这个开创性实际上是很有限的，只能说是开拓。对《中国电影发展史》，我当时做了一种开头，很不成样子；我能做这样一个开头的工作，那是时代给予我的，或者说命运给予的，或者是大家给的，落在了我头上。其实电影发展史之前，已有好几个人搞过电影史的研究，而且有成果。我没能把电影史上的很多事情说清楚，感到很遗憾，其他学术上的事情也是这样。

---

① 罗雪娟（1984—）：浙江杭州人，2004年奥运会女子100米蛙泳冠军。

【采访手记】

李少白老师是著名的电影史家,《中国电影发展史》编撰者之一。20世纪50年代初开始进入西南影片经理公司,不久调入中国电影发行公司,后进入中国电影家协会研究部,新时期开始后到文化部艺术研究院电影研究所工作至退休。他是中国最早的电影学专业硕士研究生、博士研究生导师。

采访李老师,当然要提前做好必要的功课,然后再向李老师提出对他进行预访的请求。他说应该先采访程季华先生,我说程先生由于身体原因近期内不大可能接受采访,最后他终于答应了我们的采访请求。对李老师的预访,主要是向他请教一些有关他早年经历的细节问题,当然也包括《中国电影发展史》写作的一些细节问题,另外就是要确认他对口述历史采访的态度以及他的身体状况。李老师的身体状况很好,对口述历史的意义和价值有非常透彻的理解。令人高兴的是,李老师对我们的采访提纲征求意见稿进行了许多补充,并给我布置了新的功课。

在正式采访开始时,李老师决定打破采访提纲顺序,首先谈有关他与《中国电影发展史》一书的因缘,以及该书的编撰、修改、出版情况。并叮嘱我们,若要发表访谈纪要,应该是优先发表这一部分。李老师对访谈作了认真的准备,若干部分写成了讲述提纲甚至讲述文稿。其中一些问题,他向知情人如程季华先生进行了电话求证,在访谈中朗读了程先生的电话记录稿全文。总之,对于我们提出的所有问题,李老师都表现出史家的严谨作风,非常慎重,言而有据,对一些问题的史料来源及调查对象都作了必要的叙述。不仅为我们的口述历史做出实际示范,还多次顺口谈及历史学的治学方法问题。

李老师身体状况良好,每次采访时都是连续3小时讲述,中间没有休息。因为准备充分,整个访谈中,李老师都记忆清晰,思维缜密,表述条理分明。他也个性突出,非常坦诚,爱憎分明,褒贬不讳,在访谈中毫不隐讳地公开表明自己的左派思想立场。

(陈墨)

罗艺军访谈录

采 访 人：陈墨
摄　　像：皇甫宜川、檀秋文
采访时间：2008年4月3日至5月6日
采访时长：27小时
采访地点：北京·罗艺军家中
录音整理：檀秋文
文本选编：李镇

受访人简介：

  罗艺军，男，又名罗毅军，曾用名罗一新，1926年生，湖北新洲人。1944年至1948年就读于西南联大及北京大学。解放初在中南文工团任创作员。1953年调入电影剧本创作所任编辑。1956年调入中央电影局编辑处。1958年调入《中国电影》任编辑。1961年任《电影艺术》编辑部副主任。1973年至1978年参加文化部编译室工作。1979年至1982年任《电影艺术》副主编。曾先后担任中国电影评论学会会长，中国电影家协会书记处书记，研究员职称；并担任过十届"金鸡奖"的评委。1991年离休。发表的有影响的论文有《中国电影理论研究》、《中国电影理论面对新世纪》、《电影的民族风格初探》、《中国电影理论与"洋务派"》、《江青与电影》等数十篇；曾编译发表《七十年代美国电影》。与人合译《电影美学》。著有《风雨银幕》、《中国电影与中国文化》、《世纪影事回眸》等理论专著和论文集。主编《20世纪中国电影理论文选》、《中国新文艺大系电影集（1949—1966)》、《水华集》等。

学生时代

陈：罗老师，我知道您是湖北人，请您谈谈您的家境及您青少年时代的情况。

罗：我是1926年10月出生的。我母亲分娩前大概两三个月，住在武昌娘家。这个时候北伐军从湖南一直往湖北打，进逼武汉。我外祖父叫方睿卿，是个农村的教书先生。他当机立断，马上从武昌回到新洲乡下去。不久武昌城被围困，城内发生饥荒和骚乱，后来我在武昌上小学。稍微有一点社会意识的时候，"九•一八"事变的阴霾挥之不去。虽然我很小，朦胧地感受到像我们这个泱泱大国，怎么就受帝国主义那么样的欺负，那时候老师也讲这些，自己也比较关心这些事情。在那个环境里面，爱国热情显得非常突出。抗日战争开始后，我们全家就随着我父亲所在的单位——中央训练团①先是到湖南，然后经广西、贵州，到四川。他的单位是国民党培训党政军中高层干部的重要的单位，蒋介石兼任团长。每一届党政班蒋介石都要去训话的，一经培训，跟蒋介石之间就有师生关系。所以这个单位也是蒋介石笼络各地方势力的机构。我初中是在重庆的中学念的。高中在重庆长寿县的国立十二中②。抗战时期物价飞涨，物质生活跟精神生活都很贫乏。这种学校不但不交学费，而且提供饭吃。1944年我高中毕业之后，考进了西南联大③，整个眼界一下子就开阔了。

陈：请您说说大学生活。包括西南联大的师友，包括后来北京

---

① 中央训练团：于1938年7月由国民党原珞珈山军官训练团改编而成，直隶于中央训练委员会。1945年12月，军事委员会干训团及中央军校训练班并入该团。1946年7月，中央训练委员会撤销后，该团改隶行政院，归国防部指挥。

② 抗战爆发后，在大后方设立多所国立中学，安置沦陷区的流亡学生，"国立十二中"主要招收湖北籍学生。

③ 西南联大：全称"国立西南联合大学"，中国抗日战争期间设于昆明的一所综合性大学。抗战爆发后，华北及沿海许多大城市的高等学校纷纷内迁。该校是由国立北京大学、国立清华大学和私立南开大学联合组成。

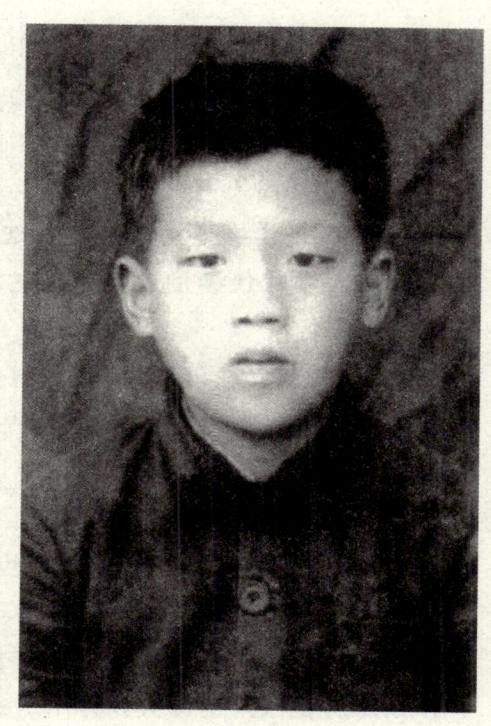

投考初中时的罗艺军
（摄于 1938 年）

大学的师友，您自己的一些经历，好像您到北大以后就已经参加共产党外围组织，按照您的思路来讲。

罗：对于我的人生道路起根本性影响的还是大学。西南联大有很多大学者，是我向往已久的，北大、清华的那些传统基本上都继承了。西南联大除了上课，课外的学术性活动特别多，最多的就是时事讲座，往往是请教授对时事发表意见。经常讲演的有闻一多、张奚若、吴晗、曾昭抡、费孝通等倾向进步的教授。此外，还有关于历史、自然科学等学术方面的讲座。再一个就是诗歌晚会举行的比较多，请闻一多、冯至、光未然[①]……

陈：光未然那时是学生还是老师？

[①] 光未然（1913—2002）：原名张光年，湖北省光化县人，现代著名诗人、文学评论家。1944 年，光未然在云南与李公朴、闻一多一道从事民主运动。

罗：是党派他到那里做地下工作。他不是学校的老师，在外面开了一个书店作掩护。另外还有一些艺术晚会，总之我的整个眼界开阔多了。北大清华的传统，在那一个年代对我的思想和基本人生观的形成有重要作用。

陈：您怎么会考外文系的呢？您在青少年时代的人生理想是什么？您在大学时代参加过哪些文艺社团？您写过新诗，这些新诗还能找到吗？

罗：我的语言方面并不是很突出。我在高中英文还可以，但是真正到大学里面学一门专业的话，水平并不高。我为什么学外文呢？因为那个时候我比较早地喜欢动笔杆，写一点散文和诗，对于左翼作家鲁迅、郭沫若、茅盾这些人很崇拜。自己憧憬将来要做诗人、作家，当教授。"五四"以后，我们文坛基本上是西化的，如果学中文，一般大学里就只教古文，根本不教现代文学。我不是对英国文学特别感兴趣，但是我想当作家、诗人，所以我就学西洋文学。就是这个时候，我读了鹤见佑辅①的《拜伦传》，我非常迷恋拜伦浪漫主义的诗人气质，他那种战斗精神，一方面写诗，又谈爱情，另外支援希腊的反抗运动。这与我们的左翼文学里面的"恋爱加革命"也很合拍，对民主自由的追求和爱国主义都可以联系起来。当时自己想走的就是这么一条路。我很幸运，能够在那个年代的西南联大、北大念书。我也很遗憾，在那个年代没有认真地好好学习，为学术研究打下坚实基础。

陈：说说您参加学生运动的情况。

罗：抗日战争胜利，人心振奋，大家都在思考：中国往何处去？学校里面的社团讲演会、学术会议非常活跃，矛头主要的是针对国民党。西南联大之所以在那个时候民主运动蓬勃发展，还有一个很重要的因素，就是抗战胜利之前，龙云②是"云南王"。龙云比较开放，有

---

① 鹤见佑辅（1885—1973）：日本自由主义者，政治家。
② 龙云（1884—1962）：字志舟，原名登云，彝族，云南省昭通人，中华民国大陆时期国民党滇军高级将领，国民革命军陆军二级上将，云南省国民政府主席。

一种比较开明的社会舆论氛围，这也是他对抗蒋介石的一种资本。西南联大如果在重庆不可能那么自由。抗战胜利之后，蒋介石将滇军主力派往越南去接受日本军队投降，趁势搞了一场小型政变，搞掉了龙云，国民党的嫡系掌握了昆明。此后就加强了政治控制。西南联大当年被称为"民主堡垒"，多次受到挑衅。12月1日，学校受到武力冲击，四人被杀害，成为震惊一时的"一二·一事件"。我们就罢课，我也参与了上街宣传、发传单。在昆明的一条主要的街道上，我看见几个国民党的便衣特务围攻西南联大的一些女同学，我当时上去就给了一个国民党特务一耳光；他是受过训的，一拳挥过来把我打了一通。说老实话，他在大街上也不会真正往死命里打。有的同学就把我的这件事情登到《罢课通讯》①上了，说罗艺军上街被特务打伤了。罢课组织毕竟有地下党在领导，他们就通过关系，把《罢课通讯》带到了重庆。结果《新华日报》就把这条消息登了，我家里有人就看到了《新华日报》，这个事情在家里引发了很大的风波。

开政协会议之前，国、共两党达成协议，南方局②就决定复课。有些学生不同意，认为四个同学被打死了，国民党不道歉，也不惩办凶手，我们提出的条件都没有答应。大概地下党的外围组织就派好多人到各个学校做说服工作。后来"学联"决定复课了，但是积极参加学运的一些人不满意，自发成立了一个社团叫"除夕社"。我当时也是比较激进的，就参加了"除夕社"。西南联大结束后，我到了北京，不少比较要好的同学干脆不读书了，到解放区去了。当时有一条到冀东解放区的"输干线"是"除夕社"的人开辟的。西南联大的一个同学夏治武当时任清华大学学生会主席，是地下党员。他找到我，说自己实在忙不过来，这条"输干线"断了一段时间，现在需要恢复，要找个

---

①《罢课通讯》：在"一二·一"运动期间，由昆明市学生罢课联合委员会主办。
②"南方局"全称中共中央南方局，中共历史上存在过多个南方局，受访人提到的是1939年1月在重庆成立的南方局，原是发动抗日民族统一战线的组织，抗战结束后，又成为中共民主运动的领导机构。

人到解放区去跟他们重新建立联系。我当时有革命热情，有一些浪漫的想法，觉得这是扎扎实实地干革命，于是我就和另外一个同学张大翔到解放区重新接线，通过我的手，送走了好多批人去解放区，主要是大学生，时间是1947年冬天到1948年4月，这个事情我干了将近半年时间。

我那个时候还念书，但不大念得下去，对拿不拿文凭无所谓了。我想干脆也到解放区去革命。当时我们估计，全国解放大概还需要三五年，因此投奔解放区之前，我回武汉见父母一面，同时当年还有一位女友也在武汉。省亲后，我想带女友一道沿南京－上海－天津－北平，再赴解放区。当返回南京住在叔父家时，我赴解放区的计划被家里察觉了，我母亲几天不吃不喝。我父亲坐飞机赶到南京，对我说："你这一走的话，你母亲就活不了。"这一来，我就留在了南京。1948年，大概是8月19日，就是国民党发金圆券的那一天①，北平特别刑事法庭发布一个通缉令，通缉匪谍——就是共产党的间谍，名单里就有我。于是我就改名换姓，呆在家里也不能出来，走也走不了。很快淮海战役一来，南京紧张了，我们又回武汉，我就改了名字，大概是我小时候用的小名吧，叫罗一新，在一所中学里教英文。

陈：您什么时候加入"四野"的？

罗：那是武汉解放以后。武汉解放前，我家是个大家庭，大部分成员全跑到重庆去了，但是我坚决不走。我想去解放区未成行，武汉要解放了，我却要走，这成何体统？武汉解放后，我面临好几个选择：我北京一个同学准备介绍我到新华社去；还有一个选择是去青年出版社；另外，去给一个老干部当秘书。但是这些都不符合我的这个理想。我就想当作家，当诗人。后来看到中南文工团招收创作的人②，我就到了中南文工团。中南文工团不属"四野"，属中南局宣传部领导。搞创

---

① 1948年8月19日，蒋介石令国民政府颁布《财政经济紧急处分令》，发行金圆券，导致空前的通货膨胀。

② 1949年，中南文工团在武汉建立，人员除了本地文化界，还从外地扩招。

作是我梦寐以求的，但我很快发现完全不能适应革命文艺的要求。我原来在学校写的东西在同学当中好像很受推崇，但现在写的东西，自己看都不像样子。题材不一样，语言不一样，要写工农兵，我这个人一直就是从学校到学校，我不能熟练地运用群众的语言，非常苦闷。我逐渐领悟到，自己对生活的形象感受能力差，形象表达能力也弱，不是当作家的材料。大作家既需要勤奋，也要有点天才。我1949年底进的文工团，大概就待了两年的时间。

陈：两年是完全没有出作品吗？

罗：也写了一点什么。到什么老苏区去写了苏区文艺活动的调查报告。参加访问团访问少数民族地区，下工厂下农村；文工团希望我写话剧、歌剧。

电影剧本创作所·《中国电影》编辑部

陈：您1953年调入北京电影剧本创作所，正式进入了电影界，请谈谈都有哪些人？工作方式、工作程序、工作氛围是怎样的？

罗：剧本创作所按说跟文工团的创作部应该是一个性质的地方，但是显然比文工团的创作部高一个层次。创作所的编剧那个时候大概都是30岁到40岁之间，而且主要是从解放区来的"老革命"，如文工团的团长，或者是长期在解放区搞戏剧的。我们后来列过一个名单，大概列出31个人：海默、孙谦、于敏、林杉、胡苏、王震之、黄钢、贾霁、骆宾基，还有邵荃麟[①]的夫人葛琴[②]，王震之是所长，后来由袁文殊继任。还有的人干了一年之后改行了，有人去当导演，像武兆堤、陈戈；有的人去当演员。在剧本创作所的时候，正闹剧本荒，通过一个

[①] 邵荃麟（1906—1971）：原名邵骏运，曾用名邵逸民、邵亦民，笔名荃、力夫、契若，浙江慈溪人，现代文学评论家、作家。

[②] 葛琴（1907—1995）：女，江苏宜兴人，电影剧作家。1949年后历任中央电影局编剧，北京电影制片厂副厂长。

电影剧本真困难。上面有各种条条框框，特别是在江青掌权的时候，随便找一条理由就可以"枪毙"。整个的创作指导思想是极"左"的，《武训传》批判是一个标志。第二次世界大战以后一直到斯大林去世之前，苏联电影界大搞个人崇拜，代表性的作品有《宣誓》、《攻克柏林》、《斯大林格勒大血战》、《难忘的1919》，都是吹捧斯大林的。而这些东西正好符合当时中国主流意识形态在政治上对电影的要求。那时候提倡编剧写大题材，抗美援朝、土地改革、工商业改造、三大战役……都是这些东西。

陈：那时候就写"三大战役"了吗？

罗：当时有没有布置具体的人写，我不清楚。因为我来的时候这个高潮已经过去了，荒煤来了以后这个趋势扭转了。我看到的这个题材的作品大概有三部，最成功的一个就是《南征北战》，这部片子其实是陈毅指示下创作的；再一个就是《土地》，土地说起来很复杂，反正就是按照史诗样式。另外我还看过一个剧本，后来也是没有拍摄，从开始立项就决定了它根本拍不成。

陈：为什么拍不成呢？

罗：当时刘白羽、黄钢、华山，三大编剧联合写《抗美援朝》，把这么巨大的力量投进去，但这个片子是肯定出不来。因为，当时也不知道是谁，定下了这么一个潜规则，就是电影必须一部就完，不管什么题材，不许上下集，不许搞系列。而这个《抗美援朝》呢，根据领导的要求，要全方位反映，就像后来的《大决战》。它当然要写毛主席、彭德怀、金日成，还得写部队的什么军师级干部，连排级干部，还有战士都得要写。除了这些，还得写国内的支援，要写交通线、朝鲜人民军、朝鲜的阿妈妮，这都不能不表现啊，得把这些东西都塞在一个剧本里面。当时提出来的要求是：要在一百几十分钟里面，最多两个钟头里面，得把这些内容装下去，这是不可能的。另外在政治上，毛主席曾经说过，活着的领导人不能上电影，也不能上话剧舞台。这个剧至少写了毛泽东、彭德怀。再者，中国就算剧本通过了，你得给金日成看，金日成同意吗？这是国际关系啊。苏联老大哥要不要提一笔，怎么提？所以这个剧本无论从政治上还是艺术上早就命定了必然被枪毙。这个剧本一直到我1953年看的时候，不晓得当中修改过多少次了。不晓得哪一个上层领导看了，最后否掉了。几个编剧两三年的劳动付之东流，连一条失败的教训都未总结。此后我从未看到也未听到任何人提到过它。

陈：编辑部那么多人，做选题是自己报呢，还是拿出一些选题来让大家领任务呢？

罗： 在我们去之前，实际上没有编辑部，就是一个编辑小组，主要的事情就是处理外面投来的稿子。荒煤来了之后，要加强编辑力量，就成立了编辑部。既处理内部编剧的作品，也处理外稿。投来的剧本基本上都不能用，但是也有个别例外，我们在创作所的时间里，大概扶植了两个外面投来的剧本。我扶植的一个是写地下斗争的，叫《地下尖兵》。徐虹扶植的是鲁彦周①的本子《春天来了》，写农村的，鲁彦周当时是小青年。

陈：那个时候创作人员写的剧本，有不通过编辑部然后投拍的吗？

罗： 好像也有。那就是有一些特殊的，比如说《抗美援朝》就是直接送给荒煤他们看。在我的印象里，《宋景诗》好像也没有通过编辑部。另外，除了剧本创作所内部的编剧之外，还有一些特约编剧。比如有发表了的小说、话剧剧本，我们觉得基础不错，就把作者请到这里来修改为电影剧本。白桦的《山间铃响马帮来》就是这样。《平原游击队》原来是邢野写的话剧，就特约他来编剧。

陈：您说一说那个《土地》，刚才您说这个情况"复杂"是怎么回事？

罗： 最关键的问题，就是整个的指导思想问题：电影怎样为政治服务？归根结底就是政治和艺术的关系问题。比如说，《土地》这个题材要拍了，比较早定下来的导演是水华。他刚刚拍过《白毛女》，因为

---

① 鲁彦周（1928—2006）：安徽巢县人，作家、戏剧家。作品有《凤凰之歌》、《三八河边》、《天云山传奇》、《廖仲恺》等。

这种重大题材，得把主要力量投下去。《土地》这个任务交给他之后，很早就让他准备。这是一个非常重要的政治任务，无论从历史或现实来考察，中国农民革命的经验，在全世界首屈一指。将来的第三世界革命成功了之后搞土改，这部影片就是形象的教科书。谁来进行具体的政治指导呢？指定中南局，因为中南地区1950年开始土改，1951年让中南局负责在政治上帮助水华。中南局的第一书记林彪在养病，实际负责的就是邓子恢①，再加上中南局对土地最有研究的是秘书长杜润生②，首先得征求他们的意见。邓子恢谈了一大套的意见，大概是将来作为第三世界革命成功了之后，怎么解决土地问题。杜润生又发表一通意见，说得比较切合实际。当时江青他们的意见好像没有什么文字的记载。水华是导演，还得给他配提笔写作的人，那时候郭小川好像在中南局宣传部③，把郭小川抽调出来，这算是一个笔杆子。中南文艺学院也抽调了一个写诗的，叫李冰。中南文艺学院还有一个副院长是写小说的，也在这里面，所以有五六个编剧。他们就从省里下到地方去，就是湖北的黄岗专区，找地委谈，当然省委负责人也得谈意见。艺术上大概都不怎么懂，但对农村很熟悉。

然后就下去参加土改。这一参加当然也是三五个月，整个一个冬季。除了湖北省，他们还到江西老苏区去，中南地区各省有特点的所有地方都去，比如广东侨乡，大量地看有关资料，各种各样的报告听了一大堆，最后商量怎么写。首先，写什么地区要确定，究竟是写老苏区还是写新解放区，怎么能够把中国土地改革的经历最充分地表现出来，这个争论半天。各种各样的政策和要求怎样体现，各人谈各人的想法；然后拟提纲，确定谁先写一稿，弄来弄去，好像都不大满意似的，最后弄成了个大杂烩。各方面意见都不能不考虑，都是些权威。

---

① 邓子恢（1896-1972）：福建龙岩人，革命家、政治家，农业工作领导人。
② 杜润生（1913-）：山西省太谷县人，党内农村问题专家。
③ 1949年6月，郭小川被调任中央中南局宣传部宣传科，任副科长；不久任宣传处处长；1951年7月又被调到中南文艺战线任领导工作。

各种概念、各种政策性的东西都被议论了很多，却忽视了艺术的根本，发现生活中独特的艺术形象。最后根据主题要求，设置一个英雄人物，一个保守的老农民，当然还有阶级敌人。当时创作就是受概念化的影响，不是按照艺术规律。水华拍了《土地》之后，就下了一条决心：以后电影剧本凡是没有人物的，绝对不拍。水华知道概念化对创作的危害，他体会深。舆论界对电影不满意，往往指责艺术家："你们对生活还没有吃透，还没有深入，对党的政策还没有理解。"老往这方面靠，实际上主要问题在于电影的指导思想。

我刚到剧本创作所的时候，基本上没有脱掉在解放区那种——"我现在马上要动员参军了，你们搞个戏来配合，号召参军"——这种急功近利模式。创作所把编辑派到北京的各个实际部门，比如工业部、交通部、水利部等。把我分到了交通部去，去了解五年计划打算干些什么，作为电影题材规划参考。在工农兵题材中，工人是老大，可最缺的就是工业题材。于敏就把家搬到鞍钢去，他一直住了二十几年①，到新时期才回来。你说他还不深入生活？在编剧里面，于敏这样的，文化素养、文艺理论素养是很高的。可在他的作品中，工业题材的电影剧作并不出色。

文艺为政治服务及其工农兵方向，这是最基本的两条。实际贯彻的结果就是文艺为每个部门的政策服务。有一阵他们请我去看工业题材的话剧剧本，一大批剧本，基本是雷同的。大家都去写"中心"题材，那必然公式化。

陈：您当年跑交通部，结果是什么？

罗：它把五年计划提出来了，我们编辑部还出了一个内部刊物好像是《剧本创作通讯》，刊登一些讲话、一些信息、一些写得比较好的意见、讨论的一些问题。交通部当然希望电影表现"技术革新"这样一些东西，这是1953年的事情。

---

① 1953年，于敏为了用电影表现工人的生活，到"鞍钢轧钢建筑工程公司"做党委副书记，自此他便在鞍山安家落户，长达二十余年。

陈：关于剧本创作所的情况，您还有什么补充吗？

罗：对我个人来说，还是学习了不少东西。因为跟一些比自己革命经历丰富，有创作实践经验的编剧接触，看他们的作品，和他们讨论作品。另外，荒煤来了之后，把大题材基本推掉，这在当时确实对剧本创作起了一个好作用。荒煤提倡创作新英雄人物，至少把创作的焦点聚焦在人物身上。从实践的结果来看，这提供了一个可操作的艺术准星，而不是空泛的政治概念，虽然他的这个口号也存在异议。

陈：您到剧本创作所以后，大概多长时间觉得自己真的入了电影行？

罗：这不好说，现在也没有敢说真正入了电影行。荒煤一来，就是反公式化、概念化，学苏联的社会主义、现实主义，跟编剧们一道学习。每天晚上放苏联的同类题材的影片和国产影片，把两部影片对着看。然后分析苏联影片，也谈中国的影片，大家讨论，作为学习的内容。苏联电影尽管受教条的影响，它毕竟有《战舰波将金号》①、《夏伯阳》②、《政府委员》③、《乡村女教师》④、《伟大的转折》⑤等一大批好影片，中国在那个时候拍不出《夏伯阳》，连剧本也通不过的。英雄人物搞游击习气，是歌颂还是在暴露？当年中国最权威的文艺评论刊物《文艺报》讨论什么问题？英雄人物能不能写缺点！中国文艺指导思想当年比苏联落后一大截。

陈：剧本创作所解散是因为各个厂都有了文学部吗？还有别的原因吗？

罗：1956年"双百方针"提出来之后，当时觉得权力太集中，不利于各个电影制片厂发挥自己的积极性和地方特色。故而解散北京剧

---

① 《战舰波将金号》：苏联中央国家摄影－电影总公司1925年出品，导演谢尔盖·爱森斯坦。
② 《夏伯阳》：列宁格勒电影制片厂1934年出品，导演瓦西里耶夫兄弟。
③ 《政府委员》：苏联中央国家摄影－电影总公司1940年出品，导演约瑟夫·赫依费茨。
④ 《乡村女教师》：苏联儿童电影制片厂1947年出品，导演马克·顿斯阔依。
⑤ 《伟大的转折》：列宁格勒电影制片厂1945年出品，导演甫·艾里莫尔。

本创作所，将编剧、编辑分散到各制片厂，成立文学部。当时还受到国外的，尤其是东欧这些国家的影响，蔡楚生专门带了一个代表团，到南斯拉夫等这些国家去考察。

陈：创作所的情况您还有补充吗？

罗：我在创作所当时也算比较受信任的。大概是1954年，组织上曾经征求我的意见，想把我送到苏联去学电影编剧。后来我没去。原因是，如果我想当作家的话，主要不是解决写剧本的技巧问题，而是生活体验、生活积累的问题。我学了那么多年外语，也是个半吊子，我再学俄语，能够比较自由地运用得花三四年。真正熟练地掌握一门外语，没有个十年八年不可能。如果我不搞创作，搞理论，我也不需要花这么个时间去再掌握一门外语。苏联的那些有价值的、主要的文艺理论早就翻译过来了，我也不需去了。还有个原因是，我已经成家了，我1953年底结婚，第二年已经有孩子了。

陈：剧本创作所解散以后，您去了哪里？

罗：剧本创作所解散之后，我跟徐虹就到了电影局。在电影局也是做编辑工作。原来在剧本创作所，剧本送给陈荒煤就拍板了。后来权力下放，剧本审查权分到各厂，厂里面通过的某些重要剧本再拿到电影局编辑处来审。

陈：当时各厂已经通过的剧本，还要送到电影局编辑处去审？编辑处是否有权不通过剧本？

罗：各个厂自己通过了之后，它就可以拍了。编辑处只是局长的助手，最后还是局长拍板。

陈：那它干吗还要送审呢？

罗：有些重要题材的剧本，厂里通过了之后，是不是政治上就那么保险了？艺术上面是不是还有缺陷？送到上面去看一看保险一点，因为最终还要电影局来统一发给许可证。我们看电影剧本当然就是提前一步把关。我记得经手的剧本里面，印象比较深的是《上甘岭》。抗美援朝战争过了那么多年，没有一部像样子的作品出来。当时我看《上甘岭》就给了很高的评价，但是也提了一条意见。就是《上甘岭》的最后，黄继光去堵枪眼，他是连长的通信员，跟连长关系很好，但是黄继光扑上去的时候，这个连长却无所作为，这两个人物之间的战友情谊在这种关键时刻就缺少强烈呼应。大概提了这个意见。后来得到反馈的信息，他们觉得这个意见有启发，于是就加了一个动作。黄继光匍匐前进去堵枪眼的时候，敌人的炮火非常厉害，连长把机枪手往旁边一扒拉，他自己亲自用机枪对敌人的地堡扫射，进行火力掩护。

陈：您是怎么从电影局调到《中国电影》编辑部的？

罗：我在电影局的这个编辑处工作了一两年左右，这期间还有一段时间是在养病。1958年上面有精神下来，行政单位要缩编，电影局就把这个编辑处取消了。徐虹1958年初下放到农村劳动锻炼去了，我就调到了《中国电影》编辑部。

陈：调入《中国电影》任编辑是不是您从创作转向理论的开始？还是在那之前就有积累或者自己有一个明确的意识就是要往那方面转？

罗：没有明确的意识。在那么一个老在搞政治运动的过程当中，把我安排到什么单位，都是身不由己。大概在1956年、1957年我开始写点评论文章，是《大众电影》约我写稿。那时候我在这方面热情也不是很高。因为我不了解今后的整个路子怎么走，当时好像没有谁敢于往学术这条路走。特别是"反右"、1958年以后政治挂帅，自己没有把握搞学术上的东西。在那个年代，对于政治过多地干预电影，我已经是很反感了，觉得这种做法对整个电影的发展不利。

陈：《中国电影》编辑部那时候有多少人？

罗：大概十个人左右吧。当时电影家协会还是叫电影联谊会①，会长是蔡楚生，他挂名当主编，实际主事的是荒煤。《中国电影》具体管刊物的是三个人，黄钢、贾霁、耿西。当时刊物还刊登剧本。还有一

---

① 1949年7月25日，中华全国电影艺术工作者协会成立。1957年4月11日，中国电影工作者联谊会成立，简称"中国影联"。1960年7月30日至8月4日，中国影联第二次全国代表大会决定将"中国电影工作者联谊会"更名为"中国电影工作者协会"，简称"中国影协"。《中国电影》当时属于"中国影联"。

本刊物叫《国际电影》，后来跟《中国电影》合并，不再刊登剧本，改名为《电影艺术》，也刊登一些外国电影的文章，但是以中国电影为主。

陈：您当编辑部副主任是哪一年？

罗：1961年新侨会议之后。批判极"左"思潮之后，在用人上也向业务倾斜了，于是就把我提为编辑部副主任。

新侨会议

陈：新侨会议是"十七年"唯一的一次反"左"的会议，引发了电影界很多的反思，是电影界一次小小的思想解放，请您介绍一下新侨会议前后的情况。

罗：我从头到尾参加了。大背景就是三年困难时期，经济濒于崩溃，文艺上问题也比较多，不得不做一些改革。1959年庆祝国庆十周年，电影出现一个高峰，但是到1960年又垮了下去。1961年，中央提出"调整、巩固、充实、提高"的八字方针，既包括物质生产方面也包括文艺方面，电影界首先开始反极"左"思潮。新侨会议实际上是两个会套着开的，就是全国宣传工作会议和故事片创作会议①。两个会议同时开，表明将电影摆在很重要的位置。参与会议的主要是故事片的编剧、导演和演员，电影界各行当的代表都有，邀请的人比较齐。时间也比较长，大概开了将近一个月。1960年之后，极"左"之风变本加厉了，开新侨会议就是反"左"，建国以来一直在"反右"，"反左"好像就这么一次。大家把"大跃进"以来在电影创作上出现的各种各样极"左"的东西、违反艺术规律的东西都揭露出来。从"反右"派开始，各个电影制片厂出现这样的问题不少。"大跃进"年代，什么事都要"书记挂帅"，有的摄制组就出现了导演已经准备好了，开不开机都要支部书记看监视器，他说行才能开拍的情况。在会上大家揭露各

---

① 1961年6月1日—28日，中宣部全国文艺工作座谈会；6月8日—7月2日，全国故事片创作会议。两个会议的时间有重叠。

种各样"左"的东西，从题材选择到具体的创作过程。会上最重要的是周恩来的讲话，反对"五子登科"①，强调尊重人才、尊重艺术规律。所有与会的艺术家当然都觉得心情舒畅。像赵丹等这样的一些人比较爱"放炮"的，说应该制定电影条例刻在碑上，竖在厂门口，以后不许粗暴干涉。

陈：您当时参加会议的身份和任务是什么？您觉得这次会议的成果如何？您记得最深的是什么？

罗：我负责编简报。那一次会上各个大的故事片厂来的人比较多。我记忆中不下一两百人。这次会开完之后，正好是7月1日，建党40周年。总理就邀请大家去西山游玩，放松一下心情。反正就是让大家出气，这些电影艺术家都觉得委屈，精神上补偿一下。大会完了之后，长影的人还专门留下来，他们的问题更多一些，因为吉林省委更"左"一些，所以需要进一步揭问题。记忆最深的当然是总理的讲话，后来在1979年《电影艺术》复刊的第一期上全文发表了。②

陈：当时对总理的讲话感受是什么？

罗：觉得是一次思想解放。当时"左"的浪潮一浪高过一浪，电影界的人都感到非常压抑。

陈：总理的报告对创作人员的影响有多大？

罗：对创作人员是很大的鼓舞，创作思想活跃多了，题材范围广阔多了。以前很多艺术家都有自己心仪的题材，但在当时的环境下根本不可能提。新侨会议一开，就有点"百花初放"的气氛。就思想影响来看，第二年影协借纪念《在延安文艺座谈会上的讲话》，找几个电影理论家集中在翠明庄③写了几篇文章，即《本末——文学创作的共同性和

---

① "五子登科"：当时对文艺界某些领导干部横加干涉创作的戏称，指"框子、辫子、根子、帽子、棍子"。

② 周恩来：《在文艺工作座谈会和故事片创作会议上的讲话》，载《电影艺术》，1979(1)。

③ 1962年3月14—18日，夏衍、陈荒煤召开"电影工作座谈会"，亦称"翠明庄会议"，袁文殊、黄钢、程季华、耿西、张骏祥、陈播、汪洋、田方、瞿白音、柯灵、于敏等参加。

电影文学的特殊性》①和《关于电影创新问题的独白》②。翠明庄的文章出来之后,袁文殊、荒煤都看过,夏公肯定看过《创新独白》。我记得文章要发表的时候,耿西给夏公写了一封信,把文章给夏公看。瞿白音对极"左"思潮批判得很有深度,有的话提的比较尖锐。夏公最后把关。

陈:您在一篇文章中说《本末》的影响比较平稳,是指没什么影响吗?

罗:主要是说没有引起什么争议,因为这篇文章比较正统,而《关于电影创新问题的独白》火力很猛。这篇文章夏公、荒煤都看过,他们当然都是支持的,只是对某些偏激词句做了一些修改。"文革"中某些批判文章说,这篇文章表面上是"独白",实际上是电影界夏、陈黑线的"大合唱"之说并非空穴来风。这篇文章出来之后,在上海的影响很大。影协上海分会召开了一个座谈会,大家评价很高。

陈:1964年1月,荒煤先生在南京主持召开了一次电影会议,您参加了这次会议,能否请您谈谈这次会议的情况?

罗:新侨会议之后一方面解放思想,1962年北戴河会议又提出以阶级斗争为纲,令人有点困惑。在这种背景下召开了南京会议,由陈荒煤主持。那时候第一个批示③已经下来了,我的印象里面,荒煤主持那个会议的时候还比较乐观,认为电影虽然也有一点"帝王将相"、"才子佳人",但相对来说,电影界的情况还比较好。

陈:那次会议的时间、参加者和主要的议题是什么?

罗:1964年初开的,就是回顾1963年的创作,布置1964年的创作。它不像一般的电影生产会议,学术色彩稍微浓厚一点,探讨一点

---

① 于敏:《本末——文学创作的共同性和电影文学的特殊性》,载《电影艺术》,1962(3)。
② 瞿白音:《关于电影创新问题的独白》,载《电影艺术》,1962(3)。
③ 第一次批示:1963年12月12日毛泽东对艺术工作方面存在的问题给中共北京市委负责人彭真、刘仁的批示,批示说:文化部是"帝王将相部"、"才子佳人部"、"外国死人部"。

问题。除了各厂厂长以外，还有一些创作人员去了。我记得非常明确，那一次会议上规定的题材比例，叫"631"，就是60%的影片应该是反映当前现实的，"大写十三年"，另外，革命历史题材的占30%，其他题材的占10%。"大写十三年"是1962年主政上海的柯庆施提出的口号，典型的庸俗社会学。

陈：当时那个"电影三十二条"后来实际贯彻了吗？

罗：实际上拿都没有拿出来。总理的讲话最多也就是管用到1963年。因为1962年毛泽东就提"阶级斗争为纲"了。1963年底，毛泽东第一次关于文艺的批示下来了，接着是第二次批示①，总理讲的话当然就不算数了。实际上在1961年，就显露了这种苗头。

陈：1961年不是新侨会议吗？

罗：新侨会议来开会的人毕竟是少数，会议一完，上海的代表回去一宣扬，在厂里面就轰动了。但是，当提出来要传达总理讲话的时候，上海市委就限制传达的范围，已经感觉到市委对总理的讲话有保留意见。待到上海组织人批判《创新独白》时，矛盾就公开化了。

"文化大革命"

陈：您谈谈"文革"初期的一些经历。

罗："文革"一开始，冲击的是蔡楚生、袁文殊、耿西、程季华这些影协上层。接着就搜罗到我这一层了。差不多各个单位都分成两派：一派要保；另外一派要打。等到军宣队、工宣队一进来之后，不管是哪派打到的人，都要进牛棚。我这个人是比较直率的，书生气十足；在好多场合，无论写也罢，说也罢，放了不少"右派"言论，如政治民

---

① 第二次批示：1964年6月27日毛泽东在中宣部《关于全国文联和各协会整风情况的报告（草案）》上批示：文艺界各协会和他们所掌握的刊物的大多数"不执行党的政策，做官当老爷，不去接近工农兵，不去反映社会主义的革命和建设。最近几年，竟然跌到了修正主义的边缘"。

主、创作自由。一到清算的时候，问题就严重了。真是吃不下饭，睡不着觉。蔡楚生就住在我们对面的一座楼，红卫兵来了，又打又砸又抄家，那种日子非常难过。蔡楚生身体一直不好，有一次批斗的时候，高血压犯了，斗着斗着，站在那里就歪歪斜斜的，蔡楚生后来很快就去世了。

陈：您说说牛棚里的生活，您被关进牛棚的主要原因是什么？每天都做些什么？

罗： 我在牛棚里差不多呆了半年的时间。我住的牛棚就在本机关。原来花园饭店是两层楼的建筑，我们的牛棚就在楼背后的一排平房里。牛棚没有床，一般就是地下铺比较厚的稻草，睡大通铺。牛棚规定半天学习半天劳动。劳动也就是扫扫院子，到了冬天要烧炉子、劈柴，都不是什么强劳动。半天学习主要就是写自己的检查，交代自己的"罪行"。

陈：据说有些人写材料一遍不行，还要重新写。

罗： 每个人都那样。如果让你过关，你呆在这里干什么？怎么也得鸡蛋里头挑骨头。写完了以后轮流在学习班上自己念，大家互相批判，提意见。

陈：您还记得钟惦棐先生的"钟锣鼓"这个绰号是谁取的吗？您有绰号吗？还有哪些人有哪些绰号？

罗： 整个影协和电影出版社进牛棚的人加在一起有20多人，就一个班。我们那个牛棚比较文明。大家开始还比较紧张。时间一长，每个人也就那么点事情，大家心里都有数，所以有时候就开玩笑，起绰号。最有特点的是"钟锣鼓"，即抓他进牛棚最关键的"罪行"，即《电影的锣鼓》，三种打击乐器，音调又铿锵。我的绰号叫"罗输干"，因为我解放前的"输干线"问题，"你家庭那么反动，又不是党员，你怎么还去搞学生运动、搞地下工作，是不是国民党有意安排的潜伏人物？"要让我交代送了几批人过去，是些什么人？这些人现在在哪里？我哪能完全交代得出来。郑雪来叫"郑三跳"，他脾气比较直，比较暴躁，一触即跳。无论解放前、十七年或"文革"初期，都如此，故名"三跳"。黄钢的绰号是"黄观察",因为他过去经常写一些国际小品。他对时事很关注,有时候让他发表一些对整个国际形势、国内形势的意见,他也愿意谈。

陈: 您什么时候对"极左"路线或者对江青这些人有了自己的思考?

罗: 在"文革"当中,对一些知名人士、领导人进行精神和肉体的凌辱,就有一些不满意。比如说看斗蔡楚生,他是当年的左翼,拍过《渔光曲》、《一江春水向东流》,即使他犯了再大错误,也不应该完全不讲人道,人家高血压,已经站都站不稳了,还要那么斗。斗袁文殊的时候,有一次就勒令他跪在毛主席像前请罪。对这种做法,我很反感。那时候我们还有一个"早请罪、晚请罪"。

陈: 是不是"早请示、晚汇报"?

罗: 那是对革命群众。牛鬼蛇神的朝拜仪式是"早请罪、晚请罪"。

陈: 请您谈谈在团泊洼干校的生活情况。您和徐虹老师在一起吗?当时的心态是怎样的?

罗: 我们两个一起下干校,将十三岁、十四岁的两个孩子留京。我有胃溃疡,经过一段劳动,好像身体也好一点。后来在干校劳动的时候,我种水田。水田要提早放水,先育秧。北方当时春寒料峭,下水的时候水田里都是薄冰,脚踩进去就像踩到玻璃碴上,透心的凉。把棉裤卷起来连着干了三天,胃溃疡一下子复发了,身体越来越不好。干校最荒谬的就是抓"五·一六"。白天劳动非常繁重,晚上开会抓"五·一六",抓的人都是原来的造反派头头。这套东西就是阶级斗争为纲,地主、富农、资本家解决了,就斗党外的知识分子,把这个斗完了,就斗党内的"走资派"。依靠学生起来造反,反过头来,把这一批人里的头也斗了,结果没有抓到一个货真价实的"五·一六"。这就是斗争哲学。

编译工作

陈: 您翻译巴拉兹的《电影美学》是从什么时候开始的?

罗：那是"文革"以前的事情，大概在1956年还是1957年。电影局刚成立的时候，就设立了一个编译室。因为电影不借鉴国外不行，特别是借鉴当时的苏联。编译室主要翻译苏联的东西，就找了一批学外语的人，以学俄文的为主，再加上英文、法文等各种文字的人从事翻译工作，这一点应该说还是有远见的。编译室和剧本创作所隔着一个院，我们剧本创作所在后院，他们在前院。我当时想，我学了这么多年外语，后来一点也用不上很可惜。我就找编译室的邵牧君，说我想翻译一点外国电影理论方面的东西。一方面我想通过翻译恢复一下我的英语，另外我也想学一点电影理论、电影技巧方面的东西。他们当时已经着手翻译巴拉兹的《电影美学》。所以他就拿了其中的大概有六七章给我译着试试。

陈：这本书当年出版过吗？当时您还参与翻译了哪些著作？

罗：50年代就出版了。除了这个之外，我后来又翻了一本书，也是跟另外一个人合译的，每人翻译一半，就是《电影剪辑技巧》，一个英国人写的。译好了送到出版社已经付排。毛泽东的两个批示一下子下来，就碰到枪口上了。十七年的国际电影文化交流，可称为"迎风户半开"。对苏联、东欧，门开得大些，对西方开得小些，政治环境宽松时门开得大，反之开得小。"文革"前夕，像这样纯电影技巧性的书都不让出，意味着山雨欲来风满楼。"文革"期间整个影协是"裴多菲俱乐部"，中国电影出版社一起被撤掉了，原稿都没了。等我们回来之后，作者又出了增订本，另有人翻译出版了。我的收获是，毕竟学习了一点电影剪辑技巧。

陈：您在1973到1978年曾从事编译工作，并编译了《七十年代美国电影》，这是您奉命做的，还是自己想做的？

罗：当时艺术研究院设了一个编译室，要把国外的一些文艺信息编一本内部刊物，供领导参考，不定期出一个白皮书，印数大概也就是每期一两百本。当时就觉得除了那个不定期刊载的零星信息外，也需要一些系统的东西，所以就编了《七十年代美国电影》。我编的时候，一部70年代的美国电影都没看过。完全就是看报道，一部分是看国外的资料,比如美国刊物,一部分是看香港《大公报》①,它那上面也有一些美国电影的影评。这本小册子没有公开出版,薄薄的一小本,两三万字。我连影片都没看过,编的时候完全是从文字到文字,只能从政治倾向的角度来说,准不准确就只有天晓得了。刚粉碎"四人帮"的时候,山东大学外文系邀请文学艺术各个方面的"洋务派"到那里开会。编译室把我派去,我就带了这本小册子在那里作为论文宣读了一次,很受欢迎,因为"文革"十年,外面的信息都不了解。大家都不知道美国电影近十年有些什么作品。虽然这是瞎子摸象,但毕竟提供了系统的美国电影的信息。

新时期:体育学院会议、《一个和八个》、民族化

陈:请您谈谈1981年1月由《电影艺术》和《大众电影》主持召开的"电影创作和理论座谈会"即"体育学院会议"②,这次会议是新时期电影界最重要的一次会议。请谈谈参加这次会议前后的经历、想法?

罗:1981年思想解放的热潮刚刚开始。电影界的主要创作人员这么多年没搞过业务,也没有机会聚在一起,所以是创作者、研究者、理论家、批评家的第一次大聚会。开会的时候大家都非常高兴,劫后余生多年不见,相互介绍各自的遭遇和现状,艺术家们在拍什么片子等等。会上主要是把1980年的一些好影片调来看,也调一些外国的片子来看。会期是20天,时间比较充裕。当时是晚上看电影,白天开会,谈的内容以国产片为主。开到中间的时候,谢晋带了《天云山传奇》来放,大家非常兴奋,差不多都说它的好话。会上还有很多其他的活动,

---

① 1949年之后,《大公报》在中共港澳工委的领导下,在香港继续出版发行。政治色彩较为浓厚,是香港左派报纸的阵地。现为特许在内地发行的香港报纸之一。

② 体育学院会议:即1981年1月5日—25日《电影艺术》和《大众电影》编辑部在北京联合召开的电影创作、理论座谈会,总结交流1980年电影创造经验,来自各地的电影编剧、导演和理论工作者近百人参加。因为会议地点在北京体育学院,故名。

比如说成立中国电影评论学会，编剧、导演等也在议论成立各自的组织。整个会议的气氛比较热烈，就创作上面的一些理论性问题畅所欲言。待到《太阳与人》①一放映，报纸上发了批评文章，会议出现了严重分歧。高层似乎态度暧昧，我们几个主持会议的人，也乱了阵脚，虎头蛇尾，草草收场。其实现在来看，《太阳与人》所揭露的问题，比起现实生活来，比起一些文学作品所描写的深度来说，也算不了什么。电影影响大，往往成为政治斗争的突破口。

陈：现在再回过头来看，您对这次会议的评价是什么？特别是前期。

罗：我觉得这次会还是开得不错的。包括《太阳与人》的问题，因为这种分化也是必然的，而且后来我们甚至认为就是因为批了《太阳与人》，才保了《天云山传奇》。如果没有《太阳与人》，很可能就把《天云山传奇》给毙了。好多艺术方面的问题，分寸是很难掌握的，为什么《天云山传奇》就可以通过，《太阳与人》就过了界，这个就很难说。作为领导人考虑这些问题，往往是根据政治形势的需要，从整个国内外的影响，需要各方面的平衡。

陈：请您谈谈张军钊导演的影片《一个和八个》的审查情况，您的名言"化神奇为腐朽"曾引起轰动，也引起争议，具体情形如何？

罗：《一个和八个》是第五代导演的片子。我很早就看了原版的《一个和八个》。当时看完了许多人就鼓掌，一部片子能让电影界的人鼓掌是很难得的。我对艺术上新的东西不是很敏锐，觉得确实跟过去的影片不一样，但是这样拍是不是一个突破或创新？当时并不是很有把握。其后跟大家交换意见，觉得确实从内容到形式是很明显地探索着跨了一大步。写一个受到审查的共产党员受到诬陷，在严酷战争中显示的忠诚，在过去的中国电影里是前所未有的，特别在艺术造型等方面是

---

① 《太阳与人》：长春电影制片厂1981年出品，导演彭宁。剧本源自1979年《十月》3月号上发表的由白桦和彭宁创作的电影文学剧本《苦恋》。

很有新意的。我很感欣慰，觉得第五代一出手真的不凡。后来听说这部片子出了问题，要修改，改了之后又在影协放，我又看了一遍。原来的结尾是经过改造的土匪在非常特殊的情况下一枪把女护士打死了，维护了她的圣洁，我非常赞赏。我所看过的电影里面有两枪给我印象最深，一个是苏联电影《第四十一》里的那一枪，另外就是《一个和八个》里的这一枪。前面一些地方改了我就不满意，修改后的结尾把这一枪也取消了，就凭一个女护士和一个大烟鬼似的人居然把几个日本兵干掉了，形同儿戏。当我看到最后这一场戏也被改了就感到很愤怒，出来抽烟的时候碰到郭宝昌，他问这个修改版怎么样，我就说了这么一句"化神奇为腐朽"。改革开放之后，好容易看到电影界的新生力量起来了，能够拍出这种带突破性的作品，尽管有些地方还稚拙，但这一下子把精华的构思搞成了平庸。

陈：后来您这句话有什么余波吗？有人引用吗？

罗： 私下传得很多，好像也有文章引用。我当时也是非常情绪化，心平气和的时候不一定会脱口而出说这句话。

陈：您坚持谈电影的"民族性"，初衷是什么？

罗： 在我个人的写作方面，如果说值得提一下的话，也就算在电影民族化方面多少做了一点工作。研究这个问题是我自己选择的，而这恰恰是跟自己的人生道路和政治倾向有关系。从童年时代，日本帝国主义对华侵略，步步进逼，激发了民族主义的情怀。中国这么一个大国，历史这么悠久，怎么什么都不如人家？一开始觉得我们这个民族一无所是，什么都不如洋人。后来随着知识范围慢慢地扩展，我对中国历史逐渐有所了解。尽管我们这一代已经不像前一代那样，对古典文化那么精通，但多少还对中国历史文化有所了解。到了大学之后，我对西方文明有所涉猎。慢慢觉得至少中国文学绝不比西方差。

1952年，陈荒煤当中南文化部副部长的时候，举办了一次中南地区戏曲会演。看完戏，把各个地方戏代表人物和一些专家召集到一起开座谈会。头一天晚上演的戏，第二天开座谈会，我当时做会议记录，把座谈会的发言整理出来，登在会刊上，每天一期。那次经历对我是大有裨益,发现中国戏曲如此丰富,如此优美,在美学上独树一帜,与西方的话剧、歌剧并肩而立毫无愧色。我过去浅薄地认为中国戏曲落后,其实戏曲综合了中国艺术的各个门类。当年虽然总提电影的民族化,却很少有理论论述,只是简单地概括成在叙事上"有头有尾,交代清楚"。郑君里谈《林则徐》里用画面表达诗词的意境,赵丹谈他怎么表演林则徐等,倒是总结了一些艺术实践经验。我开始对这方面感兴趣,觉得谈民族化应该在理论上升华,后来写了一篇关于《枯木逢春》的文章,就开始发挥了一下,肯定了郑君里在《林则徐》里的蒙太奇段落用得好,在《枯木逢春》里的尝试不太成功。到了80年代初期,我写了第一篇《电影的民族风格初探》①。那是认真通过自己的思考写的,后来又陆续写了一些。要说在这个理论问题上面往前走了一步的话,那就是我从中国跟西方两种不同的美学传统的角度来谈民族化问题。提出电影虽然是舶来的艺术形式,中国电影在国际影坛要独树一帜,一定要继承和发展优秀的中华民族的美学传统。其他的学术问题我都谈不上有什么自己独创的东西。

新时期:"金鸡奖"的初创

陈:您当过十届"金鸡奖"的评委,对"金鸡奖"充满感情,请谈谈"金鸡奖"创立过程中的一些细节。

罗:我想谈谈"金鸡奖"为什么创设,及创设"金鸡奖"的一些简单的背景状况。1979年影协恢复,《大众电影》杂志很快就开始筹备恢复"百花奖",1980年颁发第三届"百花奖"。这时候荒煤回到文化部,恢复了"政府奖"②。当时,夏公和荒煤就在酝酿是不是要搞一个"专家奖"。这时影协的第一书记袁文殊在1980年底至1981年初要做一个比较大的手术,休养了半年多,由林杉代理第一书记,他比较开放。

---

① 艺军:《电影的民族风格初探》,载《电影艺术》,1981(10~11)。
② 1979年,中断了22年的文化部"优秀影片奖"继续进行评奖活动,一年一届,文化部"优秀影片奖"始评于1957年,这是中国电影的政府奖,1994年改称为"华表奖"。

1980年的第三届"百花奖"评出之后，舆论反映比较好。那一届的"百花奖"最佳导演给了谢添，他导了一个喜剧叫《甜蜜的事业》，作为一个喜剧是中规中矩的，但作为导演艺术有什么突出的地方倒不见得。那一年《归心似箭》、《从奴隶到将军》的导演更见功力。香港的一份报纸评论，在肯定"百花奖"恢复的同时，也指出一些奖项还值得商榷，具体就是这个最佳导演奖。我们一看就认为这个意见提得对，有很多专业性比较强的东西需要听取专家的意见。谢添之所以得奖，因为他是一个名演员，有广泛的群众影响。

陈：那个片子我看过，当时人气很好，大家都喜欢看。设立"金鸡奖"的提案通过得顺利吗？"金鸡奖"的名字是怎么来的？怎样做准备工作的？

罗：林杉在书记处开会就提出是不是要创立一个"专家奖"，书记处就决定创办。有了这个想法之后，就找夏公、陈荒煤、张骏祥他们征求意见，大家都支持，觉得早就应该有这么一个"专家奖"了。国际上权威性的电影评奖，绝大多数由电影艺术家、电影评论家评选，中国电影的是非美丑却由长官们裁决，剥夺了专家的电影话语权。然后就组成了一个很精干的班子，以程季华为首。那时候大家都非常支持，能够为中国电影艺术家和评论家提供一个真正学术性的讨论平台和真正高水平的评奖是很有价值的。至于"金鸡奖"的命名，陈荒煤看过周总理写的一个条幅"闻鸡起舞"，那一年又是鸡年，所以就叫"金鸡奖"。然后就找工艺美术学院设计奖品、证书，他们一听也很感兴趣。那个时候还没有什么市场经济观念，大家几乎都是无偿或领很低的一点报酬。大概是在1981年2—3月评奖，颁奖的时间定在5月23日，为了纪念延安文艺座谈会。时间紧迫，大家就快马加鞭，报中宣部批，跟电影局、各制片厂联系，让他们推荐影片和有关材料，一系列的组织工作非常复杂。

陈：推荐材料指的是什么？

罗：凡制片厂提出争取某一奖项的候选影片或个人，均须附有相关的背景材料，如内容简介、个人的艺术简历及参与各奖项角逐的推荐理由。虽然时间很短，但是大家的积极性很高。到4月份准备工作就做好了。当时决定"金鸡奖"评委会今后轮流在全国各地开，这样一方面可以推动当地的电影，另一方面也开阔评委的眼界。"金鸡奖"的这些条例定下来之后，小的改动是有的，但基本上就没有什么大的改动。电影话语权回归专家，有利于扭转长官"一言堂"的专制格局。

陈：这个"没有改动"是指从确定条例到第一届颁奖没有改动还是指制定的条例至今没有改动？

罗：至少80年代没改，如"金鸡奖"的宗旨——"学术、争鸣、民主"、评委的产生、运作程序等。

陈：那个"六亲不认、八面来风"是从何而来？

罗：那是第一届由于敏提出来的。要怎么贯彻"金鸡奖"的宗旨？他就提出"八面来风、自己掌舵；不捇成见，从善如流"。后来大家觉得他提得不错，在此基础上加以丰富，发展成32个字："六亲不认，铁面无私；八面来风，自己掌舵；坚持真理，充分协商；顾全大局，从善如流。"好多参与者，特别是影协的相关人员，为"金鸡奖"的创立竭诚贡献。

陈：第一届看片的时间有多长？

罗：第一届的片子比较少，因为主办单位酝酿的时间比较短。各个制片厂都不太熟悉，不知道这个新奖项会评出什么样子，命运怎样。他们送来的影片也不多。会期定为十天，一般开始的时候是整天看片子，看了一段时间之后，就是上午或者下午开会，晚上看片子。

陈：第一届看了多少片子？有20部吗？

罗：第一届是最少的，大概20多部，另外还有纪录片、美术片、科教片，总共差不多有30多部。

陈：第一届的评委有评委费吗？评委是如何产生的？

罗：不但没有评委费，自己还要交伙食费，大概交了三四届。因为当时非常明确，这是一个学术性的殿堂，要在道义上立于制高点，绝对不能走后门、谋私利。每个评委只代表自己，不代表各自的制片厂。荒煤也很支持，他明确规定：凡是政府官员、故事片厂的厂长都不得担任评委。"金鸡奖"的创立过程也给我一个启示，就是只要干的事是真正为大家所拥护，很多困难都能够克服。评委首先要求够专家的资格；至于评委的数量，包括哪些专业的专家，比例如何，意见比较分歧。除了故事片外，纪录片、科教片、美术片还要有评委，所以定了25个。各厂都要有一两个导演、编剧的代表，特别是大的制片厂，也曾经考虑过摄影、美术、音乐的专家评委，但因为总共名额就不多，再加上各专业都有不同的流派。如果每一项只有一个人参加的话，很可能造成评委是哪个流派的就给了哪个流派的片子评奖，所以当时就暂时放弃了。正好那时先后成立了各种学会，电影评论学会、电影文学学会、电影音乐学会、电影剪辑学会等。在"金鸡奖"正式评选之前，候选影片在影协先放一遍，邀请各个学会的人来看，然后由各学会写出推荐的意见。每个评委开会的时候都收到一大批参考材料，所以"金鸡奖"不仅是由这20多个评委决定各奖项的归属，还征求了各方面专家的意见。第一届"金鸡奖"，这些想法已经有眉目了，尽量使评奖能够在充分调动电影界有关专家积极性的基础上来评这个奖。同时对学术上的问题与电影创作相关的现象，大家都可以交流讨论。一开始大家都没有什么经验，有了这么一个共同的追求之后，边干边摸索。当时就已经考虑到老、中、青结合，但是开始有点困难，1981年的时候，找不到中年和青年专家。当时第四代刚露头角，只拍了一两部片子就算专家好像也太早了。第一届请了谢飞作为青年导演的代表，后来决定，凡是得了"金鸡奖"最佳故事片奖、最佳导演奖、最佳编剧奖的，都可以算专家，可以担任评委。"金鸡奖"的主任是张骏祥和袁文殊，评奖时，袁文殊在养病，所以张骏祥主持。他的民主作风树立了风范。此外，每一届评委保留三分之一，更换三分之二。因为要保持"金鸡奖"的水平，就必须有一批高水平的评委。还有一个原因，"金鸡奖"刚刚创立，很多具体的操作方式也要有熟悉的人。一开始影协的评委比较了解情况，所以影协的这几个评委均延续到了第五届"金鸡奖"。

陈：第一届的大奖是有争议的，对吧？大家对评奖结果怎么看？
罗：第一届大奖的提名是《天云山传奇》、《巴山夜雨》、《法庭内外》。《法庭内外》从整体上不如前两部，所以评委里就分成"天云山派"和"巴山夜雨派"，几乎是一半对一半。评委里最年轻的是谢飞，其次是张天民，然后就是我。其他都是我的前辈。第一届是在杭州评的，之所以定在杭州是因为要离开北京，离开各制片厂所在地，以免受干扰；另一个原因，那一年是鲁迅诞辰100周年，有纪念意义。夏公也是浙江人，让他能有个机会回到家乡，他是"金鸡奖"的名誉主任委员，不参加投票也不参加开会。评完之后已经到4月底5月初了，大家认为评委应该写点文章宣传一下"金鸡奖"，所以就留下影协的几个评委和工作人员在杭州等待发奖。在这期间，大家在报刊上写了点关于"金鸡奖"的文章。"上影"的老导演沈浮和陈鲤庭当时都70多岁了，他俩一个是"天云山派"，一个是"巴山夜雨派"。晚上开会一般到十点该休息了，但是实际上真正休息的人不多，互相串门、交流。他俩住在一个房间里，开完会以后就继续争论到深夜。这个情况被工作组的人知道后跟上面反映，上面就提出来要老同志们注意休息，保重身体。评委投完票之后，推举了监票人和唱票人。主席宣布暂时休会，等唱完票再回来开会，但是当时几乎没有人离开会场，都在等着看结果，大家都是非常认真、非常严肃地对待这个问题，都非常珍视自己投出的这一票。计票结果出来，《天云山传奇》一票险胜，"天云山派"非常高兴，"巴山夜雨派"也都接受了这个结果。复会之后，我就想评委当中几乎是一半对一半，最后《天云山传奇》只是一票险胜。如果要最准确地反映评委的意见，能不能把两部影片并列，《天云山传奇》多一票就放在前面。我一提这个方案，评委都赞同，认为这样最充分地反映了评委的意见。根据"金鸡奖"条例，推翻一个定案，再重新提一个方案，必须要评委里面三分之二多数同意才行。经过评委重新表决，好像是全体同意这个方案，所以大家都心情非常舒畅。评奖结果报到中宣部后，他们把大奖顺序调了一下，把《巴山夜雨》调到了前面，这是最终的结果，虽然只颠倒一下顺序，评委们都很遗憾。

陈：在发奖之前有保密要求吗？有人知道结果吗？

罗： 都跟大家说了要求保密，但是完全保密也不容易，评委回去，厂长、党委书记问起来，不可能一点不漏，但知道的人范围很小。

陈：您认为金鸡奖创办初期有哪些特点，有哪些经验值得总结？

罗：第一届"金鸡奖"是一个好的开始，会风非常好，没有什么小动作。第二届评的时候就觉得时间不够了，虽然由10天延长到了12天，不能再延长了，但是因为好多评委都是忙人，后来就一直都是12天。从第二届开始，各个厂送来的片子就多了，一般一天看六部，甚至七部。"金鸡奖"为什么时间比较长？因为要进行学术讨论。就我了解，国外和国内的其他奖项都没有进行学术讨论的安排，这是中国的特殊情况。专家们过去聚会，大都为了贯彻什么政策，很少有一个进行学术交流的机会，所以"金鸡奖"就提供一个平台，这是"金鸡奖"的一个特点。另外一个特点就是，"金鸡奖"定下来，每个奖项正常情况下是一个获奖，但是可以并列，如果实在没有合适的，就空缺。我觉得这个规定比较灵活。一般的评奖普遍流行的是，一个奖项只有一个获奖名额。电影作为精神产品，年度是不平衡的，有时候一年正好有好几部杰出影片出来，而碰上了一个淡季，确实没有什么好影片。这个办法后来也有副作用，有几届出现了并列过多的现象。

新时期：中国电影评论学会

陈：您是中国电影评论学会的发起者和领导人，当过副会长、会长，能否谈谈中国电影评论学会成立前后的情况？

罗：影评学会是1981年在"体育学院会议"上成立的，大家都觉得应该成立全国性的影评组织，酝酿之后就成立了[①]。钟惦棐是第一任会长，副会长是程季华、梅朵和我。那时候电影非常红火，思想活跃，客观条件是最好的，再加上钟老本身的威望、学识，所以比较有号召

[①] 1981年1月24日，中国电影评论学会在北京成立。

罗艺军在香港参加中国电影研讨会,与钟惦棐交谈(摄于1984年)

力。那时候活动比较多,经济上由电影出版社来支持。当年上面有一个批文,电影出版社的利润不用交给财政部,可用为开展电影文化活动的基金。那时候电影出版社非常红火,就利润来说,能排到全国出版社的第四位。电影出版社社长许南明是影评学会理事,很支持我们的工作。影评学会成立后,还专门到新影就新闻纪录片跟厂里座谈,科教片厂我们也去座谈过。1984年,在旅顺举办过首届电影学年会,出了一部论文集。无论是谁,只要论文不错就会受到邀请,那时候大家比较穷,自备路费,来了之后吃住都管。生活比较简朴,往往一间大房子里睡好多人,但是大家的学习劲头很足。

陈: 那次的会议规模有多大?

罗: 一百来人。除此之外,小型的学术会议也有不少,每年都有好几次活动。影评学会搞"群众影评奖"也花了一定的功夫。各省发行公司都拿出一笔钱来开展群众影评活动,找学生、工人、部队和近郊的农村开展影评。有的影评活动发展得非常快,我记忆里比较突出的是白杨、钟惦棐、林杉、于敏1982年在西安参加双奖会的时候，陕西省当时搞了一个群众影评"希望奖"，把他们都请去了，我也参加了。那一次影评征文投稿近百万篇，通过层层筛选，然后召开第一届"希望奖"颁奖会。钟惦棐在会上也讲了怎么写影评，群众很受鼓舞。群众影评风行起来后，就要求中国影评学会领导。我们当时就到省里去，给当地群众影评的骨干，包括当地电影发行公司的人讲课。1986年，还专门到柳州开了一个群众影评的会议，请全国各个地方搞得比较好的影评学会的负责人开会，交流经验，非常红火。中国电影评论学会还选编了《中国大众影评长编》[1]及《续编》[2]。

陈： 群众影评衰落是什么时候？

罗： 大概是到80年代后期。1987年钟老去世，大体上算一个界限。80年代下半期市场经济就兴起了，电视崛起，文化娱乐活动大为丰富，电影的观众数量急剧下降。电影不景气，影评也就不那么有号召力了。到90年代，我们还办过好多次全国性的影评评奖，每举办一次都收到几百万份稿子，所以影评学会在电影和群众的联系上是一个非常好的纽带。关于群众影评还有一件轶事，除了各个省的影评学会以外，有的县里还成立了影评学会。第一个县级影评学会是湖北省的应山县。它们的会长直接给钟老写信。大概就是在柳州召开群众影评会议的前后，钟老和他见过一面，当时的新闻媒体还报道过，说中国影评学会的会长跟应山县群众影评学会会长会见。原来各省影评学会都是由各省的发行公司支持的，电影不景气，财源萎缩，各省的发行公司也不行，地方影评学会也就不行了。不过部队的积极性还是很高的，所以90年代相当长一段时间，部队的投稿占半壁江山，后来部队把相关组织撤销，群众影评也就衰落了。

陈： 您是从钟老去世后就当影评学会的会长吗？

罗： 1988年，钟老去世后的第二年，影评学会专门召开了一次理事会，我被选为影评学会的会长。钟老还在世的时候，就想着电影评

---

[1] 中国电影评论学会编：《中国大众影评长编》，北京，中国电影出版社，1986。
[2] 金忠强、章柏青主编：《中国大众影评长编（续编）》，北京，中国电影出版社，1990。

论界的人得开阔眼界，跟国外进行学术交流。他已经跟日本电影笔会的负责人佐藤忠男联系上了，决定中国电影评论学会和日本电影笔会搞学术交流。这也是受了电影文学学会的影响，它们比较早跟日本的相对团体联系上了，已经开过一两次会议，好像效果不错。1987年10月，第一次中日影评界在东京进行学术会议，当时已经定了钟老带队，但是在开会之前钟老去世，所以就由我当团长。正好吴天明的《老井》在那一年的东京国际电影节得了大奖，日本评论界对中国电影也比较重视。吴天明在得奖前后跟他们也有一些交往，可能把钟老过去的一些经历跟佐藤忠男介绍了，所以佐藤忠男一行到机场迎接后，就在附近找个地方坐下来喝茶，致欢迎词，特别提到钟老。他说钟老是他们非常尊敬的一个电影评论家，提议中日双方为钟老的去世默哀一分钟，我们当时也很感动。影评学会当时属于影协领导，这次活动也列入了影协的外事活动。夏公既是影协的领导，也是中日友协的会长。到日本之前，我们请示夏公应该注意些什么问题，他说尽量少谈政治性强的问题，学术会议无需多纠缠历史。正式开会后，日本方面把他们近年来有代表性的影片放给我们看，我们也带了几部中国影片给他们放。然后我们对双方的影片发表意见。发言没什么特殊印象，但是第一次会上出了一个事情。日方电影笔会清水晶①先生在会上谈了一点意见。当年日本侵华时期在上海成立了一个制片公司叫"中联"，负责人是川喜多长政②。清水晶到上海，在川喜多手下工作。川喜多第一次见到他就提醒他在中国工作对中方的艺术家应该尊重，不应以占领者的姿态对待他们，而且尽量要跟中方人员合作。他说这给他留下了很深的印

---

① 清水晶（1916—）：日本影评家。1938年开始为《电影评论》写影评，在此期间，接受了川喜多长政的邀请，于1942年以中华电影公司特约顾问兼"日本电影杂志协会"华中特派员的身份来到上海，并一直逗留到1943年12月。清水晶从1944年开始担任《电影评论》的主编。战后先后担任过东和映画株式会社宣传课长、制作部部长以及现在的"川喜多映画文化财团"常务理事、事务局长。

② 川喜多长政（1903—1981）：日本电影制片人、进口商。1942年4月，在川喜多的极力游说下，上海新华影业公司老板张善琨，在"保护上海影人"与"保存上海影业"的允诺下，终于答应与他一起"重组电影业"。由张善琨出面组织，新华、艺华、国华、华新、金星等12家上海的影业公司实行合并，改组为中华联合制片股份有限公司，即"中联"。

象,因为他碰到的日本人里面从来没人告诉他应该与中国人平等相处。他说川喜多在中国从事电影的阶段,比较放手让中国的专业人员拍电影,曾经拍的一些影片引起军部的不满意,川喜多还被军部抓起来过。他说像川喜多这样对待中国人民的人是第一次碰到。他就问为什么中国的电影评论界对川喜多在上海的那一段,完全把他作为日本文化侵略的代表?我们事先估计不会谈这些问题,所以当时都有些蒙了。上海当年出的影片我看过一些,最坏的像《春江遗恨》①是配合日本侵华的,但是中性的影片也出了不少。听说清水晶和佐藤忠男都写了不少关于川喜多的文章,可我没读过。会场一片沉寂,我是团长总得表个态,当时我有点紧张,因为对川喜多没什么研究,只能模糊处理。我说,在那一场战争当中,中国是受害的一方,因此在一些看法上,跟日本朋友不一致。作为一个历史事件已经过去了,至于对川喜多如何定位,作为一个学术问题当然可以研究、讨论。我就这么打了个马虎眼,第一不能丧失立场,第二也不能引起一些不必要的纠纷。我感到像川喜多这样的问题,中国目前还没有人专门研究。中日双方的交往将来会更密切,终究是不能回避的,我们应该有人从事这些方面的研究。实际上佐藤忠男、清水晶对中国是友好的。清水晶在80年代不止一次带日本的专题系列片来华进行电影文化交流,经费好像就是川喜多财团②提供的。佐藤忠男后来多次来华,在电影学院讲学,并参加电影文化交流活动。

---

① 《春江遗恨》:中华联合制片股份有限公司1944年出品,导演稻垣浩(日)、岳枫(中)。
② 20世纪60年代,为了协助电影图书馆的工作,川喜多夫人发起成立"助成协议会",该会在川喜多长政过世后改名"川喜多纪念映画文化财团",旨在协助收集及保存珍贵的重要文献。

新时期：全国高校电影教师进修班

陈：请谈谈1983年全国高校电影教师进修班的情况。

罗：我大概是1983年进影协书记处的，是影协书记处书记兼电影理论研究部的主任。研究部主要配合"金鸡奖"以及影协准备进行的一些学术性的活动。也进行一些专题研究，搜集电影信息。有一次看到有关美国高等电影教育的一些资料，很有感触。当时美国大学里面好多大学都开电影课。学电影专业的学生大约有两万人，我大吃一惊。中国电影的观众这么多，世界第一，每年900多亿人次，但是我们电影人才的培养，除了电影学院之外，就只有广播电视学院，影像方面的人才非常欠缺。在外地成立电影学院之类都比较困难。美国在一些普通大学里面成立电影电视系。跟美国这么一比，差距非常明显。后来我就找电影学院了解了一下，中国除了这两所专业的影视教育的学院之外，其他大学里都没有设电影专业的。有的大学也开一些电影课，比较热火的好像四川大学有一两个人讲电影课，其他大学里面很少，往往是在现代文学课里面有一小段电影文学课。开电影文学课的有十几所，包括师专在内。电影课基本属中文系，但是这些学校碰到的困难就是没有老师，而且看不到影片。电影课老师起码要对国际国内电影史上的一些名作都要看，这在当时很困难。所以教电影课的问题就是影片、教材、师资力量。我就提出一个方案，首先在影协书记处讨论，认为可行。与教育部联系，他们也支持。然后我们找到北京电影学院、中国电影资料馆、中国当代文学学会联合举办这个培训班，首先培养师资。影协牵头总管这件事，有些专业性比较强的电影课，像摄影、美工、剪辑，得请电影学院的老师来讲。此外，再请了一些著名编剧、导演和专门介绍外国电影的，比如美国电影、欧洲电影、苏联电影的几个专家。资料馆供片，主要是国内外的一些经典影片。既然是以大专院校电影课教师为主，生员就主要由当代文学学会来组织，我们自己也组织一部分，如各个省市群众影评的骨干。进修班设在北师大二附中，住学生宿舍，利用他们的讲堂，全称为"首届暑期大专院校电影教师讲习班"。开班的时候，我还写了一篇小文章，叫《电影，向大学进军》，发表在《大众电影》上。因为电影要发展，方方面面的人才光靠电影学院不行。那一次报名的人很多，影协当时经济上比较富裕，一般的教学费用、讲课费我们都承担了，不用学员来承担。学员的日常生活包给当代文学学会。最后来了一百多人，有些没有报名的，在上课的时候只要愿意来听课都可以听。从7月23日到8月23日，整整持续了一个月。一般上午讲课，下午学员进行讨论，有时候下午也讲课，晚上放两部电影。时间安排得很紧，又是大夏天，生活条件也不优越，但是大家学习的热情很高，那时候都是抢着要学。到这里来既拿不上什么文凭，也没有别的什么优惠，就是扎扎实实能学点东西，请了水华、谢铁骊、于敏等等，然后还把这些讲稿编了一本书——《电影艺术讲座》①。在讲习班期间，酝酿成立"高校电影学会"，选了领导班子，由北京电影学院当时的院长沈嵩生任会长。这个暑期讲习班后来隔一年办一次，由高校电影学会来办，影协就没参与了。我们开了这个头。后来我听到的反响，认为这次讲习班对推动高校电影课的发展是有促进作用的。

陈：您当时讲课了吗？

罗：我简略讲了一下中国电影评论的简史。开学的时候，夏公和当时的文化部副部长丁峤也来讲话，可见还是比较受关注的。当年培养影视人才的大学只有两所，现在听说有上百所。我是一则是喜，一则是忧。喜的是当年的播种现在遍地开花，忧的是文化教育不能搞大跃进，大跃进人才质量难保证，又可能出现人才过剩。

---

① 《电影艺术讲座》：北京，中国电影出版社，1986。

新时期：中国电影家协会第五次代表大会

陈：请谈谈1985年中国电影家协会第五次代表大会的一些情况，尤其是关于新一届理事和主席团的选举。您对这次选举是怎么看的？

罗：第四次文代会①之后，所有的下属协会到1985年就都面临改选。各个协会都先后开代表大会，最先开会的就是作协，作协的会开得很活跃。因为过去的几次文代会就是按照以前的开会方式，事先大概都有预备会，一些基本问题都已经定下来了，包括各种人选事先都定下来了。那么开会在某种程度上也就是走走形式，已经商量好了，在会上基本上就保证通过了。这次的会在程序上还是按原来的程序走，但在精神上更民主，因为是在改革开放以后，大家思想解放了，比较活跃，最后落实到选举。文艺界的阵营因对类似《苦恋》这样的作品的不同态度，分裂为两个阵营，好像就出现了一个界限，反精神污染———你站在哪一边？大家心里都比较有数，一到选举的时候，它就明朗化了。结果作协的好几个大家印象比较"左"的人都没被选上。原来内定的主席，好像连理事都没被选上。整个原来的部署就乱了。这当中可能有人做工作，最后的结果，反正既然要投了票，就要按照投票的结果公布。公布结果出来之后，两派之间的矛盾好像比较激化。

影协的情况稍微有些不同。"左"和"右"只是一个方面，影协面临一个比较麻烦的问题是代际关系比较突出。影协会员从事的专业特别分散———编、导、演、摄录、美；科教片、美术片、纪录片；电影技术、发行队伍、行政官员；第四代、第五代……———所以电影家协会的代表就比较多，方方面面都要照顾到。第四次影代会比较好办，

---

① 中国文学艺术工作者第四次代表大会于1979年10月30日至11月16日在北京召开。

"十七年"的那些人重新上台。第五次影代会，新人出来了，各行当都面临新旧交替的问题，但理事名额有限，这样矛盾就比较大。在此之前，有个内定方案，夏公当年85岁了，他一再请辞，商定由陈荒煤接班，其他副主席也都安排好了。影协当时面临着一个问题，理事大概有好几百人，具体的数字我记不得，大概总得有两三百人吧，方方面面要照顾到就很难，如果把这些老同志都保留下来，再把新人都加进去的话，数量就太庞大了。当时就确定了一个原则——65岁以上的当名誉理事，65岁以下的理事保留，再增加一批新的理事。但是在影协的主席、副主席里又有几位超过65岁的拟保留了下来，比如当时陈荒煤过70了。内定方案事先没有跟代表们通气，可是代表们又很注意这方面的问题。65岁以上的理事不服气，他们刚到65岁只能当名誉理事，可有人70多岁为什么还能当主席、副主席？这些人很不满意。另外还有一批新人，他们认为"50年代的影协就是你们领导，80年代了怎么还是你们领导，长江后浪推前浪嘛！"陈荒煤在开会期间带一个代表团到美国去了，后院实际上不安宁。闭幕那天的下午投票选理事，只有当了理事，才能选出主席团成员，然后再从中选出主席和副主席。宣布投票结果的时候，大家都傻眼了。原来安排好的主席、副主席很多没被选上。夏公落选因为他多次说过要退下来，所以大家都尊重他的意愿。有些不满意的人在画票的时候，一超过60岁的都不选，根本不管是谁，所以最后出了这么个结果。吃完晚饭，让这些当选理事中得票多、声望高的人来主持，召集新当选的理事开会。既要承认这次投票是有效的，又要考虑到影协主席和副主席应该是电影界和社会上都承认的头面人物。最后决定，把夏公和司徒慧敏重新选上来了。从吃完晚饭开会，等到把主席和副主席选出来，已经到了凌晨4点。这在影代会历史上前无古人，至少现在还没有来者。凌晨4点开完会后，上午10点再开主席团会，选书记处。1985年的选举，不只是影协逸出常轨，"作协"、"剧协"、"美协"、"音协"等在不同程度上都出现了一些意外。从过去领导主导的协商选举到放手的民主选举，出现某种紊乱有其必然性，此后各协会的选举又恢复了过去的老办法。

陈：后来这个结果上报的时候批准了吗？

罗：批准了。当时的风气是要尊重群众团体的选举，而且这个结果也都是合法的。

陈：您的选票是怎么填的，是按照计划还是按照自己的想法？

罗：我是按照自己的想法选的，但是也会适当照顾到一些情况。比如尊重夏公的意愿，我就没选他，让荒煤当主席，我也同意，就选他了。

陈：当时投票的时候有让您犯难的情况吗？

罗：当然。因为电影界行当这么多，有些人我也不认识，所以有一些人只能随大流。大体上都要照顾到各个厂、各个行业。

罗艺军与
夫人游樱花园
（摄于1998年）

回忆录

陈：我知道您在写回忆录，首先想请问一些您写回忆录的情况。为什么写回忆录？为什么不写自传？

罗：我觉得像我这么个人物还到不了写自传的档次，没到那种价值。我在电影界半个世纪经历过不少事情，过去没有想到能对中国电影史提供一些什么史料。因为我经历的一些事情很多人都经历过，而且有人是这些事件中比较重要的角色。到了90年代，我跟电影界一些年轻的朋友谈到过去电影界的一些情况，他们好像都很茫然。有一次跟几个"金鸡奖"工作组的人随便聊，我问他们知不知道胡耀邦当年对"金鸡奖"的批示及引起的风波，他们像听天方夜谭一样。他们还是"金鸡奖"工作组的人员，对"金鸡奖"这么重要的历史都不知道。慢慢地我就想当年所经历的事情，虽然当时认为没有什么特殊史料价值，但随着一些老的电影工作者的去世，就把很多电影史料带走了。现在我已经80多岁了，觉得有责任把这些电影史料，包括对过去一些问题的反思留下来，所以最近两三年就写一点有关电影方面的回忆录。

陈：回忆录大概的体例是什么？

罗：以我自己经历的事情为主，并进行一些思考。这本书拟定的书名为《中国当代电影——补阙与反思》。

【采访手记】

罗艺军老师是我做口述历史的第一个受访人。选择哪一位老人作为我的第一个受访人,事前曾反复斟酌。之所以选择罗老师,是因为:1. 据我对罗老师的了解,确认罗老师是一个好的采访对象。他不仅博学而睿智,思路清晰,心胸开阔,为人坦诚,更难得的是他具有历史反省和历史批判能力。2. 我认识罗老师较早,开会见面及交流比较多,熟悉罗老师,而罗老师对我也比较熟悉,不至于拒绝我的采访。3. 我阅读过罗老师的大部分文章、著作,对他的学术观念、学术思路、学术贡献比较了解,这可以确保采访的深度与质量。

我是在做好访问提纲的征求意见稿之后再与罗老师联系并随之进行预访的。之所以如此,是因为口说无凭,我希望罗老师确认我的工作态度和方法,从而能够更好地共同完成我们的采访。我的请求得到了罗老师的积极响应。实际上,罗老师不仅完全理解口述历史的意义和价值,而他本人也正在考虑写出自己的回忆录,目的是不想让自己所经历的一切随风而逝;进而希望将他对个人所经历的社会历史的思索留给后人。这实际上与我们口述历史的工作目标完全一致。

对罗老师的正式采访每周两次,一共进行了7次,分别是2010年4月11、4月14、4月18、4月21、4月25、4月28、5月5日下午,每次采访的时间在4小时左右。密度不大,但每次时间较长,讲述时间是由罗老师自己掌握。好在罗老师身体很好,准备得比较充分,因而采访进行得非常顺利。此次的摄像、录音工作开始时由皇甫宜川担任,与此同时对檀秋文进行培训,在檀秋文能够独立工作后就由他独立担任。

罗老师确实是一个好的采访对象,他态度严谨、思路清晰、反思深刻、表述准确。其中当然也有些遗憾,如罗老师的那一口到老不改的湖北腔,"知音"者肯定会觉得亲切,而不习惯湖北话的人恐未必能够消受。再则是罗老师善于概括与思考,而对一些历史细节的记忆能力却不强。但些许遗憾无碍大局,对罗老师的采访总体上说是非常成功的。在我的口述历史工作中,这一采访可以作为一种典型范例。

值得总结的经验教训是:1.不论认为自己对采访对象多么熟悉,也还是应该先预访、再写采访提纲,如此可以确保对采访人的身体状况、精神状况、记忆能力等做到心中有数,从而确保采访提纲的深入细致、准确到位。2.罗老师是一个好的采访对象,是可以进行更具深度与挑战性的提问的人,但因为是第一次进行这样的采访,我还是有些经验不足,追问没有达到最大深度。

(陈墨)

马德波访谈录

采 访 人：启之、黎煜、李镇
摄　　像：李镇
采访时间：2008年5月6日至29日
采访时长：7小时
采访地点：北京·马德波家中
录音整理：许罗丹
文本选编：李镇

受访人简介：

  马德波，男，1929年12月22日生，河南省西平县人。中国电影评论家。1945—1948年间就读于河南商丘自忠中学。1948年2月任河南省周家口市人民政府宣传科见习干事、文化教员。后随县大队编入二野十八军，任团部宣传干事、军中蜡板小报《进军报》编辑。1950年入西南人民艺术学院戏剧系学习，1952年毕业后任《大众电影》编辑。1956年任《中国电影》（后更名为《电影艺术》）编辑、记者、编辑部副主任。1963年在电影局电影剧本创作研究室任职。1973年任北京电影制片厂编导室主任、《电影创作》杂志主编等。80年代初期之后，专门从事电影评论和理论研究，著有《电影艺术纵横论》、《导演创作论》（与戴光晰合作）等专著。1993年，其论文《创作与天性——王好为论》获首届全国电影报刊优秀电影评论、理论一等奖。其《写真实，求真理》、《电影秧歌舞》、《影运环流》等论文亦在文艺界产生过广泛的影响。

家世与读书

启 我知道您的老家在河南,很早就参加了革命,请讲一讲您的家庭、少年时代和受到的教育。

马 我老家是河南西平县,在农村。我小时候上的是很不正规的村学,也就是冬学。农民的孩子到春天就去割草,夏天干农活,秋天秋收,只有冬闲才去上学。所以上几年也顶不上人家上一年。学校离我家三四里路,中午带一点儿吃的。上高小,要到镇上,要走五六华里。我家是贫农,平常的年景也还要吃糠、野菜,到荒年就更严重了。1941、1942年河南大灾,饿死了很多人。记得我去打蝗虫,在东河沿那儿种的是谷子,蝗虫遮天盖日地飞过来,我们就用一根竹竿顺着谷穗赶。开始时谷穗还沉甸甸的,走到那头儿回来时,谷穗就轻一点儿了,再走几趟谷穗就被吃光了,连谷子秆儿也被吃了。农村没法生活了,我有个叔叔在张自忠部队的一个警卫连当副连长,于是我父亲让我跟叔叔当兵去。那时候,我高小没毕业,大概就十一二岁。到了部队,给一个副参谋长当勤务兵,扫地、端碗端盘子。但是我跟一般的小孩儿不一样,因为我读过几年书,特别好学。那个部队是冯玉祥的老底子,后来司令是冯治安①,他们对我好学比较欣赏。到了 1945 年,日本投降,我听说部队在河南邓县成立了一个"自忠中学"②,专门招收抗日军人的家属,供吃、供穿、免学费。知道我好学,副军长孟绍濂③就给我写了一封推荐信,说我是马连长的儿子。马连长是个小官,但是孟绍濂是大头儿。学校看着

---

① 冯治安(1896—1954):河北省故城人,历任国民革命军二十九军三十七师师长、国民革命军七十七军军长、国民革命军三十三集团军总司令等职。

② 自忠中学:第三十三集团军的子弟学校,1943 年建于河南邓县张坡西操场村。1946 年,三十三集团军迁往徐州,自忠中学迁至河南商丘。

③ 孟绍濂(1890—1971):原名绍廉,字希周,号爱莲居士,直隶阜平人,1942 年 10 月任第五十九军中将副军长,1943 年 8 月晋任陆军少将。

孟绍濂的面子，就让我去了。我在那上了两年中学。

启：您在自忠中学有哪些收获？

马： 自忠中学有些教师思想很进步。当时国民党非常腐败，很不得人心，所以那会儿有很多学生运动。我自然被这种思潮所吸引。那时候，中学生的政治热情完全不比大学生差。中国的知识分子以天下为己任，与民众联系最密切。到了二年级时，就有八路军的消息。我对八路军最感兴趣，因为我感到国民党统治区太黑暗，民不聊生。虽然我的生活能力很强，再艰苦的条件我也不怕，但是我总有一种对光明的向往，很想到解放区去，那时候中学生也满腔热血地讲真理、正义……

启：共产党所以得人心，一是抗日，二是清廉。这是老师讲课告诉你们的，还是从进步读物中看到的？

马： 是从读物上看的，当时进步读物像《文汇报》是全国发行的。我省吃俭用订了一份。还有一些读物，如当时流行一些苏联的进步思潮，有人读《黑格尔》、《钢铁是怎样炼成的》、《大众哲学》，还有艾思奇、辩证法……初中生很关心政治，不像现在。为了参加八路军，我曾经和几个同学商量到解放区去，有个同学说他家乡有八路军。那年放暑假，我们就一块儿偷偷跑去了。跑到济南，在一个小店住下。那同学就去找熟人，打听怎么坐船渡黄河到他家去。人家就告诉他：你家乡有八路，但你家是地主，已经被斗了，你不能回去了。于是，这家伙在济南又找了他一个哥哥，他哥哥在国民党里当特务，就劝我们：别到八路军那儿去啦，就在这儿干吧！我们一听是特务，就把他痛骂了一顿，跟他绝交了。

启：听您这么一讲，我就理解了，国民党蒋介石为什么那么多军队，被共产党三年就给打败了！那么点儿小孩儿都知道去投奔共产党八路军。

马： 那时候有句话说：此处不留爷，自有留爷处，处处不留爷，爷去投八路。前不久看凤凰卫视《锵锵三人行》，有位嘉宾批评一些影片说：很少数的解放军追很多国民党军队，那真实吗？那简直是不可能……这些人根本就是不知实情！他们不知道有"风声鹤唳，草木皆兵"吗？不知道"兵败如山倒"吗？不知道"望风而逃"吗？那时候的国民党军队就是望风而逃。当然也有过一些硬仗，但多数的战斗都是国民党军队无心打仗，不愿意打仗！我给你卖命干什么？抗日的时候还有点儿爱国心，像张自忠的部队那是和日本鬼子拼大刀片的！抗日可以，但是打八路军，不干。也不用共产党做工作，好多当兵的家里都来信了：咱们家乡解放了，分到地或牛，咱们的生活好了，你快回来吧……你说他还能跟八路军打仗吗？一听说共产党打来了，赶紧逃，跑回家里去了。所以他们想当然地说共产党这么宣传，可信吗？怎么不可信？就可信！

参加革命

马：从济南回到学校，又上了一学期的课，到了寒假，我实在不愿意在国统区那边呆了，同学几个一商量，还是找八路军去，就往西南走，到了周口市。

启：您在那儿当过见习干事？

马：当时周口市刚解放。八路军听说我们来自进步学校自忠中学，很欢迎。有个雷专员还专门请我们吃饭，邀请我们参加他们的工作。我们很高兴。当时正放寒假，我们答应先回家看看，过了阴历年就来这里工作。过了年，我回来了，是1948年2月22日到周口市正式参加工作的。

启：从自忠中学的学生变成了人民政府的文化干事？

马：是宣传干事。我那时年纪也小，被分到了宣传科搞宣传，就是在街上摆摊儿，摆好多解放军出版的读物，如《目前的形势和我们的任务》①、苏联出的文艺小说、新的出版物、毛泽东的《论联合政府》②、

---

① 《目前的形势和我们的任务》：毛泽东在中共中央1947年12月25日至28日在陕北米脂县杨家沟召集的会议上的报告。此报告于1948年由太岳新华书店、华北新华书店相继出版。

② 《论联合政府》：是1945年4月24日毛泽东在中国共产党第七次全国代表大会上所做的政治报告。此报告最早于1945年出版成书。

马德波（分别摄于1953年、1958年、2008年）

任弼时的报告等等。有那么一二百本，也不是太厚。当时周口市还处在国共军队的拉锯期，我在运输班见到一个小马驹，不能驮东西也不能骑人，就把它弄过来，把我的书捆一捆让它驮着，上街就牵着它。人们就说，小马牵小马。

最愉快的是什么呢？当时经常打下国民党的地方军队，打地主武装，比如打下国民党的一些镇、镇政府，他们就跑，我们就去抄。有一次我在镇政府的院子里挖到几支枪，有左轮、盒子，我得到了一个小八音枪，还有个皮套子。我后来还买了红绸子绿绸子包上它。就算现在，有一辆宝马车也没我那时候风光！那时候在正规部队里团级干部才能配那种枪。因为是在地方，也没什么规定，反正是我缴获的就归我，人家看我是一小孩儿，也不跟我计较，也都宠着我。当时跟我差不多的小孩儿，简直是羡慕得不得了！也没人跟我争，因为大家都有。有的女干部还看不起我这个枪，人家是一个很小的小左轮，银色的，很高级。更加实用的是日本的盒子，效率高。那段时间，我找到了共产党，就不一样了。所以现在有人骂共产党我能理解，因为党内有坏人，但是我不骂共产党。共产党的坏人我骂，共产党的贪官我骂，坏的政策我反对，但是我不骂共产党，如果从我的嘴里骂出来，我就太没良心了。

启：后来呢？

马：后来革命发展得很快，开辟了洪河县县大队，县大队需要一些干部，调我去当文化教员，上点文化课，教人家认识点儿字，比如教你记住你的名字，帮人家写写信，教教歌，唱《三大纪律八项注意》。但是这个部队，在淮海战役以后就准备过江了，好多地方部队就上升为主力部队，所以我们那个县大队所在的军分区就编成一个团，成为主力部队，成为二野十八军的158团。后来我到团部宣传科，也当干事。干事是连级的，我那时是排级，所以叫见习干事，就负责编油印的小报，蜡板的。弄点儿小稿子，也算是当个编辑了，反正两三人就干起来了，叫《进军报》。

启：当时不是打完仗您就进藏了吗？

马：进藏了，走了几天，到了康定，晚上接到了命令，让我回去。说是文艺要大发展，要从部队调一些人才去深造当骨干。为什么找到我？因为我还算是有点儿文化的，当时写过一个很不像样的小剧本，叫《一篮鸡蛋》，关于军民关系的。上边挺重视，说我是个人才。回去后，组织上让我到西南人民艺术学院戏剧系学习，学校里有当地的一些知名的戏剧家，还有部队派去的一些似乎也搞过文艺和一点戏剧的人任教师。上了两年，学的东西太少了。因为那时候文艺整风，全是给你讲文艺要为政治服务，大概有一两个戏剧工作者讲了一些专业课，但极少。后来又赶上"三反"、"五反"、"打老虎"，没我们学生的事儿。我爱读书，就在图书馆借了一些书，莎士比亚、莫里哀等，但是后来受到批评了，说我应该读一些工农兵的革命作品，莎士比亚、莫里哀都是资产阶级的，我也检讨了一次。到1952年就分配了，那时候电影局正需要一批从部队来的政治可靠的干部充实电影队伍，所以就把我分给电影部门了。我本来想去电影学院学习，但是当时负责分配工作的卢梦[①]从档案里一看我办过《进军报》，就说《大众电影》正需要有

[①] 卢梦（1917—2005）：原名田振中，河北省深县人。1952年11月任中央文化部电影局电影学校副校长。电影学校于1956年1月改称北京电影学院后，任党委副书记、副院长。

经验的编辑人才,我就走进电影报刊的队伍了。

在《大众电影》当编辑

启:《大众电影》是自负盈亏吗?

戴光晰(以下简称戴):当时没有自负盈亏一说,都是国家拨款。那是国家的刊物,怎么可以搞自负盈亏?

马:你挣钱还是要交国家,然后国家再按预算拨款给你。

黎:当时《大众电影》的办刊宗旨是什么?

马:宣传人民电影、工农兵电影,就是光说优点不说缺点,坏的片子也从来不批评。

戴:只要是上映的片子都赞扬。

马:对,你看《大众电影》批评过哪一个片子?

黎:有没有批评性的稿子不敢发的?

马:话分两头说,当时也没有读者或者专家要批评什么东西,如果有的话也不会发,但是确实也没像现在动不动就要批评的。

戴:当时有些人,尤其是旧知识分子,思想还没改造过来的,或者历史有问题的,虽然对新的东西不能接受,他也不敢说,也不敢公开写。

马:对,我们的电影是工农兵电影,是给工农兵看的。你是知识分子,就不会为你拍电影,在当时那是天经地义、理直气壮的事。

黎:《大众电影》的稿源如何?我看到以前的杂志和报纸,很多都直接登载群众来信,包括50年代的《人民日报》,尤其是看完苏联电影之后。

马:基本上是组稿。组织一些影评人来写稿子,一部分是参加拍片子的导演、编剧、演员,或者是记者,搞一点拍摄散记,还有一部分登一些群众来信。群众来信大部分都是观后感,写他们看完之后很受教育、很感动等。比方说,一部描写工人生活的片子,观众看了之后就写信来说咱们工人扬眉吐气了等等。

启：那些来信都是自然来稿？

马：来稿很多的。我最初到《大众电影》时先到群众来信组。群众来信很多，没办法回复，就印了一些概括性的答复，有时半年或者一个月来一个综述，就算是总体的答复。

黎：那您当时选那些来信，刊登还是不刊登是您来定吗？有什么标准吗？

马：不是我来定。我刚去是助理编辑，觉着哪篇好，提出来让组长把关，具体怎么回复读者来信我也不会。我先打个草稿，让组长看一看，组长说"行"，就发出去。干了一阵子，组长说"你甭给我看了，你可以了"。我们组长叫陈述希，现在在珠影。但是，当时他不是党员。当时《大众电影》只有两个党员，一个是我，一个是张尚，是西南人民艺术学院文学系的。

启：党员在刊物里起什么作用？

马：《大众电影》归电影局管，陈荒煤听说来了两个党员，就找我们谈话。实际上是考察我们。他提出一个问题：对上海的老电影工作者和老知识分子怎么看？应该采取什么态度？张尚比我年长，经验也比我丰富，家庭出身是地主，所以他回答就很慎重，很深思熟虑的。他就说："那应该采取坚决斗争的态度。"我说，应该采取团结的态度，尊重他们。所以我跟陈荒煤第一次见面，他对我这个态度表示赞同、欣赏。这以后就是成立电影出版社，成立党支部，我被选为青年委员，支书纪叶找我谈话，说："你就是党派到《大众电影》的党代表了。"我这个人比较好学，业余时间都用来读书了，从部队调到这里来，每个月有几十块钱的工资，那时候不知道怎么花，全都买书了，看了一些书，也有一些提高。以后我就到了影评组，后来做了影评组组长。之后创办《中国电影》①，原来中国没有理论刊物，到那个时候就觉得需要有一个理论刊物，于是筹办这个刊物，主将是黄钢和贾霁。我参加

---

① 《中国电影》：1956年10月28日在北京创刊。是一本以刊登电影艺术理论和电影剧本、影片评论、电影史话为主的月刊。

筹备工作，并一直在《中国电影》（后来改为《电影艺术》）当编辑，后来任编辑部副主任①。我建议你们要研究新中国初期的电影史或者电影理论史的话，绝对不可以轻视黄钢②、贾霁③。

启：您对黄钢怎么评价呢？

马：我认为他极端个人膨胀，志大才疏，没有多少能力，最左。

戴：黄钢对《苦恋》的那个批判简直是蛮不讲理④。马德波那时候支持彭宁到什么程度呢。他本来跟彭宁不太认识，就是因为《苦恋》挨了批判，才为他打气。那个时候刚改革开放，外面餐厅还没像现在这么多，我们专门在民族饭店找了内部的关系，摆了一桌给他们鼓气，都是第四代导演。后来彭宁调到潇湘电影制片厂，厂里说他不得，一说他，他就说："马德波说的，我那《苦恋》都可以在世界上得奖的。"

"文革"与"五·一六"

启：请您谈谈电影界抓"五·一六"的情况。

马："五·一六"都是大学生、红卫兵中间最活跃的那些人，人数并不多，可一抓起来就多了，被扩大化。所有群众组织的头头都成了"五·一六"，当初的造反派一个也别跑。这么一来，还能有几个好人？

启：据一些书上讲，全国打了好几百万"五·一六"分子，打击面非常之大。

马：当时有这么一个经验：如果头一天有谁揭发我是"五·一六"，那么第二天"军宣队"找我谈话的时候，我就说：我也发展了谁谁谁。

---

① 1959年7月，《国际电影》和《中国电影》合并，更名为《电影艺术》月刊。

② 黄钢（1917—1993）：湖北武昌人。建国初期，在中央宣传部电影处工作。1963年调到《人民日报》任国际部评论员。

③ 贾霁（1917—1985）：江苏镇江人。曾任中央电影局创作所编剧、编辑部主任，《大众电影》主编，《剧本》副主编，中国电影艺术研究中心学术委员，研究员。

④ 黄钢于1980年在北京创办刊物《时代的报告》，该刊物1981年5月的增刊大张旗鼓地批判电影《太阳和人》，激起了文艺界的不同看法与争议，并引起中央的关注。

启：**把他也发展了？**

马：对，把揭发我的人也给发展了。

启：**不敢揭发了吧？**

马：那可不，乱了套了！最后全都成"五·一六"了。连批斗、看管"五·一六"的人都没有了。几个群众组织的头头都成了"五·一六"。"五·一六"也不是个明确的组织。他是"五·一六"，你也是"五·一六"……结果就是所有的人都是"五·一六"！弄得所有的人——要不你是黑帮，要不你是反动路线，要不你历史有问题，要不怀疑你是"五·一六"。到最后，"军宣队"来搞专案，没人可依靠，只好依靠原来的右派。

启：**选来选去把右派选出来了！**

马：到最后审查"五·一六"的，就是北影原来那些右派，老反革命审查新反革命。整个一个大笑话。

1975年"北影"座谈会

启：**我看材料说，毛主席关于《创业》的批示①下来以后，"北影"召开了一次座谈会，请您讲讲这个座谈会的情况。**

马：那个座谈会是1975年8月27日晚上7点开的。参加的有钱国栋，是'四人帮'时期电影口的负责人，还有调整文艺政策调查组和北影各部门的代表，有几十个人。这是刘庆棠让开的。毛主席关于《创业》的批示是对"四人帮"一个很大的打击，他们要稳住阵脚，于是就在北影召开座谈会，目的是向群众做工作来统一思想、统一认识。

---

① 《创业》在四届人大会闭幕式及全国上映后，立即引起强烈反响，好评如潮。但不到半月，此片就受到江青的严厉批评，下令封杀。编剧张天民于1975年7月18日上书邓小平和毛主席。毛主席观看了此片后，于1975年7月25日写下了关于电影《创业》的批示："此片无大错，建议通过发行，不要求全责备，而且罪名有十条之多，太过分了，不利于调整党内的文艺政策。"并注明"此信增发文化部及来信人所在单位。"毛主席的批示和张天民的信迅速传播开来，长期受压制、受打击的文艺工作者受到鼓舞。

在这个会上,我做了发言,首先对文化部提出了批评。文化部那时候是于会泳当部长,刘庆棠、浩亮当副部长。我说文化部对毛主席的批示很不重视,好像是文化部的一个负责干部说:"毛主席的批示让我们开了眼界"。我说:"这是什么话!要是'四人帮'有什么批示,他们就是热烈拥护,大讲有什么重大意义,而对毛主席的批示,他们就说是'让我们开了眼界'"。所以我认为文化部的态度是不正确的。其次,我认为他们对于政治局的态度也有问题。因为政治局关于《海霞》也有一个批示,文化部表示同意政治局的意见。我说,这个跟江青的批示下来你们那么热烈地拥护,形成强烈对比。政治局应该比文化部、比江青都要高。文化部仅仅说同意政治局的意见,我认为这也是不正确的。第三,我不同意文化部的说法。文化部认为,在文化部不存在路线问题,只存在一个调整问题。我说,这种说法也是不对的,其代表人物就是张维民①。这种说法说到底,就是画框框定调调,堵塞言路,不让大家再说别的意见,这样不利于发扬民主。毛主席认为给《创业》加那么多罪名太过分了。我说如果联系文化部对《海霞》问题的处理,是不是也太过分了?我认为是太过分了。首先要问《海霞》到底是什么样的问题,衡量一部作品是要按"三突出"的标准,还是要按"六条"标准②?

---

① 张维民(1930—2003):山东莱阳人。1975年2月任文化部党的核心小组成员。1976年2月任文化部副部长。1976年12月停止工作接受审查。1983年4月被开除党籍,行政降1级,回辽宁省分配基层工作。

② 六条:这里指辨别香花与毒草的六条标准。原文:"所谓香花和毒草,各个阶级、阶层和社会集团也有各自的看法。那末,从广大人民群众的观点看来,究竟什么是我们今天辨别香花和毒草的标准呢?在我国人民的政治生活中,应当怎样来判断我们的言论和行动的是非呢?我们以为,根据我国的宪法的原则,根据我国最大多数人民的意志和我国各党派历次宣布的共同的政治主张,这种标准可以大致规定如下:(一)有利于团结全国各族人民,而不是分裂人民;(二)有利于社会主义改造和社会主义建设,而不是不利于社会主义改造和社会主义建设;(三)有利于巩固人民民主专政,而不是破坏或者削弱这个专政;(四)有利于巩固民主集中制,而不是破坏或者削弱这个制度;(五)有利于巩固共产党的领导,而不是摆脱或者削弱这种领导;(六)有利于社会主义的国际团结和全世界爱好和平人民的国际团结,而不是有损于这些团结。这六条标准中,最重要的是社会主义道路和党的领导两条。"引自毛泽东《关于正确处理人民内部矛盾的问题》,此文是毛泽东1957年2月27日在最高国务会议第十一次(扩大)会议上讲话修改和补充而成,同年6月19日在《人民日报》上发表。

启：《海霞》实际上是向"三突出"挑战。

马：我说，"三突出"是好的艺术经验，但是要用它来衡量所有的作品是不对的。真正衡量作品的标准应该是"六条"，不应该是"三突出"。再一点，就是大家按"三突出"来创作，还有一个学得好不好的问题，学得不好，不足以成为罪行。《海霞》提出来散文式、列传式能不能搞，这牵涉到"双百"方针问题，你拿"三突出"反对"双百"方针是不对的。我们应该坚持"双百"方针，如果按照"三突出"，散文式、列传式都不可以搞，这样就没有百花齐放了。

启：因为"三突出"要求正面人物一出场就是高大全的英雄。可是海霞刚一出场只是一个破盆里的婴儿，高大全不起来。这应该说是对"三突出"的一个突破。另外，从叙述角度上也是一个突破，海霞以第一人称讲故事，这就使英雄人物没法高大全起来。在当时，谢铁骊这是一个勇敢的尝试，要照"三突出"原则，《海霞》的故事就得重写。

马：文化部的做法不符合毛泽东思想。我说，毛主席指出在艺术上不同风格可以自由发展，学术上不同的学派可以自由争论，用行政力量强制推行一种风格、一种学派，禁止另一种风格、另一种学派，有害于艺术和科学的发展。作品即使有缺点、有错误，创作思想即使有问题，上级领导也应该加以帮助，而不应该整人。像对《海霞》那样大加挞伐，不利于电影创作的发展。《海霞》是怎么回事呢？原来《海霞》拍的是第一稿。而后面又有二稿、三稿，但是不管第几稿，谢铁骊也没有认真修改，只是把人家要抓辫子的地方抹平了一点儿。他们恼火了，一定要把谢铁骊打下去。整的办法就是对没有修改的第一稿加以批判，北影大多数人和谢铁骊主张拿三稿。我又引用毛主席的话，艺术和科学中的是非问题，应该通过艺术界和科学界的自由讨论去解决，不应该采取简单的方法去解决，所以我说文化部现在对《海霞》的态度就是采用简单的方法去解决，这也是不对的。接下来，现在还有好多问题，比如有个规定是不让写真人真事。我说不能写真人真事，那《奇袭白虎团》、《草原小姐妹》里面有些也是真人真事，为什么就可以？不允许写真人真事，怎么搞创作？比方说当时我们搞长江大桥、红旗渠，按现在的说法，这都是主旋律，都是最重要的题材。不可能不是真人真事，因为红旗渠只有一个，长江大桥只有两个，对不对？不许写真人真事这个规定对创作是不利的。另外，我对当时的文化部还发了些牢骚，我说现在知识分子处境很不好，比方说北影文学部，没有剧本挨批评，拿出了剧本还得挨批评。现在完全不讲知识分子政策。毛主席说团结、教育、改造。团结放在第一，但是现在呢？我说了个笑话：北影厂的编导室种了一小片白薯。收白薯时，人们听说这片地是编导室种的，一哄而上就给刨光了。这说明什么？说明知识分子的地位实在是太低了！厂里面地位不高，在社会上地位也不高。厂里是重视工人。当时搞创作，没什么导演，只是导演组，剧本都是工人开会讨论通过，分镜头也是……知识分子地位很低。我的这些话现在看来没什么，可当时是"四人帮"统治的极盛时期，说这话跟摸老虎屁股差不多。

启：您这是为了打鬼借助钟馗，拿毛泽东的话来顶他们。

马：我跟刘庆棠在另外一次会上吵得不可开交。可以想见，能够跟他面对面地吵得不可开交是个什么样场面。所以后来就审查我，连开除我党籍的文件都印出来了，幸亏"四人帮"垮台了。

创作个性与作品

启：您在《导演创作论——论北影五大导演》中详细地分析了谢铁骊的创作，但是，您完全回避了样板戏。谢铁骊拍的样板戏最多。它们是谢导创作的重要组成部分，您为什么有意地绕开了这个话题？

马：这问题问得好。我先从次要方面来说，第一，我对写样板戏比较厌烦。我为什么在书里不写它？首先我不喜欢，觉得样板戏虚假、夸张，刻意地去粉饰，叫人难以忍受。比如说，八路军和老百姓的军民关系，在战争年代军民关系是不错，但是一般的情况下，比如房东老大娘，她管我们的战士就叫老张、小李。而在样板戏里动不动就是激动万分地大喊："亲人呐"！

启：肉麻了吧？

马：肉麻！叫我恶心得不得了！我觉得这些地方挺叫人讨厌的。一般地把正面人物稍微美化一点，加点亮色，在那个年代倒也不算什么，但是它太过分。

启：您说这属于革命浪漫主义夸张吗？

马：根本不属于革命浪漫主义，浪漫主义哪儿有这么肉麻？它算什么主义很难说，也很难给它加上浪漫主义，反正样板戏我是不喜欢，但是"四人帮"粉碎以后样板戏还老走红，大概符合某种人群的需要。第二，就是这些戏也不是他自己要拍的。上边让他干他就得干，当时谢铁骊是"文化大革命"以后第一个解放出来加以重用的导演，江青把他找来，就是拍样板戏的。

启：她想把8341部队①留一部分人，然后再在专业人员里挑一批听她话的、跟她跑的。

马：她就是重建，"这些人我都不要了"，然后看谁顺眼、谁表现好、她用得着就挑过来，第一个被挑中的就是谢铁骊。

启：谢铁骊也是有特殊条件，红小鬼，对上海的情况一点儿不知道，摸不着她底细。

马：对，他十三四岁就参加革命，也不是周恩来线上的人。江青用人很多都是以周恩来划线。

启：北影的导演里哪个是周恩来线上的人？

马：像水华就是周恩来线上的人。

启：根据什么来做这个判断？

---

① 8341部队：是中共中央和国家主要领导人身边一支警卫部队的对外番号，对内叫"中共中央警卫团"。它是1953年以中央警卫师一团为基础组建起来的，当年6月9日在中南海正式成立。

② 1938年8月，周恩来、郭沫若借国共合作、国民政府军事委员会政治部第三厅的名义，组建了抗战演剧队，共有十个队。周恩来是政治部的副部长，郭沫若是第三厅主任。他们身边当时聚集着许多知名艺术家。

马：水华原来是抗日演剧队的，演剧队那条线是周恩来领导的。②

启：当时国共合作的时候周恩来是不是做过国民党中央军委政治部副主任，团结了大批文艺界的进步人士？郭沫若写过一个《洪波曲》，讲当时三厅抗日时候的战斗情况，他当时是第三厅厅长。

马：对。举个例子，如果没有政治偏见的话，江青应该肯定《在烈火中永生》，它实际上挺符合"三突出"的要求，而且《红岩》那个题材也是无可挑剔的，但是她就坚决打击，因为编导是周恩来线上的。所以说这是一个很重要的特点。再一点，谢铁骊有才，虽然江青批《早春二月》，但她欣赏《早春二月》。一个红小鬼，又有艺术才华，又不是周恩来线上的，在她看来，谢铁骊具备成为她嫡系部队的条件。

启：谢铁骊对她上海的那些事还一无所知。江青对了解她过去历史的人特别记恨，像北影的王莹，抓起来一关就是几年，直到1974年死在狱里。

马：陈波儿是死了，要是活着，也非得抓起来！她们在上海时是最好的朋友。还有一个是北影的伊明，知道江青好多事，江青派人查他。没想到，中国电影资料馆也有个伊明，调查的查到那儿去了，查了半天彼伊明，倒让此伊明逃脱了。

戴：北影那个伊明跟我非常熟。他知道江青太多的底细。江青跟唐纳同居是借伊明的房子。后来我就说"伊明，你怎么搞的？"伊明说："那没办法，因为唐纳跟我好，只好借给他们。"江青派人调了资料馆的伊明的档案。看了半天，江青说，怎么对不上号？真伊明其实在北影藏着呢。他就是《城南旧事》的编剧。还有一个了解江青情况的就是章泯。章泯和江青在30年代的上海曾在一个剧团。"北影"的伊明告诉我说，这个章泯啊，真是会说话。建国以后，有一次章泯在公共场合见到江青，江青就问："你认识我吗？"章泯回答得很好："原来只是在报纸上见到你的大名，今天第一次见面……"江青对这样的回答很满意。她知道章泯不会提往事。

启：江青为什么选中谢铁骊，我们发现了四个理由。这对理解"文革"文艺史很重要。

马：谢铁骊非常正派。那时候一般人要是被江青接见一下，马上就身价百倍。要是被江青改了名字，有的人也会趾高气扬不可一世。政治气氛就是这样的。但是谢铁骊是非常自重的人，也不是轻易可以拉拢的。比方说，江青对谁表示信得过、对谁表示有好感、对谁有表扬的意思，就是让看内参片和外国片子。她看的时候让谁陪同，这是一个很大的荣誉。可谢铁骊、成荫都离她远远地坐着。而有些人则恨不得凑到江青的跟前。谢铁骊的原则是，你让我拍我就拍，反正是人家让他拍的，不是他自己选择的。

启：您要是这么说，我就得给您挑个毛病了。您在《导演创作论——论北影五大导演》一书中谈了谢导的《千万不要忘记》和成荫重拍的《南征北战》。那不也是人家指示他们干的吗？既然都是人家指示他们干的，您为什么不谈样板戏？

马：谢铁骊为什么要拍《千万不要忘记》呢？那是因为批了《早春二月》以后，汪洋、陈荒煤、夏衍想办法找机会，让他戴罪立功。所以他接受了。在拍的过程中，他当然也只能顺着潮流了。我在书里对这个片子的批评是挺不客气的。

启：嗯，批评得很到位，那片子一点灵气、才气都没有。

马：跟拍《早春二月》完全判若两人。

启：这是中国艺术史上的一大怪事。

马：所以我就说如果作家真能喜欢某个题材，是多年酝酿的、积累的，是也渴望加以表现的，这样才能出好作品；如果是形势所迫、不得不然，形势所逼、不得不干的，就创作不出好作品，这是我的观点之一。

启：没错，这是奉旨创作。

马：所以第一不是他要拍的，第二怎么拍也必须用江青那些清规戒律。江青的清规戒律多了，除了"三突出"、"三陪衬"，还有很多莫名其妙的、像神经病一样的指示，就像发圣旨一样。比如有一次，她

---

① 《在那些年代里》：墨西哥影片，丘鲁布斯科电影制片厂1972年出品，导演弗里伯·加萨尔斯。

看了一个墨西哥的片子叫《在那些年代里》①，那是用长镜头的，江青看了以后很满意，说："这好，这镜头不蹦不跳的，所以你们以后拍片子不要蹦啊跳的，你们都得学这种东西。"有一个导演就马上去拉片子，去数镜头有多少，后来就报告江青，说这个片子是120个镜头。江青说："对，120个镜头！以后你们拍片子都不要超过120个镜头！"她就这样管创作，所以这种情况下弄出来的东西，到底哪些是谢铁骊的，哪些是受江青的影响，或者说，到底江青给谢铁骊多少影响，是很难说得清楚的。还有，"四人帮"自命他们是新生力量，说美学上面新生命就是美的，绿色代表新生，所以江青要求"所有影片都要出绿"。就是说这镜头都要出绿色，就连这个夜景也得拍出绿色来。导演就在下边嘀咕"夜不观色"，这夜景哪儿能出绿色？那她要求出绿色你就得出绿色！当时他们也挨了好多批，比如导演的规矩是，谁有戏就把镜头给谁。座山雕出来了，就给仓镜头。但是这不行，"谁有戏就给谁"不符合"三突出"，他们碰到很多钉子以后也总结了很多经验，如我正敌侧、我近敌远、我明敌暗、我仰敌俯等等，总结的这一套经验都是艺术以外的东西。这正是我在书中不提样板戏的第二个原因——批判"四人帮"不是我这本书的宗旨。批"四人帮"我也愿意批，但是我在那本书里，只想研究艺术问题。

启：我问您为什么在书中不谈样板戏，您刚才说了两个原因，一是讨厌样板戏，二是您想探讨艺术，不想批判"四人帮"。第三个原因呢？

马：第三个原因是电影本身具有一种写实性，而戏曲是高度虚拟的。"三五步走遍天下，六七人百万雄兵。"要在研究导演艺术的书里谈论样板戏，就只能把重点放在导演如何处理写实与虚拟的结合。但是因为我对京剧是外行，要是写的话，一定要说很多外行话，将来贻笑大方，谈不好我就不谈了。这是第三个原因，但也不是主要的。最主要的原因是，我是要研究创作个性的。一个导演的创作个性是怎么形成的？他的创作个性有什么特点？一个导演的风格和手法，都是他个性的外化。那么他这个创作个性是不是能够得到发挥？如果他能够尽情地发挥所长，张扬个性，那么他一定能拍出好片子来。如果生态环境逼着他搞另外一个东西，或者他自己被意识形态所驱使，去搞一个非其所长的题材，那么他的艺术个性就会被压抑、扭曲。比如水华，他有一种从众思想。他认为土地改革是一件大事，在国际上也有很大影响。将来第三世界要走中国的革命道路，我们有责任把"土改"的经验介绍给全世界。这种政治责任感驱使他拍《土地》，告诉人家怎么"土改"，用电影解释"土改"文件。他觉得他是自由的，但实际上是被一种意识形态所驱使。总的说来，我喜欢研究个性与作品的关系问题，就是由创作者看作品，由作品认识作家。我的核心是要谈创作个性和作品，我要谈样板戏就扣不上这个主题了。

影代会·金鸡奖

启： 您谈谈1985年的影代会①吧。

马： 在影代会前后，其他的一些协会大概也进行了选举，提出要年轻化。影协安排我在大会上发言。我在大会上说了两点意见：一点，我说代表大会是实行民主的，代表们选了才能算。第二点意见，我说电影家协会是电影家的群众组织，应该保护会员的权益，应该为会员服务，但是该服务的东西都没服务，保护更说不上；而是反过来，我举了个例子，如果人家要打我，你就把我捆起来，然后再把棍子给人家，请他打我，电影家协会就干这种事。这就是我的发言。

后来选举的结果，像夏衍、陈荒煤这些人一概都落选了，根本就没选上理事。原因是多方面的，一个就是事前就规定：到一定年龄界限都要退下去，成为荣誉理事。这部分人很多，意见很大，但是他们也有投票权，就是老一届的理事，他们说："我们退下去了，夏衍年纪

---

① 1985年4月23日至28日，中国电影家协会在北京举行中国影协第五次会员代表大会，出席代表550名。
② 大会推选65岁以上的老同志124名为名誉理事。

比我大多了，他还没'荣誉'呢，为什么就要我'荣誉'啊？"②这些人很愤怒。

启：**他们很不服气啊？**

马：再一点呢，就是选举、投票的方法，跟过去完全相反了。过去是同意谁，给谁打个钩；这回是反对谁，给谁打个钩。这个有什么学问呢？遇到熟悉的名字，他会想一想"夏衍，我知道……他八十多了怎么还……是不是……"但是像一些少数民族的会员，投票人会想"他在地方上会有一些作用"，就没想给他去画钩。

启：**一个肯定，一个否定，就差多了。**

马：所以呢，就很有利于那些不知名的年轻人，对于那些知名的人、受益的人倒容易被划掉，这也是一个原因。选举结果宣布的时候，袁晓平负责监票，心情很沉重地走上台宣布新理事，到最后一名都没有夏衍的名字。①

启：**都下去了。**

马：这个选举班子就开紧急会议来补救。

戴：开了一夜。

马：这是不对的，任何人无权改变代表大会民主选举的结果，除非是代表大会重新选举。他们这是维持党的原则吗？我说这完全是非法的。后来他们又把夏衍补上去，又让他当主席。代表们没有选他的票，这是代表的意志，少数人来改变会员表决的结果，这符合民主程序吗？这符合民主精神吗？这是扼杀民主。

戴：夏衍的确是年纪比较大，他1901年生的人，当时已经八十多岁了，他提出来退任，让陈荒煤当第一把手。

马：我这个人绝对不是个很明智的人，有些话别人是不会说的，但是我说了，我干了。1995年，影协约了我写一篇文章，我写了《影运

---

① 大会选出第五届理事会理事273人（空额2名）。大会最终决定由夏衍担任中国电影家协会第五届主席团主席；副主席分别是：苏云、司徒慧敏、吴贻弓、谢铁骊、于蓝。
② 《影运环流》载《电影艺术》，1995年第2期。

担任金鸡奖评委时在长沙与彭加瑾合影（摄于1995年）

环流》②，李晋生让我写的，他看了以后有一句评语说：老马成熟了。这是第一个人说我成熟了，第二个是那一年金鸡百花奖，我当评委，是在西山那边开会。评委会上有好多是官员，过去金鸡奖的评委都是专家、艺术家；但是后来，就有好多官员进来了。

启：用主席的话讲，这就叫"掺沙子"。

马：广电部、电影局的好多官员参加，那一次我也是评委。我就在评委开会的会议上发表了一点言论。按照过去，我肯定对官员来参加表示很大的不满，会有激烈的言辞，不过这一次我比较委婉。

启：成熟了。

马：我就跟那些官员们说，金鸡奖是专家评奖。政府有什么意志，尽可以在政府主办的华表奖等上面去评，奖给谁我都没意见。那代表政府的意志，但金鸡奖是代表专家的意志。

启：看来，您还不够成熟，您这么说，人家能高兴吗？

马：对于我来说，能这样客气，他们也应该满足了。我说你们虽然是官员，但是你们到这来都不能是官员的身份，不允许，凭官员的身份你们进不了评委会。我说，你们表上填的都是评论家，你们都是以专家、评论家的身份来的，那么咱们就得以评论家的立场、态度来对待评奖。

启：您这话太锋利了。

马：不，对我来说很温柔了。所以有人又说我成熟了，65岁以后才有人说我成熟了。

总结

启：您怎么来概括和评价自己这一生呢？

马：从我22岁加入到电影界来，大体分为两个阶段。"文化大革命"以前是一个阶段。那时候我是左派，最愿意听党的话，党指到哪打到哪。党是对的，毛主席是伟大的，毛主席的话要听。要说批判什么东西那就批判，说干什么就干什么。但是"文化大革命"把我这个错误的意识完全改观了。首先在打倒刘少奇的时候开始怀疑……

启：您从那时候就开始觉悟了？

马：从那时候开始，不光一个刘少奇，后来把陈毅、贺龙——这都是我心目中的英雄——都一个个打倒。我心里很不愉快，我看过一些历史，这是不是就是诛杀功臣啊？"飞鸟尽，良弓藏"、"狡兔死，走狗烹"啊？我认为这值得思考和怀疑。后来江青那么张牙舞爪，我觉得不对。

整个"文化大革命"的结论就是：共产党也会犯大错误，毛泽东也会犯大错误。过去啊，我不思考，毛泽东替我思考，一切党来安排。以前的那些文章虽然是我写的，但不是我的独立思考。党怎么说，我怎么信，上面让我干什么我就干什么，不怀疑，而且很乐意干，我很愿意当左派，那时候左派光荣，就要当左派。听党的话，年轻共产党员就是这样，不足为奇，像我这样的人很多的。那么以后我自己就要思考了，所以从《写真实，求真理》①这篇文章开始，就是我自己独立

---

① 马德波、戴光晰：《写真实，求真理》，载《电影文学》，1980年（9）。

思考的。在"文化大革命"期间，我看了很多杂书，三教九流各种东西都有，给我的自由独立思考也增加了些营养，我原来都是毛泽东思想指导的，后来我就接受各家各派的思想。比方评论电影作品，我后来用了好多刘勰的《文心雕龙》，包括理论上的一些标准以及他的经验，还有我喜欢陆机的《文赋》，那文字漂亮极了。比方我很欣赏"石韫玉而山辉，水怀珠而川媚"——就是作品必须有好的内在，必须有美的内涵，才能够是一件真正美的作品，但是人家表达得又不像我们现在的好多理论文章那么干涩。金圣叹的东西，我看了也有启发，评论可以有多种风格，多种的不同方式，思路可以是相当广阔的。外国的东西也学一些。

我认为："文革"也好，十七年也好，或者是新时期，都有共同之处；但是程度上已经有所不同了。十七年电影和"文革"电影，我觉得就是"五十步笑百步"。最主要的就是"阶级斗争"整个决定了十七年到"文革"这么些年来的电影或者文艺的发展。毛主席说了："共产党的哲学就是斗争哲学"。老人家还说了："文武之道，一张一弛"。不能够不斗，也不能每天斗。我斗一斗让你老实一点儿，然后再宽松一点儿，让你干点儿活儿，恢复恢复生产，等你过两天安生日子，我再斗。稍给知识分子一点儿温暖的气候，如果让他有点儿言论自由，他就来劲儿了，就要搞点儿出格的事。你像吕班吧，他就要搞点《新局长到来之前》呐，还有《未完成的喜剧》，像海默他就《洞箫横吹》，洞箫是直着吹呀，他要横着吹。所以得再把你斗下去，①等以后再给他落实政策。从十七年到"文革"这二十七年中间，就是在阶级斗争一张一弛中过去的，整个电影创作环境就是这么一个生态环境。

---

① 50年代后期，海默通过自己对农业合作化的深刻体验和观察探索，创作了《洞箫横吹》剧本，并由上海海燕电影制片厂1957拍摄完成，故事揭示了农村生活的矛盾，也勇敢地揭露了官僚主义。岂料话剧、电影上演，形势突变，海默被冠以右倾机会主义、漏网右派的罪名受到批判，开除党籍，下放到边远地区劳动。他执笔改编的电影剧本《粮食》、《红旗谱》拍成影片后，片头字幕上抹去了海默的名字。1962年，海默摘去了右派的帽子；"四清"运动时，海默先作为斗争的对象，后又受到信任，参加"四清"运动；1966年"五·一六"通知下达后，海默成为"黑帮"，遭到关押和批斗；1968年，海默被造反派打死。

马德波（左一）、严顺开（左二）、陈荒煤（左三）、戴光晰（左四），在广西桂林参加全国喜剧片研讨会期间（摄于1984年）

【采访手记】

我将马德波先生列入预访之列,并不是因为他与戴光晰合写了《导演创作记——论北影五大导演》,也不是因为他是资深电影人,在北影厂担负过领导工作。而是因为他的特殊经历——80年代初期,他在主持《电影创作》时,不顾压力刊登了《在社会档案里》、《女贼》等剧本,由此被有关方面视为"资产阶级自由化"的代表。我相信,这位少年布尔什维克对新中国电影,对六十年来中国社会的变迁,对个体心灵的反思一定不同凡响。我也相信,在他的著作之外,还有许多没有或无法写进去的内容。

马德波的性格与他的夫人戴光晰形成了鲜明的对照——戴外向,马内向;戴注重细节,马注重大节;戴是感性的,马是理性的。戴以倾吐为乐,马视沉默为金。然而,他们在思想认识上高度一致,在心理情感上和谐统一。"中国就好像是一扇不断油漆的门,旧的颜色还没有刮掉,就涂上了新色。时间一长,新色剥落,露出了旧貌。于是又涂上了新色,如此循环,新旧杂糅,永远混沌一片。"戴光晰如是说。但我估计,此说想必是与马德波的共识。

马德波的理性和内向,使他的口述更加条理井然,使他的议论更为持重老辣。以阅历而言,他完全可以像他的夫人那样讲上二三十个小时。但是,他不。"行于所当行,止于所不可不止。"如同写文章一样,他的口述不枝不蔓,点到则止,只说了七个小时,而这之中还有他夫人的插话。

像许多受访者一样,有些事情,他记得不十分确切。于是他十分痛心地提到了他的三十多个笔记本。"那里面都记着,一翻就知道。可惜,在2003年初搬家时,我的这些宝贝被爱好整洁的戴光晰扔进了垃圾箱。"我们闻之，无不痛心。尽管戴光晰在一旁大做辩解，但是，善辩如她者，也不得不承认这是她最大的失误。

在口述即将结束，受访者与主访人签订授权协议的时候，马德波再一次让我们惊异。我们的授权协议有两种，一是无限制授权，一是限制性授权。我们接触过的受访人在这个时候都会变得谨小慎微起来，他们询问这两种授权的区别，在毫不迟疑地选择限制性授权之后，他们会不厌其详地询问有关事项：录音录像在哪里保存？由谁来做录音整理？整理后的文字如何处理？怎么才能保证未经他们或其家属审查的文字不被公开？除此之外，他们还要仔细推敲协议上的文字，要字斟句酌地写上对发表的限制和要求，当这一切都得到满意的答复后，才小心翼翼地签上自己的名字。

马德波跟这些人大不一样："我就来个无限制授权吧。我说的我负责，你们可以一字不改地发表。想什么时候发表，想在哪儿发表，随便。"在这里，我们看到的不仅是霁月光风，而且是无事不可与人道的磊落。

似乎是老天爷的关照，半年后，我的学生从旧书贩子手中，用高价买回了当年被戴光晰扔在垃圾箱里的全部日记本。失而复得的马先生把我拉到一边，小声地问我："他花了多少钱？我得还给他。"我对他耳语："他不让我告诉您老人家。"

（启之）

孟犁野访谈录

采 访 人：启之
摄　　像：许遥滨
采访时间：2008年12月13日至31日
采访时长：16小时
采访地点：北京·孟犁野家中
录音整理：许罗丹
文本选编：李镇

受访人简介：

　　孟犁野，男，原名孟呈尧，曾用名文犁野，笔名孟拉等，1931年11月生于山西文水。1950年在高中读书时入党，并开始在《光明日报》等报刊上发表小说、散文，同时就读于北京市业余艺术学校文学系，成为老舍、赵树理领导的"大众文艺创作研究会"会员。1952年考入北京电影学校编剧班，1954年毕业。毕业后曾在《大众电影》、《电影艺术》任编辑。1957年，被错划为"右派"。1958年8月罚往青海，先在省出版社任编辑，1962年调到省民族歌舞剧团（后转入省话剧团）任编剧。在近20年的编剧岗位上，与人合作或独立创作了大小型剧本20部，大部分公演或出版。影响较大的有《昆仑战风雪》、《高山尖兵》、《瀚海虹》等。1979年任青海省话剧团副团长、省剧协副主席。1981年回到北京，任国际政治学院（后与公安大学合并）新闻系主任。1985年到中国电影家协会任电影史研究部主任；1987年被评聘为研究员；1990年任该会分党组成员、书记处书记。1998年退休。1980年代后，涉足文艺史论领域，先后撰写并出版学术专著《独幕剧编剧概论》、《中国公案小说艺术发展史》、《新中国电影艺术史》、《中国电影史论》（韩国出版）等，发表电影史论文章一百多篇。先后共六次①担任中国电影金鸡奖评委。

少年·家庭

启：请您讲讲少年的经历？

孟：我的少年最珍贵的记忆是1947年的电影。那时候，前门附近的观音寺街里面有家钱庄叫"仁发公银号"。我们山西人经商最多的行业一个是搞钱庄，一个是搞粮油店。1947年3月，我还不满十六岁，在那个钱庄当学徒，伺候总经理田聚堂。观音寺街西南有一大片胡同叫"八大胡同"，就是当时北京妓院集中的地方。八大胡同里边有个"大礼纱帽胡同"，胡同里有家电影院叫"中国电影院"。我的电影梦就是从这里开始的。

1945年前我还不晓得电影，我看的第一部片子是1945年秋在大栅栏②看的《双枪将》。到1947年这段时间我集中看了一批国产电影，我的电影启蒙就是从那时候开始的。40年代后期的电影对我的人生理想、美学思想影响很大，那就是现实主义，我对现实主义可以说是情有独钟。那个时候我看了《一江春水向东流》、《还乡日记》、《艳阳天》、《风雪夜归人》、《满庭芳》③等，也看了类型片《十三号凶宅》④、《天字第一号》⑤、《古屋魔影》⑥等。其中最震撼的就是《一江春水向东流》。进步的片子对我来说，感染力更大一些，但是我也接受《天字第一号》。

---

① 即1992、1993、1994、1996、1997、1998年。
② 大栅栏：北京市前门外一条著名的商业街。
③ 《满庭芳》：中央电影摄影厂第三厂1948年出品，导演梅阡。
④ 《十三号凶宅》：中央电影摄影厂第三厂1948年出品，编导徐昌霖。
⑤ 《天字第一号》：中央电影摄影厂第三厂1946年出品，编导屠光启。此片打破了国产片当时的最高卖座纪录。制片成本法币6000万，仅在上海的收入就到了10亿元。
⑥ 《古屋魔影》：国泰影业公司1948年出品，导演徐欣夫、陈翼青。

《天字第一号》至今没有人敢公开肯定它，实际上它不是反共的，好像是根据陈铨①的话剧《野玫瑰》②改成的，屠光启③导演，欧阳莎菲④主演，电影学院的老师史宽⑤演表哥。和我现在同住一幢楼的邻居董淑敏演表妹，她是电影出版社的退休干部，当时很红，完全是亮丽青春少女。这位老太太虽然已年近耄耋，但当年她那漂亮的眼睛、那皮肤，现在还依稀可辨。前些年我还见到她，近几年已很难在小区见到她了。几次想找她聊聊《天字第一号》和《满庭芳》的情况，但听说她已进了养老院。我的观影情趣呢，主要还是倾向于《一江春水向东流》、《八千里路云和月》，它和我当时的心境能有更多的交流。这段观影经历对我解放后考电影学校有潜在的影响。

那会儿我还没上中学。我十六岁才上初一，我在考初一的时候，市立七中⑥学校教务主任问我：人家都是十二三岁考的，你怎么这么大才考？我如实地告诉：我家贫，我爸爸没办法给我拿这个学费。

启：原来您的家里是经商的，怎么垮到那个地步了？

孟：我幼年时期家境比较富裕。父亲与叔叔伯伯在蒙古乌兰巴特，直至俄罗斯一带经商，加上战前的山西在土皇帝阎锡山的治理下，是全国的"模范省"，工农商学都比较兴盛发达。但自从日本帝国主义入侵以后，受到战乱的影响，我们家就败落了。父亲退到北京、张家口一带做些小买卖，战后1946到1947年先后在海淀区黄庄和西大街⑦的福聚厚、兴元永粮庄当副经理。最后惨到摆地摊了。除了时局动荡、经

---

① 陈铨（1903—1969）：别名大铨、陈正心，笔名T、涛西等，自贡富顺县城人，学者、戏剧家。代表作有《野玫瑰》、《蓝蝴蝶》等。
② 《野玫瑰》是陈铨的作品中影响最大的一部，描述了一个具有坚定民族主义意识的国民党女特工在沦陷区锄奸的故事。
③ 屠光启（1914—1980）：浙江绍兴人，电影导演。
④ 欧阳莎菲（1924— ）：原名钱舜英，出生于苏州，电影女演员。一生参演了200多部电影。
⑤ 史宽（1922— ）：男演员，电影教育家。曾主演《苏凤记》、《花落水流红》等影片。
⑥ 市立七中：始建于1931年，现位于西城区安德路69号。
⑦ 西大街：位于北京市海淀镇西北部，南北向，是海淀镇历史悠久的商业街。

济萧条的大背景外，还因为他年龄大了，没有竞争力了。

北京解放前夕，解放军围城的时候，我跟我爸住在赵登禹路一个很小的房子里。我们吃水要到马路西边一口很深的井去打水。他提水半路上叫一个骑自行车的女工给撞了。当时也没觉得有什么大问题，他还说："你走吧，没什么事。"但是实际上是骨折了，那个女工来看过一次，以后就没再来过。他的腿后来就完全瘫了。这时候他已经从兴元永的副经理沦为摆摊了，在路东麻豆腐作坊的口上租了一间房子，就是摆地摊，卖一些米、棒子面儿之类的东西。有一次他千方百计地弄了几袋洋面，结果让国民党警备司令部的政工队给查了，全给没收了。我父亲束手无策，这四袋面对我们父子俩非常重要。我伺候老板的时候认识了一个人，他是北平市警察局内一区①稽查处处长，是山西平定人。他经常是老板的座上客，我给他倒过茶、点过烟。事发后，我就到王府井大街路东一条胡同里的稽查长家，就跟他如实说了。他听了后，表示同情，一个电话打过去，说："回去吧，没事儿了。"过了两天，洋面给送回来了。这一下，父亲对我可是刮目相看了。

1948年9月1日，我已经十六岁了，才考到北京市立七中。学费很少。学校就在旧鼓楼西大街的小石桥胡同里，后来才知道，是大汉奸王荫泰②的住宅。但是我不会甘心我十六岁才上个初一，我就用了一学期把初中一、二年级的功课基本上全都拿下来了。我要跳班，可是在本校跳班是不会被允许的。这个时候已经解放，报上登出通州潞河中学③要招插班生的消息。潞河中学是个有一百多年历史的教会学校，好多名人都是出自那里。但是学费贵。我孤注一掷，决心试试，后来我考中了，交学费就用这四袋面。

启： 这四袋面怎么个交法？

孟： 是折合成银元。解放前夕那时候，在白塔寺十字路口那儿有

---

① 内一区：即现在北京市东城区的一部分。
② 王荫泰（1886－1947）：字孟群，山西临汾人。1947年在南京以汉奸罪被处决。
③ 潞河中学：始建于1867年，位于北京通县，由美国基督教公理会创建。

很多人倒卖银元，就为了挣个差价。面也可以拿到那里卖，四袋面只够我念一学期，这让我很痛苦。我在潞河中学只读了一个学期，但它对我一生的影响却很大。我在这里参加了共产党的秘密外围组织"民联"，同时又接受了西方文化的一些影响。《国际歌》和《马赛曲》都让我热血沸腾……我的民主启蒙思想与马列主义基本常识就是在潞河中学里获得的。但到1949年7月初中毕业后，我不得不离开这所学校……

启：还是学费问题？

孟：对。我想考个免收学费的职业学校，就报了"国立高工"①，但数理化不行，没有考上。但我当时正是走运的时候，反而考上了比"高工"更棒的地安门东皇城根的"河北省立北京高级中学"②，简称"河北高中"或"冀高"。这是一所师资力量雄厚，又具有革命传统的中学，在1935年的"一二·九"学生运动中，它就很出名，当时叫"十七中"。著名的"三三一抬棺游行"③就是由于这个学校的一位姓郭的学生被当局迫害致死所引起的。担任过中顾委委员兼秘书长的荣高棠，和石油部长康世恩等，当时就是这个学校的学生……前辈如此，同辈中也是人才辈出，同班同学严陆光是中国工程院院士，晚一届的郝柏林是中科院院士……我说这些只是想说明一点：我虽然幸运地考进了这么一所优质学校，但我却没有珍惜这个极难得的机会，没有像严陆光那样静下心来好好地学习科学文化知识，而是身不由己地把过多的热情与精力投入到社会工作上。以为这才是革命。那时，政治运动特多，1950年"抗美援朝"、1951年"镇反"、1952年"三反五反"……不仅学校的"运动"要带头搞，区里甚至市里也经常找……虽说都是党组织交给的任务，但我也头脑发热，有求必应，经常旷课。老师知

---

① 国立高工：全称"国立北平高级工业职业学校"，始建于1946年4月。1951年1月更名为"北京重工业学校"。

② 河北省立北京高级中学：源于清光绪二十八年（1902）创建的顺天高等学堂，位于北京地安门东大街。

③ 北平三三一抬棺游行：是1936年3月北平学生举行的一次抗议国民党当局迫害爱国学生的斗争。起因是3月9日被捕的北平十七中学郭清在狱中被折磨致死。

道这些活动大都是上边交给的,也不好说什么……结果,高一期末考试,数学不及格,物理也差强人意……作为学生会的学习部长、校党支部委员,竟然数学不及格,实在是个极大的讽刺,这不能不引起校领导的关注,觉得对这个小青年使得太狠了,这才下决心给我卸担子,但为时已晚……但现在回想起来,也有值得宽慰的地方,那就是上了北京市业余艺术学校的文学系,虽然每周只上半天课,但二年多下来也学了不少东西,我的文学基础知识就是在这里打下的。校长是李伯钊——60年代担任过中央戏剧学院院长,系主任是诗人王亚平。给我们上课的名人也不少,像讲散文的就有北大教授李广田、杨振声等。同时,还加入了由老舍、赵树理领导的"大众文艺创作研究会",经常参加这个会组织的文艺创作与评论活动。叶圣陶、罗常培来讲过语言,叶说"作文"应该改为"写话"。我在《北京文艺》、《光明日报》等报刊上发表的几篇习作,就是在这个时候,在老师们的指导下产生的。还有幸多次和大师们一起进餐,近距离聆听他们的教诲。一次在西单路口的鸿宾楼聚会,我冒昧地向赵树理请教:"怎么才能成为一个作家?"我原以为他会说:"要深入工农兵生活"、"多写多练"之类,但出乎意外,他直截了当地说:"先把你的文化课学好再说。"这话在我思想上震动很大,不久我考上电影学校后,就再不敢误课了,两三年中,除了给《北京日报》写过一篇《不灭的光》外,——那还是一篇课堂作业,就再也没有向外投过稿,沉下心来,把全部精力集中到学习上。

启:看来,您在中学的这段经历和后来考电影学校有关。

孟:对,如果说北京业余艺校和"大众文艺创作研究会"把我带进了文学之门的话,那么电影学校则向我敞开了一道电影之门。

启:这个学校是陈波儿创立的,她头年不幸病逝,这时候谁是校长?

孟:白大方[①]。你可能不太熟悉,他和赵丹、朱今明等人一起,曾

○ 白大方(1913–1974):又名白亦周,河北沧县人,电影教育家。

孟犁野（分别摄于1947年、1954年、1958年）

在新疆蹲过盛世才的监狱。解放后，在南京办过几期放映员培训班，还在《内蒙人民的胜利》中演过王爷。他声音非常好听，是个男中音，常在院子的回廊里教演员班的学生发声……我很爱听。但不久，不知为什么，他就被调走了。当时，我在报上看到电影学校艺术系编剧班招插班生的广告，心里想，这正合我心意。这是个大专体制的艺术院校，不收学费，还发一些生活津贴。我就给白校长写了封信，表达了我的愿望，很快就收到他的亲笔信。他让我带上有关材料，到西四石老娘胡同，就是现在的西四北五条的校部找耿西①同志。耿西何许人也，他没有说。我到了石老娘胡同，从东口进去走不远，路北的一所大宅院门口挂着"中央电影局电影学校"的牌子。我后来知道，这个四进大宅院，曾经是被称作"三不知"将军——也就是不知道自己的军队有多少，不知道姨太太有多少，不知道财产有多少的大军阀张宗昌的一座府第。解放后被没收了，想不到成了培养新中国第一代电影学子的摇篮。在传达室等候不久，门外便走进一位大高个子的中年人，他左手拿着一叠剪报——我发现，那是我早些日子寄去的几篇习作，是按

---

① 耿西（1918—1969）：笔名戈马，湖北枣阳人。1949年任电影剧本创作所编剧。1952—1955年任北京电影学校编剧系主任。

学校规定必须交的——右手挥着一把芭蕉扇，慢腾腾地走进来，自我介绍说："我就是耿西，你给白校长的信和作品我已经看了。你的政治情况和业务状况我们已经知道了一些，欢迎你来。但按照学校的招生规定，你还得参加考试。哪天进行，等通知吧。好了，我正在开会，今天就谈到这里。"不久，我知道他就是继林艺之后的第二任编剧班主任。他是延安鲁迅文艺学院文学系第一届毕业生。当过太岳军区文工团团长。

当时的电影学校设有两个系，一个艺术系，一个技术系。技术系设在小西天。艺术系主任是吴天①，此前他曾编导过《走向新中国》，后来又编导过《国庆十点钟》等片。系下设有两个班——编剧班和演员班。编剧班首任主任林艺，写过《金银滩》，后来写了《阿娜尔汗》等。这时的主任，刚才说过了，是耿西。演员班首任主任是演过赵一曼的石联星。这时的主任好像是导过《民主青年进行曲》的王逸，副主任是很年轻的谢铁骊。我是插班生，要单独考试。考试地点在东厢房的一个餐厅里，试题有作文和文艺基础理论知识，作文我写了《风雨之夜》，文艺基础理论知识方面，有几道题，记得其中之一是："什么叫戏剧冲突？"我以苏联剧作家考涅楚克的名剧《前线》②为例，作了分析，得出了结论：冲突是戏剧的基础，核心是性格冲突等等……同我前后参加考试的，还有北京四中应届毕业生张天民。其他同学则早在一年前就入学了，但他们入学不久，就全体到湖北参加"土改"去了，这时刚回来。

启：电影学校这几年，值得你回忆的有哪些？

孟：很多很多。今天只谈一点，就是学校很善于利用社会力量办学，强调理论联系实际。当时这个班的专职教师只有许之乔③教授一个

---

① 吴天（1912—1989）：原名洪为济，别名一舟、违忌，电影编剧、导演。
② 《前线》：苏联作家亚·考涅楚克1942年9月发表的三幕五场话剧。
③ 许之乔（1914—1986）：笔名之乔、成菲茵、吴之月、何茵、贺鹰、黄旬，广西桂林人，戏剧家、教育家。

人，他是从上海剧专调来的。编剧专业课主要是照苏联国立电影大学编剧系的教学大纲进行的，由许之乔、耿西等老师主讲，但更多的是请已有成就的编导来讲，故事片创作方面有王震之、贾霁①、成荫、于敏等人，科教片与纪录片剧本创作，分别由洪林、石梅来讲。贯穿这些课的一根主线是讲电影文学的特性。电影与文学之间的微妙关系，引起我很大的兴趣。但给我留下深刻的印象的，还是那些基础课，是听那些文艺界、教育界大师、大家级的专家讲课。在中国古典文学方面，我记得《红楼梦》是由俞平伯讲的，聂绀弩、冯雪峰讲《水浒》，宋之的讲《西厢记》，吴晓铃②讲元曲……在现代文学方面，胡风、艾青、邵荃麟、林默涵、李何林等人分别讲过文艺思潮、鲁迅作品、"五四"以来的新诗等……外国文学方面，赵少侯③讲巴尔扎克，吴达元④讲博马舍和他的《费加罗的婚礼》，孙家琇⑤讲莎士比亚，金人⑥讲俄罗斯文学，重点是契诃夫，彭慧讲苏联文学，陈荒煤讲社会主义现实主义……他们都是当时那个学术领域中的一流专家……对于我这样一个刚从中学毕业的学生来说，真像是被引进一个琳琅满目、令人眼花缭乱的文艺宝库中，这些大家从中拿出一些，如数家珍似的，一一给我们解说，让我们欣赏……这以前，我虽然在市业余艺校学过两三年，但接触的主要是当代文学，尤其是解放区的文艺，课余看的也主要是苏联小说，至于中外古典名著，除少年时读过的《三国演义》、《西游记》等外，其它看得很少。这回，可真是大开眼界啊！非常激动！在学习态度上看，尽管我入学不久，就被选为全校第二届学生会主席，但这

---

① 贾霁（1917—1985）：江苏镇江人，电影剧作、评论家。著有《编剧知识》，电影文学剧本《宋景诗》（合作）等。
② 吴晓铃（1914—1995）：文字史和元曲研究专家。
③ 赵少侯（1899—1978）：浙江杭州人，法国文学专家，翻译家。
④ 吴达元（1905—1976）：广东中山人，教育家，法国文学史专家。
⑤ 孙家琇（1915—2002）：浙江余姚人，戏剧教育家。
⑥ 金人（1910—1971）：原名张少岩，又名张君悌、张恺年，直隶（今河北）南宫人，文学翻译家。

回我学乖了一点，担任的社会工作，尽可能在课余时间做，可以说两年中一堂课也没有落过……而且每次都做笔记，一共记了足足有三大本，即使在以后流放青海的二十几年中，许多手稿、笔记都被迫烧掉了，但这些听课笔记终于还是被我千方百计保存下来了……可见它们在我心目中的地位。但与此同时呢，尽管专家们努力从阶级性与人民性的新角度来诠释这些经典，但作品自身的人道主义价值观和批判现实主义的创作方法，再加上把审美作为文艺的本质属性看待的艺术哲学观，对我更具魅力，更加使我着迷，面对这些传世经典，觉得我们那些以"政治标准第一"搞出来的作品过于浅露，比较粗糙、简单……这和文艺观的变化，到1957年时，被认为是我"出问题"的一个社会根源与思想根源，予以清算……

启：就是那篇为钟惦棐辩护的《恐吓不是战斗》惹的祸吗？

孟：跟它有关。但主要问题还是出在一个剧本上。这得从我毕业后分到《大众电影》当编辑说起……

启：记得有一次您说过，当初您不愿当编辑，对搞评论也不感兴趣……

孟：是这样。当初，我是冲着当编剧才进电影学校的，一门心思想搞创作、当作家，但毕业后，却把我分到《大众电影》，感到非常失望，甚至有一种受骗的感觉。勉强报到后，一直不安心工作，想调走。当时北京文联创联部的领导李克，就是小说《地道战》的作者，想把我调到他那里，可电影局不放，首先，《大众电影》这一关就过不了。我当时认为，是耿西跟我过不去，才把我弄到这里的。实际上不是这样，当时《大众电影》的主编梅朵、副主编唐漠，都不是党员，领导分配我来，是为了加强这里的思想政治工作的，可我不理解领导的这种良苦用心，也不愿意接受这份好意，这就为后来"出问题"埋下了祸根。但不安心归不安心，工作还得干，而且要干好。在《大众电影》的一年多里，还是组织、编发了一批稿子，应该说还是尽了自己的力的……结合编辑工作，我还写了一些影评和电影随笔，大概有20篇左右。大部分是应急的职务性作品，但有些在当时的圈子里也产生过一点反响或引起一些争议，如1955年写的《谈谈影片〈米兰的奇迹〉》、《影片〈结婚〉存在的根本问题》等，但我更在意那些短小的随笔杂感，像《"冷色"及其它》等。当时我的思想比较放松，也很自信，所以这些简短的文字写得比较活泼。但我在《大众电影》的编辑岗位上实际上也就是干了一年。不久，"反胡风"斗争开始，很快又扩展为全国性的"肃反"运动，我被电影局抽去参加专案组，集中精力搞被审对象的"内查外调"工作。梅朵、唐漠也在被审查之列。这个工作直到1956年春节后才结束……

启：又回到《大众电影》去了吗？

孟：没有。这时候，文化部电影局正在筹建中国电影出版社和理论性刊物《中国电影》（后更名为《电影艺术》）杂志。社长、总编是陈荒煤，黄钢[①]、贾霁等人具体负责《中国电影》的组建。我本想趁专案组结束的时候离开电影界，前面说了，已联系好北京市文联，后来又通过团市委，联系好了京郊国棉二厂，还有山西省委农村工作部，都表示欢迎我去。我当时脑子一根筋，目的就一个：下生活，搞创作。可我的好梦很快就结束了。春节过后，我接到调到《中国电影》工作的通知，但迟迟没有报到，有一天，我突然接到黄钢的电话，问我为什么还不来。电影界的人都知道，黄钢这人的身份背景有些神秘，又是烈士子弟，成名很早，特傲，甚至有点霸气，但我是初生的犊子不怕虎，在电话中干脆说："我不是搞理论的料，我对这行也不感兴趣，现在已经联系好了市文联，决心告别电影界，请领导就不要考虑我了……"我以为他会大发雷霆，但出乎意料的是，他平静地说："我们知道你的这种想法，也知道你是有创作才能的，可是这条战线需要你，你应该服从组织决定，接受这个任务。再说，评论和创作就那么水火不相容吗？我想，用不着拿我个人的经历向你证明这一点了吧？"这

[①] 黄钢（1917-1993）：湖北武昌人。建国初期在中央宣传部电影处工作。1963年调到《人民日报》任国际部评论员。这时期写了大量的文艺性政论。粉碎"四人帮"后，代表作有电影文学剧本《李四光》等。

很有说服力,他是著名的报告文学作家,又是评论家,还是电影《团结起来到明天》的编剧,这时又正在和杜印合写《永不消逝的电波》……我被这一席有情有理的话说服了,只得服从。同我一起被指名调去的,还有马德波。后来一位在"花园饭店"①工作的同学说:"谁叫你写那些评论的?老弟啊!上边看上你了,请客吧。"我听后,真是哭笑不得。……

启:看来,到《中国电影》后,您还得搞评论?

孟:对。但我垂死挣扎,还想趁机换个具体位子,也就是到电影文学组去。这回找的是另一常务编委贾霁。他笑了笑说:"你的岗位早就定了,评论组。"到《中国电影》后,在没有出刊前,接受的第一个任务是,贾霁让我帮陈荒煤写一篇东西。荒煤在西四受壁胡同他家里讲,我记录,回去后作了文字整理,最后由他审定,那就是发表在《中国电影》创刊号上的《关于电影艺术的"百花齐放"》。编辑部给他送了一笔稿费,为了答谢我,他约了贾霁作陪,请我在西单北大街路西一家著名的川菜馆子撮了一顿。

我虽然编在评论组,但并不像在《大众电影》时那样,有具体的组稿、编稿任务,相对来说比较自由。主要是完成领导直接交给的一些有关创作与理论动态的调研任务。当时正处在大力贯彻"双百"方针的热潮中,根据形势需要,搞一些专题研究,或写一些这方面的短评。与其说是当理论编辑,还不如说是搞政策研究。把这两者结合起来,这是黄钢一贯的做派。当时创作中的公式化、概念化倾向很普遍,这在农村题材影片中更为突出。领导决定先拿它开刀。他就让我调研一下这方面的情况,写个东西,我花了很大力气,写了一篇五六千字的谈农村片创作的长文。但这篇东西交上去以后,却没有了下文,我把底稿抄了一份送给梅朵——这时,他已调到《文汇报》驻京办事处工作了——他嫌长,让我删至两千字,我觉得很难,就又拿了回来;后来,被另一常务编委钟惦棐拿去,交给了中宣部作参考,不久,"反右"

---

① 花园饭店是当时电影局艺委会和剧本创作所的办公地,位于西单路口的舍饭寺胡同内。

开始，这个稿子也就下落不明了。这篇东西有一定的学术价值，可惜失落了。1956年9月，我还奉领导之命到山西一个农村放映队搞调研，了解农民对农村片的意见，十多天后，在汾阳县给领导写了封类似于"内参"的信，原意并不想公开发表，但黄钢看后，大笔一挥，在信上加了个标题：《从农村来的一封信》，给捅出去了（发表在十一月号【总第2期】的《中国电影》上）。这封信，在"反右"中被定为"毒草"，受到公开批判。1957年7月，在影联主席蔡楚生召开的一次"反右"座谈会上，陈怀皑在发言中批判了这封信，口气还比较缓和，但后来编辑部刊登的"读者来信"，那可就严厉多了……我还参与了到中影公司对国产影片发行情况的调查（调查表发表在1957年第3期的《中国电影》上），后来，这被指责为是"给右派进攻提供了炮弹"……除了这些调研工作外，再就是写了一些短评，这当中有一篇你已经知道了，就是发表在《中国电影》1957年第4期上的《恐吓不是战斗》，是为钟惦棐写的《电影的锣鼓》一文进行辩护的，用的是笔名"孟文君"。我当时胆子很大，不怕权威，敢于指名道姓地批评我老师的老师——上影总经理袁文殊；紧接着，以同样的心态，在第5期上又写了《随笔两则》，其中有一则题为"到经理公司上上课又何妨？"是批评当红剧作家孙谦、海默轻视观众的……用的是另一笔名"文秀"……前几年，你在一篇论文中把《恐吓不是战斗》列入"改革派的再次鸣放"的表现之一，我在愧领之余，也觉得这篇微不足道的短文，如今能被历史认可，那二十年的苦难生活也算值了。不久，风云突变，贯彻"双百"转为"反右"，这些文章差不多都成了反面教材，挨了批。不过，最要命的还是那个电影剧本《有眼无珠》。关于我被划"右"的事，我在那本回忆录《闪回：1957触电记》①中有比较详尽的叙述，这大概你已翻阅过了，这次我就不打算多谈了。

一年后，我在名为"调出"，实为流放的决定下，被发配到青海去改造了。

---

① 《闪回：1957触电记》：为受访者回忆录，未出版。

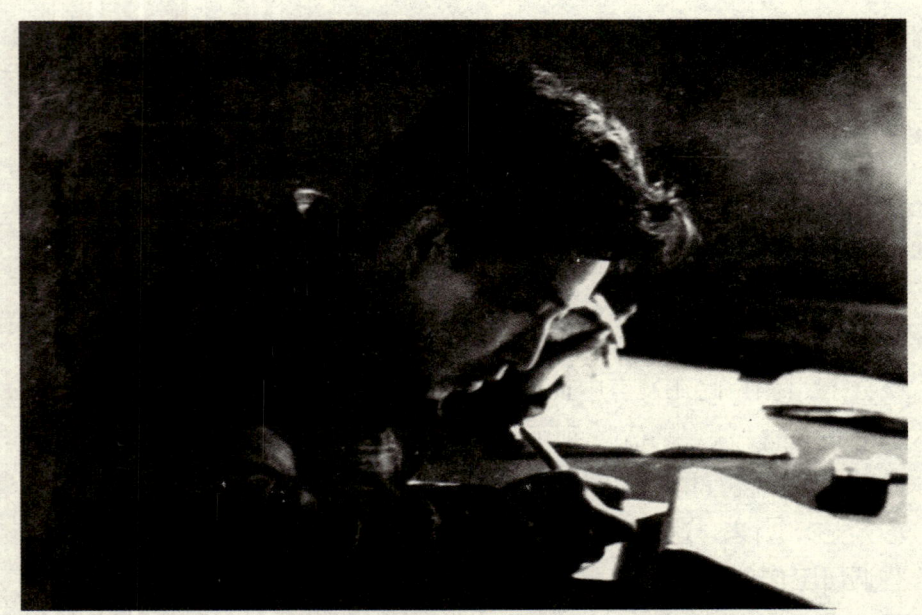

在青海省民族歌舞团撰写话剧《达尔龙山下》(摄于1964年)

"发配"青海

启：您是怎么去青海的？谈一下在青海的工作和生活。

孟：1957年我在《中国电影》[①]被划成"右派"；1958年3月被开除党籍，降四级（从编辑九级降到了十三级）；6月，青海到北京来要人，就把我打发到青藏高原去改造了。一去就是二十二年。

我刚到青海的时候，一个人只养活父亲母亲，还可以维持。父亲在山西老家1960年全国"大饥荒"时得浮肿病而死。1967年我成家以后，和我爱人先后有了三个孩子，加上我母亲六个人，就靠我每月70块钱支持。这个数目不能算少，但那时青海物价很贵，还不如在北京拿那50元划算呢。我们刚结婚时她没有工作。1972年她当了小学教师

---

① 《中国电影》：1956年10月创刊。1959年7月该刊与《国际电影》合并，更名为《电影艺术》。

以后，一个月有30多块钱了，这个数目那时候对我们来说可是不得了，尽管生活还很艰难吧，但好过多了。她生了三个孩子，没有吃过一只鸡。后来我在事业上能有一定的成就，工作上能够有一点作为，是同她承担了大部分家庭事务分不开的；要是没她，我这几百万字的东西根本写不出来。我们这个家庭结构是互补型的，我很知足。

我1957年被划右派的时候，其实我是有可能逃脱掉的。领悟到这一点，已是二十二年后的事了。1981年春，当我九死一生，从被放逐的青藏高原回到北京，见到我在电影学校的同班同学露菲也就是谭小邢①，她从1954年毕业后，就担任"文艺沙皇"周扬的秘书，长达二十余年。二十年重逢后，她以一种既怜惜又不无嗔怪的神情说："唉，你怎么能成了右派呢？简直太可笑、太荒唐了！——唉，你当初怎么不来找我呢？我要是早知道，跟周部长汇报一下，你这事儿说不定就过去了……你呀！你呀！就是太爱面子了！……"当时我听了以后，脑子"嗡"地响了一声，像是跌入了无边的黑洞，差点当场晕倒……我立即想起了莫泊桑的短篇小说《项链》②……是啊，我怎么就没有想到通过露菲去向周扬求情呢？他在文艺界可以说是一言九鼎啊。不要说黄钢、耿西、贾霁都是他的学生辈，就是陈荒煤也是他的部下呀。

启：您当时是没想起来，还是不好意思求她？

孟：我当时根本没有想到这点，当时觉得我没有错，我完全按照中共中央关于整风运动反对三个主义——"主观主义、官僚主义、宗派主义"，我写的剧本尽管不成熟，甚至有错误，但并无恶意。没想到耿西、贾霁不这么看。他是八月间调来搞运动的。我戴上右派的帽子后，起初没有想到后果如此严重，我天真地以为会像延安整风似的，整

---

① 露菲（1930—）：原名谭小邢，山东潍坊人，女作家。1954年毕业于北京电影学院编剧编辑系，与孟犁野是同学。

② 《项链》：法国小说，作者莫泊桑，发表于1884年。内容大意是：小公务员的妻子玛蒂尔德为参加一次晚会，向朋友借了一串钻石项链，不料回家途中不慎丢失；她只得借钱买了新项链还给朋友；为了偿还债务，她节衣缩食，为别人打短工，整整劳苦了十年；最后得知所借的项链原是一串假钻石项链。

完了以后，大概会发现：这么一个17岁入团、18岁入党的人，怎么可能成为共产党的敌人啊？不超过两年就会给我甄别。我年轻、我幼稚，这就是我的原罪……为此，我和家人付出了惨痛的代价……

启：当时您在青海的生活条件怎么样？

孟：我1959年在出版社摘掉"右派"帽子，为了摘掉这顶"帽子"，我几乎榨干了自己的心血，这儿就不多说了。1962年调到省民族歌舞剧团。刚去的时候团里给的是单间，因为我调去的时候，工作证上写的职务是：文学创作。这个工作证我现在还保存着呢。他们给了我一个阴面的单间，有16平米，还是木头地板，是个两层筒子楼的二楼。那是1952年5月。

从1962年5月到"文革"前夕，我一共参加了三部大戏的创作，都演出了；独立创作了三部小戏，其中一部出版。1966年4月，我下乡搞"社会主义教育运动"，等我年底回来以后，"文化大革命"的火势正旺，天下大乱了。我房子里的东西全给搬到仓库里去了，我回来就被安排到集体宿舍去了。我就四箱子书，别的也没有，这个时候我跟陈士濂①住一间。他是地主"狗崽子"，父亲当过税务局局长，叔叔是国民党元老、蒋介石的结拜兄弟。1959年他"盲流"到青海以后，"夹着尾巴做人"。这个人很有才华，为人正直，心地善良，写了很多有价值的作品。

我1967年结婚，爱人从山西来了以后，陈士濂成人之美，就搬出去了。我们那房子是个三层顶层，也是阴面，阳面没我们的份儿。但是个很大的房子，有20多平米，我大女儿就出生在这里。后来有幸调到一间阳面儿能见到阳光的屋子，但是好景不长，为了躲避一个政治上居心叵测的邻居，我又被迫搬到一间又小又冷的房间里住。这间小房子没人愿意住，房子底下是门洞，底下没有人家，下面有人住的房子冬天就暖和啊，可它就是空架起来，那时候青海的冬天可真冷啊！没办法，我宁可换到这又小又冷的房子去住，我主要是怕不安全。昔

---

① 陈士濂(1939—)：浙江浦江人，作家。

有"孟母择邻"之说，我不得不效仿先圣之母，被迫迁到这里楼居。

启：从大房子换到小房子，又冷，您太太是什么想法？

孟：她比我要皮实得多。我老伴是个非常贤惠的妻子，她跟我到青海以后，一看我房子里除了这四个木头箱子改装成的书柜以外，还有就是一个帆布衣服箱子，再没有别的东西，她当时心里头就凉了："哎哟，今后这日子怎么过呦……"但是她当时没有流露，多少年以后才说的。有朋友说，我们这对患难夫妻，像是现实生活中的《牧马人》，不错，只是我没有像许灵均那样，有一个富有的洋爹。

那四个箱子是我发配到青海前，在电影洗印厂买的，是苏联运电影器材的木头箱子。我到了青海以后，把两个箱子摞起来，找了四块木头板，把一个箱子隔一道，一共四个箱子隔成八个格的书架子，整个搁满了书。还有我1956年在北京用一笔稿费38块钱，买了一个书架子——这个书架前两年装修我才给它处理掉，实在舍不得。为什么呢？那时候兰州到青海还没有火车呢，我坐在简陋的长途汽车上看见后面过来一个卡车，卡车上装着我们的行李物品，我的那个黄色的书架子就在上面，还立着呢，缓慢地从我的左侧开过去了，还摇晃了一下，像是在和我招手……哎呀，当时就忍不住掉泪了，心想，此去青海，没有一个亲人、没有一个朋友，前途莫测，真是'梦绕云天心似鹿，魂飞汤火命如鸡'[①]，只有那些书伴随着我。现在，我眼睛一闭，那个印象就从我的脑子里出来了。

启：平常就吃食堂？

孟：有食堂，但是我们都不敢吃食堂。那时候虽然"大饥荒"已熬过，但具体到我来说，还是困难。一个人就24斤粮食[②]，还要"支农"两斤，我们就自己领回来自己来做，这样才可以勉强过。如果你到食

[①] 苏东坡因诗获罪后所写。

[②] 50年代，成立不久的新中国农产品需求迅速增长而供给相对不足，农产品成为稀缺资源，甚至一度引发粮食危机。在这一背景下，中共中央和国务院分别公布了《关于粮食统购统销的决议》、《关于实行粮食的计划收购和计划供应的命令》，人们购买粮食须缴纳粮票。城镇成年居民每人每月供应粮食24斤，定额根据工种和地域不同可能稍有差别。

堂，管理员克扣一点儿，炊事员再留一点儿，就没有这么多了。所以就是自己做。我没成家之前基本在食堂吃，我太太来了以后自己做饭，我们自己有个小炉子。她也是山西人，从小就做面食，但是那个青稞面实在难吃。那个时候烧煤砖，比咱们这儿的红砖大一点。每年到九月份就得想着买煤，等煤拉来了，自己用黄土把煤拌好，然后再打成一块块的煤砖，晾干了以后摞起来，等到冬天的时候就把煤砖一块块地敲碎用，青海的煤跟北京的煤不一样，可燃性很强，用五张报纸就可以点燃，但是热量没有北京的煤高。

启：我难以想像，您一个人的定量两个人吃，可怎么行啊？①

孟：是。到现在我还记得有一个上海来的歌队演员叫张桂芬，她个子小，吃得少，经常给我一点粗粮票，还有一些中央戏剧学院分来的学生也给我一点，接济我，使我勉强过下去；还有一个在劳改局工作的好朋友萧霖金，业余作者，到冬天，他们局就从柴达木拉来一点土豆、胡萝卜、青萝卜啦，他关照我，我就拉着架子车跑到很远的地方去取，这样，再加上一些青稞面，从1967年到1971年就是这么过来的。1972年我爱人才有了户口。

身在号称中国四大牧区之一的青海，却根本吃不到牛奶。孩子们不知道豆腐为何物。但土豆却能吃到。青海人把土豆叫洋芋，那的土豆好吃，特别面，因为日照时间比较长。当地人要做土豆就把它用水煮，水少一点，煮熟了以后，蘸点盐，再把小麦一炒，炒得焦黄了以后用水一冲，有点像朝鲜人的麦茶。孩子们严重缺钙。为此，我经常自责。我大女儿后来在《健康报》工作，有一次她跟我说，一个材料说的，土豆营养价值很全，并不像过去说的土豆只有淀粉，它含钾等等矿物质还比较多。我听了以后，心里略有安慰。

---

① 按照国家规定，农村户口不享受定额粮食供应，也就没有粮票。

《昆仑战风雪》创作前后和亲历"二·二三事件"

孟：《昆仑战风雪》对改变我的地位和命运，起了很大的作用。因为这个戏，1965年10月10日毛主席在人民大会堂接见了我们。这是我第二次近距离见到毛主席。第一次在1957年4月，在北京怀仁堂后的园子里。被接见的大部分是影界名流。电影出版社去的也是室主任以上的干部，大多在文艺五级以上。只有马德波和我被破格列入接见名单。当时，我俩是被当做党组织最信任的青年电影工作者进入的。可现在却不可同日而语了，但不管怎么说，这总算是对我政治上的一种信任，业绩上的一种肯定，我感到前途有希望了。

从1949年青海解放到1965年前，青海除了1958年京剧团外，还没有一个剧团，能够到北京来演出——《昆仑战风雪》确实是青海方面第一次有很大影响的进京演出，而且是在西北五省（区）会演成功之后，那真是给他们领导争了脸。这个剧本六七万字，到演出压缩到4万字。光演出反响资料就有两大本，是由省委宣传部铅印的，20多万字。①《昆仑战风雪》的剧本，新时期后，还由中国戏剧出版社出版，说明它还有一定的艺术生命力。

但很快，形势逆转。1967年2月23日，在西宁市发生了解放军开枪打死造反派173人的血案②。事发第二天，剧团内军队支持的保守派头头强令全团人员整队前往事发地——省报印刷厂外的杨树林子里，看"反革命"下场。尸体冻得硬邦邦的，一摞一摞地堆在残雪地上，惨不忍睹。这个事情据传被中央军委所肯定，认为是"镇压反革命"，但是过了一个月以后，即3月28日，突然来了一个咸鱼大翻身，中央文

---

① 1965年，《昆仑战风雪》在北京的演出获得极大成功，《人民日报》等媒体发表评价文章近百篇。

② "二·二三事件"：1967年发生于青海，是"文革"中首次爆发的大规模血案。起因于青海省军区副司令赵永夫与青海省军区司令刘贤权的权力斗争。

革认为"二·二三事件"是反革命事件。说是"二月逆流"。他们是在听了"首都三司"在青海支持造反派的红卫兵和支持造反派的省军区司令刘贤权的密报后改变的,刘贤权的老婆安绍杰把刘给中央文革和林彪的信藏在内衣里,从西宁以东的平安火车站上车,逃过检查,到达兰州。定性后,副司令员赵永夫被逮捕审判,他的老婆卧轨自杀了。这个事件翻过来以后,青海省民族歌舞团和省话剧团两派的命运也是大对调。开始是保守派的ZL和他的爱人NX,都是来自北影演员剧团的演员,1966年初夫妻俩一块到了青海,他们是站在赵永夫这边的。"二·二三事件"以后的第二天,这位NX亲自把驻青海的205部队请来了,她拿条木棒,两个团所有的造反派都被叫到了操场上审问。晚上,保守派又召集全团人员开会,剧团所有的造反派都跪在大排练室的地上,演员李丁①是右派,1966年初来的青海,站在我的前头,当时他们向毛主席请罪,一片哭声。忽拉一下全都跪下了,李丁这时候也就跟着跪下了,由于气场的作用,我这时候腿也软了一下,差点儿也要跪下,后来我绷住了。心想,我没参加任何派别,要是一跪,那就是反革命,不打自招啊!这天晚上把造反派打得真是……但一个月后,前面说了,中央又给造反派平了反,造反派以牙还牙,要为被打死的一百七一个战友报仇……地点没有变,还在这个大排练室,头上还包着纱布的全省造反派总司令马集文亲自到场……这回该保守派倒霉了,NX夫妇和其他保守派头头被揪出来,我至今记得,有人一个巴掌打去,NX的鼻子、嘴角顿时流出血来……我说这些的意思是,"二·二三事件"又一次改变了我的生活。虽然由于我的超脱,没有被触及皮肉,但它触及了我的灵魂。这个时候我对我一向崇拜的精神偶像真是有点动摇了。

前面说了,1965年,我第二次和大家被毛主席接见以后,我的境遇有所改善。不久下乡搞"四清"的时候,我还破格代理过工作组组

---

① 李丁(1926-2009):原名李守海,山东省济宁人。演员、导演。

长。对前途又充满了信心。但是，到了这个时候，我感到我的好运要结束了，信念也动摇了——怎么可以双方都喊"万岁"的时候，又互相残杀呢？不是都拥护一个领袖吗？古今中外哪有这样的事？也许国外的宗教界有，这个教派那个教派的纷争等，但我们一直听到的是科学的社会主义呀！我实在困惑……

我1950年1月入党，1958年被开除党籍。我学习过马克思主义，当然只是些皮毛。但我知道《共产党宣言》里有一句话："在那里，每个人的自由发展，是一切人自由发展的条件"。但是这句话后来都不提了。"至今一切社会的历史都是阶级斗争的历史"，这不全面，但我也能够接受。但是到了这种血腥的、在同志内部、在革命队伍内部你死我活的所谓"路线斗争"，我无法接受。当时有人骂街："什么他妈群众运动，简直就是运动群众！"我有同感。我不知道我的命运将会如何？今天我虽然没跪下来，但我不知道我哪一天也许会被他们揪出来。"邦无道则隐"的思想冒头了。这时候，我想不如归隐，还是回到山西老家躲一躲吧。这年我是36岁，应该说，以我的年龄和经历，正是创作的旺盛期，但是这个时候我绝望了。这成了我在农村找媳妇的一个由头。

消极"归隐"思想影响我大半生，一直到1981年我回北京。就像陶渊明在《归去来兮辞》中写得那样"悟已往之不谏，知来者之可追"，还有一句是"云无心以出岫，鸟倦飞而知还"。我在缺氧的青海高原挣扎了22年，真是太倦飞了！哪怕北京有一个单位接受，哪怕是在密云还是在怀柔，还是在任何氧气比青海多一点的城市，哪里都可以。我太疲倦了。我不想在政治上或事业上再有什么作为，我只想找个安静的地方，把几个孩子拉扯大就行了。但是后来我发现，这个想法还是一厢情愿……

阴错阳差搞"影史"

启：您是如何回到北京搞电影研究的？

孟：有必然性，也有偶然性。

1981年，我结束了22年的流放，把全家带回北京。1981年批准进入北京市的人口不多，其中单独一家就批准进五口人的更少，但我有幸算一家。这我要感谢公安部直属的国际政治学院，也要感谢黄钢，更要感谢力主为我们平反的胡耀邦同志。但这其中的过程十分曲折。

我是文化部系统落实政策的干部，影协也给我上报了。但文化部的一个相关办公室却说：一、这个人在青海已经安排得很好，他已经是剧协副主席、副团长①，那个地方正是需要人的时候，他正是年富力壮，应该继续在那个地方发挥一个共产党员的作用。第二、如果他一定想回来，那户口问题，三个女儿只能带一个，而且老婆不能带！要带孩子就不能带老婆，带老婆就不能带孩子。我心想："我老伴跟我同甘共苦那么多年，相濡以沫，我假如只带着大女儿回来，把她和两个更小的孩子扔在那儿呢，我于心何忍？我实在不能接受。如果我把老婆带回来，把女儿留在那儿，那就更不可思议了，我怎么能把三个小孩子扔在那儿？他们怎么生活呢？"看来，这条路是走不通了。

当时青海省委第一书记谭启龙②的夫人叫严永洁——是上官云珠的表妹③，这个时候是青海省文联主席、宣传部副部长，我正在她的领导下，和陈士濂、赵梓雄三人一起搞一个剧本，叫《瀚海虹》，这个戏写"文革"当中修青藏铁路的时候，铁道兵内有一批造反派干扰青藏铁路的建设，遭到抵制。最早在青海演出时叫《桥桥桥》。严部长亲自抓这个剧本，抓得很紧。

当时我是副团长，严永洁对我非常关心。有一次我在北京的公共汽车上摔了一跤，得了骨膜炎，怎么治也治不好，她作为省委第一书

---

① 1979年，孟犁野任青海省话剧团副团长、省剧协副主席。
② 谭启龙（1913–2003）：曾用名胡志萍，江西省永新县人。1977年起任中共青海省委第一书记兼青海省军区第一政委、青海省革委会主任、青海省人大常委会主任。1980年任中共四川省委第一书记兼成都军区第二政委和四川省军区第一政委。1954年，谭启龙曾任中共山东省委书记兼济南军区第一政委。1958年11月2日，谭启龙当选为山东省省长。
③ 受访人可能记忆有误，上官云珠应该是严永洁的表妹。

记的夫人,拿着一个偏方,亲自给我送来,拿纱布把药给我裹在膝盖上头。我是一个感恩的人,受中国传统文化"士为知己者死"、"一饭之恩必偿"的思想影响很深。我陷入"右派"深渊后,长期被孤立,有很长一个时期没有一个人敢同我交往。那个时候,正像后来我和郭维一起聊天时,他说的:"不要说人,就是有条狗来舔一下,都会掉泪……"如今,竟有如此尊贵的领导关心我、看重我,我真不知该如何回报才好……谭启龙和胡耀邦都是十四五岁参加革命的红小鬼①,在30年代初肃反扩大时被当做AB团抓起来,差点儿给枪毙了,是中央派冯文彬到了以后,让刀下留人,才把他们俩抢救下来。1980年,严永洁要跟谭书记调到四川去,谭启龙当第一书记,严永洁还是宣传部副部长。在两年多的共事中,她对我有了更多的了解,凡是她布置给我的工作,我都尽力做好。这时候,他们就有意把我也调到四川去。她说:"你现在是剧团副团长、剧协副主席,到那边,给你安排到省委宣传部文艺处任副处长,算平调,你干一段时间,需要过渡一下,就可以升任文艺处处长了。"这时候调令已经来了,由四川省省委组织部发来,调我到省委宣传部去报到,另外我老伴儿那边给安排到四川省电视台,做什么具体工作到时再安排,房子更是没问题了。我听后非常感动,甚至有点受宠若惊。

尽管我感恩,但我对严永洁并不是那么言听计从的,在工作创作问题上并不是完全顺从她。她有时候在领导创作上独断专行,要你这样改那样改……搞"三结合"那一套,我当时就说:"总理1961年讲的艺术民主啊,已经公布了,您哪能够用举手的办法来决定这个人物该怎么写呢?"她原来是山东省文联的副主席,《奇袭白虎团》是她抓出来的,另外《红嫂》也是她抓出来的。严永洁的身份和地位决定了她有时候很固执,"就得这么改"。我当面顶过她,但老太太也不生气。

---

① 1930年,胡耀邦在湘赣苏区的首府永新县担任湘赣省儿童局书记,主管少先队和儿童团的工作。谭启龙比他大两岁,担任湘赣省少先队总队部委员会主任,兼少先队总队长。

我之所以没有跟她去四川，是因为当时有人提醒我，说谭启龙已经六十多岁了，快退休了，他到四川也就是过渡一下，当第一书记不会太长。说老实话，北京是宽容的，北京人大度，它能够海纳百川，比较容易接纳五湖四海的人，北京毕竟是五百年帝王之都。北京爷们儿骂人很损，但是他可以接纳你。我的青少年时期就是在这里度过的，到这儿来心里踏实。四川我可没有呆过，就很难说了。谭启龙果然在那儿只呆了两三年，他的户口在杭州，我以为他们退休后要去那儿定居了，但是后来严部长告诉我：我们打算到济南离休。因为谭启龙当过山东省省长。我就问："严部长，'上有天堂，下有苏杭'，你们怎么不回'天堂'而去山东吃煎饼去呢？"她说了一句："山东人厚道"。这句话给我留下很深的印象。其实他们两个人都不是山东人，严永洁是无锡人，谭启龙是江西永新人。

《瀚海虹》到北京演出时受到铁道兵司令员吕正操等领导的赞赏，而且获得了文化部发的剧作与演出三等奖。这时候我先后来北京好几次，发现我的思想远远落后于形势，这跟我长期在青海这个封闭的环境里有关系。我们还是按照《人民日报》社论来创作的。后来我们这个戏拿到北京演出的时候，我发现跟人家那些个剧作在境界上有距离，虽然我们也在批判"四人帮"，但是人家反思得更深刻，有些作品已触及到个人迷信和特权思想，而我们还停留在揭批"四人帮"的小爪牙的层面上。人家更勇敢、思想更解放。

那时候正是"右派"吃香的时候，四川的调令在我家整整放了四十天，我在犹豫去不去。与此同时，我同北京的黄钢也有些联系，前面说了，他是我的老领导，知道我在专业上还比较内行。1956年我和马德波从《大众电影》调到《电影艺术》，从一个大众性的通俗刊物调到一个正在筹办的理论性的刊物，就是他指名要的。1979年的时候，他突然想起我来了。也就是我们这个《瀚海虹》到北京演出的时候，有机会又见了他一面。早在1975年我因为创作话剧《高山尖兵》来到北京，在地质部大楼的一间办公室里就见过他一面，他那时正在写电影剧本《李四光》。他是同意划我为"右派"的五人小组成员之一，但这次见面时，他贵人多忘事,竟然问我:"那年你戴了帽子没有?"我知道,当年置我于死地的主要是耿西,而不是他。所以我对他并无积怨,但我对他"左"的文艺思想却有保留。这个时候他的人事组织关系已转到新建立的国际政治学院,挂了个教授的名,但没有固定的课程。他正在着手创办一个刊物叫《时代的报告》①,在当时是一个很"左"的刊物,我记得编委中有魏巍②等人。这个刊物代表着当时的一种政治思潮,但迄今为止,还没有人研究这个《时代的报告》。从创刊一直到最后结局,折射出一种思潮的起落,很值得写一下。当时他需要有一个副主编,他已经有一个副主编了,就是他的夫人谭家昆。还打算聘请两位。这个刊物的背景是公安部,但公开的主办单位是用了一个"中国国际报告文学研究会",是社会团体主办的形式。黄钢说:"你愿意不愿意回来帮我做点儿事情?"我说:"我回北京家属能不能解决户口?"他说:"我给你试着想想办法,咱们来努力试试。你写个简历,我推荐给新成立的国际政治学院,它是公安部主办的,户口好解决一些。"那时候国际政治学院刚由华国锋亲自批准成立,院长由公安部副部长凌云兼任。当时正是用人之际。也就是用国际政治学院新闻系副主任的名义调我,实际上,他是想让我去做那个《时代的报告》的副主编。但这只是他的一厢情愿,学院并不那么想。

那时候我49岁,正是干事的时候,大方向就这么定下来了,放弃四川,到北京。1981年,我就这样调入北京,五口人以上一起调入北京的只有三家,其中就有我一家。这是当时国家人事局副局长田光涛亲口告诉我的。我盖了几十个图章才离开青海。但是来了以后,国际政治学院就说了:"《时代的报告》你只能业余干,不能作为你的主业,你的主要任务是筹建新闻系。"

学校在前三门③给了黄钢一套房子,他的编辑部就设在那儿。我

---

① 《时代的报告》:1980年在北京创刊。该刊名义上为《人民日报》刊物,但编制属安全部。

② 魏巍(1920-2003):原名魏鸿杰,曾用笔名红杨树,河南郑州人,当代诗人、散文作家、小说家。

③ 前三门:指的是前门、宣武门、崇文门。

呢,是在木樨地公安大学这儿①。副院长林丛②死盯着我,让我坐班。他当过哈尔滨市公安局长,是个白天黑夜不歇的工作狂,经常在下班后找我谈工作。一仆二主的日子使我很难办,最后我不得不选择国际政治学院,人家给我发工资啊。《时代的报告》没工资,没正式编制。还有住房问题,我三个孩子那么小,我最大的孩子十二岁,最小的只有五岁,我只能靠学校,别无选择。黄钢也没有办法,连他都得靠人家学校,在那里领工资,何况我呢。所以,我对《时代的报告》没有做过什么工作,只在创刊号未出版前,到天津日报印刷厂看过一次校样。批电影剧本《在社会的档案里》时,他让我写过一篇评论稿,我写了,他看后有些失望,说:"我要你写的是'思想评论',而不是一般的'文艺评论'。"没有采用。至于承诺的"副主编"一职,则从未在刊物上出现过,我也毫不在意,因为我根本就没有履行过这个职责。二十年的苦难经历和眼前拉家带口的现实,一再提醒我:"我既不能赞同这个刊物的观点,但也没有必要像我电影界的那些老朋友那样,对它采取批判的立场。""归隐"的生活态度,使我宁肯钻进故纸堆中去研究公案小说,也不愿意再投入到这类"思想斗争"去。果然,不久《时代的报告》因脱离中央的文艺路线,被改组。③黄钢的人事关系也从"国政"转至《光明日报》。从此,他逐渐淡出了人们的视线。

新闻系主任一职,原来打算请老资格的新闻宣传工作者刘备耕担任,但他只在新闻系成立的时候来过一两次,这样,系里的全盘工作就压在我身上了。非常之累。有点业余时间,就埋头研究公案小说,因为我当时想开一门专业课——中国公安文学。搜集了大量的相关史料,

---

① 从木樨地公安大学到前三门直线距离约10公里,须穿越数条繁华街道,在当时算较长的路线。

② 林丛于1983年5月至1985年1月任国际政治学院代院长。

③ 1981年5月,《时代的报告》的增刊开始大张旗鼓地批判电影《太阳和人》,激起了文艺界的不同看法与争议,并引起中央的关注。随后不久,由中共中央宣传部、《人民日报》、安全部3家联合下达文件,正式通知改组《时代的报告》。聘请《人民日报》田流出任主编、程光锐任副主编、朱宝蕖任编辑部主任。1983年1月正式接管《时代的报告》。1984年刊物改名为《报告文学》。2010年1月1日起,《报告文学》正式停刊。

用了四年的时间陆续写了九篇论文，发表在本院的学报上，产生了一定的影响，后来，1987年我申报研究员时，这些论文起了很重要的作用。

但我终于还是在1985年秋，离开了这个学校回归到电影界。原因很多，住房困难是最重要的一条。当时从外地调来的老师，大都住在临时搭建的木板房里，学校破格给我一间十几平米的平房，按理说，我实在应该满足了。但我的孩子多，书多，想了很多办法，还是住不开。广西电影制片厂的导演吴荫循，也是我50年代在《大众电影》时的老同事，到北京来看我："呵，你就住这么个地方儿啊？口口声声说尊重知识，尊重人才，一个大学的系主任，连一个像样的书桌都没有（我的书桌上架着一个书柜子），这算怎么回事啊？"

严部长从四川到北京来开会，我去看她，当她知道我住房的窘状时，也埋怨我："我在成都给你准备的可是楼房啊，可你非要回北京不可……现在说这些也没有用了，你就既来之则安之吧……"可全家挤在这么一间斗室内，又怎么能"安之"呢？

学校在团河新校址倒是给我分了三大居，这不很好吗？这不符合我远离市尘、"归隐"乡村的初衷吗？可，远水解不了近渴，我三个孩子的上学问题无法解决呀……看来，我只能以"中隐隐于市"来自嘲了。

这就是说，我并不是先有一个想搞电影史的明确目标，然后有计划地一步一步朝它靠近的。不是，回到影协，主要是冲着解决住房来的。正像当初我回北京绝不是因为对公安或教育感兴趣而来的一样。我知道，当时影协正在盖房——也就是咱们现在谈话的这个地方。还是鲁迅说得对：生存第一，发展第二。就这样，又费了许多周折，终于在1985年10月，回到了影协。前面说了，早在1979年，他们就想让我回来的。

这时候影协刚刚换届，程季华等领导因年龄已到，退出了领导班子，但还没有办理离休手续。原长影厂长苏云，进京担任副主席、常务书记，主持日常工作。我上班不久，就被任命为电影史研究部主任，这是在程季华他们主持工作的时候就已定了的。只是在这个时候，我才意识到，我要和这项工作相伴终生了。苏云找我谈话，说当前你这个部门的首要任务，就是按照夏公的指示，修改已出版的《中国电影发展史》第一、二卷。但程季华同志却跟我说："你的主要任务是组织班子编写《中国电影发展史》第三、四卷。"这也是在我调进前大体上就定了的。前后两任领导的指示不一样，我一时不知该听谁的。一仆二主的情况又出现了。我回来前，就有人一再提醒我："影协复杂"。想不到我一进门，就体会到了这一点。但我当时的心态比较好："现在的中国，哪有不复杂的地方呢？"很快就做出了选择：听程季华的。这不仅是实践我回影协前向他做出的承诺，在道理上也站得住。你想想，我不是《中国电影发展史》一、二卷的作者，如没有作者的授权，我怎么可以修改别人的著作？而这书的主编正是程季华，他早就知道夏公想要修改一、二卷的意见，可他始终没有表态。他的倾向不是很清楚了吗？我把我这个想法给苏云汇报了，他当时也没有再说什么。但后来的事实表明，他并不满意。这样，我就在程季华同志的指导下搞第三、四卷的编写。对写作班子的组成，经过再三研究后决定：我和陈少舟写1949年到1965年这一段，黄嘉明和杨振铎写"文革"到1985年这一段。在资金这方面，我们得到当时分管财务的书记丁小逖的支持。我们四个人一边到长影、上影观摩影片，先后看了有七八十部片子，一边搜集文字资料，这台戏就唱起来了。大概一年后，写出了详细提纲。但正要动笔的时候，经费却出现了问题。这时，丁小逖已调回上海，苏云等领导表示，不反对写这两卷，但影协经费困难，写书、出书的经费你们自筹，主编自选。编写组的人听到这个消息后说：我们到哪去筹呀？纷纷退出来了，不干了。我把这个情况向程季华作了汇报，他感到非常失望。这时，他正做出国讲学的准备，我就跟他说，如您能在海外筹措到一笔款子，我们，至少是我个人，愿意跟您干到底，一定把这两卷书写出来。这是我真诚的想法。不说大局，仅从个人来说，光提纲就写了好几遍，如果不成书，几年的功夫不是白费了吗？他听了后，说试试看吧。结果，这事随着他的出国，也就不了了之了。这件事没有做成，回想起来，非常遗憾。

启：看来，您后来写《新中国电影艺术史》，也不是偶然的。

孟：对。如果没有这一段工作的铺垫，也许就不会有后来的《新中国电影艺术史》。现在这部书的体例结构，大体上也是承袭了《中国电影发展史》的。书中写到一些被你称作"非主流"的片子，像《关连长》、《我们夫妇之间》等，都是那个时期在上海看的。因为到了90年代，已经没有条件再看这些片子了。不过，这书的写作，却又经历了一个比80年代搞《中国电影发展史》第三、四卷时，更加曲折的过程……

启：是什么？

孟：过了好几年，也就是到了1992年的5月，原来编写组的一位同事突然找我，说要和我一起写1949年到1965年这段新中国十七年电影史，并且事先没经过我同意，就代表我和出版社签了协议；我一听愣了，这么大的事，怎么事前也不打个招呼？但生米已成熟饭，我还是答应了。因为我觉得做了那么多札记，搜集了那么多资料，光提纲就写了好多遍，虽然时过境迁，好些已不适合用了，但有这么个毛坯，总比从头做起容易些。困难是我精力有限了。我那时分管研究部、金鸡奖评奖、组联部，这么多的担子已经够重的了，再挤出时间来写这个东西，至少要写20万字左右，能拿得下来吗？我已经六十的人了，还要不要命了？最后还是决定拼它一下。两次出国的机会我都放弃了。我把所有的休息时间都腾出来写。终于在1993年4月，提前一个月按时把稿子拿出来了。结果呢？那位老弟承担的那部分，也就是60年代那部分却没写出。出版社让我耐心等待。我就这么一直等，从1993年起等了5年，直到1998年昆明电影节上他才说："老孟，您把后面那部分也完成吧，我实在无能为力了。"你可以想象我当时的心情……但我写的这部分，总算在2002年出版了。

启：看到了。从1949年写到1959年，作为断代史，可以成立。

孟：但，新中国电影史要是不谈60年代的《小兵张嘎》、《早春二月》、《阿诗玛》、《白求恩大夫》等，是说不过去的。新中国头十年的电影可以自成段落，这部分出版后，因为写的人少，也披露了一些新史料，所以得到了业界的肯定，但我觉得它如果缺了60年代这一块，总是个遗憾。这期间，我拉了一个提纲，但蹉跎数年，没有动笔，直到2005年以后，在北大陆绍阳教授的鼓励下终于开笔。从2007年6月11号到2008年9月17号，我用一年多的时间，平均每个月写一万字，终于把它写完了。所以，他当时写不出，这个坏事反倒变成好事了。事物的辩证法就是如此。如果勉强让他写出来，那学术价值就很难说了。自己写，我个人的学术思想、我的文字风格等至少是统一的，是一个完整的东西。

如果说80年代搞电影史，主要是一种职务的要求的话，那么这一次就是自觉自愿。我只要完成书记处书记的任务就行了，没有哪个领导规定，我必须写这个电影史。可我还是做了。从深层次讲，也并不意外。经过二十多年的社会动荡和个人坎坷经历，我对历史，尤其是中国当代史产生了浓厚的兴趣。史学之父希罗德①讲："不懂历史的人永远是个孩子。"我不能再当孩子了，我在国际政治学院开中国当代文学史课、搞公案小说史都是这个想法，搞电影史也是这个想法。其次，也有这个可能。我的青年时代，从1952年考进电影学校，一直到1958年被踢出电影界，是跟新中国电影一起成长的。这个新中国电影对我的价值观、审美观的形成起了很大的作用。它所宣扬的英雄主义、爱国主义、集体主义精神；它在美学上的阳刚之美；它的叙事蒙太奇与对列蒙太奇这种叙事的方式；影像风格方面，50年代开创的那种质朴的风格，都有特点。我觉得60年代跟50年代的电影相比，在艺术上、技术上有长足的进步，但是在质朴风格方面不如50年代。你看一看《新儿女英雄传》出来的那个日本人，那种感觉，那个演日本人的演员太接近真实了！你再看看《南征北战》里演连长的那个演员，这个人叫刘沛然，后来当了导演，导了《林海雪原》等几部片子。他在片中就

---

① 希罗德（约前484—前425）：多译为"希罗多德"，古希腊历史学家。

是演一个连长，台词很少，厚厚的嘴唇，那两步走，那就是没有表演的表演。现在的演员，你再也找不到那种感觉了，诸如此类的例子太多了！当然，它在制作上还比较粗糙，那时新中国电影刚起步，也不能苛求。

尽管我1957年划为右派以后，被踢出电影界，但我无法把这段历史从我的心灵当中抹去。我"发配"到青海以后，还在搞戏剧，在剧团所管的"青海剧场"里头，经常放电影，我常去看，基本上没有断。所以说，我有一种十七年电影的情结解不开，它和我的青春、我的生命、我的命运融为一体，尽管从理性上，我觉得它在艺术上不如40年代战后的电影水准高，确实不如，但是从感情上，对这段历史我割舍不掉。这可以说是我愿意并敢于写这段电影史的一个思想和业务基础。

启：但这段电影中有很多反人性的东西……

孟：关于这个问题，我也有同感，但没有你想的那么深。我想，早在1942年，毛主席在《在延安文艺座谈会上的讲话》①中就提出要反对人性论。解放后，电影的功能既然定位为阶级斗争的工具，那么，在理论和创作中批判人性论就势所难免。但在十七年电影的实践中，也有对美好人性赞赏的作品，这不仅表现在一大批边缘化的影片中，在主流影片中也不少见。我在《新中国电影艺术史》中，尤其是在大讲"阶级斗争"的60年代这一段，就是要尽可能地挖掘它的人性因素，哪怕有一点点我也把它挖掘出来，可以说用心良苦。所以我对《阿诗玛》、《早春二月》、《舞台姐妹》，还有类似于这样的影片都给予很大的篇幅，每部都是在三千字左右，而其他的我就不给这么多的篇幅，甚至一笔带过；有些影片中有反人性的东西，就像农民弄一点儿自留地或做点儿小买卖什么的，青年工人买条呢料裤子，就认为人家是走资本主义道路，我是批判的。我甚至认为这是对农民的一种剥夺！《李双双》中的喜旺，过去的评论，一向认为他是中间人物，我则从人性的角度给

---

①《在延安文艺座谈会上的讲话》：毛泽东1942年5月在延安举行的文艺座谈会上的讲话。1943年10月19日在延安《解放日报》正式发表。简称《讲话》。

予重新全释，认为他有人情味儿，很善良，是维系中国社会稳定的一种可取的因素，不应作为中间人物予以否定。也可以算作一种新意吧。诸如此类，我之所以选择十七年电影，还有一种要从实际出发的考虑：电影史研究尤其是以影片史为主型的艺术研究，不同于文学研究。没有大量的活生生的影像资料，光凭文字材料，你怎么做审美评价？如40年代的战后进步电影，艺术上很有光彩，但很多影像资料早已湮灭，像《假凤虚凰》，直到80年代中期，编剧桑弧才设法从意大利复制了一个录像带回来……即便是国内有拷贝或影带，看一部要数十上百元，谁给你出这笔费用？而十七年这段电影的影像资料，相对来说，则比较容易得到。

毛主席文艺路线

启：《电影艺术》让我给他们写一篇文章，关于周扬、夏衍和陈荒煤三人的关系和（他们的）艺术见解，对十七年电影的影响。在我看来，他们的见解基本是一致的，都是忠于毛主席文艺路线的。

孟：我在最近完成的《新中国电影艺术史》的后半部分中，也是这么说的。不论是周扬还是比他更左的江青、张春桥，他们和夏衍、陈荒煤，都是毛泽东文艺思想派。有人——如上海的陈思和甚至说，连胡风都不能说是反毛泽东文艺的。胡风在一些私人通信中对毛泽东《讲话》中的某些论断说三道四，有过非议，但在他公开的言论中还没有发现——可能是我孤陋寡闻。双方都是毛泽东文艺思想派，只是强调的方面不同，江青、张春桥等强调毛著中的文艺的政治功能，如团结人民、教育人民，打击敌人，消灭敌人等；夏、陈则重视毛著的艺术功能——如"缺乏艺术性的作品，无论政治上怎样进步，也是没有力量的"之类。在这类问题上，他们之间有时也会发生摩擦，甚至冲突。

在新中国电影史上涉及文艺路线和电影管理体制的还有一个人，就是首任电影局长袁牧之。他早在1951年前后，就提出要在北京西山的黑山扈建立一个"电影村",被总理否定了,说它是"中国的好莱坞",这对袁牧之无疑是一个很大的打击。还听到另一种说法,说"电影村"的构想,实际上是由江青提出来的,或者至少是她点过头的。但这事儿挨批的时候,袁牧之却全揽在自己身上,使江青摆脱了干系。当时江青还只是个处级干部。袁牧之在"文革"中之所以能安然度过,据说同江青的保护有关。半个世纪过去了,笼罩在"电影村"上空的仍是一团迷雾,成为建国之初电影史上的四大谜之一。实际上,批"中国式好莱坞"思想,只是总理在一次范围很小的内部会议上讲的,属于工作中的问题,严格讲,也算不上批判,但对袁牧之的打击却很大,而他的爱妻也是战友的陈波儿的猝死,对他的打击更大。还有就是深层次的,就是批《武训传》,因为《武训传》出台,正好是在他当政期间,他不能说是没有责任。①

那个时候,电影业机关化倾向已突显,针对这点,他提出了中国电影要实行企业化管理,虽然这和咱们现在说的产业化还不同,改革主要是在经营管理层面上进行,但在"只算政治账,不算经济账"的思想已开始露头的时候,能提出这个主张,很不容易。这说明他很有远见。他不仅是新中国电影的开拓者,也可以说是新中国电影产业化的先驱者。

启:您说他这个电影企业化的思想在什么地方体现出来?有文字的东西吗?

孟:有。大概是在1949年初,也就是他来北京以前,或者更早一些,他还在东影时提出来的。有据可查的是,他于1950年1月10日作的"新年讲话"。他说,"从今年起,除电影局作为行政机构外,其余所有直属单位(三大厂、三小厂、六公司等)均即试行企业化……"②他清醒地知道,电影即使在新中国强调具有阶级斗争功能的历史条件

---

① 1952年1月5日,袁牧之在中央电影局整风学习学委会上做了题为《两年来的电影工作及今后任务》的发言,对电影局的工作做了检讨。

② 这个"讲话"刊于中央电影局的《业务通讯》第1期(1950年3月10日出版)。

下，也不应该仅仅作为党的宣传工具，而应该同时考虑艺术、市场和电影自身的运作规律。他认为像电影这样一种大众化的艺术，如果完全脱离市场，意识形态也会落空。同时应该说，袁牧之对电影的功能有着较全面的认识，既坚持了"以工农兵为主导"的方针，又能在一定时期内容忍其他题材的影片存在。但他的这种主张在《武训传》挨批后，就行不通了。

启：其实，这种改革的思潮在电影界一直暗自涌动。1956年，蔡楚生率团出访欧洲诸国回来，就提出了电影体制改革的意见。比如，借鉴法国的办法，改革演员剧团。咱们的演员没戏，十分苦恼。

孟：这也是势所难免。因为文艺方向和体制都变了。刚解放的时候，来自国统区的演员，被认为不可能表达工农兵，因此他们一直坐冷板凳，只有白杨、秦怡、张瑞芳这几个政治思想上被认为是进步的才有可能，其实她们演的角色也不是很多。张瑞芳是非常努力的，在《李双双》之前，她在《南征北战》中演了一个女民兵队长，事前就深入生活，千方百计往工农兵上靠，那才过关了。解放以后，秦怡演了一部影片《两家春》，她演一个农村大姑娘嫁给了一个小女婿；还在《农家乐》里演女农民。她很投入，但很难说是地道的农村妇女。不过，秦怡解放前演的都是《遥远的爱》、《大地回春》这类知识妇女角色，解放以后你让她演这个，实在是勉为其难。能演成那样，已经很不容易了。上官云珠因为家庭婚姻出了问题，几次结婚、离婚，最后给她下命令，停演三年，三年都不让她上戏。1956年毛泽东到上海接见电影工作者，听说上官云珠还当面向他哭了一鼻子。在这以前，她在革命历史题材影片《南岛风云》中演了一个护士长，相当成功，这个人也非常要强。

启：您对蔡楚生访欧回来的报告中提出的"三自一中心"如何评价？

孟："三自一中心"是在50年代中期中国电影事业改革迈出的很大的一步，不得了。在这个大背景下，我差点儿参加了吕班组织的"春天喜剧社"，我那时候已经给领导贾霁写了个报告，我打算离开《中国电影》杂志去那儿，当然不可能被批准。

启：如果没有1957年的反右，而按"三自一中心"的思路来搞，中国电影应该是什么景观？

孟：那，中国电影这个时候的杰出影片，它的艺术水准，我觉得可以跟世界上最顶级的影片媲美。

启：十七年我们总共生产了600多部电影，同时期的香港和台湾，一个是2000多部，一个是4000多部。

孟：有说630部的，有说650部的，这里包括戏曲片，戏曲片在当时也属于艺术片范畴，但跟现在说的艺术片概念还不一样。

启：我记得，您在一篇文章里提到，您从十七年的电影中挑出了20部经典。您的评选标准是什么？

孟：这20部经典是我在《中国经典的历史启示》[①]一文中提出的，是为纪念中国电影百年而写的。经过再三思索，1949年后的十七年中，我只选了《我这一辈子》、《祝福》、《林则徐》、《林家铺子》、《早春二月》这几部，大都是名著改编的，可能褊狭了一点。《我这一辈子》还是上海私营"文华"出品的。这部影片骨子里头的文化气质、艺术风格，还是1947年前后那个现实主义传统的延续，尽管解放以后石挥为了追求进步，把人物拔高，加了好多阶级斗争的内容，但总体来说文化色彩还是比较浓的。《林家铺子》、《早春二月》也当之无愧。去年还是前年，有一位海外导演可能是吴宇森看了《早春二月》以后，说我们中国大陆的电影里还是有能够达到世界级的水平的。但跟世界顶级经典相比，差距就出来了。就拿历史片来说，同黑泽明的《罗生门》比较，我们现在拍的许多所谓历史大片，有几部能超越的？从叙事、视角、光影、造型，尤其是立意、哲理上都达不到。《罗生门》提出一个问题来，就是事实与言说之间的错位，这把人类致命的弱点给抓住了。同一件事情，四个人会说出四种情况来。你看看我们的影片，哪有这样深刻？所以我翻来覆去、挑来挑去以后，在中国电影十七年600部里

[①] 载《电影艺术》，2006（1）。

头我就选了那几部。我曾经想把《青春之歌》、《农奴》等片放进去，犹豫再三，还是拿出来了，它们的意识形态性还是太重，恐怕海外观众很难接受。现在讲软实力，如果没有既能反映中国文化，又能体现普世价值观的文化产品，恐怕还是走不出去，也谈不上什么文化实力。

可是，我为什么还要从总体上肯定这十七年呢？我在书里已做出了回答。这里只强调一点：因为这个时期的电影艺术家尤其是三四十年代成长起来的，像史东山、汤晓丹、张骏祥、刘琼、郑君里、桑弧、谢晋等这样一批来自国统区的艺术家，他们在解放以后，在严峻的政治斗争夹缝当中，竟能没有完全舍弃中国好的电影文化传统，他们有意无意地把它们糅进来，太不容易了！多次政治运动没有把他们的文化之根给除掉，那就是"五四"追求的民主的、科学的文化传统，还有经典好莱坞的叙事传统，还有40年代中国本土的现实主义的精神，没有被洗干净，这条文化的血脉没有被彻底斩断。当然，这是一种隐性存在。即使是来自解放区的一批编导，像水华、谢铁骊，以至林农、李俊等，也很善于吸取世界电影文化中的好东西，拍出了有艺术生命的影片。这些，我们不能否定。后来毛泽东发现这么搞不行，认为他们已跌到修正主义边缘。光从局部的、文艺思想这些方面解决不了问题，必须要进行全面的专政，于是搞了"文化大革命"。

"文化大革命"实质上是一场政治大革命，最后就是把六亿人的六亿脑子变成一个脑子了。人们似乎很省心，就是不要用自己的脑子了，只要有语录本就行了。统一思想能够统一到这样的程度，真可以说史无前例。历史上任何帝王，从秦始皇一直到朱元璋，他们都没有能够做到如此地统一思想，也就是他们无法使所有的民众都按照他的头脑来思考，但毛泽东在一定的时期内却做到了，这真是一个"伟大的奇迹"。在这种极端的情况下搞出来的东西，总体上看，当然就很难肯定了。但即使在那个思想大一统的时代，也有异端。这方面的例子也不少。

启：十七年文艺跟政治连得太密切了。

孟：文艺的功能就定位在为政治服务上，60年代后，更缩小到"为无产阶级政治服务"上，路子越来越窄。十七年文艺，实际上，是文艺工作者最忠实地执行了毛泽东的《讲话》的,结果却被他否定了。

启:您对十七年电影有一个结论,这十七年是紧跟毛主席文艺路线最坚定的十七年。

孟:也许说贯彻了他的《讲话》精神更确切一些。这两者有联系,但也有区别。夏、陈这些人是拥护并执行了《讲话》精神的,所以把他们打成反党、反社会主义、反毛泽东思想的文艺黑线很荒谬,但又是可以理解的。我写的电影史这样说:毛的这"两个批示"①下来以后,使整个电影界人士极为震动!就是无法理解,能够接受和理解者寥寥无几,能理解的人不敢说一个也没有,但绝大多数人感到困惑、不解。正是这十七年当中,广大的电影工作者,无论是来自国统区的还是来自解放区的,都忠实地按照他老人家的《讲话》的精神和要求,深入工农兵,热诚地歌颂他们的。但是没想到,结果自己却变成了一个反对毛泽东思想的文艺黑线人物,而且是跌到了修正主义的边缘。但是,那个时候毛主席已被看做是真理的化身,面对真理的化身所做出的批示,人们除了自己反省自己,自己检查自己,还能说什么呢?没别的出路!不过,疏离《讲话》精神的也有,主要在解放初期、"双百"提出后、文艺政策调整这三个时期,理论上的代表就是所谓"黑八论"。创作上就是那些边缘化的作品。这些边缘化的作品,像《我们夫妇之间》、《关连长》等,还有些介于主流与边缘之间的作品,如1956年"双百"方针出来时拍的《青春的脚步》、《不拘小节的人》等。即使是这些,也不能说是反对《讲话》的,但不久,便都被陈荒煤给当"白旗"拔了,24部电影都被当"白旗"拔了。实际上,它们只是多了点人情

---

① 两个文艺批示:指毛泽东1963年12月12日关于艺术工作方面存在的问题给中共北京市委负责人彭真、刘仁的批示和1964年6月27日在中宣部《关于全国文联和各协会整风情况的报告(草案)》上的批示。第一个文艺批示说:文化部是"帝王将相部"、"才子佳人部"、"外国死人部"。第二个批示说:文艺界各协会和他们所掌握的刊物的大多数"不执行党的政策,做官当老爷,不去接近工农兵,不去反映社会主义的革命和建设。最近几年,竟然跌到了修正主义的边缘。"("中共十一届三中全会以后,中共中央正式宣布,这两个批示对文艺工作的指责不符合实际情况,并且被后来的《部队文艺工作座谈会纪要》所利用,产生了严重的后果。"引《邓小平文选》第二卷,第296页,第126注)

味儿，多了点儿爱情。这反映了陈荒煤"左"的一面，也就是他和张春桥他们一致的一面。但他很快就又纠正了，这又反映了他"开明"的一面。《早春二月》后来为什么被批，也是说它宣扬了人道主义，实际上它也没有离开毛主席的《讲话》精神，只能说有点疏离，片中主角最后不是走向"时代洪流"了嘛，实际上也就是说：我要投奔大革命去了。它是个开放式结构。

再回到十七年文艺，它的本质、它的主流、它的特点是《讲话》的产物，尽管有一些人有些时候对它有所疏离。但毛泽东本人却基本上把它们给否定了。这是个悲剧。为什么否定？因为毛泽东本人变了，他是个不断革命论者，他的《讲话》是在特定的历史条件下，是1942年发表的，是新民主主义政治和文化理念的产物。但是经过这么长时间以后，他本人也在变化着，而且变化很大。这个时候，你即使按照他1942年的《讲话》精神搞也不行了，他要的是革命浪漫主义，要在中国乃至全世界搞他的乌托邦社会主义，搞军事共产主义，"五七指示"就是标志。他要建立新的世界、新的审美境界，最后他发现了样板戏，觉得这才是他理想的艺术世界，那些不食人间烟火，只是"胸怀祖国，放眼世界"的"革命"主角，才是他理想的新人。江青最了解他的这些想法，"呕心沥血"地"培植"了那些样板戏。如果说他在"文革"中的"五七指示"，体现了他的社会理想的话，那么样板戏则寄托了他的审美理想。

启：后来搞成一个"夏陈路线"，1964年毛泽东批示以后，文化部就整风，好几个文化部副部长全给撤了。

孟：对。除了夏、陈外，下台的还有党组书记、副部长齐燕铭，茅盾实际上是挂名部长。夏陈倒台的时候，齐燕铭也很快不行了。后来调南京军区副政委肖望东和作家刘白羽来当了副部长，还有山西太原市委书记李琦，调来当副部长，还有一个可能是少将颜金生。

启：文化革命"三支两军"，就是纯解放军，是当时中国"左"倾的一个堡垒。

孟：林彪讲的很尖锐，也很坦率，就是"丘八管秀才"①。肖望东当文化部党组书记的时候就这么干了,"文革"中,青海省军区司令刘贤权到文化部②当领导,就是要军管。刘贤权是三十八军军长,颜金生是新疆军区副政委,肖望东也一样啊,都是打仗的将军。他们谁懂艺术谁懂文艺啊,再早一些,像文革前《红日》③这样的片子,那也是上海卫戍区司令员王必成中将亲自定的调,实际上涟水一战我们打败了④,编剧瞿白音和导演汤晓丹拍的时候已经这样拍了,它就是一个败仗,他们已经这样写了、拍了,但是后来王必成说不能这样写,涟水失败不能写,要回避。当然,《红日》仍不失为一部好片子,这同王将军的支持也是分不开的。

解放以后这十七年,还要看到已经生成的社会文化氛围。这个社会氛围的生成也值得我们深思,就是它并不是谁下了命令以后把一部影片禁的,而是社会不宽容,已形成一种传统。我觉得我们中国可悲和可怕的事,不仅是长官意志,而且还有社会力量,我们长期处在专制体制下,不但是有那么一批长官,而且我们的一些民众,在"左"倾思潮影响下也是很左。比如《红日》,不但将军,就是战士也是这样反映,说涟水失败不能写,必须回避,只能说胜利的。再比如说,最近我看了60年代的《青年鲁班》,是史东山的儿子史大千⑤拍的一部关于工人生活的片子,他本来写了一些很人性的东西,但是一些工人看了以后通不过。我们在中国文学史、中国电影史上可以找到好多好多在长期的封建专制下被扼杀的好作品的例子。一些"读者来信"常用的一句责备的话就是"难道生活就是你们写的那个样子吗?"我们再回

---

① "丘八管秀才":是林彪的一句名言。"丘八"这两个字合在一起就是一个"兵"字,是指当兵的人。在林彪看来,文化领域不存在什么专业,不过是集中了一批政治上不可靠的文人,而军人就可以从政治上把他们管起来。

② 文化部当时叫"文化组"。

③ 《红日》:上海天马电影制片厂1963年出品,导演汤晓丹。

④ 在解放战争初期,我军根本不具备进行大规模城市保卫战的能力,在淮阴、张家口、四平保卫战中均告失败。盲目地以死保要点而采用城市保卫战是战役失败的主要原因,这属于战略错误。

⑤ 史大千(1929—1985):浙江海宁人,中国电影导演。电影导演史东山之子。

到1947年，中国一部最出色的喜剧影片《假凤虚凰》①，我认为这个电影是中国电影史上最好的喜剧，但是这个喜剧并不是因为国民党的什么中宣部长，或审查官什么禁的，而是理发工人起来罢工，认为石挥扮演的理发师丑化了他们。"文革"中有些人被打死，到底也找不到打死他的人，大家一哄而上就把他打死了，你说一定就是江青下的命令吗？或者是陈伯达下的命令吗？有些是的，有些就不是。红卫兵整个起来以后，连主席也控制不住，它已经造成这个氛围了。所以在政治和艺术之间还有一个中介层，就是社会氛围。我们分析十七年的电影，在说到政治决定艺术的时候，也不能脱离当时特定的社会氛围，这种文化风气一旦形成以后，反过来又影响创作者。

我虽然基本上肯定了这十七年的电影，但我对它反思和批判的力度也很大。不必看全书，你只要看看"前言"和"结束语"，也许就会认同这点。我对这段电影有感情，也有话要说，但我最钦佩的还是40年代电影，就是战后1946年到1949年，这三年是中国电影史上艺术创造最辉煌的时期。像《小城之春》这样的诗情现实主义电影，可以列入世界级的电影经典之列，它的文化价值、艺术价值是很高的；像社会写实派电影《一江春水向东流》，也是难以超越的，90年代初有个台湾电影人访问影协的时候，他说打败蒋介石800万军队的不仅有人民解放军，也有《一江春水向东流》，这很能说明它的政治功能、艺术功能。据说国民党政府给《一江春水向东流》颁过奖，但是我没有查到资料。

启：国民党上海文化艺术委员会曾给这个片子评了个中正奖，10部片子其中有6部是进步电影，《一江春水向东流》独占鳌头。

孟：它超越了意识形态的樊篱。这就是现实主义的魅力。《中国电影发展史》对《一江春水向东流》获得"中正奖"一事完全规避，根本就没提这件事。

启：1949年以后出版的电影史普遍认为，进步影人在那个时

---

① 《假凤虚凰》：文华影业公司1947年出品，导演黄佐临。

代一直在受迫害，进步电影都被剪得七零八落。

孟：对。这倒也是事实。说国民党怎么把有些"进步片"剪得乱七八糟，不准它们出世。《乌鸦与麻雀》的剧本被迫藏在屋梁上，后来地下党员拿下来，解放后拍成影片。但是国民党对《一江春水向东流》确实是褒奖了，这是史实。如果按照意识形态标准，它是得不到中正奖的。

金鸡奖

启：您说这金鸡奖评奖绝对可以立一个专题，写一本书。

孟：是的，早在我分管金鸡奖评奖前的80年代，就出现过好多的麻烦，最突出的就是《野山》。这个片子被评为最佳故事片奖后，上面意见很大，中央书记处还专门为此事开了个会，把影协当时主持工作的副主席苏云叫去问话。你想，一个电影评奖竟然惊动了中央书记处，由总书记胡耀邦亲自处理，这在中国电影史上也是罕见的，现在的人很难想像。有关这方面的情况，老前辈于敏在《金鸡评述一纪》①的小册子里提到了，但比较简略。罗艺军在一篇文章里说得比较详尽。我今天着重要谈的是90年代，我接手这项工作时的一些情况。

90年代以后出现了新情况、新问题。有个大的背景，就是人所共知的八九年政治风波。这一风波不只对电影界，而且对整个思想文化界以至全社会，影响之大，难以言说。我们回顾90年代的评奖，不能离开这个特定的历史背景。有些年轻人往往不理解：为什么那时会去拍那些意识形态那么强的片子啊，怎么还会有那样吹捧的发言呢？怎么会有那样的评委评出那样的获奖影片呢？如果把这些电影、这些评委、这些评论放在那个特定的历史背景下，你就会觉得没什么可奇怪的。我们是生活在特定的时代环境中的人，可以说是历史的人质。当

---

① 《金鸡评述一纪》：北京，中国电影出版社，2001。

然，能超越的人也有，但不多。

我的理解，这个奖不同于百花奖，不同于华表奖，它以专业性、学术性见长，有人称之为专家奖。"学术、争鸣、民主"的评奖原则，至今仍具有生命力。"六亲不认，只认作品，八面来风，自己掌舵，不抱成见，从善如流，充分协商，顾全大局。"的评奖精神，也很可贵。于敏在确立这些评奖原则方面作出过贡献。但也不是没有可议之处。如这八句中的"顾全大局"，我就有一点儿保留。因为"顾全大局"有时跟学术原则相矛盾。

启：记得您提到过，90年代，你们这个班子对金鸡奖的评奖方式做了重大的改革。

孟：是的。随着改革开放的深入，娱乐片大潮的涌动，电影体制的改革，到了90年代，金鸡奖评奖颁奖的方式跟不上形势了。在80年代 虽然在别的方面已大步迈向市场经济，但电影总体上还是计划经济。当时影协的经济来源有保证，主要靠一"大"一"小"。"大"指的是《大众电影》，它发行900多万份。一本《大众电影》只挣一毛钱，影协就可以有一百万收入。那时候的100万可不是个小数字。一"大"之外，电影出版社的一"小"就是小人书，这个小人书挣钱也挣老了。所以那个时候，影协在经济上是相当富裕的。可是到了90年代，随着电影观众的逐渐减少，作为附着于电影市场的电影书刊的发行量也一路下滑，尤其是电影出版社和《大众电影》，作为独立核算单位，从影协分离出去后，影协的经济就逐渐陷入困境了。也就没那么多钱支持评奖了。而评奖是要花好多钱的啊。这个钱在80年代时，影协可以承担一部分，另外当地的政府也拿出一部分。

电影不景气，影协钱紧了。评奖颁奖面临危机。一个严重问题摆在我们面前——80年代那种颁奖方式不适用了。

启：原来是一种什么方式？

孟：基本上是一个总结会、表彰会。现场没有悬念，缺乏兴奋点。奖早就评出来了，评完了之后，就召开记者招待会，公布获奖者都是谁。社会上都知道了。两三个月以后，找个地方开颁奖会，再开个研讨会。颁奖大会没有任何悬念，颁完奖以后走人。获提名的电影人虽然也被邀请，但不来的也很多，因为他没有得奖，来干什么？其实，"提名"是仅次于获奖的一种荣誉。这不怪人家，我们没有给人家搭建一个能体现自己这个价值的平台。

启：我记得您跟我说过，原来没有悬念，后来采取了好莱坞式的方式。

孟：说好莱坞方式，并不准确，说奥斯卡，也许更准确一些。其实，我们只不过是吸收了它的一些同中国国情相适应的东西而已。但即便这样，在当时也受到一些人的质疑、抵制。在影协内部，一些有影响的老领导，出于善意，出于对金鸡奖的关爱，担心中国的金鸡会变成美国的火鸡。实际上，早在1989年那一届搞这项工作时，张清他们就想改革，但因为那一届出现了一些复杂情况，他们虽然迈出了很勇敢的一步，但没有能走下去。90年代，我们这届班子接手后，由于大背景的影响，头两年还照老路子走，但同时也不断听到来自影协内外的呼声：金鸡奖的评奖和颁奖方式要改革！尤其在1992年创建了"金鸡百花电影节"之后，改革势在必行。但这条路走得并不顺利，因为除了颁奖方式外，好多奖项和规定也要面临着修改。比如，在原先的条例里，儿童片虽然可以评最佳儿童片，但它不可以评单项，如最佳男、女主角等。你要报单项，就必须放弃最佳儿童片奖，改报最佳故事片奖。合拍片也有类似的规定。1992年这一届开评前，上海方面送来了《烛光里的微笑》，申报大奖——"最佳故事片"奖，同时又申报宋晓英为最佳女主角奖，按条例，这是可以的；但他们到会后，发现报大奖撞不过人家，又临时改报了儿童片奖，可报儿童片奖，按条例就得放弃这个单项，他们又不甘心，于是要求修改条例，但修改条例需要开主席团会，而这个会在政治风波后，上级领导机关根本就不批准。我们预料到这个情况，因此，在开评之前，党组几个人交换了意见，并且向上级中国文联、中宣部文艺局的有关领导作了汇报，决定今年还是照老条例执行。也就是说，《烛光里的微笑》要想拿最佳女主角奖，就不能报最佳儿童片奖，"鱼与熊掌"二者不可全得。我们知道这不尽合理，但当时只能这样做。从而引发了一场激烈的争论。争论主要在我和评委会主任之间展开。最后通过投票，13比12，以一票之多，把《烛光里的微笑》作为最佳儿童片选上了，而且宋晓英也获得了最佳女主角奖，上海方面如愿以偿，但我也面临着回北京后怎样向有关领导交代的问题。我觉得宋晓英获最佳女主角奖当之无愧。但我至今怀疑，这部影片能不能算作儿童片？因为它主要是成人视角，反映儿童的心智特点不够，也缺乏童趣。但按金鸡奖的六字评奖原则，在"学术、争鸣"四字之后，最后还得服从"民主"裁决。虽然只多一票，但它也是多数呀。这其中，固然有对"儿童片"的概念的理解问题，但我也清醒地知道，评委中确有一拨人偏向申报单位，所以我当时就想，唉！有时，多数也未必就代表真理，刘少奇当年被几乎是百分之百的中央委员举手表决永远开除出党，就是一例。如果《红楼梦》在当时的主流文人中投票，未必能获得最佳。各类奖项的"最佳"是各种力量博弈的结果，获奖作品中，未必部部都符合学术和艺术标准，不必过于看重。在风气不正的时候，更不必迷信所谓"多数"。这是我首次参加评奖时的一点感悟。

这一届，《大决战》无争议地拿到了大奖，但《周恩来》却只拿了个最佳男主角奖和化妆奖。经过评委协商、复议，最后给了个特别奖。但后来，有评委反映：《周恩来》的导演丁荫楠没有获得最佳导演奖是个遗憾。我个人看法，《周恩来》在表现传主的人格魅力方面，有些场面确实很感人，但从艺术的完整性上，不如丁荫楠以前的《孙中山》。《周恩来》中的有些戏，像林彪搞阴谋那一场，虽然很大胆，但在叙事风格上使人感到有点儿"跳"。

启：不深入了解"文革"和周恩来的，就根本看不懂这电影。我在瑞典讲学时候，讲过这个电影，所有人都没看懂，包括汉学家。

孟：是啊，历史背景过于复杂。

头年，也就是1991年评委主任是党组书记郭维，评委会工作组组长是我。组织工作由我同艺研部、组联部的主任一起操作。按照惯例和工作需要，领导班子中分管评奖的成员，必然是评委。当然，要有

孟犁野（右）和李凖（左）在电影金鸡奖评委会上（摄于1994年）

正高职称才好。八十年代初期，是程季华，后期是张清，我们这届既然评奖归我管，当然是我了。郭维他们知道这个惯例，所以提议我做评委，党组通过，文联也没有意见。但是，到名单正式上报的时候，我把我自己的名字勾掉了。

启：为什么呢？

孟：起因是一件小事：在我提交的评委名单中，有一位影协的备选评委没有被党组通过，不料这事被他本人知道了，找我来闹了一场……我想，这场戏还没有开锣，后台就闹开了。开评后更不知会有什么麻烦……我就把我的名字划掉了。总之，是想逃避这项工作。报上去以后，当时文联的一位领导一看，名单上没有我，就打电话问："孟犁野是分管评奖的，怎么没有他的名字？"郭维在电话里说："没办法，他自己把自己的名字给勾掉了。"那位领导说："那不行，在评委会里头，除了你挂帅当主任以外，党组还得有一个成员参加。"这样，就把张思涛给补上去了。这样，1991年这一届，我算是开溜了。

但1992年这一届，我再也无法逃脱了，因为后来文联那位领导见了我后,说:"你不应该回避,要知难而上。不要被某些权威吓倒。要敢于引导,当然,还要善于引导。"那时候,由于处在一个特殊的历史时期,上边特别强调"导向",各单位的党组,主要负责贯彻执行党的路线、方针、政策,拿评奖来说,获奖作品和人员中,不能有违反党的文艺方向的。主办的刊物也一样,党组必须把关,出了方向性问题,要追究责任。所以我终于想通了,一定要排除杂念,把评奖工作搞好。冷静下来后想,觉得条例中存在的问题也太多了,不只是儿童片能不能参评单项的问题,合拍片也有这个问题,还有评委任期要不要有限制的问题,问题多了。这样,在92届评奖快结束的时候,大概是6月6日这天吧,我邀请了一部分评委,就这个条例修改的事,征求他们的意见。到会的评委,记得有黄宗江、姜树森、腾进贤、李准、王迪、张郁强、李雪健等人。他们提出了许多很好的意见。从大连回到北京后,9月14日,我又分头找罗艺军、崔君衍、蔡师勇等人,继续征求意见;不久,又让组联部把这些意见归纳整理,再加上一张"征询意见表",就以影协的名义,发给全体理事和相关人士,还有广电部电影局和各个电影厂这些电影机构,进一步征求意见。记得共发出217份,收回55份 当中有谢晋、张艺谋、张瑞芳、吴贻弓、谢飞、张暖忻、郑洞天、梅朵等,他们都有很中肯的意见。给我留下深刻印象的是张艺谋,由他口授,程小东执笔的回函,足有四千字,大概意思是,希望合拍片也设立单项奖,也就是说,如果合拍片获奖,其中的编、导、演、摄……都应该享有像大陆故事片创作人员那样的待遇。所有这些意见,都为以后条例的修改打下了很扎实的基础。当时阻力最大的是关于评奖方式的改革。这我前面已说了一些。应该说,质疑与反对"当场揭晓"的人并不多,但其中有参与金鸡奖创立的资深人士,他的话虽不能说一言九鼎,但也绝不可轻视。早在1989年那次改革尝试中,他就对这种做法明确表示反对,但那一次尝试中道夭折了,他也就没有必要再提此事了。但大概是在1992年10月底吧,他在一篇公开发表的文章中,又重提此事。这篇长文全面阐述了金鸡奖的特色、评奖的原则和精神,尤其是它的学术性,可以被看作是对金鸡奖评奖十年的一次总结，是一次历史的回顾，也有现实指导性，对我们帮助、启发很大。但他在这篇文章中同时又提出："'金鸡'要唱出自己的调门，而不是外国火鸡的调门。"不过，我当时的想法是，这两者也未必就水火不容，在保持金鸡奖学术性的前提下，吸收一点奥斯卡"当场揭晓"的颁奖方法，又有何不可呢？到1993年第十三届评奖正式开始前，老爷子又拿出一个"书面发言"，发给全体评委，主要内容是针对当时影协某位领导工作中的民主作风等提出意见的。有理有据，令我敬佩。但其中涉及金鸡奖评奖改革的一些意见，我却不敢苟同，比如说："有骨头的中国人，何必抄袭'奥斯卡'造成爆炸性新闻效果"。而我们认为金鸡奖再怎么改，也不可能变成美国的火鸡。奥斯卡是几千人投票，投票人的身份复杂①，而我们只有25位评委，最少时只有19位，最多也没有超过29位，以电影艺术家和评论家为主，我们能照搬吗？因为"书面发言"涉及到影协某些敏感的问题，超出了评委会的职权范围，所以，评委会主任没有把它拿到会上讨论。按照会议议程，该干什么还干什么。评完奖，讨论金鸡奖改革时，绝大多数评委同意改革，只在具体操作上有点儿分歧，但气氛极好。有评委提议，还是回到1989年那届的做法，也就是一次"过"，但略加改进：即评出结果，在场的人都知道，公证处公证后封存，几个月后颁奖时，当场揭晓。我当时表示这恐怕行不通，因为很难保密。我们这25位评委，谁能保得住回家后，不跟自己的家人说？或者跟哥们儿说？就算评委能做到，工作人员呢？所以请大家再考虑。

启：那您的具体建议是什么？

孟：我建议是不是可以分两个阶段进行，第一阶段叫"初评"，咱

---

① 奥斯卡投票机制：从2010年奥斯卡奖开始，恢复1934年起实施了10年左右的"优先排名"投票方式。根据这一机制，近6000名评委每人都要对获提名的10部影片进行排序，从第一名排到最后一名。计票人员先对所有选票中被排在第一名的影片进行统计，如果某部影片的票数过半，那么这部影片直接胜出。如果没有影片票数过半，那么获得最少票数的一部影片则被淘汰。投票给这部被淘汰影片的评委，他们所评出的第二名影片于是顺升为第一名，参与新一轮的统计和淘汰，这个过程将一直持续下去，直至有一部电影获得半数以上的票数为止。

们先把"提名"评出来，接着上报中宣部、上报文联，而且要告知社会；第二个阶段叫"终评"，到终评的时候，咱们集中到颁奖典礼城市的宾馆，加以全封闭管理，直到终评结束。这个意见得到评委们的认同后，决定当年，也就是1993年就开始试行。地点是在广州。评委们从宾馆直接到大会场，由评委会主任萧穆当场揭晓。这一下，就引起轰动来了。这届最佳故事片提名有《秋菊打官司》、《大撒把》等好几部，最佳导演的提名我记得很清楚，有张艺谋和夏刚。初评提名的时候，张艺谋遥遥领先，夏刚票数跟他有一定距离。在大会场，很多人分析，非张艺谋莫属，可以说是十拿九稳，已没什么悬念了。结果，出人意料来了个爆炸性的——是夏刚！那台下就掌声一片。这个时候夏刚自己也根本没想到。他参加颁奖晚会以前，本来不想穿礼服的；但是他夫人孟朱说，不管咱能不能获得最佳，为了表示对这个奖的尊重也得穿。因为金鸡奖这次改革，通知中也要求大家注意着装——这种场合你必须穿得庄重一点。夏刚当时就在我斜前方坐着，突然一宣布，他愣了一下，大家一鼓掌，他才站起来上去领奖。这就形成了一个轰动效应。颁奖不只是一个表彰会了，而是带有戏剧性了，再穿插一些品位高的表演，就具有观赏性了，有看头了，把它节目化了。那么当时我的心里头一下踏实了——金鸡奖这次改革试验成功了。但是在这之前，压力确实是比较大的，这在前面说了。但我们对心有疑虑甚至反对的人，也给予理解，采取了"不争论"的态度，以柔克刚，闷头干下去。是非成败，让实践去检验，不是老说："实践是检验真理的唯一标准"吗？

  以后，不仅金鸡奖，就是国内别的评奖，也先后走了这条路。不久，《北京日报》文艺部主任彭俐约我写稿。我回北京后，写了一篇《93金鸡唱新声》，大约有两千字，也算是一个小结吧，发表在当年12月10日《北京日报》的"影视谏言"栏内，后来还得了一个文艺评论二等奖。

  1994年，主席团会终于获准召开，但只准研究一个问题，就是通过金鸡奖条例的改革，我在会上就此作了汇报，顺利通过。程序也走完了。当然，以后几届来自各方的干扰和压力还不断出现，有些压力的来头比这次大多了。但目前说这些的时机还不成熟,只能等待来日,或者也许从此就永远湮灭了。没有办法,现在只能说到这个份儿上。

启:中国的进步就是靠自然淘汰的,一茬子一茬子的老人去世,然后年轻人顶过来。

孟:你这个认识是非常清醒的,我通过自己坎坷的经历和这次金鸡奖的改革啊,深深地体会到这点。鲁迅讲过一句话:在中国,要搬动一张桌子都是要流血的。这句话真是说到家了。1992年以前,电影体制改革跟其他文化体制改革一样,都是滞后的。电影管理体制改革是在小平同志1992年南巡讲话以后,到1993年这才开始。在这以前的1987年就想改革。那年,即将离任的电影局长石方禹亲口跟我讲的:搞了一个改革方案,行不通,只好落荒而逃。"落荒而逃"是他的原话。改革的大气候没有形成前,个人的作用是很有限的。

1990年我已经59岁了,都准备就要退了,但这时候突然宣布我进领导班子,我事前毫无所知。别人是60岁下岗,我是60岁上岗。我59岁走进影协的领导班子,直到1997年10月,我的工作交给了继任者蔡师勇,但直到一年以后,1993年的11月,我才正式办了退休手续,给了我一年的过渡时间,我还当了一届评委。金鸡奖我搞了八九届了,退休后我就给新班子在这方面当个参谋。这以后,我把有限的精力就集中在写《新中国电影艺术史》的后半部分上——就差1960到1965年这一段了。

孟犁野在北京与家人合影(摄于80年代中期)

孟犁野访问匈牙利（摄于1995年）

【采访手记】

我想起采访孟犁野，是因为看过他的《新中国电影史》。他的研究路向与我相似，都是集中在毛泽东时代。作为晚辈同行，我很想借此机会向他请教。他当时只有77岁，距离80岁的规定还差3年。在受访者的队列口，他是应该往后排的。但是当我听说，他有糖尿病，并且脑梗塞的时候，我决定把他从队尾提到队前。

孟先生身材修长，白肤银发，双目炯炯，朗朗一笑间，露出缝隙很宽的门牙。我第一次见他，与他谈采访的事，他接过访谈提纲，细读了一遍，说："我这儿有本书稿，你拿回去看看。看完了，咱俩再谈。" 这是一本自传性的回忆录，题目是《闪回：1957 触电记》。只写到了"文革"前。他后来跟我解释,完成这一回忆录,是他生前的两大心愿之一。而他的另一大心愿——写完十七年电影史的后半截,占去了他的时间和精力。他担心天不假年,完成不了回忆录。我十分肯定地告诉他,口述采访将为他完成这一心愿。

《闪回:1957触电记》文笔清通,描述生动。作者的生平经历、思想性格俱在其中。这是一部血泪之作,一部反思之书,一部真实的个人命运史。在这里,你领略了人生的无常、世事的荒诞,你触摸到了一个才智丰盈却壮志未酬的灵魂。我放下书的第一件事,就是重写访谈提纲——删去枝蔓,略去常规,直接进入作者的心灵。我感到此行意义重大——自从南京大学陈远焕先生创办自印书收藏以来,不少大学及国家图书馆都开展了这项业务。我相信,这本书应该成为大学图书馆的藏品。

孟先生不但是一个"富矿",而且是一个很好的受访者。他事先做了大量的功课,写下了谈话要点。他的谈话条理清晰,逻辑性强。让录音整理者头疼不已的是他那特有的表达方式:他那顺畅、明晰的表述常常在结尾的时候把最后几个字含糊掉。开始我以为这是历次政治运动留下的后遗症,或是他90年代初担任影协书记时养成的官场病。后来,我发现,这种推测是主观臆断——孟先生对历史、对社会、对艺术,尤其是对近六十年来的政治的尖锐明睿的月旦,一针见血的评说,在说明他有足够的胆气说出他的思考——只要对话者是他信任的人。这种特殊的表达方式,仅仅是他的说话习惯。它似乎出于礼貌、客气和谦虚。

在我的口述采访经历中,孟先生的采访时间是较长的,我与摄像师前后去他家8次,录音16个小时,摄像14小时。与大多数采访一样,当那些悲惨往事冲击心灵时,主访者与受访人一样哽咽难言。口述是社会的教科书,是人生的忏悔录。它荡涤浊气,净化心灵。

大约是看多了《夹边沟纪事》一类的书,也可能是出于专业的兴趣,孟先生关于金鸡奖的评奖改革的叙述引起了我的高度注意。他手中保存着十几个记事本,详细记录了90年代他任书记时金鸡奖的评奖内幕,我动员他在适当的时候将这些资料交电影资料馆,他捻须微笑,若有所思。

(启之)

王秀媛访谈录

采 访 人：陈墨
摄　　像：王家祥
采访时间：2009年2月24日至3月10日
采访时长：13小时
采访地点：北京·王秀媛家中
录音整理：江川
文本选编：李镇

受访人简介：

　　王秀媛，女，1934年出生，吉林长春人。中国电影资料馆的日本电影研究专家，中影公司前总经理胡健先生的夫人。1950—1954年在东北军区空军司令部安东空军基地工作。1956—1958年在外交学院进修俄语。1958年参与中国电影资料馆建馆筹备工作。"文革"干校期间自学日语。1976年在文学艺术研究所图书资料馆工作。1979年调回中国电影资料馆外片整理组工作。新时期开始专门做日本电影资料的搜集、整理和研究，直至退休。曾发表有关日本电影的文章《一九八三年日本电影概述》、《战后的日本电影》、《贫困、女性、喜剧——日本电影传统的一个侧面》等数十篇，曾为郑雪来先生主编的《世界电影鉴赏辞典》(1—4编)撰稿。翻译《幸福黄手绢》、《远山的呼唤》、《秋刀鱼的味道》、《男人的烦恼》、《W的悲剧》、《电影天地》、《战场上快乐的圣诞节》等日本电影剧本。1987—1988年，曾作为访问学者赴日考察，参与第二次日本电影展选片。1989年受日本电影研究中心邀请参加经典电影研讨会。1993年2月1日至25日,赴日本参与第三次日本电影展选片。

求学·参军

陈:请谈谈您的教育背景,初小时,您在新京读书,对此您有哪些记忆?1943年,您随父母搬家到哈尔滨,此后您上了两年日本小学,日本小学课程设置与中文小学有怎样的差异?光复以后,您又在哪里就读?

王:我1934年出生在长春,那时候是伪满洲国①,长春叫"新京"②。我的记忆是从西安桥小学开始的。1940年到1943年,我从一年级读到四年级。日本统治的时候,课程都是"日满亲善"这类。那时候没有历史课,就是语文、算术、体育、音乐、图画等。语文第一课是"皇帝陛下万岁万岁",对一年级小孩来说"皇帝陛下"这些字特别难记,所以我印象很深。小学教育贯穿了"日满亲善"思想,要求我们要跟日本小朋友见面打招呼,实际上没有人那样去做,但是什么地方都讲"日满亲善",就怕中国人对日本人有敌视。四年级以后,我父亲被调到哈尔滨,就是伪满洲国的滨江省③,比现在的黑龙江省小一点。我父亲是给日本人做事的,日语很好,他也希望我们受日本的教育,把我送到"白梅日本小学"④。我在长春已经念到四年级,到日本小学上课语言跟不上,就从三年级开始上。我数学还行,语文就差劲点,所以

---

① 伪满洲国:(1931-1945),是1931年"九一八事变"后,日本侵略者利用前清废帝爱新觉罗·溥仪在东北建立的一个傀儡政权。

② 新京:1932年3月9日伪满洲国成立,在长春城区及近郊设新京市,定为"国都"。

③ 1934年12月1日伪满洲国施行"新行政区划",把原来沿袭民国的辽吉黑热四省改为吉林、龙江、黑河、三江、滨江、间岛、安东、奉天、锦州、热河、兴安西、南、东、北14省。

④ 受访者提到的"白梅日本小学"可能是"日本白梅在满国民学校",是一所日本侨民子弟学校,创建于伪满康德六年,即1939年。

王秀媛（分别摄于50年代初、50年代中、50年代末）

每天晚上我的班主任到家里来给我辅导，那大概是我父亲联系的。那个老师姓"横田"，是个女老师，她每天来把我的课补一补，另外练习练习日语对话，我逐渐就跟上了。学校经常组织看电影，都是日本电影，战争片、纪录片比较多，那时候是"大东亚战争"，所以没有什么喜欢的。还有就是参拜神社，哈尔滨那儿也有神社，一学年大概有一次，老师带着全校排队去参拜。再就是旅游，他们叫远足。我在日本小学念了两年多一点，上到五年级，直到1945年哈尔滨光复。

1945年到1946年之间，将近一年时间我没上学。1946年的后半年，民主联军①进城了，共产党掌控了哈尔滨。我就在经纬小学②重读四年级。我学习努力，参加社会活动都挺积极的。我记得小学号召给前方战士写慰问信，我是全校写得最多的。1947年学校组织秧歌队演出，宣传买公债，我很积极地参加。1948年，我考上哈尔滨四中③。四中是共产党最早宣传的学校，合唱队、演出活动我都参加。

---

① 1945年8月，抗战胜利前夕，在苏联的抗日联军随苏军反攻而回到东北，并配合苏联红军展开对日作战。1945年10月，东北抗日联军改称东北人民自治军。所以受访者提到"1946年的后半年"，应该称之为东北人民自治军。

② 哈尔滨市经纬小学：创建于1941年。

③ 哈尔滨市第四中学：创建于1946年，是哈尔滨解放初期由中国共产党创办的第一所中学。

陈：请您讲讲1949年10月1日新中国成立这一天的记忆。

王：在这儿之前，讲政治课的老师早就说过：1949年就要成立"中华人民共和国"了。没到10月，大家就盼望着这一天。那一天全市扭秧歌，举办提灯晚会，每人都提着纸糊的灯笼游行①，晚上各街道上灯火特别热闹。四中在政治上是最进步的，所以学校组织的活动轰轰烈烈。松花江的江边上的提灯晚会很特别，江北那边晚上都是灯火通明的，我们几个同学，包括有老胡②一块到江边上看放烟花。因为学校离江边挺远，我们没等烟花放完就回来了；我们路过监狱门口时，听监狱里面也在敲鼓扭秧歌庆祝。

陈：1950年12月您初中还没毕业，而且年龄也不到17岁，怎么会想到要去考空军干校？

王：1950年就开始"抗美援朝"了，学校几次动员大会讲抗美援朝的意义，同学发言表态。初中生不管毕业没毕业，自己报名就可以去了。12月的时候，军干校来统一招生，然后分到各个地方去。有的分到东北军区，有的在东北军区机要处，我被分到东北军区空军司令部，从那儿又分到安东空军基地③。抗美援朝是当时的第一重要任务，所以大家觉得参军是很自然的事情，不是你要参军人家就收你，还要政治审查，要各方面表现都比较好的。我参军以后是在空军预科，一开始的训练就明确准备做飞行员，后来没有去航校④，这半年是政治学习，还有就是交代家庭历史、社会关系、本人历史。我在安东基地的主要工作就是收听电台，记录新闻，那时候报纸来得很晚，收音机广

---

① 1949年10月1日的"提灯游行"：当时在北方很多大城市都很流行。哈尔滨的大游行活动在傍晚开始，每人提着自制的小灯笼参加。

② 老胡：胡健（1933—2009），山东黄县人，电影事业家。王秀媛的丈夫，曾任中国电影发行放映公司总经理。

③ 1951年3月在中朝边境安东（今丹东）成立"中朝人民空军联合司令部"，简称"空联司"。指挥所设在驻地数公里外的一个矿山顶上，是个野战指挥所，由矿上一处废弃的厂房简易修缮改造而成。

④ "航校"指的是1946年3月成立的东北民主联军航空学校，习惯称"东北老航校"，位于吉林省通化市，这是中国人民解放军第一所航空学校。

播的消息比较早，记录下来交给首长看。部队比在学校生活好多了，我们算空军的志愿军，后勤蛮好的。

家庭·婚姻

陈：请谈谈您的家庭。您小时候对父亲的身份和工作是否了解？您的母亲是怎样的一个人？您觉得您的个性是受父亲的影响大还是受母亲的影响大？您觉得家庭对您的人生有怎样的影响？

王：我父亲家里很穷，他小时候念书比较好，所以村子让他上了公学堂，又去日本早稻田大学留学，学的是商学①。他回来以后在大连办报纸②。后来好像做过伪满洲国总理张景惠的秘书官，做过水产司司长③。我的家庭生活环境比较和谐，父亲比较温和，对我和我妹妹都挺爱护的，我性格上受父亲影响大一些。父亲很注意养生，他信佛教，经常讲一些佛教的东西。

1960年我父亲被特赦释放④，住在我家，他已经被改造得很热爱劳动了。我跟我父亲也没有什么太多的话可以说，他走的时候我很小。他回来得挺突然的，事先没有通知。他有时候到崇文旅馆学习。后来他到南苑农场劳动，在那儿有地方住，到礼拜六才回来。他当时64岁了，

---

① 受访人的父亲王子衡1901年—1912年在原籍私塾读书；1913年入旅顺中学，1918年毕业；1919年入日本东京早稻田大学政治经济科，1922年毕业。
② 王子衡1923年—1924年任大连《关东报》编辑长；1931年4月—10月任《关东报》主笔。
③ 王子衡1932年3月—5月担任伪满监察院监察官；1932年6月—1936年10月担任伪满国务院总务厅秘书官，后兼任该总务厅人事处给与科长，不久转任调查科长；1936年11月—1938年6月任伪国务院总务厅秘书官；1938年7月任伪满黑河省长；1939年1月任伪满产业部畜产司长；1940年5月任伪满兴农部农政司长，后转任农产司长；1941年6月任伪满协和会中央本部指导部长。1943年6月任伪满滨江省长。
④ 1945年8月，王子衡在沈阳被苏联红军俘获，1950年被移交给中国政府，一直关押于抚顺"东北战犯管理所"。1960年9月17日，根据全国人大常委会第9次会议做出的《关于特赦确实改恶从善的罪犯的决定》和国家主席刘少奇发布的《中华人民共和国主席特赦令》，对伪满在押战犯进行安置。1960年11月28日，王子衡作为第二批被特赦的4名战犯之一被释放。

身体挺好的。不久，政协分了他一个两间的民房，在白塔寺。后来我妈跟我们说，爸爸分配工作了。当时我觉得我爸挺高兴的，他经常说"我还要继续改造"这些话。1961年9月他开始到政协上班了，在我这儿住的时间不是太长。他分配工作以后的工资待遇还挺高的，一个月100块钱，没有什么级别，属于文史馆的专员。我那时候工资是56块钱。1964年到1965年，我下放到山东，胡健那时候在阿尔及利亚，我父母亲两个人照顾我女儿，他们就搬到我家来了。

我母亲是地主家庭，我姥爷好像在外面做教育方面的事情，我不太清楚。他们的成分应该是大地主。我母亲是我姥爷的第二个女儿。我母亲念师范，当过小学教员，结婚的时候，她大概是我父亲工作地方的打字员。这都没有经过证实。

我对家庭出身思想上没有什么压力，包括参军，以及到资料馆以后，一直没有。我觉得领导对我是肯定的，我自己也是努力的。"文化大革命"以后我总结：我在资料馆参加劳动最多，每次有外出劳动，都有我，一个人的时候也有我，四个人的时候也有我，大批下放的时候，更得有我。其实这是领导的安排，为什么每次劳动都想到我，就是我的出身不好，需要多改造。

陈：能否讲讲您和胡老的恋爱过程？1956年您随胡健先生调到北京，是先安排工作，还是先报考大学？您的大学情结很重，您觉得主要原因是什么？

王： 在哈尔滨四中的时候，我们都是文艺骨干，但我们不在一个班，他比我高一年级。但是搞社会活动基本上都在一块。我对他的印象挺好的，他能照顾别人；后来老胡在学校工作了，初三上半年，学校留他做音乐老师①。他工作以后，我们接触比较多，他有时候晚上工作完了，有空就来聊聊，对我的家庭情况比较了解。我住校，生活上比较紧，虽然有助学金，可是伙食费涨了，助学金没涨；那时候我母亲不在哈尔滨住。我的助学金是25元，伙食费需要30块钱，差5块钱，

---

① 当时的哈尔滨市第四中学除了有初中之外，还有师范班和工人班。

他就支援了我一段时间。

参军的时候我们也没有明确关系。那时候部队规定女兵不可以跟外边的男同志有来往，包括通信，指导员有权拆看我们的信件。我就中断了和老胡的联系。老胡当时大概有点不理解。1953年我去参加运动会，在沈阳，他问我是怎么回事，我向他做了解释，他就明白了。那时候他已经到电影公司。他希望还保持关系，我也同意了。1954年转业之前，我路过沈阳，又跟老胡碰面。他很支持我继续上学，还说到了将来结婚，我们的关系就算明确了。

我在四中原来的班主任当了市中等教育科的科长，他同意我回四中上高中。就这样，1954年2月，我在部队办理了转业手续，上了哈尔滨四中的高中一年级的下半学期。我上到高三的时候，老胡在沈阳的中影公司干部训练班。趁着假期，我们在训练班里开了个会，算是结婚的仪式，我用转业费做了两床被子，老胡借了七十块钱，买了点糖。

结婚之后我就和他一块到北京来了。我的高三下半截的功课就在北京补了半年。1956年的夏天，我考上了北京师范学院的中文系。这是我的第二志愿，第一志愿本来想读外语学院，因为分数不够。师范学院录取我的时候，王辉正好在组建电影资料馆，王辉曾是沈阳干部训练班的领导。

陈：北京师范学院录取了，您为什么没去？1956年，您被组织选派去外交学院学俄语，当时外交学院刚刚成立不久吧？请您谈谈学校当时的概况。您当时是带薪学习吗？1958年4月为什么提前从外交学院回到电影资料馆筹备处参加工作？

王：我不想上中文系，想学俄语，师范学院也有俄文系，我去联系能不能转系，没转成，我就不去了。电影公司学俄文的人不够，所以老胡就跟王辉谈这个事儿，王辉说将来到资料馆工作就行了。就这样，到9月份开学的时候，我直接由资料馆送到外交学院去代训①。代

---

① 1957年7月，王秀媛从中影公司调入资料馆筹备处，从中影公司调入的还有：王传君、孙文清、王延池、曹莲学、辛广华、李邦珍、杨素萱、袁甦民、邵功游、郭熙康等。同时，还从其他单位调入了谷若娜等人。

训是各个外事单位送的学员,两年制。没有别的文化课,就是俄语,有翻译课、语言课、口语课。学了不到两年,后来就"反右"了,老师们的心思也不都在教课上,第三个学期基本上不讲课了,王辉就把我调回资料馆。刚到资料馆的时候,资料馆的建制是五个组:行政组、联络组、整理组、资料组、片库。1958年4月,我到了资料组。

"四清"·"文革"

陈:1961年,您的工作有所变动,具体负责哪些工作?

王:1961、1962年期间我从农村高碑店下放回来以后,在新成立的供片组,有四个人,两个放映员,我是负责对外接待供片,再一个就是组长刘谦。供片的对象各个单位都有,但是有一定的界线。中南海的,不管内容,要什么给什么;北影、西影、长影等电影单位有一个标准;除了电影单位的艺术单位也有一个标准。比如说戏剧学院,尺度上有掌握,供片组长就可以批。另外有一些非文艺团体的,大概要经过馆长批准。

陈:1962年前后,您曾利用业余时间到人民大学新闻系旁听过日语课程,这是单位的安排,还是自己的选择?您学习过俄语,为何还要学习第二外语?您小时候曾上过日语学校,这对您重新学习日语有多大帮助?

王:我在供片组的时候,王辉让我自己去找可以学日语的地方,他大概准备将来让我搞日本片的整理,我就在报纸上找到人民大学新闻系的一个日语课的广告。每个礼拜要抽出一个上午去人民大学,我就这样把日语学了一下。大学新闻系都是讲一些政治性的单篇的文章,所以是似懂非懂跟着学。老师是一个日本人。我在那儿听了一年。还是有收获的,起码耳朵都熟悉熟悉。有时候跟同学他们互相练话我也可以听一听。听了一年,后来我就下放了,去了山东。

陈:请谈谈您在山东劳动锻炼的经历,这一过程中您有哪些收获与感受?后来您又如何被选派参加"四清"运动的?您是在什么地方

王秀媛下放山东农村（摄于20世纪70年代）

参加"四清"运动的？请谈谈您在"四清"运动中的经历和见闻。

王：我们有四个人，施小韵、周淑珍、李家禄和我。我们下放的地方是山东临沂专区的沂源县，现在是临沂市了，那个地方是个山区，解放战争的时候，支援前线做得很好。有一部电影叫《红日》，是描写解放战争的，就是在那儿打的。文化部下放到临沂的有历史博物馆、革命博物馆、美术出版社、故宫、荣宝斋等单位，每个单位去的人数不等。

那个地方是很苦的，挺落后的，人们没见过火车、汽车，就在山区里头，几乎一辈子不洗澡，从小生下来洗过一次，再就没洗过澡。一个村子就一口井，也没有洗澡的习惯，一说洗洗脸，好像还挺奢侈的。我们被分到小队，然后被分到各家去"同吃、同住、同劳动"。那里的姑娘跟我们一起劳动，姑娘们长得其实都挺好的，正是十五六岁的时候，也爱美。她们看我们经常洗脸洗衣服，也挺向往的。我们天天都洗，哪怕住在村子北头，井在南头，我们再累也得挑水洗脸洗衣服。我们去了有一些好的影响，比如在卫生习惯上，起码十五六岁的姑娘们都天天洗脸了，不洗脸也拿个干净点的毛巾擦一擦。

生活是非常困难的。一年一个人的口粮如果能达到200斤粮食或者400斤的白薯，就算大丰收了。因为白薯压分量，所以是400斤。一般达不到。就吃用面糊糊和菜叶做成的"糊涂"。因为我们是下放的，一个月交6块钱伙食费，贴补同住的农家全家，他们可以买点粮食，给我们熬点粥，吃点粮食做的煎饼。他们一般是把白薯叶晒干磨成粉和白薯面混起来做煎饼。给我们摊煎饼是用小米、玉米等粮食。煎饼不是每顿都有，有的时候没有，光喝粥，饿得挺快的。

我们是跟荣宝斋和美术出版社的人在一块儿，12个人，分散到贫下中农家庭去吃饭。原来是说一年之后就回来的，赶上"四清"了，当时的文化部提出要求，希望大伙在那儿多留一留，帮助当地的干部搞搞"四清"，就留在那儿了。四清工作队的时候开始还是那个公社，换了一个村，后来又换公社了，反正是临沂地区。我们过八月节能吃到月饼，老乡根本买不起。我们大队驻扎在公社，大队决定每个乡的干部可以买一斤月饼，还不能叫老乡看见，偷偷地吃。规定要"同吃、同住、同劳动"——"三同"，按要求在哪家吃，就在哪家住。因为我们的"代饭户"家有四个孩子，全家只有一张用玉米秸编的床，我们没法跟他们同住。他们相当困难，这些老乡对我们特别好，临走的时候，他们把我们送到公路上，我们顺着公路，往县城里走了，他们就跟着走，一个劲地哭，他们就感觉是当年的八路军打仗的时候似的。

陈：除了劳累、不卫生、不习惯，其他的心情上没有什么不好？

王： 其实还是挺愉快的，每天干活，回来洗洗就没什么了。晚上在夜校教他们认字，还教唱歌，唱歌比较多一点。心情上就是想家，想孩子怎么安排。时间长了也就眼不见，心不烦。我们是过了春节下去的，劳动了一年，中间春节回来呆了几天，再回去搞了半年"四清"，中间不能回来，春夏秋冬是一个完整的体验。

跟他们一块儿劳动觉得还挺愉快的。劳动强度很大，那都是山区，没有大块的土地，都是很小的一块地，山上老是有石头滚下来，总得捡石头，不像北方的地。那儿都是一块块很小的梯田，也用不上机器。

收麦子的时候最累，太阳晒着，把收的麦子赶紧磨了，晒干了磨了就做给我们吃饺子，老乡有东西了很舍得给我们吃。我们说："你们平常都不舍得吃，到过年的时候留一点吧。"他们说："不不，你们在我们这儿，我们跟你们借不少光了，我们也能吃到。"他们那儿连汤带饺子一块儿盛；有的时候吃带汤的面条。一般收麦子的时候他们也不太舍得多吃，还得交公粮什么的，生活真是太苦了。

陈：1965年您结束下放与"四清"回到电影资料馆的时候，是否感到此时的工作环境有很大的变化？此时您的业务工作是什么？当时政治学习、业务工作、体力劳动各占多少比例？

王：6月回来的。资料馆从东总部搬到德外了①，我没参加这个搬家。片库和资料、馆部都在北京8.75电影洗印厂那儿。回来第二年的5月就是"文化大革命"。这一年，我就在资料组，资料都整理得挺好，偶尔来一点搜集来的，再插进去就行了。制片厂新拍的影片，会给我们一定数量的文图资料，就插到口袋里。那时候也有外国的译制片，资料不多。

陈：请您谈谈您在"文革"中的经历和见闻。您第一次参与批斗"走资派"时有怎样的感受？您第一次见到有关您的大字报是怎样的心情？您当时是否想到要写大字报为自己辩护？当有人将针对您的大字报贴到您的住所门外，您是如何应付的？

王：六七月份沈阳军区派工作队来了，成立革委会②，我就记得8月以前经常出去参加别单位的斗走资派的大会。去北影斗汪洋是工作队和革委会领导的。北影的大摄影棚都坐满了，他们本厂的人就挺多，还有外单位来参观的。斗汪洋的时候，就都事先布置好了，无论你是不是真发言，对走资派是不是认识都要举手。他要点谁发言都有布置

---

① 1964年10月，中国电影资料馆由东总部胡同迁至德外什方院原北京副食品研究所旧址。

② 1966年6月16日，以沈阳部队武凯为首的工作队9人进馆，宣布一切权力归工作队。将张子舫、田云汉、李邦珍送进设在社会主义学院的文化部集训班，让冀连参加馆的领导工作。

的。电影口的各个单位都派来工作队，都是沈阳军区的。

我觉得每天叫大家伙准备，在那儿也不知道写什么，没人发言，斗争也开展不起来，现在还不是时机。我说这个时间太紧张，准备不出什么。后来批我的大字报出来了，就贴在资料组进门的墙上，说我反对斗争走资派，反对革委会，反对革委会就是反对无产阶级文化大革命。窗台上放了毛笔和墨盒，大字报底下一大块空白，谁支持谁签名。我来的时候一看，很多人签名，我特别莫名其妙，感觉委屈，我觉得革委会是组织，我跟组织上反映我的真实想法，反映我们大家伙的感觉，说得都是实话，怎么就反对无产阶级文化大革命了，挨不上。后来我就想找工作队谈一谈，我想解放军应该是讲道理的。可是工作队没有人跟我说话。我觉得这下可糟了，我成了反革命了，谁也不理我。这样过了两三天，我想是不是应该糊一张当时怎么谈话的大字报，后来一想，没有用，那样的话反倒惹来更多的麻烦。大家都是一天到晚翻毛主席语录，我也在那儿翻。

就这样过了好几天，有一天我家门口贴着"本院住着一个大汉奸的女儿王秀媛，在"文化大革命"中，她煽阴风，点鬼火，反对革委会，反对革委会就是反对无产阶级大革命，希望街道上的红卫兵密切监视她的行动。"——是资料馆的红卫兵写的。

陈：这张大字报没有人把它撕掉吗？

王：谁也不敢撕，在这期间，我当然就老老实实，不说话了。因为运动往前走了，开始斗龚涟了。也没有人再给我贴大字报什么的，我女儿那时候很小，她也不知道，就在大字报旁边走来走去玩儿跳皮筋什么的，她也不懂。后来红卫兵写了一个道歉的大字报贴在院里的水池子旁边。内容大概是"请你放下包袱，积极参加文化大革命"，事情到这儿就算结束了。

陈：您"文革"期间是您处境好一点，还是胡总的处境好一点？

王：不太一样。他是一个中层干部。斗争走资派头的时候，总是把他们那些人捎带上。但是也没有专门开过他的会。公司好像是还不太像我们那样胡来，不过那时候我们也没有心思太多的交流。有一段时间，他们都住在公司，我们也都住到资料馆。正好有一个保姆看着孩子。

陈：1970年，您听到工宣队宣布电影资料馆部分人员下放到湖北咸宁干校名单时，觉得大部分下放人员都是有问题的人吗？您在干校中的主要工作是什么？您当时与胡健先生同在干校，但却在不同连队，一般多长时间见一面？您是因何原因决定要带自己的儿子去干校？在干校中有哪些值得记忆的经历和见闻？

王：1970年我们下放到咸宁的人还是挺多的，咸宁离武汉大概有一个小时的火车。离咸宁30里地有一个湖，围湖造田。文化部年初已经有先遣队去了，我们6月份去的。先遣队到那儿先把老乡的房子的情况都了解一下。一共25个连，挺庞大的干校。那个湖是干了的，就在那个湖里边，给各连分，一个连一片地，种稻子，挺大的湖。要求在那扎根，没有说什么时候回来。最好带家属，当时真有连老头、老太太、儿子、女儿都带着去了的。我们是1970年走的，我父母亲看我们的两个孩子；我妹妹是1971年走的，父母亲就看四个孩子，还真亏了老头老太太。

陈：我知道您在干校期间开始听广播日语，当时的主要动机是什么？不怕别人议论吗？您的自学坚持了多长时间？

王：1970年根本没时间，1971年，1972年，到1973年就比较松一点了。那时候咸宁那儿听上海广播电台挺清楚，偶尔听到有日语广播，我觉得能跟得上，没有什么书，资料组的同事杨乡是上海人，我就让她给我买教科书，赶上那"日语广播"就听，能听懂，也跟得上，就感兴趣。1973年的下半年回到北京接着又听，有的书接不上，让杨乡再给我买，当时没有什么太多的想法，没有想到以后把日语作为自己的专长。后来我回到资料馆以后，领导就让我搞日本片。

翻译·研究

陈：打倒"四人帮"的消息您是怎么得到的？当时是怎样的一种

心情?是否想到过这将是"文革"结束的重要标志?

王:1976年我到文研院,1979年又回电影资料馆。打倒"四人帮"的时候我在文研院,消息是上边传达的。那时候胡健大概在家里养病,他胃不好,有人到家里看他,打倒"四人帮"的消息还没公布的时候,看他的人好像是带了一点信息。打倒"四人帮"以后,每天都有游行,白天晚上都有游行。一个单位出去不止一次,最少都得参加一次了。还没有想到过"文化大革命"结束了。

陈:您是1976年的什么时候正式分配工作的?为何没有回到原单位中影公司的电影资料组,而是去了文学艺术研究所的图书资料馆?此后三年,您的主要工作是什么?

王 1976年分配工作,把我分到电影资料馆的东郊库,我根本不会漂洗影片,漂洗是一个技术活。我希望还回资料组,但是领导不同意。我听说李邦珍到文研院了,她说她那儿是资料分编,如果喜欢的话可以去,我就下决心了。她就跟李少白说,李少白在那儿的威望挺高的,这样我就到了文研院了,在那儿差不多呆了三年吧。打倒"四人帮"的时候我已经在文研院了,在文研院参加游行的。

陈:1979年您是如何调回电影资料馆的?

王:我跟王辉住一个院子,王辉经常在院子里浇花,我们经常接触,后来王辉说他回资料馆了[①]。我那时候每天还听日语,他知道了,大概他心里就有想法了。他说你回资料馆吧,现在资料馆的老人都让回原单位。我觉得在文研院呆得挺好的,他说你回资料馆还可以搞日本片,这让我动心了一点,后来就回去了。

陈:您回到资料馆搞的基本上是日本片吗?电影资料馆《大事记》上说,《库存影片目录》之12《日本新闻纪录影片目录》,以及之13《日本故事影片目录》是1977年完成的,这一记载是否有误?您参与过这两册库存影片目录的编纂工作吗?

---

① 1978年中国电影资料馆恢复建制,8月王辉到职,开始恢复中国电影资料馆的筹备工作。

王：我一直到退休就一直搞日本片，别的不管了。因为那时候人都齐备了，搞德文、英文、法文、西班牙文、意大利文的都有。库存日本片目录第一本大部分还是解放前的，该目录是李泽奎搞的，我来的时候已经形成初稿，但还有一些内容不完整，我回来之后就继续完善资料，从长影那边交过来的日本电影也编到目录里去了。之后，我就联系印刷厂印刷了。那时候有跟日本电影资料馆交换的原版片，我记得当时像《追捕》大概已经入库了，但是很少，我着手编的第二本日本片目录。

陈：您参加的日本杂志索引编纂是什么工作？

王：这是日常工作，牵扯到编目研究部的职责，编目研究组和各个语种的人都要把各语种库存的影片编进目录，这是比较明确的职责。当时我主张把杂志每一篇都要做卡片，然后把这些卡片都集中起来分总的类，这样无论自己使用，还是电影资料馆对外出借都比较方便。可是好像到我退休前为止，都没有很好地做起来。当时订的只有《电影旬报》这一个刊物，《映画旬报》以前有，后来停了。

陈：谈谈您参与郑雪来先生主编的《世界电影鉴赏辞典》①的约稿和写作情况。

王：这个编写比较严肃，当时开了几次会，研究这本书怎么编。具体管这个事的人是叫纪令仪，主编是郑雪来。后来确定下来：前面是简介，要有常规项目，后边是鉴赏。鉴赏这部分应该有点学术研究性质。四本《世界电影鉴赏辞典》里头都有我写的，第四编的时候我已经退休了，只写了一篇。参与的人都是搞各个国家电影的人，选片目是由各个作者自己去选。日本影片占的数量没有规定，第一编里面有的编不下就排到第二编里面了。

参与日本影片的撰稿人有我，还有洪旗，就是洪藏的儿子，他在影协。还有老专家李正伦，他一直是影协的，现在去世了。八一厂有

---

① 《世界电影鉴赏辞典》：主编郑雪来，副主编谷时宇、纪令仪。福州，福建教育出版社，1991。

一个搞日文的汪晓志。加上他就是四个人。

陈：这其中您觉得比较满意的文章是哪些？

王：像《幸福黄手绢》、《远山的呼唤》、《秋刀鱼的味道》、《男人的烦恼》等。《秋刀鱼的味道》是比较满意的，《幸福黄手绢》和《远山的呼唤》是比较满意的。

陈：一般写一个鉴赏，看片子最多看多少次？

王：有的片子没有那么方便的条件，就是凭过去看的印象。这里面有些不需要看片子，需要找点其他评论资料写在鉴赏里面，那得看原文资料。写《秋刀鱼的味道》，看了一些对小津安二郎的评论文章。写这一篇可能要一两个礼拜的时间。

陈：您还翻译过什么？

王：还有就是翻译一些剧本，有的长影配音就用了，比如《W的悲剧》、《电影天地》，还有大岛渚①的《战场上快乐的圣诞节》②、三村晴彦的《越过天城》③。翻译剧本是上班的时间，不是用一个集中的时间，有时间就翻，翻翻停停，可能一两个月吧。有问题再问问别人什么的。我记得翻《W的悲剧》那时候日本电影事业家森繁④到我家来，他跟胡健关系很好⑤，有些问题我还问他了，请他在家里吃饭，我顺便问他几个问题，他开玩笑，后来说这顿饭吃的还真不容易，左一个问

---

① 大岛渚（1932—）：日本导演，日本"新浪潮"电影的代表人物。
② 《战场上快乐的圣诞节》：又名《圣诞快乐，劳伦斯先生》，1983年日本和美国合拍影片，导演大岛渚。
③ 《越过天城》：松竹公司1983年出品，导演三村晴彦。
④ 森繁（？—2002）：日本人，供职于东光德间株式会社。
⑤ 森繁的父母在伪满洲国时期参加了殖民开拓团，从日本来到了"满洲"，落户于现在的辽宁省辽阳县。日本投降以后，14岁的森繁被国民党军队抓了壮丁，就此和家庭失去了联系。解放战争开始，他被解放军俘获，部队首长留他当了勤务员，闲时教他念书识字。1953年返回祖国日本。70年代他遇到德间康快，因为精通中文而被赏识，又因忠于职守而备获信任，成了德间康快和中国电影进行文化贸易的第一助手。森繁的父母在日本投降以后不久就被遣送回国，遗下一个不满周岁的女儿。80年代，胡健在辽阳郊区为森繁找到了他失散40多年的妹妹森敦子。日本东光德间株式会社在和中国进行电影交易时，森繁是德间的全权代表，他和中国方面接触最多的就是时任中影公司总经理的胡健。2002年，森繁因病去世。（资料来源：吴贻弓在新浪的博客"申江小吴"）

题右一个问题。他既然来了,有这个方便就尽量弄得准确一点。还有,可能是1995年后,我翻译了电视连续剧《青春家族》,翻了六集,中央一台公演过,是家庭剧。

陈:除了刚才提到的,还有哪些比较重要的文章?

王:还有山田洋次①写了一本书叫《我拍电影》,我摘译了几段。《文艺报》和《电影戏剧报》的记者要走了,他们过一阵子就过来,算约稿。但是我们给他们的回答是别限定我们,有时间我们就给他们写点。

陈:您是从什么时候开始参加《日本电影概况》的编纂工作的?在这一工作中,您的主要经验和感受是什么?

王:其实也是很偶然的。我觉得中国电影资料馆的编目研究部每个人工作职责不是很明确。比如新来一个影片,就把剧本整理出来翻译,这是不是工作职责都没有明确,而且各个语种好像都是这样。这种事也做不完,但也不是每天都来新片,没有新片就没什么事了。我当时想多做点事,因为对日本片熟悉,就写了一篇1983年的日本电影概况,投在1984年3月份《当代电影》上②。这完全不是什么任务,是自己想做的。资料和信息来源就是日本电影杂志。80年代资料馆进的日本故事片还算多的,有一些是我看过的,统计数字都是从他们杂志上找来的。这是我写的第一篇介绍性、研究性的文章。后来电影家协会出一种小白皮书叫《世界电影动态》,我写了《日本影片制片成本费情况》,是从日本电影杂志上取下来的一点东西,还有自己在别的方面找的资料写出来的。

影展·外事

陈:1985年7月18—24日,您随桑弧、罗艺军为团长的中国电

---

① 山田洋次(1931—):日本电影导演。擅长喜剧和反映普通平民生活的影片,1968—1995年拍摄的系列影片《寅次郎的故事》是其喜剧影片的代表作。

② 王秀媛:《一九八三年日本电影概述》,载《当代电影》,1984(3)。

影代表团去东京参加中国电影资料馆与日本国立近代美术馆电影中心、日本国际文化交流基金会联合举办的中国电影展①,您对此次活动有怎样的个人记忆?在日本期间,您访问了哪些地方?有怎样的观感?

王:团长是桑弧,副团长是罗艺军,还有郦苏元、解治秀和我,一共五个人。这次去参加的是日本办的中国电影回顾展的开幕式,这是我第一次去日本。见了很多人,第一次出去觉得各方面都挺新鲜的。罗艺军出面做了一个正式谈话。我们感觉到这次回顾展最大的缺陷就是没有开一个像样的座谈会。在日本,我们参观了近代美术馆、迪斯尼乐园,还有一个博览会。日本电影资料馆算上领导,一共才12个工作人员,在馆本部做事的也就七八个人,剩下的人在库房里,有时事情多就请一些临时工,平常就是12个人,包括编目,人家真是做了大量的事情。当然他们机械化、现代化的工具可能比咱们先进一点,但是整理库房都是挺繁琐的事。

陈:您与日本的哪些电影界人士有交往?

王:我在去日本之前接触过日本人,比如电影公司请栗原小卷、松板庆子、吉永小百合,还有一些日本男演员,因为电影公司搞日文的人数不够,他们知道我是搞日文的,就让我陪着一块去,我不是正式陪同。第一次陪栗原小卷去颐和园,开始不太熟练,因为那时候我跟日本人接触还少。有些事情书面上可以慢慢斟酌,说话的时候没时间斟酌了,交流起来比较勉强。有时候我的话不够准确,她笑,但是能听懂。后来接触多了就好一些,我觉得说外语一定要敢说,要张开嘴,你越不敢说,你就越不知道是对是错。我陪栗原小卷不是一次,因为电影公司那时没有女翻译,我作为一个陪同人员,讲话也方便一点,都是女人。有一点记得清楚的是谢晋请她吃饭,谢晋想请栗原小卷拍《清凉寺的钟声》,通过我跟栗原小卷谈,栗原小卷听说谢晋请她拍这个戏

---

① 本次"中国电影回顾展"由中国电影资料馆和日本电影中心、日本国际文化交流基金会联合举办,展映了我国20世纪20—50年代《劳工的爱情》、《春蚕》、《乌鸦与麻雀》等40部影片。

特别高兴。后来他们在杭州拍戏，休息期间我跟老胡一块去过，栗原小卷那次还带着她妈妈来了。

还有，我陪松板庆子去过天津，大概是参加一个日本电影周。

我们陪高仓健一块去内蒙古的呼和浩特时间比较长。高仓健挺喜欢骑马的，我们参加了他们那儿一个特别为日本演员准备的赛马活动，高仓健也参加了。高仓健跟影片里的形象差不多，谈笑很少。有时候他在宴会上刚一要吃点东西记者来采访，他就很听话地放下。最后看他没怎么吃饭，宴会就结束了，所以晚上人少的时候再单独给他做一点什么吃，比如面条。他后来说中国菜很好吃，很想吃，但是没有时间吃。他跟老胡见面的时候，我给他们做翻译。他很有礼貌，你要是跟他谈起什么，他会很认真地谈，但是他很少说些其他的话。他总是很认真地在想什么事。还有一次是谢晋到日本去，碰巧我跟老胡也在日本，有个高仓健的好朋友在那儿开中国餐馆，是中国人，他请客吃饭，我们一块都参加了。这次还有森繁，基本上是他来翻译。

在中国的时候，我们就接触过佐藤纯弥①，他导演过《一盘没有下完的棋》②。1987年12月底我在日本，东光德间③开忘年会④，除了他们本公司的人，他们另外请一些有来往的友人，那次我也去了。佐藤纯弥可能是东光德间大映公司的导演，他一直陪同我。忘年会基本就是自助餐，佐藤纯弥拍了那么多好片子，但是很平易近人，他带着我

---

① 佐藤纯弥（1932—）：日本电影导演。擅长把虚构的故事拍成具有强烈真实感和悬念的影片，代表作有《追捕》、《人证》、《敦煌》等。

②《一盘没有下完的棋》：北京电影制片厂和东光德间株式会社于1981年合作拍摄，由佐藤纯弥和段吉顺执导。是中日复交以后两国共同编剧、共同导演、联合演出、联合摄制的第一部影片。在中日建交10周年之际，这部电影与两国观众同时见面。

③ 东光德间：即日本东光德间株式会社。该公司不仅经营图书，而且还涉足电影发行，尤其是从70年代末以来一直是日本唯一一家专从中国向日本引进和发行中国电影的民间机构。

④ 忘年会：是日本组织或机构在每年年底举行的传统习俗，聚会中大家回顾过去一年的成绩、准备迎接新年的挑战。忘年会一般会以宴会形式在居酒屋举行，同事们一边喝酒、一边互相勉励并回顾过去的一年。这种习俗与日本的新年会同样是每年例行活动的重要一部分。

一起去，告诉我日本菜哪个好吃，哪个不好吃。

陈：1985年10月份第一次日本电影回顾展在北京举行了电影研讨会，您对此次影展和研讨会有怎样的记忆？您写了《战后的日本电影》这篇论文，谈谈写作的经过？

王：《战后的日本电影》这篇文章不是为回顾展写的。回顾展开始前，我们需要准备介绍日本电影的资料。那时候就我一个人搞日本电影，当时我们的头儿是王永芳，他问我能不能找到这样的文章。我可能在1983年、1984年写《日本电影概况》的时候，因为接触一些日本电影，感觉有些东西需要按自己的想法、看法编辑一下，所以就写了另一篇文章，也不长，而且比较简单。我完全是出于兴趣写的，不是为回顾展写的，写这篇文章的时候日本回顾展还没开始。王永芳说拿来看看。我把原稿给陈笃忱看，陈笃忱说："文章写得很好，全面地准确地概括了战后日本电影情况，不需要进行修改。我觉得作为观摩资料的前言是很合适的。"《战后的日本电影》正好符合影展，因为那次差不多都是战后影片，五六十年代的，1947年、1946年的，都刚刚是战后，正好就用上了。这篇东西《文艺报》后来转载了。①

陈：您先说对第一次日本电影回顾展的记忆？

王：观众非常踊跃，票都买不上，因为那时候电影也比较少，观众对日本电影的印象都很好。但是这次选片当中，并不是大家想像的那样，大家想像的日本片应该是像《追捕》那一类。我们选的都是日本电影史上有点名气的作品，但是有些不太合乎观众口味。尽管是这样，观众买票也特别踊跃，甚至连内部买票都买不上。后来，我们也到上海、长春去放映。我去了长春，上海没去。长春是在长影厂的礼堂里面，是长春影协主办的。那时候没有字幕，都是现场翻译。我退休了以后又搞了一次，是录好音，在现场放录音。

我现场翻译的有《西鹤一代女》、《化石》、《青春残酷物语》、《七

---

① 王秀媛：《战后的日本电影》，转载于《世界知识》，1985（21）。

武士》、《雨月物语》等，都是看着翻译好的中文台本，银幕上讲到哪句话，就照着台本说。钱有珏、陈梅也去了长春，那时候只要拿着台本，基本上的意思不错就可以。到北京放映的时候也有我。现场翻译成为当时电影资料馆编目研究组的一项主要业务，因为那时候放资料片特别多，我们必须得去翻。我记得几乎一个礼拜要翻好几次高仓健演的《动乱》。还有一个俄语片叫《辩护词》，是戴光晰现场翻译的。还有一部美国片或者是英国片，名字我记不清了。大家都看这三部片子，一个礼拜不知道放映多少次，各单位都在资料馆看，我们在现场翻译。

陈： 那时候现场翻译一部影片有报酬吗？

王： 有，大概放映一本①给一块钱；影片如果是九本，就给九块钱。有的单位就说一部电影就十块吧，后来一部就十块了。如果一个片子十三本、十四本就给十五或者二十。那时候这种收入还不少呢，那时候物价低。我工资就五十六元。放映员那时候放一本片子大概只有几毛钱。

陈： 您翻译一场可以得九块钱或者十块钱，按照《动乱》一个星期如果放映五六场，就是五六十块钱了吧？

王： 对，能有那么多收入。现在听起来不算多，那时候还真挺高的。但是时间长了就不愿意老弄这个，因为太耽误时间了。而且挺费精力的，注意力老得集中，一下集中两三个小时。

赴日访问研究

陈： 1987年11月您去日本做访问研究，怎么得到这个机会？访问目标是什么？在日本做了哪些工作？访问了哪些地方？有哪些观感与收获？在日本访问期间，与陈景亮、陈梅一起为第二次日本电影回顾展选片，你们一共看了多少影片？最终选择了多少影片？选片的主要

---

① 一本：胶片单位，例如最常见的35mm电影拷贝，一本的长度约300m，可以连续放映约10分钟。

标准有哪些？选片过程中是否与日方有观点差异？此次选片过程中，您印象最深的事情是什么？

王：首先我有这个愿望，但是没有主动提过，陈景亮①大概比较了解，他和大场②怎么协定的我就不清楚了。但是我去的时候，陈景亮跟我谈，要求我更熟悉日本电影，锻炼口语，也要提高自己，就这么个目的。时间大概是三到五个月。没有具体的课题研究任务。电影资料馆的编目研究组挂了一个研究的名，实际上没有研究任务，愿意写点东西可以写，不写也没人要求。

到日本跟他们一样按时上下班，按时中午休息，中午休息时到外面吃碗面条，日本人很爱吃面条，他们也没有食堂。经费是交流基金提供的，大概还不少，我记得发给我一个月五十万日元，自己在那儿生活租房都从这里出。我那时候去也恰恰把这笔钱省下来了，我住在我女儿那儿，我女儿和女婿正好在那儿留学。住处虽然离电影资料馆远一点，但是坐电车还行。中午休息时都出去，跟大场他们一块到小饭馆，今天到这儿明天到那儿。平常他们做他们的事，我做我的。我按时上班，看他们的电影杂志，中国电影资料馆只有一份日本电影杂志，就是《电影旬报》，我在那儿可以看很多杂志。如果我想看哪些影片，就写下来交给大场，他给我从库里调过来排上；有的时候一天能看两部甚至三部。在日本期间除了选片③之外，我看了应该有百十来部电影了，我们选片就看了五六十部。另外就是像东宝、东映、松竹每当出来一部新片就会有一个招待会，他们都发给我招待券，我也去看。

日本电影资料馆的片子也不是很全，而且比中国电影资料馆穷多了，文部省①一年只给资料馆一部影片，就是在前十名②得奖当中选，不

---

① 陈景亮：1988年至2008年期间任中国电影资料馆馆长。
② 大场正敏：日本东京国立近代美术馆电影中心负责人。
③ 1988年1月，中国电影资料馆副馆长陈景亮与外联处陈梅应日本电影资料馆的约请，赴日本东京选看影片，为举办第二届日本电影回顾展做准备。

在日本进修（摄于1987年）

归资料馆选，是哪一部不一定。日本电影资料馆本身没有钱，要买拷贝的话得给制片厂钱。虽然资料馆是文部省①的下属单位，但是拨给他们的资金就没有买拷贝的钱。

陈：那是1987年，您看日本影片语言上有障碍吗？

王：可以看懂，因为不需要每部都给别人翻译，意思能看懂就行了。一句句翻是比较难的，有些牵扯到外交词汇、官方词汇的不太懂，但是总的意思能理解。我偶尔和大场一块去看，我不太懂的可以问他。他是馆长，有招待券的，但是有时候他没时间看。

陈：您当时有没有机会了解日本电影资料馆有多少"满映"的影片？

王：日本电影资料馆没有一点儿"满映"的东西；他们也没有收

---

① 文部省：全称"文部科学省"，是日本中央政府行政机关之一，负责统筹日本国内教育、科学技术、学术、文化及体育等事务。

② 日本《电影旬报》从1924年开始，每年由编辑们统计票数，选出年度十大佳片，最初是分为了"最佳艺术片"与"最佳娱乐片"两个部分来评选十大佳片，但都是外国电影。不过，从1926年开始，日本国内电影水平提高后，就变成了现行的"日本电影"与"外国电影"两个部分来评选十大佳片。

集这方面的胶片。也许他们没跟我说。我还记得我跟大场谈起来过,说我们有很多"满映"的影片,日本当时很多名导演,名摄影师都在"满映"。我有时候是在谈话当中跟他谈起过这个事,他说他们没有;他带我去片库里参观过,介绍过他们库里大概都有些什么影片。总的来说,我觉得他们没有。

陈:那次在日本还访问过别的地方吗?

王:更多的是去松竹电影制片厂,因为山田洋次在那儿。山田洋次到中国来的时候,我曾经陪他和松竹公司的人到天津逛街,就是陪松板庆子的那次,松板庆子就是松竹的演员。可以说,在国内我和山田洋次就认识了。我到东京之后,提出申请要求见他,通过资料馆跟他联系。我对山田洋次的《寅次郎的故事》比较感兴趣,所以采访了他几次,看他拍电影。松竹公司事务局搞行政的人也住在东京,他早晨走的时候等着我,这样可以带着我一块去,不然我也不认识松竹制片厂在哪。我去了几次,看到他们正在拍的戏。《寅次郎的故事》有一条街老在那儿拍。可惜我去的那几次都没看见演寅次郎的渥美清[1],我看见过倍赏千惠子,还有其他配角。山田洋次这个人很平易近人,他也来过中国几次。

陈:您做山田洋次的研究成果是什么?后来继续做下去了吗?

王:我写过几篇关于他的介绍文章,后来我退休了也就不写了。他的影片风格我挺喜欢的,都是轻喜剧,而且人情味很足,都是老百姓的家长里短。我觉得跟中国人特别接近,他的东西中国人爱看,也能看得懂。他是从小生在东北沈阳的,所以他对中国人特别友好。[2]

陈:您写山田洋次最初的计划是什么?

王:没有什么计划,当时就是看他的片子比较喜欢。另外,我陪

---

[1] 渥美清(1928—1996):日本电影演员。因主演山田洋次导演的48集"寅次郎"系列电影成名。

[2] 受访人记忆有误,山田洋次不是出生于中国。1931年9月13日山田洋次出生于大阪府丰中市,因为山田的父亲是当时满洲国的铁路设计师,所以在他两岁时,举家就搬到了中国东北,他的童年大部分时光在中国度过,直到二战结束之后才搬回日本。

他去过天津，在一块接触过。还有一次在大连，也是日本电影展，他和三船敏郎都去了，那次接触比较多一点。作为搞日本电影的人，我在电影之外又了解了他的一些事，就想写一写。我也写过三船敏郎，但是没有对山田洋次了解得多。

陈：您对三船敏郎有什么样的印象？

王：三船敏郎倒不像他在影片里的角色那样，他坐哪儿都是笔直的，武士那样，说话也是说一句算一句，他好像也是在中国长大的①。三船敏郎平常也是比较硬汉的那样。山田洋次平常跟一个老妈妈似的，说话细声细气的，跟别人很小声地说话。

陈：1989年陈景亮馆长受到日本电影研究中心的邀请，参加经典电影研讨会，您参与了准备吗？

王：本来这次是东京电影节期间，电影资料馆召集一个研讨会。对方电影资料馆邀请我了，但是电影资料馆跟东宝公司协商，让东宝负担我的费用，后来电影局没批，有关负责人认为资料馆没有必要参加电影节。我就自费去了，住我女儿那儿。咱们的影片那次参演的是《过年》。我在那儿待了有半个多月吧，看一些影片，体验一下电影节的气氛，挺热闹的，好像那条街上娱乐场所挺多的，好多电影院，拿着证到哪个电影院看都行，电影人都在那儿聚会。

退休

陈：我注意到您1994年60岁时才退休的，超过了电影资料馆女士退休的通常年限，您超龄退休是否因为有特殊需要呢？

王：跟我同时60岁退休的还有别人，戴光晰也是60以后退的。好像那时候没有明确说女同志要60岁退，但是也没有说55岁退，我的概

---

① 三船敏郎（1920—1977）：日本电影男演员。1920年4月1日出生于中国山东青岛。善于扮演粗犷、强悍、动作性强的粗线条人物，中年以后则以扮演首领人物为多。代表作有黑泽明导演的《罗生门》、《七武士》；垣浩导演的《不守法的阿松的一生》、《宫本武藏》等。

念就是到60岁才能退。后来又有一个说法是高级职称的可以多干几年，我一直也没问。我搞日本电影整理和研究是从45岁才开始的，起步太晚了。当然这以前是组织分配干什么就干什么，没有什么更多的想法，干什么就好好干。但是我觉得，我45岁到60岁，才干了15年，如果再干5年或者是几年就更好一点。

陈：您对中国电影资料馆的工作和日本电影研究，这两方面的工作有什么样的建议和意见？

王：最初几年，我接触的日本电影很少。日本电影最适合中国观众口味的时代已经过去了。对于现在的日本电影，可能中国人都不感兴趣。我现在有的时候看看《电影旬报》，都是一些新人，觉得莫名其妙。咱们国家现在也开始有一些电影是那样的，那些电影当然也值得研究。其实中日都在亚洲，有些地方还是挺相似的。他们对咱们30年代的一些片子特别感兴趣。影片在情节上、人情关系的处理上可能有些接近，所以互相都可以借鉴。最近几年日本电影进来的很少，咱们也没怎么看。

电影资料馆现在的规模还行，图书馆、研究室也越来越扩大，还招一些研究生。但是我觉得，在资料上，还应该再管理得更规范一点。不知道他们现在是不是用电脑来查询资料。

王秀媛和丈夫胡健在澳门（摄于2007年）

【采访手记】

　　王秀嫒老师是电影资料馆日本电影研究专家、中影公司前总经理胡健先生的夫人。她是中国电影资料馆的老人，1958年中国电影资料馆建馆时就在这里工作。她曾做过外国电影资料整理工作，新时期开始专门做日本电影资料的搜集、整理和研究，直至退休。曾发表有关日本电影的文章数十篇，曾为郑雪来先生主编的《世界电影鉴赏辞典》（1—4编）撰稿。

　　王老师的父亲曾任伪满洲国松江省省长（特赦后在北京市政协任职至去世），她本人则从中学时期就参加革命，初中未毕业即参加了中国人民志愿军。从部队转业后再度进入高中学习，并参加高考，后被中国电影发行放映公司送入外交学院学习俄语。王老师为人淳朴、心地善良而富有教养。不仅具有服从革命需要的工作热忱，更有不断求学丰富自己的可贵精神。当年从部队转业而重读高中，"文革"干校中开始自学日语，就是典型的例证。其孜孜不倦的求学精神和认真细致的工作态度，都让人印象深刻。对于个人的遭遇，尤其是政治运动压力下的心理创伤，王老师通常是沉默以对，事后则有不自觉的选择性遗忘。

　　王老师开始时不愿意接受我们的采访，后经胡健先生劝说才终于答应。在具体采访过程中，王老师相当认真，也相当坦诚。凡记忆与反思所及，都能够诚恳应答。但由于从预备采访到正式采访的时间间隔相对短，正式采访的时间又相对集中，采访人对王老师的个人经历、性格、记忆方式、心理特征了解得尚不够充分，因而在采访中对其深度记忆的触碰和反思线路的激发尚有不足之处。

　　对王老师的正式采访频率为每周2次，每次2小时至2小时30分，共进行了5次。

（陈墨）

吴青访谈录

采 访 人：陈墨
摄　　像：王家祥
采访时间：2009年6月3日至22日
采访时长：23小时
采访地点：北京·吴青家中
录音整理：江川
文本选编：李镇

受访人简介：

　　吴青，女，原名刘爱珠，曾用名刘零、青松，1928年生于上海，广东番禺人，共产党员。曾先后就读于北平大学工学院建筑系、北京师范大学音乐系。1949年进入中央电影局电影剧本创作所。1950年，调至中央电影局表演艺术研究所，开始从事表演语言技巧教学。1953年进入中央电影局电影演员剧团。1955年参与北京电影学院的筹建，并在电影学院任教。通过对西方美声发音和中国传统曲艺、戏曲的学习，以及对语言学、苏联表演理论的钻研，吴青在表演系的语言教学上形成了自己独特的理论体系和教学方法。她还曾先后在北京艺术学院、中央戏剧学院、北京广播学院、中央音乐学院、中国音乐学院、总政话剧团、海政歌剧团、西安电影厂、珠江电影厂、大庆话剧团等单位授课。1984年在北京语言学年会发表论文《语调与对白》，后编入《语言研究与应用》，曾任语言技巧教研组组长、系务委员会委员、北京市语言学会理事、北京艺术语言研究会理事、中国文字改革委员会审音会会员、中国电影家协会会员、中国电影表演艺术学会会员。导演巨视译制片《娜拉》、《小法岱特》、《大卫·科波菲尔》、《彼埃特》及电影译制片《田园情侣》、《飞车追匪》等。1983年被评为"北京市教育系统先进工作者"。吴青的学术理念中西合璧,教学方法科学、实用、有效,沿用至今。1987年离休。

小学·中学

陈:从您出生和您的家庭说起,家庭环境对您有怎样的影响?您的母亲是怎样的一个人?您对父亲有怎样的记忆?您从小受到的家教是新式的,还是旧式的?您的童年都经历过哪些难忘的事情?

吴:我是广东番禺人,1928年生在上海,住在闸北。我赶上1932年的"一·二八事变"①,那时候我4岁。现在印象很清楚的就是看到沙包堆在那儿作为掩体,准备打仗。我父亲那时候不在上海,在南洋。我妈抱着我弟弟,我哥哥带着我,离开闸北逃难,闸北好像是一个战区,商务印书馆②离得不远。我哥哥带着我逃到一个饭店,那里集中了很多的难民。我印象最深的是拿着一个搪瓷缸去打粥,一人给一碗粥,然后加一点雪里蕻。我妈妈抱着我弟弟,带着外婆到亲戚家去。因为战乱,我父亲回来找我们。回来以后家里什么都没有了,房子全被日本飞机炸塌了。

我父亲是北洋医学堂③的学生,西医,因为他的舅舅是北洋医学堂的主要领导人之一。所以我父亲、伯父、姑丈都是在那儿毕业的。我很难得地留了我父亲一个笔记本,是用英文写的,字母像芝麻那么小,

---

① 一·二八事变:1932年1月28日晚,日军突然向上海闸北的国民党第十九路军发起攻击,随后又进攻江湾和吴淞。这是日本于1931年九一八事变后,为了把由北向南的入侵计划改变为由东向西,以便有利于长期作战,在上海发起的一场战役。

② 商务印书馆:是中国历史最悠久的现代出版机构,成立于1897年。在1932年"一·二八"淞沪抗战中,其总务处、编译所、印刷总厂和东方图书馆等被日军焚毁。

③ 北洋医学堂:中国最早自办的西医学堂。亦称"天津医学堂"。光绪十九年(1893)由清廷接办天津医学馆(1881年伦敦传教会 Maehenrie 医生所办)改建而成。

吴青（分别摄于3岁、初中、高中、1983年获得劳动模范时）

说明他很细心，很用功。他后来是津浦铁路①铁路医院的医师，后来做了院长。病人都信赖他，喜欢等他看病。我们住在医院附近，在浦镇的宿舍，因为是铁路医院，有火车压到人的，有时候半夜就锯腿、锯胳膊做手术，半夜经常有人敲门，我父亲起来出诊。

我母亲小时候在广东中山县乡下，她是家庭妇女。中山当时叫香山，是孙中山的老家，孙中山是翠亨村的，我母亲是翠微村的，两个村子挨着。在乡下的时候，孙中山组织了一次织布比赛，我妈得了第一名，奖品是一条用金丝编成的金项链，这条项链就传给我了，可是"文革"时期没了。1969年知识青年下乡，大儿子下乡到黑龙江去，我得给他弄整套的衣服被子；高汉②被关起来了，又没有工资，我一个人养活三个孩子，没有办法，就把那个金项链拿到银行卖了。银行收金子，卖了几十块钱。

我母亲的三哥后来到了上海，在一个洋行里打工，他在上海站住脚后就把我妈妈他们都接出来了。我母亲很灵巧，做事很用心。她很喜欢唱歌，到了上海以后，在闸北的广东公学教小孩唱歌跳舞，我父母就是在那所学校偶然认识的。我妈没有什么文化，但是她认识字，因

---

① 津浦铁路：始建于1908年，1912年全线通车。北起天津总站，南至江苏浦口。
② 高汉（1926—）：原名陈汉枭，浙江人，电影事业家。原北京电影制片厂副厂长。吴青的丈夫。

为她喜欢唱歌,在我睡觉的时候她经常给我唱龙舟歌①。龙舟歌是一种音乐调式,它有一个基本的调子,有个歌本,里面全是故事,一般是悲剧。根据这个内容,可以随着自己的感情去发挥。印象中,我听到悲剧的地方就哭,从小受这个影响很深。

后来我家去了济南,我在济南的家有个大院子,院子里面有石榴树,还安了秋千架,我经常在上面荡秋千,可见生活环境不错。我放学回来肚子饿了,妈妈做好饭,搁一坨猪油,搁点酱油。我在浦镇的时候是三年级,我一、二年级好像没有学,在家里哥哥教教,一上学就是三年级。我四年级已经在济南了,山东的韩复榘②要求很严,早上天还很黑,我们天没有亮就点着蜡烛上学去自习,这是韩复榘定的。我走在马路上看到大刀队背着刀跑步,我记得很清楚。在这期间我觉得我的生活还是很好的,家里也很平静。1937年前后,我七八岁,家庭就不安稳了。因为我父亲有外遇,父母经常吵架,正闹的时候,七七事变了。我爹就想把家里人甩掉,他让我妈带着孩子往南撤,我妈不同意。1938年他把我们全家带到北平,我的伯父、姑姑和姑丈都在北平。他有一些存款,就交给我姑丈来管着,每个月给我们一点生活费。把我们安顿好,他在北平待了一年就走了,从此失去联系了。我后来知道他1939年到广州另外成家了。

在北平,我考了教会办的培元小学③六年级,是插班生。培元小学很多学生都上贝满中学④。在贝满中学的初中三年,我的生活还是比较平稳的。每个月我就到姑丈家去取生活费。我姑丈是个很精明的人,他看到钱要用没了,大概想着我们这家人会拖累他,每次我去拿钱的时

---

① 龙舟歌:在民间又称"唱龙舟"或简称"龙舟",是流行于广东珠江三角洲地区的一种曲艺形式。
② 韩复榘(1890—1938年):字向方,河北霸县人,近代军阀,后投靠蒋介石,官至国民党陆军上将。
③ 培元小学:建于1916年,是清华大学、燕京大学教工创办的教会学校,位于北京海淀南大街。
④ 全称是"北平私立贝满女子中学",1864年由美国公理会创办,创始人是美国传教士艾莉莎贝满夫人(Eliza Jane Bridgman),初中部在灯市口基督教公理会院内。

吴青与母亲、弟弟合影（摄于1949年）

候，他的脸色都不好看。这样的脸色对我来说是很刺激的，我一去拿生活费的时候，因为心里难受，就在路上一路地哭。初中就是这样，基本是压抑的心情，但生活还比较平稳。

我哥哥比我大五岁，是个非常聪明的人。他在浦镇的时候生肺病，当时肺病没有什么特效药，他只好整天躺在床上。我初三那一年，他在北平病死了，去埋葬他的时候，我妈妈不想去，因为太伤心了，这事就落到我的头上，我那年13岁，我三堂姐陪我去的。那是冬天，破破旧旧的城墙是灰蒙蒙的，显得冰冷，望着枯树枝，看着凄凉。棺木搁下去，铲下第一锹土，我听到土掉在棺木上第一声的时候，就扑到我三姐的怀里放声大哭。我压抑了那么长时间，一下就发泄了。我哥一直生病，没有能力担当家里的责任，但是在我心里，反正他是大哥，我对他有一点依赖，他死了，我觉得家庭的责任是我的了。我上初三的时候，物价飞涨，在日本统治之下，吃不上白米白面，就吃混合面，混合面就是各种杂粮，最可气的就是花生外面的麻壳搀在里面。我弟弟吃了混合面就泄肚子，可是没有办法，再泄肚子也要吃。就是这个混合面也不好买，我记得半夜三点钟和我妈一起去排队，冬天挺冷的，排到早晨八点钟，排五个钟头没了，白排了，改天再排。再有就是买煤很难，买煤要票，当然就抢那个票，人很挤，发票的人站在高处，拿着个鞭子，再挤就拿着鞭子抽人。我们家在大雅宝胡同，旁边有一个喝酒的地方，酒楼，日本人在里面喝酒作乐。

陈：太平洋战争爆发后，美国和英国向日本宣战，日军占领贝满女中，致使学校停课一个月，您是否还记得当时的情形？日军管制贝满女中后，学校里的课程、规范发生了哪些变化？

吴：珍珠港事件之后，有一天日本兵驾着摩托车进来了，学校就停课了，同学们哭声一片。学校由日本人接管，一个月后复课，派来了一个日本女教官。相当于训导主任，加了日语课。其他课程没有什么变化，英语课还上。这个女教官还是很和善的。当时中国还没有蜂窝煤，她自己在家里做蜂窝煤。

陈：您在上高中期间开始业余打工养家，原因是什么？您是否还记得一共打了多少工？打工期间有哪些难忘的经历？

吴：到了高中，我的生活变化就大了。我初中的时候物价飞涨，父亲留下的钱也快用完了，我妈就说与其物价那么涨，钱会贬值，不如买成粮食；她让我跟姑丈商量把钱取出来。我姑丈也看出这个情况，说买粮食可以，但是不许吃。这句话对我的刺激特别深。买了粮食，钱没有了，那就该我负责了。我记得我下学之后，给一个有钱的同班同学补课；还有一个广东老乡，在王府井有个鞋店，家里有四个孩子，我辅导三个上学的孩子做作业，还有个小不点的孩子在桌下抠我的脚，特难受。当然不是我一个人赚钱，我妈给人看孩子，像现在月嫂那样的。还有就是我到工厂去领一堆毛线回来，不是真毛线，是棉跟毛混纺的那种，我妈抽空就织，她有这个手艺，我就取料送货。

陈：您母亲有没有跟你讨论过休学，全职打工？您边上学、边打工，如何能够完成自己的学业呢？在学校里，您的哪些功课成绩最好？

吴：她支持我上学，一定要我上学，这点毫不犹豫。我姑丈对我说，我应该去做工人，可是我妈坚持让我上学。我没有时间做作业，就靠上课好好听，笔记好好做，所以我的笔记经常被同学借走。学校里的功课没有问题，我的成绩都是八九十多分。大家都交作业，我的本是空的，我就只能跟老师说明原因。老师当时的眼神让我记一辈子，我非常感激他，他没有任何的责备，只有一种无奈，一种关怀，没有一句话。我最高分数是武术课，我们有专门的武术老师。我们有书法课，练毛笔字；我喜欢音乐课，老师是燕京大学的；还有修身课，就是思想教育，我们的校训很好，叫"敬业乐群"。我们国文老师陈哲文①经常给我们排戏，演过巴金的《家》。他的教学很活，提高了我们的文学素养，我参加演的是一个外国剧本，剧目记不起了。

大学

陈：1945年8月15日，您放暑假了吗？还记得这一天您是如何度过的吗？

吴：我听到光复的消息当然是很高兴了，可是我此时最主要的心思是准备大学考试，那时候考试晚，开学也晚，因为属于特殊时期。我还要培育我弟弟刘启琛上育英中学，我到他学校去请求减免学费，学校不允，说"你缺钱，就到公理会唱诗班去吧"，为了赚钱，我就去参加了。剧团演出需要有人放唱片，我也做，只要有收入，可能的话我都去。

陈：您高考选了哪所大学，什么专业？选择专业的理由是什么？

吴：1945年我高中毕业，考进了北平大学的工学院建筑系。之所以学建筑，是因为我念的西洋历史里面有古罗马、古希腊的建筑，觉得特别壮美。我们工学院在祖家街，就是西单绒线胡同对面。

---

① 陈哲文：山东历城（今济南）人，教育家。曾任北平贝满女子中学教师；建国后，历任北京第十二女子中学校长、北京教师进修学院副院长、北京市语文教学研究会理事长。

陈： 您在上大学期间，又报考92军政工队兼职演员，主要机缘是什么？

吴： 中央92军①在北京登报考政工队员，内容是演戏和唱歌。我觉得这个活儿挺好，又演戏又唱歌，还有收入。我就考上了，平常不能听课了，就把书都带去自己学；到了寒假，我就请假回去考试。92军政治部的侯主任看上我了，礼拜六就到我家里来，给我放下三十块钱，等于是贴补我家用的意思，我坚决拒绝。

陈： 您拒绝他的原因是什么？

吴： 我对有钱人都很警惕，对官僚有一种排斥。我在政工队待了四个月，下决心辞职走了。

陈： 您是什么时候与于是之先生同台演出《大马戏团》的？在当时北平演剧界，哪些人给您留下了深刻印象？

吴： 上大学的时候，戏剧的爱好者自发组织起来搞演出，也没有剧团名字，自己租剧场，自己卖票，演出实际上是商业性的。我和于是之演过《大马戏团》，那时他没有学校，也没有职业，是社会青年。还有濮思温，就是濮存昕的伯父，我们演《钦差大臣》挺认真的。为演《大马戏团》，到天桥去看那些艺人，深入生活、体验生活。

陈： 1946年到1947年，您上了一年的工学院，后来为什么又不上了？为什么又要退学去报考北京师范大学的音乐系？当时报考师大音乐系需要具备怎样的条件？

吴： 我在工学院的考试通过了，我也升二年级了。但是我有自知之明，虽然通过了考试，可是我缺很多课，学得不扎实，再往深处走，越来越难。我不愿意这种不踏实的做法，这是原因之一。再有一个原因是，我这时候看了《约翰·克利斯托夫》，很受感动。我这个人还是喜欢艺术的，决定考师大音乐系，师范大学是免学费的。考试除了试唱练耳、乐理，就是再唱一首歌，还有文化课。我考上了，我的专业

---

① 国民政府第九十二军：隶属第三十四集团军，位于北平，下辖第二十一、第五十六、第一四二师。

是声乐，声乐老师一个是意大利人，一个是俄罗斯人。

陈：您在上师大期间是如何考入演剧十队的？

吴：那时演剧二队在北京演了《夜店》，我看了很感动。正好演剧十队登报招考演员，其实它只招一个演《春寒》的女一号，因为我看了二队的演出印象很好，我就去考了，考上之后，我就提出一个要求：除了排戏、演戏之外的时间，要允许我回师大上课。演剧十队从来没有这样的，我说假如不允许，我就不能来了，因为我不愿意放弃学业，他们考虑了一下就同意了。我该排戏的时候排戏，演出完了人家白天休息了，我就去上课。有时候声乐课耽误了，礼拜天我就到老师家去补课，那个意大利老师对我挺好的。

陈：具体排练和演出《春寒》①的过程您还记得吗？

吴：我演宋之的编剧的《春寒》里的一个女医生，女医生受挫以后抽烟，我要学抽烟，要练，还要抽得像，后来抽上瘾了，很久才戒掉。

陈：您是演剧队的新人，上来就演女一号有没有问题？您还出演了哪些剧目？扮演了什么角色？

吴：没有问题。我排戏的时候，有一次，一个道具掉地上了，我去捡，把导演金犁气坏了，"你管它干什么，你在戏里面要贯穿，怎么会去捡这个东西呢？"他很严厉地训我，我从此以后记住了。紧张倒是没有，因为我已经演过很多次了，高汉两个戏都看过，不过他当时不认识我。我还记得刘念渠来给我们讲过剧本。第二个戏是《悬崖之恋》②，演出时改名为《卖油郎》，这个戏其实演剧十队是针对我的情况选的。戏里面是一个音乐学院的女学生，需要在台上弹钢琴。这个戏对我来说正合适，人物在戏里面的经历，跟我的生活经历有类似的东西。当时师大有学生运动，反饥饿、反内战，我参加助学音乐会的演出，是独唱。底下有一个国民党军官看上我了，想办法到我家里来，提出要跟

---

① 《春寒》：宋之的作于1945年的一部话剧。1947年，演剧十队主演该剧的有金犁、刘爱珠（吴青）、黄山。

② 《悬崖之恋》：陈白尘根据奥斯特洛夫斯基的剧本《没有陪嫁的女人》改编的话剧。1948年，演剧十队主演该剧的有刘爱珠（吴青）、崔文荣、温士琦，马彦祥任导演。

我订婚,要登报。我吓得躲起来,我妈说"不行,她还在上学"。他就拿出匕首剁在饭桌上威胁我们。后来"订婚"的消息就登报了,登报用了我的姓,没有用我的名字,编了一个名字,我估计他是借此跟家里要钱。我的心态就是要走正路,不要陷下去,我们当时还没有革命理想。我心中只是想:"小草啊,你要做一棵劲草,不要被狂风吹倒;小船啊,你要撑住帆,不要被狂风吹翻。"

陈:您曾给《新民报》写过《〈卖油郎〉中的范嫣》一文,此文的主要内容是什么?

吴:我写过。因为导演是马彦祥①,他办《新民报》的一个文艺副刊②,他需要主演写一点文章。我是这么考虑我演的这个女学生,她是想上进的,我写"仰望着光辉,而无力与黑暗搏斗的,必被黑暗所吞没"③。这是角色的感受,也有我自己的感受。演完了《卖油郎》,国民党对演剧队控制很严,要求演剧队必须演"戡乱戏",也就是反对共产党的戏,因为当时演剧队还是拿国民党的津贴。我一看危险,就离开了演剧十队。

陈:您后来在师大教育电台找到了另一份工作,这份工作的主要职责是什么?您在电台工作期间,办了什么节目,是否找过民主人士去发表演讲?

吴:离开演剧队以后,为了养家,我就到师大去要求给我一点工作,师大教务处就让我管教育电台。除了机器之外,所有的事我都管,包括组织节目、播音、编辑、打扫卫生。教育电台不是光面对师大一个学校,而是面对北京市。我就请演剧队的人和大学教授参与广播节目,有时候请一些学生来唱歌。有广播剧、合唱等等。我每天一般在这个电台工作一个半钟头。1948年,我认识高汉以后,他给我开了一

---

① 马彦祥(1907—1988):原名履,笔名尼一、司徒劳,马衡之子,浙江鄞县人,中国戏剧活动家,戏剧导演,戏剧理论家。

② 马彦祥在抗日战争胜利后在北平主编《新民报》副刊《天桥》。

③ 刘零《〈卖油郎〉中的范嫣》,载《新民报》,1947年11月。《新民报》编者按:"本文作者系《卖油郎》剧中饰范嫣者,由本文中,可见其对此一角色之认识。"

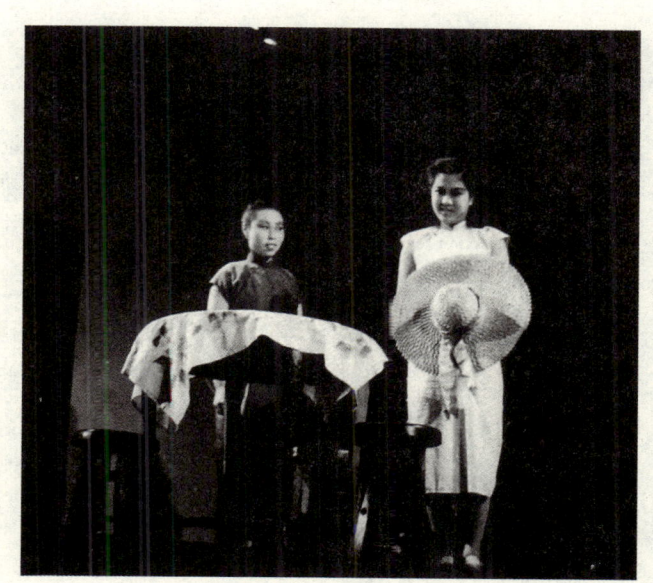

吴青(右)在话剧《卖油郎》中(摄于1947年)

个名单,就是北大教育界的一些民主人士,请他们来讲。

陈: 听到印象深的有哪些内容?有当时"犯忌"的内容吗?

吴: "犯忌"的没有,就是宣扬民主。我们演的《春寒》、《悬崖之恋》都是民主剧运的组成部分,揭露社会的黑暗,演剧队是通过诸多办法才能上演的。

陈: 1948年4月,北师大发生了著名的"四九血案",引发了大规模的学生抗议游行,您是当时的学生纠察队员,请谈谈当时的具体情形。

吴: "四九血案"可以说是我人生的一个转折点。起因是英语系的系主任焦菊隐从外国带回来短波的收音机,当时北京市短波收音机很少,他把短波收音机给了他们系的一些比较进步的同学。有八个同学用这个收音机蒙在被子里面收听延安电台。这在当时是非法的,师大的特务学生很多。特务学生主要安排在体育系,因为体育系功课少。当时晚上还是戒严的,特刑庭①来抓这八个学生,因为大门是关着的,他们跳墙进来。拿着狼牙棒,就是木棍上打着钉子,到宿舍找这八个学

---

① 特刑庭:特种刑事法庭,是国民党根据特种刑事法而设置的,专门审讯政治犯的。

生，先打，然后从宿舍经过操场一路拖出去。我不住校，早上七点多我到校上课，就看到一摊一摊的血。①学生要游行，开始列队了，我就排到队伍里去了。一路游行到长安街新华门。请愿，要求把这八个学生放了。后来北大、清华的学生来支援。警察就把学生围起来了，把学生和市民隔离开，外面再一圈宪兵。里面的学生演讲，有几个学生讲当时发生了什么事情，通过声音向市民宣传，然后就唱歌，有《团结就是力量》等歌曲。这个时候来了个同学，选择我当纠察队。我不知道他为什么要选择我。这个同学我不认识，可能都是地下组织安排的。我就在最外围紧挨着警察，从早上七点钟一直坚持到下午四五点钟，请愿的学生有些不耐烦了，有人就喊"冲"。李宗仁的行辕在里面。新华门里面对着学生的就是集群机枪，隔着长安街的楼上也有机枪。学生们激动起来了，这时候学生中的地下党就喊："我们在争取，大家安静，大家不要冲"，这样就静下来了。

　　乱糟糟的时候，高汉拿着一个本和一支笔，对我说："把你的名字写给我"。他穿着日本学生穿的那种黑色制服，衣服还不够长，不合身。我看了就反感，觉得这个人不正经，以为他是特刑庭的。我心想："我都来了，还怕你吗？写就写。"我写的是真名字"刘爱珠"，如果我写的是假名字，他就找不到我了。

　　一直到晚上，在压力下面，当局就答应把学生放了。学生就解散，各回各校。我们回到学校，一个很大的食堂把所有的灯都打开，让游行的人去吃饭，因为一天都没有吃饭了。我感觉到一种特别的温暖。吃完饭以后，大家庆祝胜利，把八个同学抬着操场上游行。庆祝胜利完了以后，这些人都不散，都集中在一个宿舍楼里，那个楼叫丁字楼。那时候北师大的校园在和平门，我不住校，可是那一夜就都住在那儿。在那儿睡，学生把床都腾出来了，把这些人都装在里面。用桌子、椅子

---

① 4月9日凌晨0时15分，60名手持凶器的国民党特务、军警闯入北平师范学院，捣毁该校自治会筹备办公室，抢劫学生财物，毒打睡梦中的同学，重伤10人，轻伤数十人，逮捕8人，史称"四九血案"。

把宿舍的门都顶上了，目的是保护大家。

陈：是什么让您走到了进步学生游行的队伍当中来，还挺英勇的，签下真名字，"你要抓我就抓我"，这个勇气是怎么来的？我想您的家教也肯定不会让你抛头露面。您在这之前好像没有思想基础，也没有接触过太多的地下党。

吴：这是逐步积累的，你看我写的那个《悬崖之恋》感受的时候，我写到"仰望着光辉，而无力与黑暗搏斗的，必被黑暗所吞没"。但是当时不知道应该怎么搏斗，当看到这个血淋淋的事实的时候，那个队伍已经在那儿站着的时候，自然就加入进去了。

陈：那天早晨您去学校的时候，还有在北师大的同学没有加入进去的吗？

吴：有很多。

陈：那一刻，您有犹豫吗？

吴：没有犹豫。当时感觉到必须抗争。

陈：所以"四九血案"是您一次选择和锤炼的机会。

吴：对。可以说是一个转折点。之前只是有思想、有要求，以前有一次曾骑车经过米市大街青年会，有个大牌子上写着："讲演《中国向何处去？》"，我立刻就去听了，听了半天，听不出明确结论。可这问题一直在我心里，我不知道该怎么办，这次有行动了。后来没几天，训导处就找我，当时的学生一听训导处非常憷头的，那也是一个特务机关的地方。我就去了。训导处就拿出一个纸卷说："这是谁给你的？"我说我不知道。"这个人是谁？"我说我不认识。他就把这个纸卷给我了。我拆开一看，《北大半月刊》[①]，写着"四九血案"的报道。高汉知道我叫刘爱珠，又是北师大的，就写信给我了。

陈：当时您还不知道是谁寄给您的吧？您还不知道高老师的名字。

吴：我不知道他的名字，但是我已经联想到了。我知道他是北大

[①]《北大半月刊》：1948年3月20日创刊，9月停刊，共发行11期。由北京大学学生自治会编辑，曾发表多篇呼吁爱国、团结、进步的文章。

的，我当时也不认识北大的其他人。

陈：您和高汉老师后来有哪些交往？是不是从此开始了革命工作？请详细谈谈您的这一段心路历程。

吴：高汉和我通过书信联系上了，我觉得这个人不是坏人。他常来找我聊聊，我就把我的经历、我心里的处境和他说了，我以前没有对任何人说过，这不能不说是缘分。他出于对我的信任，就把他地下共产党的身份告诉了我。并向我推荐地下共产党的外围组织"民主青年联盟"，我就加入了，没有仪式，直接联系人就是高汉。从这儿开始我就跟他一块儿做些地下工作，比如他们组织一些人到解放区去，他做路条，做好了需要送到联络人那儿去。送路条很危险，因为当时街上就有搜查，有男军人、女军人搜身的。有一次他们联系好在北海大桥旁的国立图书馆附近送路条，路条放在他身上危险，我就打扮成一个摩登女郎，路条放在我身上。还有，11月他们要撤退到解放区的时候，我从演剧十队拿来一些油彩，跑去帮他们化装。总之他需要什么，我就帮助他做一些什么。我把劳动攒下的钱给他带走，可他坚决不要。

陈：那时候内心不恐惧吗？特别是碰到设卡。

吴：有一次非常危险。加入民联之后，高汉曾给我一本毛泽东写的《新民主主义论》，里面有一段"中国向何处去"，我看了才豁然开朗。有一次我身上带着这本书，碰到路上有个卡口，有男军人、女军人在搜身。我骑车，一下就捏住车闸了，然后装作修链子，马上绕道走。如果一眼没看到，就糟了。

陈：在电台做节目中还有哪些您觉得很难忘的人和事？

吴：很难忘的事，最后就是迎接解放。那时候气氛就比较紧张了。

陈：北平不是和平解放吗？

吴：当时是准备打的，所以比较紧张，我接受的任务就是做"护校"工作。我让管机器的同事把机器拆下，收藏好，这时已不能播音了。

陈：高老师那时已经去解放区了，您的联系人是谁？谁给您布置任务？

吴：是高汉告诉我："我走后，有一个'黎明'给你接头。"后来这个"黎明"其实就是音乐系我的同班同学李浩普。我的任务就是尽可能把能联系到的单位的财产目录拿到，你能拿多少拿多少。

陈：单位是指您工作的电台吗？

吴：不是。而是所能够接触到社会的单位。

陈：怎么可能拿到呢？

吴：这就是任务，就看可能性了。我第一个就去演剧十队拿他们的财产目录。

陈：他们怎么可能会把财产目录给您呢？

吴：那时候的气氛已经不一样了，是1948年末了。到了演剧十队，当然我有选择，谁的思想比较进步的、可能的、管行政的，我找到徐行白和黄山①说，我现在需要做这么一件事，你把这个清单写下来，然后约好一个地点、时间交给我。

陈：演剧十队真能写出那个清单？

吴：这个财产目录就是黄山递给我的，用毛笔写的。到解放后，审查我历史的时候还找到了这个目录。

解放

陈：您还成立过一个"煤炭社"？这是个什么组织？做了什么工作？

吴：解放后我在辅仁附中当音乐教员。刚解放，特务活动很厉害，在外面搅乱秩序不让我们上课，刚解放的时候地下党还没有公开，所以还是利用外围组织或者成立新的组织来维持秩序，团结进步力量，和破坏分子作斗争。煤炭社是在这种情况下成立的，我是组织者之一，煤炭社的名字是我起的。煤炭就是发光发热的意思，我还为煤炭社做了一首社歌。

---

① 黄山：原名黄开辉。

陈：您在辅仁大学附属中学教音乐的时候，还是在籍学生吗？1949年7月第一届文代会期间，您是因何种机缘参加会务工作的？您做会务工作时有什么难忘的经历？

吴：我还是北师大学生，在辅仁中学兼课，半工半读。黎明参军走了，走前对我说："你在附中时间比较多，把你的组织关系转到附中去吧。"7月份，我参加了第一次文代会，参加秘书组的工作，组长是马彦祥，他和我很熟悉，刘念渠也是秘书组的。他们需要人，我也想去。有一次在北京饭店开舞会，周总理走到我身边的时候，正好音乐起，我说"我们跳舞吧"。周总理舞跳得真好，我感到很幸福。

陈：您那时候认识周总理吗？

吴：我知道他，他当然不知道我了。在会上，我接触到电影局的同志，我觉得电影的力量比话剧大，非常希望到电影局工作。

陈：您做出一个重大的决定就是离开北师大，终止学习，去电影局？

吴：对。解放前，我又上学，又工作，两个都不专心。解放了，我觉得应该专心做好一件事情。参加革命工作的吸引力更大。

陈：您是如何获得电影局剧本创作所的工作机会的？您在剧本创作所的具体工作是什么？

吴：演剧十队排《春寒》时，曾请刘念渠来讲过剧本分析的课。文代会期间，因在秘书组工作，他和电影局的一些同志熟悉，把我介绍到电影局参加工作，就在羊市大街报到，然后分到陈波儿领导下的剧本创作所①工作，所长是王震之。

陈：您是这个时候把名字改成"吴青"的吗？有什么特别的含义吗？

吴：对。我找工作的时候就把名字改了。一解放，我真有解放的感觉，我能够有一个稳定的工作，稳定的工资，不会被解雇。工作是有意义的，任务是光荣的。我感觉换了天地，很多人改了名字。我母

---

① 剧本创作所：1951年4月1日成立，隶属于文化部电影局。

亲姓吴，我父亲姓刘，我恨他；我跟我母亲相依为命，就改姓吴了。青呢？我觉得青天、蓝天是最纯洁的，就叫吴青了。我在演剧十队的时候艺名是"刘零"，当时心情是虚无的，我对这个世界无所求，不过是尽我的责任，所以取名叫刘零，我也用过"青松"作艺名。

陈：1949年10月1日您的记忆是什么样的？那时候在电影剧本创作所了吗？

吴：在剧本创作所了。电影局组织女同志参加文艺大军，当时有大游行，专门给我们做了统一的服装。请了高汉他们厂的一个同志设计服装，绿的裙子，白绸子上衣，灯笼袖，然后有一根绿领带，很漂亮。试服装、练队形，这是十一之前一系列的准备活动。当天半夜三点钟集合，很冷的，我们穿着棉大衣。准备化妆，穿好服装，列队到指定的一个地方集合整队，整个会场有一系列的安排，游行队伍排得很远，我们的方阵叫文艺大军。

陈：您和高汉老师在什么时候重新取得了联系？您曾宣布要独身，但在1951年您却答应了高汉老师的求婚，主要原因是什么？你们的婚礼是按照新时尚举行的，还是按照老规矩举行的？多少人参加了婚礼？

吴：他从解放区一回来就找到我了，他已经是个解放军了。我们关系很好，可以谈心里话。但是当时我还是抱着独身的想法，是我妈灌输给我的，说：不要结婚，就要靠自己。后来领导对我进行了批评，王震之所长对我说："你这是唯心的、主观的。"1951年的11月24日，我和高汉就结婚了。1951年我已经从剧本创作所调到表演艺术研究所了，我们的婚礼是表演艺术研究所的第一个婚礼。单位管行政的同志给布置了会场，是一个可以跳舞的小礼堂。11月24日是个特殊的日子，领导们都去听文艺整风动员大会的报告去了。所以婚礼上开始就是两个班的学生来跳舞。学生差不多就有五十人，很有气氛。11月24日那天晚上音乐家协会的新歌合唱团正好有个演出，有我一个独唱，还有合唱，因为我有婚礼，就把我的独唱放在第一个，唱完就回来参加婚礼。领导们听完报告之后就来参加婚礼了，有北影的、表演艺术研究所的一些领导。表演艺术研究所所长白大方①讲话祝贺,高汉那边也有领导讲话。然后大家就起哄,我们两个人就合唱了《喀秋莎》。新歌合唱团的同志演出完了,也一同来祝贺,送了一面粉色锦缎,写着"满心欢喜",并用五线谱乐曲来装饰。以后的婚礼都没有这么大,这是第一个。

表演艺术研究所 ·电影演员剧团

陈:是什么原因让您到表演艺术研究所去?

吴:我在剧本创作所的时候,听说成立了表演艺术研究所,那个当然要吸引我了,所以我就提出去。那有四个讲表演的老师:陈怀皑、谢铁骊、巴鸿、唐远之,当时没有学生,所长是陈波儿。剧本创作所所长留我,可我更喜欢表演专业。

陈:陈波儿具体管吗?

吴:她人不一定在那儿,就是领导。后来她身体不好,她是开创人,我们都很敬佩她。具体的事由王逸管,王逸原来是长影的一个导演。开始我管资料,买图书建立图书馆。不久学生招来了,招生我没有参加。9月14日开学典礼,头一批招了二十几个人。1950年招一个班,1951年招一个班,一共两个班。1951年除了在社会招,还有一批志愿军文工团回来的人,像庞学勤就是调回来的。戴光熙是第一批的。还有两个新疆人,一个是维族的谷毓英,也是第一批的,她演过《冰山上的来客》那个假古兰丹姆。她全说新疆话,不会说汉话。我特别教她汉语。学生来了,表演课的老师也有了,语言课没有人。当时大家坐在一起开会,王逸指到我,"语言课就由你负责了",这一指就决定了我的一生。我怎么办呢?首先我回母校找支援,找到北师大东方语文系的教授徐世荣②来讲大课。他带了一些教材,我具体辅导每一个学生。当时天南海北来的人,口音很杂,我首先得解决语音和声音的

---

① 白大方(1913–1974):又名白亦周,河北沧县人,电影教育家。
② 徐世荣(1912–1997):北京人,语言学家。

问题，要字正腔圆。让我负责这个课，我得先学先研究。我学过美声，为了解决民族化的问题，我就到曲艺团请单弦的第一号人物魏喜奎。请她教我唱单弦，练习民族发声咬字，我学了以后我再辅导学生。她讲完大课之后，学生个别需要辅导。一组一组练习，一组三四个人左右。每个人情况不同，就跟医生看病一样，对症下药。1952年新的安排就来了。

  陈：新的安排是什么？

  吴：老师带着学生去湖北参加土改，这也是对学生的一种锻炼。我个人有一个另外的任务。1951年批《武训传》，作为对照，1952年江青要拍《宋景诗》电影，同时要排《宋景诗》京剧。电影剧本是由陈白尘和贾霁主要负责；京剧编剧是翁偶虹。一组人就下到宋景诗活动的山东、河北等地访问，我就被派去参加这个组去整理资料。

  陈：就是京剧和电影是一个组？

  吴：是一个组①。材料是由我和郑白涛记录，刻钢板。郑白涛也是表演艺术研究所的，是回来的华侨，搞资料的。这个组搞了差不多1952年一年的时间。一个村子一个村子地走，找些跟黑旗军有关系的老人。

  陈：您最后积累的资料有多少？

  吴：差不多有18万字，资料是油印的，字比较大。当时搜集这批资料很困难，主要是这些人来了不愿意说。黑旗军是造反的，统治者对他们一直是迫害的。那时候刚解放，那些人不了解你要干什么，所以他们不愿意说，很抵触。后来到了宋景诗的老家，跟他们"三同"，跟他们一起劳动，一起聊天，慢慢熟悉了。他们了解到对他们不是有害的，每到一个村子都得做相当长的工作，这样慢慢他们就说了。

  陈：您自己也去采访吗？

  吴：我当然也采访，不光是记录。我在宋景诗老家，特别和妇女在一起，熟了以后，她们把宋景诗媳妇的小名"春姐"告诉了我。

---

  ①"宋景诗历史调查组"成员：陈白尘、阿甲、翁偶虹、贾霁、景孤血、吴南青、祁兆良、吴青、郑白涛、栗小练。

陈：调查时，比如当地有人说到宋景诗后来投降清军，这个在调查组里有问题吗？

吴：还是原样记录下来。宋景诗跟宋江的接受招安有一个很大的不同，就是他接受招安后，缓了一阵子，重新造反了，而且一个很大的战果是把清朝的大将僧格林沁给杀了。

陈：当时调查中有关于宋景诗和黑旗军不利的证词吗？

吴：没有任何不好的评价。从黑旗军后代受压抑的情况，可想到受到的迫害。

陈：您1953年怎么到电影演员剧团去了呢？

吴：我们回来之后就不上课了，整个表演研究所的学员和老师都转到电影演员剧团去了。当时也是需要年轻演员，经过学习，就都到演员剧团去了。当时的电影演员剧团是由北京电影制片厂和长春电影制片厂的演员合组而成，直属于中央电影局，到1956年才分开回到各厂。

陈：为什么老师也跟着去呢？

吴：因为学生没有了，也不继续招生，老师也就不需要了。表演艺术研究所就告一段落了。到了剧团，我的主要任务还是演员的培训。凌子风给演员排话剧，我当助理导演。等于通过排戏来训练演员，原有的演员也学。

陈：您做凌子风导演的助理来排戏，主要是解决他们台词语言的问题？

吴：此后，我仍然负责全剧团演员的语言技巧训练。当助理导演就要管到表演了，当时剧团有演出任务。我不只是继续学单弦，还陆续学了良小楼①的京韵大鼓、马增芬②的西河大鼓、关学曾③的北京琴书，我也学了评书，马增芬的爹讲评书④。他告诉我，天桥因为是一圈的观众，所以动作前后左右都得照顾到。然后我又学了昆曲、京剧。我

---

① 良小楼（1907—1984）：北京人，京韵大鼓刘派的名家。
② 马增芬（1921—1987）：北京人，西河大鼓名家。
③ 关学曾（1922—2006）：北京人，曲艺名家，北京琴书创始人之一。
④ 马增芬的父亲马连登系著名评书演员。

通过不同的学习，研究中国语言的特点，还有语言和音乐的关系。曲艺之所以会深入民心，原因之一是它的旋律跟汉语的声调是紧密结合的。汉语的特点就是"阴、阳、上、去"四声，曲艺的旋律完全是配合的，所以很有音乐性。我们有一些创作歌曲的人不注意，就形成了"倒字"，该"去"声的，他往"上"扬了，就倒了。中国的语言必须要有牙关的咬力，它和美声的发声方法是有区别的。美声发音强调圆，可是中国语言要咬这个汉字，咬牙的时候就不能太圆，太圆的时候就没办法咬。咬力和汉语的特点是结合的，如果你没有咬力，没有咬字的技巧，汉语就会咬字不清。

陈：像这么多曲艺，还有昆曲、京剧，您觉得在学习的过程当中哪个有特别的印象或者是困难？

吴：都有特点，关学曾的琴书跟京韵大鼓就有很大差别。我觉得昆曲难度很大，它需要很平稳，需要很强的控制力。通过这些研究，我确立了在吐字发声上的一套理论和方法。电影演员需要声音的表现力，需要各种音色，各种高低的控制。我学了曲艺之后，就研究口腔的共鸣。口腔等于是一个乐器，如何能够把它调整得适合为一个乐器，有的人天生长得就好，有的人的生活习惯不符合这个要求，就需要练。比如说，舌头必须要放平，不能往后抽，很多人声音靠后就不行；软腭要能够提起来，如果软腭耷拉下来，共鸣就不好了。你的会厌——就是吃饭的时候挡住气管的那个器官——发声的时候，会厌得竖起来形成一个管。这是发声的基本状态，这个基本状态有的人天生就很好，有的人则要通过练习调整。所以要练习基本功，如果要做到字正腔圆，必须要把你的乐器调整好，只有靠你自己来调整。汉语母音的特点是有"舌位"的要求，每个音的舌位必须准确，口型必须准确。

陈：发音人自己怎么知道呢？像我们自己发音，自己怎么会知道舌头在哪儿？怎么知道舌头的高点和低点？

吴：听声音就能听出来，如果不准，就需要纠正和练习。

陈：学会吐字发声通常要教多长时间？

吴：开始至少半年主要得做这个工作。解放初期的时候，纠正地方音的任务比较重。电影演员语音一定要规范化，要求字正腔圆，声音有表现力。

陈：这是学中国曲艺才了解到的吗？还是学西方的发音方法？或者是您自己创造出来的？

吴：这是我通过学声乐和曲艺之后自己体会到的，我还拜社会科学院语言研究所的语言学家周殿福做老师。普通话是以北京话为基础的，你知道传统的北京话，东城和西城都是有区别的，他研究到这个程度。周殿福的发音是一个标准，全国语言学家经常过一个阶段到北京来跟他对音，就像对标准钟一样。他来研究每一个音的舌位。我从他那儿，从语言学的角度，学了很多语言的最基本元素。语言是基本功，基本功不解决，对演员的表现力就是一种妨碍。我定出一些基础练习，比如定出不同舌位与口型的基本音联系，同时注意腹、腰、胸、咽、头五点支撑的发声练习，就是字音和发声结合起来的基础练习，他们现在还在用。通过这个基础练习，化繁为简，把我设想的一套练习凝结成一个简单的练习，能够达到解决问题的目的；这是我教学研究的第一阶段。

陈：语言的发音和唱歌的发音有不同吗？说话也有美声和民族声的区别吗？

吴：美声音质的特点是比较圆润和通畅。如何跟汉语结合，就可以使我们的语言既有汉语的特点，同时又吸收美声的优点，为发展语言表现力打下基础。

陈：我问一个外行的问题，为什么咱们的电影演员比不上邱岳峰、尚华、于鼎、乔榛那些配音演员那样有声音的魅力？

吴：翻译片选择演员主要考虑的就是声音、语言，和形象没关系。而电影演员的要求就多了，身材、形象……语言上的注意力就少些，有的学生形象有特点，就把他录取了，但是他声音上的难点就需要慢慢地克服。

北京电影学院

陈：您全家都在北京，1955年为什么想去新疆？

吴：当时有这么一个气氛，号召支援边疆，完完全全就是一种政治热情。我真去，我已经去了演员剧团人事科找了杜粹远报名去了。

陈：高老师也愿意您去边疆？

吴：我们俩商量好才能去报名的，我们要一块儿去。

陈：高老师怎么会同意呢？小孩还那么小。

吴：那就是政治热情，国家号召，一切困难不在话下。结果杜粹远说"你上对门去报到吧"，剧团跟电影学校是对门。

陈：那时候组织上决定让您调回电影学校，筹办电影学院，您是怎么想的？

吴：我听从组织的安排，就去报到了。这时候因为筹办电影学院，请了一批苏联专家，表演的专家叫卡赞斯基，就办专修班①。我还负责班里面有一些语言困难的人，除了工作之外尽量去听课。

陈：这相当于后来明星班一样，我知道后来黎莉莉这种40年代有名的演员都在他们这个班里。

吴：对，还有陈强、杨静、于洋、张莹，还有配音的张桂兰，反正都是有名的演员。后来56班的学生也参加排演《第十二夜》了，我就参加听课，有问题我也发问。卡赞斯基说了一句话，他说"你不懂动作"。这就给我出了一个题目：就是除了语言基本功之外，动作在语言表现中应如何理解，于是我就研究动作。我逐渐明白，动作包括肢体动作、心理动作，还有语言动作，就是每说一句话都是在动作。

陈：语言的动作是什么意思？

---

① 1955年11月，由苏联专家B.伊万诺夫、B.卡赞斯基、A.西蒙诺夫、B.安东年柯主持授课，以培养师资为重点举办了导演、演员、摄影、制片四个专修班，学员都是来自各电影制片厂具有相当实践经历的创作和制作部门的在职干部，学制二年。学校同时配备了一部分师资力量协助苏联专家工作并随班学习。

吴：肢体动作好理解。生活中你每说一句话都有它的动作性。我解释这个动作，那么"解释"是一个动词；我批评他，"批评"是一个动词；我赞扬他，"赞扬"也是一个动词。每一句台词都有它的动作性——你说这句话的时候，你到底在干什么。同样一句话，你是在批评他呢？你是赞扬他呢？还是讽刺他呢？同样一句话"你真行"，可以是讽刺，也可以是夸奖。所以每一句话，你用不同的动作说出来，语调是不一样的。学生说"老师我最怕你问我语言动作了"。确定一句对白的动作是要费心思的。

陈：因为这个东西不太好懂。

吴：比如说他们做《青春之歌》那个片段：林道静和余永泽在一起生活，余永泽家有一个老雇农，他的儿子被拉壮丁，老雇农的家受了水灾，房子塌了，他到北京部队的驻地找他的儿子，想要点钱来修房子。也以为见到儿子可以拿到钱，可是到了北京，部队开拔了，见不着儿子，他没有钱了，也回不去了。他就找余永泽，想向他借点钱。他意外地见到了林道静，有一句话"是林先生吧？我们家狗子说林先生好"。——我就问学生，老雇农说这句话的语言动作是什么？很多同学都说"他在讨好她，好拿到钱"。

陈：不是这样吗？

吴：我说不对。林道静为什么派到农村去教书？这是我们党的安排。贫下中农的孩子没钱念书，林道静去办学，狗子能够有机会去念书，所以狗子回来跟爷爷说"林先生好"，老爷爷很感激这个林先生，能够使他孙子有机会上学，而且还对他的孙子那么好。那么现在偶然碰到了林先生，我认为他说这句话是真心地感谢林先生，不是为了要钱而讨好。虽然他此时此刻需要钱，可是他说这句话是出于对林先生由衷的感激。讨好和致谢绝对是两种动作，说出来的语调也就不一样了。

陈：您用的"语言动作"这个词，我们外行理解可能是"语言的情感基础"，这样不会更容易理解一点吗？就是感激的、讨好的、蔑视的、奉承的，这不都是情感和情绪吗？

吴："感情"是一种心理状态；"动作"是具体的行动，你要真正掌握了动作，你就是在向他致谢，你的语调可以很准确，同时感情也就准确了。我把动作研究用在了我的教学上，这时候我看郑雪来翻译的那个《演员自我修养》，那本书里有一段是讲语言的。我看了之后就想，怎么来掌握一个规律，准确地表达思想感情？于是我就进入到第二阶段。这个规律我觉得在《演员自我修养》里有一些，但是有点不成系统。于是，我就定出了"语调"这个概念，所谓"语调"就是语言的形式，高低、轻重、快慢、断连及音色的变化要找到语调表达的规律，可以用它发展语言的表现力。语言需要有表现力。第一是动作，任何一句台词，你"哼"一声，"哈"一声都在动作，你必须要找到这个动作。第二是目的，动作和目的是连着的，你说这个话的目的是什么。第三个是态度，你对事情的态度也决定了语调。第四就是形象，语言的形象性，"大象"和"耗子"的音色是不一样的。"大海"和"小岛"形象不同，你传达的气息就不一样了。比如说我译制《娜拉》，娜拉丈夫逗她，"我钱拿回来了！"娜拉就跳起来够它，说"你给我，你给我"，跳起来了。配音的时候，必须有跳的形象的感觉，你的口腔不能离开话筒，但是你的语言要有跳的形象，你的气息就不一样了，你身体的感觉也不一样的，你的语调也就不一样了，这就是形象性。第五个因素就是逻辑性，就是一个语句到底强调什么，重音不同，意思就不一样。逻辑的断连不一样，意思也不一样。第六个就是节奏，如何确定语言的节奏，怎么准确地掌握它的节奏性？它的因素决定在哪儿？在于你遇见这个事情矛盾尖锐的程度和对这个矛盾，你的态度决定你的内心节奏，也决定你语言的外部节奏。第七个因素就是交流，说话的对象不同，语调也不同。这就是我第二阶段的研究：如何掌握语调，发展语言的表现力。

第三阶段的研究就是"人物"的语言，因为每个人的语言都有他的个性特点，这就像每个人的长相一样，即使是说同样的话。怎么找语言的个性化的规律？我觉得首先需要研究心理学，心理学有性格的一章。我觉得性格有相当一部分是先天的，这跟神经系统、基因都有关系。可是跟后天又有很大的关系。所以你要找人物的个性就必须分析这些因素。火车司机在家也大声说话，从前的蒸汽机很响，他习惯了大声说话。人的胖瘦、高矮、强壮、生病这些生理特点也决定了他们的声音；南方人和北方人，在语言上也是有区别的。每个人物都有这些不同的因素决定的个性特点。人物的语言个性特征包括性格特征、生理特征、职业特征、地域特征等。

陈：后来有一套教法，或者训练方法吗？

吴：到第三段的时候我就在选材上选了一些有个性特点的教材，练习人物独白或大段台词。84班的老师让他们排《茶馆》，最后演出的时候在首都剧场，全套用的是人艺的东西，服装、道具、灯光、音响。而且首都剧场是没有扩音器的，我坐到楼上的最后一排听，没有问题。学生在三年级排多幕剧演出，锻炼塑造人物形象，演《茶馆》时我负责台词的工作。

陈：您在电影学院教学以外，在中央戏剧学院1956到1959年连着教了四年，然后1960、1961年到北京艺术学院，然后1962年到广播学院，是他们主动来联系您的吗？

吴：是，当时缺教员。各处都需要有系统的语言技巧教学，有的单位跟学校联系，有的是跟我联系，然后我再跟学校说。

陈：您最多一个星期上多少课？在这些单位担任教学工作是否另有报酬？在这些教学中您有哪些难忘的经历？

吴：排列下来基本上就没有断过。本科生语言技巧课是两年半，一个班没完，新班又来了，所以这是双层的。到戏剧学院也是这样，课是叠起来的，所以就很多。兼课当然有兼课费，我曾经跟教务处说，把我这个兼课费交给学校。搞运动的时候有过大字报，有人有意见，说我兼课拿钱多。教务处长说学院没有办法收，我就心安理得了，反正我是劳动所得，而且又不是我要去的，是人家请的。学校也都知道。我觉得心里可安慰的，就是做教学总能培养出一些人来，没有白教。1959年表演系请了一个苏联专家叫做潘科娃，50岁左右的女同志，开办师资进修班，教表演。我们这些表演系的全体老师都做正式学员，同时北京市的一些文艺单位的骨干也来参加。她从表演课最初练习开始，她强调做无实物练习，就是你做一个有情节的小品，但是不许有真实的道具，你要做出完全准确的感觉和动作。然后就进入正式的小品，自己编情节。最后就排了一个大戏是苏联剧《乐观的悲剧》。1959年中苏关系紧张，所以她一年就回去了。我觉得她的练习比较活，主要的收获是强调整个的身体感觉，电影是感觉的艺术，舞台上当然也强调，但是没有电影要求得那么细致，镜头推近了，对感觉要求更准确。感觉是通过心理以至于肢体整体的运动才能找到。比如说叫人，搞译制片的时候，就要求他真有这个动作，然后再喊出来，你叫人"唉——"，没有动作的时候你的语调是不一样的，活生生的一个人，才能找准活的语调。

政治运动

陈：您谈谈参与的政治运动，您说自己在"肃反"、"反右"当中都是积极分子。

吴：我差不多积极参加每一个运动，而且认真地相信党中央的一切指示。1955年开始反胡风，我被定为第一梯队。我妈当时病危，可我要去开准备会，我妈说："你还走啊？"我说："开完会就回来。"等我回来，我妈已经不会说话了，深夜就去世了。我很难过，很遗憾。我能后悔吗？很矛盾。1959年"千万不要忘记阶级斗争"的指示出来了，我就不理解，阶级斗争在哪儿呢？好好上课哪儿来的阶级斗争？说阶级斗争就在身边，我不理解。导演系学生郭宝昌据说是个小少爷，当时我们就知道他只是养子，而且他是郊区一个贫农家的孩子。郭宝昌请过同学吃饭，送给他的老师田风一个烟斗，就说这是"资产阶级进攻"、"糖衣炮弹"，最后郭宝昌被送到劳改的农场去了。这个对我的震动挺大，难道这就是"阶级斗争"吗？还有个学生也有一些言论，跟他好的人就变成一个"反革命集团"，当时搞得很厉害。

陈：1958年"大跃进"，您的经历是什么？

吴：全校坐火车到徐水人民公社①参观。学生去没有去我忘记了，反正老师去了。猪圈全被画上各种特别漂亮的花，有农民作的诗，但是我们去参观时跟农民是完全隔离的，看不到一个农民，农民都在家里待着不许出来，也不允许我们去农民家里。看了这些花哨的东西，据说这是共产主义的雏形。为什么不让农民和我们谈话，我不理解。

陈：徐水高产田您还记得吗？因为它上过《人民日报》，把四五块田的稻子或者麦子堆在一块儿可以站一个小孩。

吴：高产田我没有什么印象，印象最深的就是那个猪圈上的花，弄得不合实际，猪圈没有必要弄成这样。1958年大炼钢铁，电影学院也搞小高炉，谁知道有没有出来钢，反正有人喊"炼出钢了"。

陈：1958年除了炼钢以外，各行各业都要放卫星，电影学院以及您的专业，和戏剧学院是怎么放的？

吴："大跃进"延续到1960年，就是要打破框框，不要只招高中生，初中生也可以招。初中生学六年，到1962年算本科，前面2年是预备班。于是表演系就招了两个班，而且是初中生，一堆孩子戴着红领巾就进来了。我也教过这两个班，两班至少有五十多人，只要在我没有退休之前，我没有落下过表演系一个班。以后再也没有招过初中生。

陈：后来初中班有些学生去当兵是怎么回事？

吴：上到二年级了，当时号召大学生参军，他们班有两个学生报名，有个学生是工人家庭。这个工人家庭很特殊，他的母亲姓爱新觉罗，父辈是成吉思汗的后代，都是皇族的。此时的他是工人家庭，饭吃不饱，他们身体又壮，为了吃饱饭，他就响应号召参军了，他在部队表现很好，还入了党。后来这个学生回来，分到了青年电影制片厂，我还给他补过课。另外一个人是将军的儿子，报名之后又犹豫，结

---

① 1958年河北徐水县号称一年收获粮食12亿斤，1958年8月4日毛泽东对当地进行了视察，问粮食多了怎么办？可以考虑让农民一天干半天活，另外半天搞文化、学科学、闹文学娱乐，办大学、中学。毛泽东的视察让徐水在全国出了名，很快就拟定了"跑步进入共产主义"的草案："1959年基本完成社会主义建设，并开始向共产主义过渡，到1963年进入共产主义社会。"

果不去了。

陈：谈谈"四清"的经历和过程。

吴："四清"我亲身经历了十多个月。我们去的是山西西北部的阳高，非常穷。电影学院的师生全都去"四清"，师生是混合编组，不是全在阳高。我们这个组有黎莉莉、李慧颖，还有一个学生，四个女的，睡一个炕。我们先学刘少奇的"桃园经验"，"基层政权大部分已经不在我们手里"是他的一个总的判断，我们是带着这个观念下去的。所以一开始进去的时候就跟土改一样，住在贫下中农家里，把干部都列为清查的对象。尽管听到社员说他们的队长挺好，但是按照政策规定，我们也不能和审查对象说话和接近，重点是生产队的会计。我还记得那次斗争会计，"老实交代！"就是这种气氛，我们斗他的时候也有农民参加，那个屋子也不大，我还得坐在炕上做记录。有一个老乡背后拿着一根棍子，准备打他，有一些逼供信①的情况。我就偷偷把他的棍子抽走了，意思就是"你不要打"。我们这个组当时是被评判为"右倾"，因为成果不够大。别的队逼供是很厉害的，听说有的队让审查对象跨在炉子上，阳泉煤的质量很好，炉子很矮，火很旺，那真是酷刑。这样斗了一阵之后，就来了一个"二十三条"②，政策上有一些变化，到最后就是重新建立干部队伍。他们太穷了，十个工分才两毛钱，最后建立干部队伍的时候，农民都说这个队长是一个好队长，我们就劝他继续干，他说死了也不干了，伤心伤大了，就只能换人了。这个时候我对"四清"就有怀疑，觉得这样不公正，效果也不好。那么好的干部居然不能发挥他的积极性，很遗憾。那个会计，因为斗他斗得比较厉害，眼睛瞎了，我觉得太不幸了。

陈：您和黎莉莉，包括电影学院这些老师，在阳高那么穷的地方，

---

① 逼供信：审讯人员对被审人施用肉刑、变相肉刑或其他威胁手段逼取口供，一有招供即信以为真，据以定案。

② 1965年1月，中共中央制定了《农村社会主义教育运动中目前提出的一些问题》，共23条。这个文件虽然对"四清"运动中某些"左"的偏向作了纠正，但又错误地提出了这次社会主义教育运动的重点是整所谓"党内走资本主义道路的当权派"。

衣食住行,包括上厕所,怎么能适应呢?

吴:吃东西有困难,1964年农村也很困难,吃小米连壳一块儿磨之后煮出来的糊糊,吃了以后的问题是拉不出屎来。就拿盐搓肚脐。社员对我们很好,给我们错开,就是这家吃糊糊,下家吃的时候调整一下,土豆搁在糊糊里算是比较好的。厕所是一个露天的四方大坑,拿石头四边砌起来。小便冲前,大便冲后。因为是露天的,所以空气新鲜,有一层以后,撒一层土就盖上了,太阳晒、雨淋它就发酵了,就做肥料。我觉得农民真有办法,真聪明。

陈:1959年高老师也被划定过右倾,对您有影响吗?他划为右倾的原因是什么?

吴:当然有影响了。其实我很能理解他的言论,他1958年从农村下放回来,我相信他说得是真的。我家大娘(保姆)是北京郊区的,她回了一趟老家,拿回来一个很黑的窝头,她说"你看我们就吃这个"。我就很心疼,我拿着那个黑窝头到学校去,我跟同事说"你看现在农村就吃这个"。结果党支部就批评我了,说我是给党抹黑,我很不理解,我说这不是事实吗?我没想抹黑。批高汉批得很厉害,持续了两个月,如果他再不承认的话就要划过去了,我当时的心情是相信党会弄清楚的。他也没跟我商量,我也不劝他,我只是着急,不过我相信可以解决。1962年他在七千人大会后平反了,而且要把材料烧掉。可是到了1966年,毛主席写的第一张大字报出来了,里面有这样一句话"1962年的右顷岂不发人深思吗?"①我一看心想糟了,高汉的事又要翻过来了。"文革"初期,造反派把电影学院演戏的服装,古装、西服、旗袍堆在院子里烧,当时是破四旧。后来就是审干,我被编入黑帮劳动队,我有在国民党92军的历史,又有演剧队的历史,演剧队的人都被说成了国民党的残渣余孽,实质是"四人帮"要整周总理。

陈:当时跟您在一起的队里有哪些人?

---

① 原文"联想到1962年的右倾和1964年形'左'实右的错误倾向,岂不是可以发人深醒的吗?"引自毛泽东《炮打司令部·我的一张大字报》,写于1966年8月5日,八届十一中全会期间。

吴：女的有我和黎莉莉；男的有孙明经，孙明经是被打成右派的，还有一些人。

陈：黎莉莉她爹是共产党的烈士，怎么也成了黑帮？

吴：那他们就不管了，她丈夫罗静予①是国民党中制厂的厂长。据她说，她和江青一块儿拍过电影，江青对知道她底细的人都要加害。

陈：当时黑帮劳动队的待遇怎么样？有没有什么体罚、批斗这种羞辱？

吴：主要是劳动。当时电影学院在小西天，有一个实习处，我们就在那里劳动，搬木头、打扫卫生、清扫厕所，在劳动中间也开批斗会。学生也对我开批斗会，我教过他们京韵大鼓《风雨归舟》，第一句是"解职入深山"，学生批我用反动黑教材，为彭德怀翻案。文化大革命时印了很多材料，有材料里说"时代不同，革命对象是不一样的"。我想，我是革命对象了，还留着干什么呢？我可以自己消灭自己，我就下决心了，当时是冬天，我想把烟筒一扒开有煤气就行了。可是我家老三在家呢，我不能把他给弄死，我就让老三去他大伯家住，他不去——等于是儿子救了我。我们在学校里起先也是比较观望的，可是学生不允许，革命小将说我们不能当"逍遥派"，必须得有行动，最后我们几个表演系的老师组织一个"红心战斗队"，就跟着"联委会"活动。当时几个大事一个就是抓彭真，我们没参加，是电影学院和戏剧学院联合起来的几个骨干。他们先踩点，看好彭真住哪个房子，灯的开关在哪儿，做好准备然后行动。半夜到彭真的屋子里面，拿被单把他头一蒙就抓走了。第二天周总理知道了，把彭真保护起来了②。斗彭真的大会在体育场召开，几万人，我们也跟着参加了。到1967年底，

---

① 罗静予（1911–1970）：四川成都人，电影事业家，电影技术家。1938年底任中国电影制片厂（中制）香港大地影业公司经理、制片人；1941年任中国电影制片厂厂长。新中国成立后，历任文化部电影局技术委员会副主任兼制片处处长、中国电器材公司经理、北京电影制片厂总工程师等职。

② 中央戏剧学院、北京电影学院毛泽东主义公社等四个组织，冲入彭真的家，抓了彭真，以后又相继抓了刘仁、万里、郑天翔，以及许立群、林默涵。周恩来接见了中央戏剧学院、北京电影学院、中央音乐学院、中央乐团四个单位的代表，要求放人。

江青有一个讲话，说新影和芭蕾舞团有黑手，黑手指的就是高汉。江青为什么要特别控制新影呢？我的理解是，这和她夺权的大计划有关系。她要掌握这个舆论的阵地，所以她对新影就特别地重视。这样对高汉批斗就更厉害了，4月份就把他抓进去了。抓进去以后没有两天，新影就通知我搬家，叫我们搬到新街口一个房管局堆工具的小房子。当时没有任何人能帮助，反革命家属谁敢帮呢？就叫了个三轮车搬。当时我们住了三间房子，很多东西只好运到信托商行处理了。高汉被关监狱七年多，有五年我不知他的生死，也不知他在哪里。

陈：谈谈1970年在干校的情况，您有哪些见闻？

吴：1970年下部队，所有院校、院团全部交给北京军区。我们的职工在38军，学生在另外一个地方，职工跟学生是分开的。不过同时都下到部队了。完全是部队的建制是"文艺连"，差不多半天劳动，半天搞运动。电影学院分了两个队，住在老百姓家。部队让我们写决心书，大多数人写了，至少我是这样写的："下决心不做文艺工作了"。很多人都有这个决心，因为文艺工作不知道怎么就变成了文艺黑线、修正主义了。部队拿了决心书后说不行，重新写，必须要做好文艺工作。周总理有一个指示，就是不许调动一个人，谁想调走绝对不行。自己想调到别的单位去绝对不行。这是部队接受的命令，就必须保证这些人全部都在。是周总理把这个队伍保护起来。

陈：1971年林彪事件对部队以及文艺连的影响是什么？

吴：还是正常的学习，很意外，通过文件学习，才知道他是个阴谋家。中国从来没有发生这样的事情。《毛主席语录》的第一页是他的前言，都撕掉了。

陈：这时候您一家五口人分五个地方。高老师在监狱里，您在保定，怎么联络？您和老大、老二怎么联络？

吴：只能通信。信还是经常有的，三个儿子都去过保定看过我。

陈：电影学院有一段时间并到中央五七艺术大学，电影只办了摄影、照明、美术、录音。表、导系是跟戏剧学院在一起吧？

吴：表演73班、74班在中央戏剧学院，是两边合办。我一直在中央戏剧学院这边上课，负责73班的语言技巧课。五七艺校在朱辛庄。朱辛庄原来是北京市的农业干校。江青把农业干校给占了，那时很大的一片地。农业干校每一棵树都有档案，还有很多实验的仪器什么的，都砸了，整个彻底毁了，什么资料都不存了，真是可惜。"四人帮"真是文化杀手。据说档案材料当废纸卖了上千斤。

陈：高老师回来的时候精神状态怎么样？

吴：精神状态正常，因为他看透了"四人帮"是不能成事的。补了他工资，他成了当时少有的万元户。1975年放出来，1978年正式平反。他就尽量地享受，带着侄女挨着店的去吃。他有他的旅游计划，要周游各地，要去老家看一看，要去东北看儿子……有一年多的时间，他没有马上上班。还有一个事，出狱的时候要扣他七年的饭费，一千多块钱。他就不干了，找到监狱去了，说"我又不是来住店，饭钱得还给我"。经过斗争，结果钱就还了。1975年，"四人帮"已经跟"文革"初很不一样了。1976年5、6月，电影学院到西安招生，我们拿着文化部的介绍信，西安市委不理会这文件，不予合作，招生未招成，可见"四人帮"已被有见识的人看扁了。

新时期

陈：1980年表演系没有招生，您为中央电视台的《娜拉》、《小法岱特》、《大卫·科波菲尔》、《彼埃特》以及为中影公司发行影片《田园情侣》、《飞车追匪》等作品做译制片导演工作。担任译制片导演的优势是什么？您在这些工作中获得了哪些经验？

吴：中影公司找到青年厂，青年厂找到我。我们一直做电视剧，这对我也是个新事，不过方法还是一样的。我认为，找到人物的特点，并且能够把戏突出出来，最重要的是选人。人选对了就顺了，不合适就不行。译制配音之前要排练，正式录音之前要对词，口型熟悉了以后就试录。我用的时间长，比较仔细，讨论的多一点。《娜拉》三集、《小法岱特》两三集和《大卫·科波菲尔》六集是连着做的，用了四个月。

《彼埃特》是1981年、1982年我在西安教学的时候做的，西安电影厂招了一个演员班，培养一些年轻演员，叶大鹰、杨亚洲就是那个班的，演员班里出不少导演。上课的时候他们做了很多小品，小品都是自编、自导、自演。我教这个班的时候，在西安厂译制了《彼埃特》，用的是西安厂的演员。

陈：您觉得自己做译制片导演和外面的人做，主要的不同点在哪儿？

吴：对人物的分析和对词的时间多一点，共同研究的时间多一点。在青年厂、西安厂、中央台都没有场租的问题，所以容得我可以做得细一点，如果有场租就不会那么从容了。

陈：译制片导演的工作经历，对您的业务有哪些帮助？

吴：对演员跟荧幕、屏幕的关系心里有底了。后来我在教学安排上，加入了配音这个环节。电影表演和戏剧表演是共同依据斯坦尼体系的原理，毕业作业也演大戏，舞台强调动作、语言都要适应剧场。电影要适应镜头，要更生活化；但是电影演员也必须会演舞台戏，需要演的时候你得演，所以也得培养他适应舞台的能力，两方面都有侧重。后来我在讲课和实习方面都加入了配音的内容。

陈：您为人民广播电台做过广播剧《喜事》、《树上的鸟儿》，为沈阳广播电台导演广播剧《法庭内外》，广播剧和影视剧的区别在哪儿？

吴：《喜事》、《树上的鸟儿》是"文革"前中央广播电台找我做的节目，也是一种实习。《法庭内外》是"文革"后的，把电影剧本拿来播的，我一次播完，电台再做处理。广播剧简单一些，它没有对口型的问题，理解了以后可以自由发挥，因为没有画面的限制。

陈：1981年，电影学院招了两个民族班，从招生到教学跟其他的班肯定有很多不一样的地方吧？

吴：是的。招生我没参加，教学我参加了。难点在，他们有的会说汉话，比如有人在内蒙古念的就是汉语学校；有的就不会说。内蒙古班有个女学生叫艾丽娅，到学校的时候基本不会说汉话。我给她下了很大工夫，专开小灶。班里十几个男女学生，有多个要给他们加课。

陈：加课的课时在电影学院怎么算？

吴：不算的。我负责这个课，就全包了，这都是我的工作。艾丽娅经过几年学习，进步很快，到她演出，我简直都不太认识她了。她后来主演电影《二嫫》很杰出，语言功底也非常好。所以对我是一种安慰，做教师的乐趣也在这里。

陈：1982年您在电影学院被评为先进工作者，1983年又成了北京市教育活动先进工作者到人民大会堂去领奖，获奖的原因是什么？

吴：以前没有评过奖。是我那些年表现的积累。那时候表演系定了，6点半到7点半要练早功，按说老师不用去，但我是每次必到。我住在新街口豁口，每天早早地往学校走，走的时候能看见月亮看着星星，所谓披星戴月。到了学校，有的好学生已经开始练了，比如78班的张丰毅，我每次到的时候他已经开始练了，有的懒学生，晚上聊天睡得晚，早晨起不来，我就去敲门。对有困难的学生，我尽可能给他们加课。

陈：您自觉自愿地要去做。

吴：我觉得这个时间可以利用，他们在练的时候，我就可以听，谁练得有问题，我就跟他们说说。我觉得这是我的责任。

陈：您担任过北京市语言学会理事和国家文字改革委员会的审音语言会委员，北京市艺术语言研究会理事，以及中国电影家协会会员，作为这些团体的会员有哪些活动和经历？

吴：语言协会的理事里面我就是小辈了，因为语言学家太多了，我在那儿主要是好好学习。字音的规范化问题就是审音委员会的事。审音是很具体的工作，规定一个字到底应该怎么念。"暴露"——我们念 bào lù；台湾人念 pù lù，念 pù lù 是古音。咱们有一个约定俗成，大部分人念 bào lù，所以就 bào lù 了。再比如"流血"，也有念 liú xuè，有人念 liú xuě；最后规定，口语可以是 liú xuě，但血液还是叫 xuè yè，流血（liú xuè）牺牲

陈：还是两个音？

吴：还是两个音，念 xuě 是口语的，念 xuè 是专词的，就审定了。

还有"荨麻疹",念xúnmá zhěn,可是有一种麻叫荨麻,念qián má,结果宣定,荨麻就念qián má,而荨麻疹就约定俗成地念为xúnmá zhěn。我参加过审音,我的倾向是,约定俗成是一个重要原则。

陈:1984年您的论文《语调与对白》的写作背景是什么?

吴:我对艺术语言,这些年的认识也是逐步深化的。随着现实的需要,选择不同的专题去讲。比如推广普通话、朗诵,也是艺术语言的普及。再有就是如何掌握艺术语言的规律也是我一直在追求的,特别是发展语言表现力,到底从什么道路去发展,解决哪些问题就有表现力。光说语调不行,语调的定义在一些书上也不清楚,我给它定义成"语言的外在形式",包括构成语调的高低、轻重、快慢、断连,还有音色的变化。这个外在形式又有内在的规律,我几次讲课都在讲这个问题,最后写成论文,就是《语调和对白》。

离休

陈:1987年您评副教授以后过了一年就离休了,为什么到1987年离休?

吴:1987年底,那时候我在大庆。我早就跟系里提出来了,给我办退休得了,我就要60岁了。我的工作没有停,1989年教了一个班,1995年回去还教的一个班。到了70岁我自己下定决心不干了。我从60岁起冠心病的帽子就戴上了,这跟遗传基因有关系,我听说我父亲就是中风死了,我有冠心病、高血压、高血脂,就这样又工作了十年。

陈:1987年您到大庆的文工团去讲课,并且和高汉老师创作了电视剧《圣火》,这个过程的经历是什么?

吴:当时大庆话剧团办一个班,新招了一些演员训练需要讲文艺概论的课,那时候高汉也离休了,后来等于是我们俩参加办这个班,他讲文艺概论。大庆市文化局希望高汉能写一些关于石油的电视剧,所以这个班办完以后他就去写剧本。他跟以前表现大庆的思路有所不同,以前的就是如何艰苦，没有条件也要创造条件，就像表现劳动模范叫王进喜。高汉的思想是工人是尽了很多力量，这是不可磨灭的，可是找石油，定这个点是知识分子、工程师定的，这分功劳必须表现。大庆到90年代，石油越来越少了，面临新的科研课题，工程师要解决这课题。高汉写完三集的《圣火》剧本，又写了一个大庆的八集的电视剧剧本。我是三集电视连续剧《圣火》的导演之一。

陈：您80年人生回顾最深切的体验是什么？

吴：我教的学生里面，除了演员之外，有一批做导演的也很有成就，有的改行，也很有成就，我觉得很欣慰。人不在出名，做人梯也很好。

吴青在中央电影司技术委员会做会议记录时，在休息间歇留影（摄影者为著名电影摄影师杨霁明　摄于1949）

【采访手记】

吴青老师曾在第一次文代会会务组工作过,在表演艺术研究所(电影学校、电影学院前身)成立伊始(1950年5月)就在那里工作,1960年起担任北京电影学院表演系系务委员,1956年任语言技巧教研组组长至离休。除了在电影学院担任教学任务之外,吴老师还在中央戏剧学院、中央人民广播电台、珠江电影制片厂等多家单位的正常教学班或特殊培训班担任过语言技巧教学工作,早已桃李遍天下。

吴老师的前半生饱经磨难,历尽坎坷:少时遭父亲遗弃,上高中时便要边上学边承担养家重任,1963年患甲状腺机能亢进而手术,瘫痪一条声带,丈夫高汉在"文革"中被打成反革命并被监禁长达7年之久……这些磨难非但没有打垮她的生存意志,反而成就了吴老师坚忍不拔、愈挫愈奋的不屈个性。在艰难历程中不仅教育三子成人成才,且在工作中历来勤奋好学,奋勇争先,成就斐然。

吴老师天性聪慧,高中毕业后曾考入北平大学建筑系,一年后又转考北师大音乐系,高中及大学期间一直兼职从事声乐及话剧表演工作。新中国成立后,从电影剧本创作所资料室到电影表演艺术研究所的语言技巧教学岗位,虽然此前在语言技巧理论、语言技巧教学方法等方面既无科班背景、又无教学经验,凭着自己的灵性天赋加上虚心好学、孜孜不倦的精神,很快就摸索出一套完整且行之有效的教学方法。继而在北京电影学校、北京电影学院的语言技巧教学岗位上工作超过40年,担任教研室组长超过30年,成为本专业中最重要的专家之一。

(陈墨)

俞虹访谈录

采 访 人：陈墨
摄　　像：王家祥
采访时间：2009年10月12日至27日
采访时长：19小时
采访地点：北京·俞虹家中
录音整理：江川
文本选编：李镇

受访人简介：

　　俞虹，女，1928年生于营口，原名王桂兰，曾用名王销，笔名于思、苏虹、洪炉等。中国艺术研究院电影研究所研究员，资深电影理论家及翻译家。1947年在北平华北学院俄语系学习。1948年去解放区，先在华北大学政治班学习、任辅导员，后转入外国语学院学习，任助教。抗美援朝调中央军委办公厅外秘处任翻译。1953年调影协（电影出版社）任编译。1976年调入中国艺术研究院，任研究员。1983年任日本国际交流基金会特聘研究员。1990年11月离休。1992年获政府特殊津贴。2004年获资深翻译家证书。发表的论文有《电影美学纵横》（一）及（二）、《爱森斯坦蒙太奇美学管窥》、《理性电影》、《苏联蒙太奇学派》、《日本电影民族风格的形成》、《完美主义者黑泽明》、《寻找日本电影的新生机》、《黑暗的一页——日本军国主义时期的侵华影片》等；参与翻译的电影理论书籍、文章有《电影理论文集》、《熊井启的电影》等多种多篇;电影剧本有《西区故事》、《墨西哥万岁》等多部以及文学作品《德·古里亚诗选》、拉斯普京的中篇《最后的时刻》等。

童年和学生时代

陈：请您回忆一下童年和学生时代。

俞：我1928年10月份出生，老家在营口，我家在西海关，西边是渔民区；东区比较发达，营口市政府、高等学校等大多设在东边。我在厚生①小学读了四年，学校离我家很近。二年级的时候，国语教科书上面大字是"国语"，下面写的是"日语、满语"，我们不知道什么叫"满语"，后来上课教的是汉语。我们日语第一课是"这是国旗"。那时在所有亲戚朋友当中，我从来没听到过有人说"我是满洲国人"，都说"我是中国人"。除了学校里，我也很少见过日本人。小学校每年寒假都有表演，我演出过《小麻雀》和《聪明美丽的小鹦哥》等。我们还到放送局②去唱歌，我唱的是《木兰辞》。同心高小毕业后，我直接升到女子国民高等学校，学了四年。这时候有的同学给我看小说，我看了石评梅、卢隐、谢冰心以及巴金的《家》、《春》、《秋》三部曲，还有胡适的书。

陈：满洲国的国高竟然有胡适文学？

俞：有。营口是一个港口，有上海来的船，较为开放。我还看过林语堂的《京华烟云》。我在四年级的时候，已毕业的同学郑淑文还给我看过孙中山的《三民主义》。她的父亲是营口红十字会的会长。

陈：那是犯忌的。

俞：偷着看就行了。我们学校也没有人被拘捕，校长是个日本人，姓武藤。这个校长对人很好，他们夫妇都来了，没有孩子。学校的日语老师是日本人。我们有"家事课"，就是教做饭之类的，有一个大厨房，里面有很多的炉灶，一人一个，学做蛋糕、西餐等。另外还有

---

① 校名可能来源于日本政府负责医疗卫生和社会保障的部门"厚生省"。
② 放送局：广播电台。

俞虹（分别摄于1934年、1952年、1989年、2000年）

舞蹈课，是一个姓夏的中国老师教，音乐弹琴也是她教。体操、体育是一个男老师教，学打网球、排球。每天早晨去学校要对着日本的天皇方向敬礼，这个仪式完了以后要对着东方唱国歌，然后做早操。

陈：唱国歌是满洲国歌还是日本国歌？

俞：两个都唱。日本国歌我还记得那个调，词连不上了，当时不懂什么意思。满洲国歌只记得"人民三千万，人民三千万"两句①。每天做完体操，校长要讲几句话。1944年以后，除了做操以外，还要绕着学校的水池跑几圈。我们学校好像原来是一个什么教堂，设备挺好，大尖顶。学校有个校长叫赵连璧，他有抗日和爱国主义思想。那时候一上课就叫我们把窗子关起来，他说"我们是中国人"，也讲《三民主义》的东西。我对《三民主义》印象很深，我对民生、民权、民主这些特别感兴趣。那本书对营口有一些设计，说营口当时淤泥太多，需要开发，做一个大港口才能过大船。另外《三民主义》里还讲什么叫帝国主义，他讲，日本是侵略的。家里、邻居都管日本人叫小日本或日本鬼子。把跟随日本的人叫"狗腿子"。1944年，我毕业了。

陈：您家里是做什么的？家庭情况是怎么样的？

俞：我爷爷是山东济南府王家梨行人。发大水②后到营口来。我爷

---

① 伪满洲国先后有过两首"国歌"，受访人提到的是1933年公布的"国歌"。1942年新"国歌"公布后，此"国歌"更名为"满洲国建国歌"。

② 1889年1月20日王家梨行的黄河大堤决口。

爷怎么谋生就不知道了，听说他特别仗义和豪爽，开过鲜货店。我奶奶死得早，他一辈子没有再结婚。就我父亲这么一个孩子。

我的外祖父原来在东北乡下，是个贫下中农，不知什么原因搬到营口来了。他有两个儿子，一个女儿。我外祖父和我爷爷两家是邻居。他把女儿从十几岁就许给了我爸，但是没有结婚。我爸爸念了三年私塾，我妈妈没上过学（营口解放后她进了鲁迅艺术学校缝纫班）。两家人培养我老舅一个知识分子，我老舅王国庆后来在中东铁路①满铁②工作。我听说有一天日本人骑电驴子（摩托车）来抓他，我们两家的院子是连着的，他就穿过院子逃掉了。我老舅当时二十多岁，这种情况下，他找不到工作，又不能回去，后来他就喝大烟自杀了。我老舅死的时候是我去报丧，那时候有一个土地庙，死了人都到那里去报告一下。这时候我差不多上小学了。他死以后，我姥姥天天哭，后来得鼻癌去世了。我老舅的死可能在我心灵中埋下了仇恨日本人的种子。我大舅妈一直没有孩子。我们两家就我这么一个孩子，大多一个人呆在家里。

我记得上中学的时候，我有个从幼年直到现在的好友陈德贞③常常在我家里住、吃饭，整年吃的就是高粱米和黄豆芽。我们在西区，有很多渔民打上鱼来以后卖不掉了，给我们一送就一大盆，虾什么的，一蒸就是一大锅，海鲜是很便宜的，所以我说我是吃臭鱼烂虾长大的，肉就只有过年吃一次。高粱米是配给的，我们也能吃到大米，因为我家的后面是辽河，辽河对面是沟帮子，那边种稻子，他们偷偷从辽河运过一些大米，可以偷着买。我家还养鸡养鸭，那时的社会百业俱废，施

---

① 中东铁路：是"中国东清铁路"的简称，因此亦作"东清铁路"、"东省铁路"。1896至1903年，沙俄修筑的西伯利亚铁路在中国境内的一段，以哈尔滨为中心，西至满洲里，东至绥芬河，南至大连。

② 满铁：全称南满洲铁道株式会社。1906年至1945年在中国东北存在的日本的特殊公司，是日本经营满洲的核心，在极盛期里握有了80多家关联企业的股权。日俄战争后，中国东北被日本占领，原来由沙俄修建的中东铁路长春至旅顺段被转让给日本，改称为南满铁路。

③ 陈德贞1947年去解放区后改名为陈祯。健在。

行配给制度，买米花不了多少钱，解放后我家成分被定为城市贫民。

我们学校免费，日本统治时期都是义务教育；我读中学的时候交一点钱，是旅行储蓄，每年两次旅行，春游和秋游，东北差不多的地方都去过。最后一年交的多，本来要去日本，结果太平洋战争爆发了，船总被炸，没去成。我在学校的日语演讲竞赛上得过二等奖，第一学期快结束的时候，校长找我谈话，问我毕业以后干什么，我说我要考医科大学，他说如果去日本大学的预备校的话，他可以推荐，不用考试。我报了满洲医大①，先要体格检查，我身体没合格，所以就没有笔试。1944年冬我中学毕业，1945年春就到厚生小学去当教师了。

陈：您小时候看电影最早的记忆是什么？

俞：《木兰从军》②、《红杏出墙记》③、《千里送京娘》④、《万世流芳》⑤……陈云裳、白云、胡蓉蓉是我崇拜的明星。上海的影片在我们那里全放。放学路上几个同学去买了冰棍，就去电影院。那时候看电影的票价很便宜，马连良也曾来营口演出过。我把家里给我的交通费省了看电影。没记得有"满映"的片子。

陈："八·一五"抗战胜利的时候您有什么记忆？

俞：大家都高兴得不得了，放炮什么的，好像这时候看见日本人从我们家门口的大街上提着一些东西走了。我们那边穷人比较多，有的人"捡洋落"⑥，这阵风很快就过去了。胜利之后，学校好像也停办了，我在小学只教了半年书。后来和陈德贞等好朋友一起去《渤海民报》⑦当校对。当时印名片时，我想孙中山的书里写要推翻皇帝，而且

---

① 满洲医科大学：1911年由日本国南满铁道株式会社建立。
② 《木兰从军》：华成影片公司1939年出品，导演卜万仓。
③ 《红杏出墙记》：国华影片公司1941年出品，导演张石川。
④ 《千里送京娘》：艺华影业公司1940年出品，导演文逸民。
⑤ 《万世流芳》：中华电影股份有限公司1943年出品，导演卜万仓、马徐维邦、朱石麟。
⑥ "捡洋落"：方言，泛指得到意外的财物或好处。这里指日本战败后，中国老百姓抢拿日本人留下的东西。
⑦ 《渤海民报》：由国民党营口市党部办的一家报纸。

已推翻了皇帝，我就写成"王销 桂兰营口"——意思就是皇帝没有了；消灭的"消"我觉得不好看，我就改了金字边的"销"。我们晚上做校对，就住在日本人留下的宿舍里，白天还回家去。《渤海民报》是个日报，报纸不大，报社自己的文章不多，有的是抄电讯。苏军进来以后，这个《渤海民报》就归苏军管，苏军给的办报许可。因为我们报社校对没有多少工作，在那儿就是看书，办公室里有《新民主主义》、《论持久战》等很多书，我就拿回去看，在办公室也看。在我的宿舍里还有日本人留下的很多书，比如马尔萨斯的《人口论》。《渤海民报》办了一个多月后，八路军就来了。那天，我和德贞晚上在那里睡，白天起来一看，整个院子里空空的，整个报社全空了。①那时候我们年轻，可能也睡得死，半夜发生了什么我们一点都不知道，就剩我们两个人了，我们把东西收拾一下，雇了两辆洋车，还有一点行李，我把一些书都带回家了。

陈：后来怎么上的大学？

俞：离开《渤海民报》之后，原来报社的一个叫张友三的记者的哥哥是个老报人，又办了《辽滨晨报》②，还叫我们去，我们就不再去了。我和好友陈德贞就给《辽滨晨报》投稿，写诗和散文，每一篇都登，也没有稿费。那时候我想考大学。报考东北大学，去沈阳参加考试没有考上。我继续在家里复习，1947年6、7月，我家托人带我到北京考华北学院。考试完了，一看发榜，我还是头几名。华北学院的校长好像是进步的，跟共产党有关系，学校的学生运动开展得比较好。我去了以后他们就推我做班代表，我读的是俄语系，系主任王之相③是很进步的老师。我们那个班进步学生比较多。诗人、翻译家冯至④也跟我们学，他在王

---

① 1945年11月11日，《渤海民报》由中国共产党接管，改为《营口群报》。

② 《辽滨晨报》：1946年以后，很多国民党人以私人名义利用各种关系纷纷办起报纸。据1948年4月国民党辽宁省政府向东北行辕政委会填报的《省内报刊调查表》统计，《辽滨晨报》日发行量仅为50份。

③ 王之相时任北京华北法学院俄文系主任教授。

④ 冯至（1905—1993）：原名冯承植，字君培，直隶涿州人，现代诗人、翻译家。1946年7月至1964年执教于北京大学西语系。

俞虹（左二）在华北大学俄语系（摄于1948年）

先生上课的时候才来。我在学校里积极参加了许多进步学生运动。

陈：一个班有多少人？那时候学费是什么情况？

俞：有二十来个人。我是公费，家里已是解放区。住宿的人每个月有一袋救济面粉，吃丝糕和白菜汤咸菜，每天都是这样。

陈：您去解放区心里的想法是什么？您当时并没有入党，也不了解地下党，而且您是来北平上大学的，为什么跑到解放区？

俞：在学校里，我已经做反国民党的工作了，我在东北就看了陈伯达的《中国的四大家族》①等书，觉得国民党太不像话了。在学校，我一直参加学生运动，"八一九大逮捕"②后，只能去解放区了。我们是偷偷离开学校的，东西都丢在学校，原封不动，还像睡觉一样的。我

---

① 《中国的四大家族》1946年分别由多家出版机构出版。
② 八一九大逮捕：1948年3月19日，北平特别刑事法庭"奉命清除潜伏匪谍"，公布了准备拘捕的11所大学的250名进步学生名单，国民党军警、特务开始公开在各校大肆进行抓捕活动，共逮捕学生100多名。

们只跟王之相老师告了别,他很赞同。我们去解放区是刘仁给写了介绍信。刘仁是北京地下党的领导,后来北京市委书记。

到了解放区,组织上给我们发表,叫我们改名字,我起初改了一个名字叫王晓遐,后来改成了俞虹。听说北京要解放了,可能还要把我们派回北京,任务是给我们认识的人做工作,尤其是有影响的人物。

陈:到了解放区以后呆了多长时间,才到了华大①?

俞:我们第一站在泊镇报到,华北学院地下党高班同学孙知行接待的我们,呆了一周吧。后来北京解放有点眉目了,就没有派我们回北京的必要了,组织上就叫我们去华大,我进的是华大政治部22班,班长是郑中,我是组长。吴玉章是校长。毕业证书仍沿用"中华民国XX年"字样。

陈:在华北大学的22班呆了多长时间?

俞:呆了几个月,我记不清楚了。冬天穿大棉袄就回来了,分配我到华北大学的某大队当副队长。呆了一阵后,因为招进来的也大都是大学生,成年人。我觉得自己不胜任,就找队长,说我原来是学俄文的,华北大学也有俄语系,我希望还学俄语去。经过他向上级的请求,我就到俄语系去了,俄语系开始只有一个老师,是俄国人安德斯,后来来了几个老师。安德斯给我起一个名字叫尤利娅。华北大学那时候已经搬到北京来了,俄语系住在先农坛,我们进城以后,有时候到街上扭秧歌做宣传。不久,华北大学二部的俄语专业整个搬到正义路,在原来的日本大使馆里,改名叫北京外国语学校,属外交部管②。后来学校又搬到西郊,又从苏联请来了一位俄语教师。校长是民主人士。

---

① 华北大学:由华北联合大学改组而来,是中国人民大学的前身。时间从1948年8月到1949年底。

② 1949年北京解放后,在华北大学二部外文系的基础上办起了北京外国语学校,即北京外国语学院的前身。1949年,就在北京外国语学校成立的当年,又创立了北京俄文专修学校。1956年,北京俄专改为北京俄语学院,1958年并入北京外国语学院,成为该院的俄语系。

解放初

陈：您还记得新中国成立那天的见闻吗？

俞：我参加了开国大典，一个人发了一身新制服。参加游行的时候，我们学校好像有自己的方阵，我旁边就是我们班的同学。提前练队，还喊"毛主席万岁"那几个口号。那天早晨，我们从西苑一直走到天安门。没有什么戒严，非常随便，就是这么走过来，到了毛主席那个地方就不动弹了，都看着毛主席，都拼命地喊"毛主席万岁"。有人叫"你们快走吧，后边都走不动了"，这样才走。我近视眼，戴着眼镜也看不太清楚。不久，是我在校期间得到的一次难忘的机遇，学校派我去参加我国建国后首次举办的两次国际会议：亚澳工会和亚澳妇女大会，负责简单的接待工作，接待讲俄、日语的代表团。莅临大会的有世界工联主席路易·赛扬、妇联主席瓦扬—古久里夫人。朝鲜代表团团长朴正爱刚从苏联回国，能讲俄语。我国很多领导人都参加了。我在这次会上的所见所闻对我后来的工作、生活都有着潜移默化的影响。

陈：您什么时候去了军委？

俞：抗美援朝期间，我是外国语学校的助教，报名参军，以为会去朝鲜，但是去了中央军委办公厅。我和老卢①就是在那儿认识的，他原来是俄文专修学校的助教，抗美援朝的时候也报名了。我们翻译科在北长街，外秘处和翻译科早先的几位同志都在中南海。到那儿去以后先翻译德国的军事理论家克劳赛维兹②的军事思想，翻他的东西比较难，后来挑选我和老卢两个人当校订。译文是为了给中国的将军们看的。当时还有人翻译军事技术方面的资料。中央军委办公厅是首脑机

---

① 卢永福（1923—）：陕西西安人，翻译家。俞虹的丈夫。
② 克劳赛维兹（1770—1831）：德国普鲁士贵族出身的军事理伦家，被称为资产阶级军事理沦的先驱者和鼻祖。

关，是穿军装的，我们虽然是排级，但是待遇很高，我和老卢，还有一个陆科长是乙级的一级翻译，团级待遇，吃中灶，洗完脸都有人给倒水，很不习惯。

陈：当时您的俄语程度怎么样？

俞：我的俄语在班上是好的，但是老卢比我好，办公室里，他坐在我对面，我看不懂的，和他商量。我以前没接触过军事理论，但接触过哲学，所以也能翻。我们外文秘书处从苏联归国的张伯恒处长很欣赏我们翻的东西。

陈：您什么时候转业的？

俞：1952年秋就转业了。

陈：怎么会这么快？1950年底参军，才当两年兵。

俞：我们这个单位就是专门为抗美援朝成立的，朝鲜战争完了翻译科就撤销了，译员陆续都调走了。老卢得肺病，去了疗养院。中南海内的没有动。

电影局艺委会研究室编译组·中国电影出版社

陈：您转业到什么地方工作？

俞：我在总干部部①等待分配工作。第一个工作让我到军委二部，工作是日语监听。虽然我学过日语，但是不愿意学，学得不好，听不清会误大事。我专科读的是俄语。后来叫我到南京军事学院当俄语教员，有一些将军在那儿进修。我没去，因为我妈妈爸爸来了，都在北京。再后来让我去南开大学，因为在天津，我还是不去。最后听说电影局艺术委员会成立了翻译组，需要俄文翻译，艺术我还挺感兴趣。我去报到以前，黄钢帮我联系了程季华，然后拿来一篇东西叫我翻译，大

---

① 总干部部：1950年9月成立，原称"总干部管理部"，是20世纪50年代的中国人民解放军八总部之一。1952年7月改称总干部部，是中央军事委员会主管全军干部工作的领导机关。

概算是考试吧，我一个晚上就翻好了。第二天晚上我就通过谭家昆[1]，把译稿交给了黄钢。后来他说程季华看了很满意，就同意我调过去的。我调去之后，程季华还为我安排了新的住处，待遇是18级。

陈：定级是低了一点，您来编译室的第一份工作是什么？

俞：我记不得了。天天都有工作。我觉得当时翻译得还是比较快的，或者是校订的多。作为长线翻译的是《我的艺术生活》。成书的有《电影艺术问题论文集》[2]、《电影剧作问题论文集》第一、二、三集[3]。当时编译室底下是一个翻译大组，由富澜负责，选材什么的都是他来定。后来分成几个组，译丛组组长是富澜，编辑组组长是张小怿，西方组就是非俄语组，组长是邵牧君。资料组组长是冯志刚。我是在译丛组，当时《电影艺术译丛》[4]的影响很大。

程季华建立外国电影编译室，为新中国电影创作人员开辟了一个了解外国电影艺术的窗口。建国初，咱们的电影导演好多都是延安来的，要培养他们一些电影的基础知识。就集中在王府井的翠明庄[5]那里学习，就拿冯志刚翻译的库里肖夫的《电影导演基础》[6]，还有邵牧君等译的那本《戏剧与电影的剧作理论与技巧》[7]等一些书作为他们的学习资料。

陈：您在编译室的工作中，有哪些特别难忘的经历？

俞：翻译斯坦尼斯拉夫斯基的《我的艺术生活》工作量很大，我翻了20多万字，是我和陈笃忱翻译的。中国电影出版社1958年出版，署名是"史敏徒"，"史敏徒"包括了我、陈笃忱，也包括了前译者的劳动。给我们任务的时候，程季华找来了瞿白音的译本《我的艺术生

---

[1] 谭家昆：黄钢的夫人。
[2] 《电影艺术问题论文集》，北京，中国电影出版社，1963。
[3] 据受访人回忆，《电影剧作问题论文集》第三集编完可能遭遇反修运动，未及出版。
[4] 1953年2月，原《电影艺术资料丛刊》更名为《电影艺术译丛》，改为月刊发行。
[5] 翠明庄：是北京一座历史悠久的高级招待所，在东城区南河沿大街1号。
[6] 《电影导演基础》：库里肖夫著，志刚译，北京，中国电影出版社，1961。
[7] 《戏剧与电影的剧作理论与技巧》：约翰·霍华德·劳逊著，邵牧君、齐宙译，北京，中国电影出版社，1961。

活》，让我们参照这个翻。瞿白音的中文水平相当高，我第一次译这样大的东西，的确是得益于瞿白音先生的译文，有的句子他译得很漂亮。

陈：1962年的《杜甫仁科选集》、《电影剧作问题论文集》都是您校的？

俞：是的。连校带责编，都很厚，我是责任编辑。那时责任编辑都不署名。①

陈：当时《我的艺术生活》不署俞虹、陈笃忱的真名，原因是什么？

俞：那时候领导规定，凡是大家一起做的，一般都署成"史敏徒"，也不拿稿费。

陈：也就是说，除了您译的斯坦尼第一卷以外，还有别的"史敏徒"的书，即使不是翻译的，也有署名为史敏徒的？

俞：对。还有叫"凌集"、"何力"、"魏边实"等的意思就是大家的东西凑在一块儿，领导好像不是特别重视个人翻译。

陈：之所以没有用您和陈笃忱老师两个人的名字，跟您的右派身份有没有关系？

俞：当然没有关系的。我的右派问题属于错划，1959年底已经改正了，全社都知道。

陈：这本《我的艺术生活》从接受任务一直到出版还有什么要补充的吗？

俞：工作都是富澜分配的，程季华不直接布置任务。1953年左右，我就开始翻译《我的艺术生活》。一般原版的书和中国有译本的书，都是程季华找来的，他就像版本家似的。我后来从日本回来带的很多书，如高峰秀子和松山善三（《人证》的编剧）以及松山芭蕾舞团长清水正夫送的书，我也给他了，因为在我这儿，我不翻也没有用。

陈：那这本书怎么会到1958年12月份才出呢？

---

①《杜甫仁科选集》(1962年版) 内收录的多篇论文署了俞虹的名字，内还有多个剧本分别署了各剧本译者的名字，全书没有署译者名。

俞：出书过程比较晚，可能是因为陈笃忱那边没有完，又有运动什么的。

陈：斯坦尼第一卷《我的艺术生活》，您翻译了20多万字，当时报酬怎么算的？

俞：按翻的字数多少和质量给奖金，全室工作人员都有，我怕他们认为我拼命地翻，不考虑自己的问题。文学出版社出版的时候有奖金，行政人员也有，电影出版社出版的时候就没有奖金了。

陈：您去编译组以后还为"演员小丛书"①翻译过一些作品。

俞：我那时候译了《契尔柯夫》，翻译和校订了五六本。《契尔柯夫》是文学出版社1954年出版的，署名俞虹。最好的那个女演员叫玛列茨卡娅，还有一批外稿，许多是我校的，我校过书的译者至今仍有人春节寄来贺卡。萨空了的女儿萨云翻的也是我校的，基本都没署名。

陈：郭安仁②是哪一年来的？

俞：1953年。他来了以后，让他当第一主任，程季华当第二主任，当时程季华已经是主任，不好叫他当副主任，等于有两个主任。我感觉程季华抓行政，丽尼抓业务质量。这个编译室，出去的书应能够叫人看得懂，并且有一定质量，我觉得这应该归功于郭安仁——也就是丽尼。每一本书他都看，终审。以前他没来的时候，出现过一些稿子文字不很通顺的现象。

陈：您也翻过很多的剧本。

俞：在那个时期我翻的最早的一部应该是《扎列赤纳亚大街上的春天》③。那是一个从歌颂英雄到写普通人的故事，算是最早的苏联解冻时期的电影文学剧本。丽尼亲自给我校订，他完全是对照原文，他为每个句子怎么翻都写成小条子。他没在我的那个稿子上改一个字。

---

① 《演员小丛书》：艺术出版社于20世纪50年代出版的一套介绍苏联演员的丛书。
② 郭安仁(1909-1968)：笔名丽尼、立尼等，生于湖北孝感，翻译家、散文家。时任中国电影出版社编审。
③ 《扎列赤纳亚大街上的春天》：〔苏〕米隆涅尔著，译者俞虹的署名为笔名"于思"，北京，中国电影出版社．1959．

他的建议经常是"我觉得如果这么翻就更有文学味一点"。他并不是说错了或者什么,而是"更高一点"。不过他还说:"以后你来定夺"。当时我做了笔记,并按他的意见改了。第二个剧本是维斯康蒂的《大地在波动》,维斯康蒂是意大利新现实主义的代表人物。我是根据俄文翻译的,那是西方组的邵牧君给我的,他一字未改。

陈:您对丽尼还有哪些印象?

俞:丽尼调到我们这儿来,特别出乎我的意料。我 30 年代就看他翻译的屠格涅夫的书,而且深受影响。他的几本书我都看了,特别崇拜他的文笔。后来文学出版社又出他们那一代翻译家的书,有一本是《罗亭》,是陆蠡①翻译的。当时想请丽尼重译,丽尼不接受,丽尼说陆蠡译得很不容易。但是出版社觉得陆蠡那个译本不怎么好,丽尼就给他校订。他校订的稿子和陆蠡翻译的稿子相比,有很大的改动。但是丽尼校订完了不肯署名。最后,出版社是否加上了"丽尼校订",我不得而知。

丽尼看了我译的第一个剧本稿子,对我这个无名之辈,他能花那么大的功夫去校对,而且还特别谦虚,问我"校得对不对",我感到这个人很好,不求名利,帮助我提高。所以我挺尊重丽尼的人品。他还告诉我一些方法,我原来翻译的方式是看一大段,把不会翻译的查字典,只要整篇通顺了,我就翻译。丽尼说这样不对,应该看完全书再译,特别是翻译剧本这类的。他说你不看全书,你就不知道作者要写什么,他到底要告诉读者什么,另外人物性格前后也有变化,还有,这个人到底是一个什么人,是个好人还是坏人,是一个什么身份,是贵族还是仆人,什么身份他都有自己的语言,怎么能不全都看呢?大意是这样。他把这个方法给我们全编辑室都讲过。我认同他处理翻译工作的态度,觉得他确实在无私地帮助我们。关于丽尼,我写过一篇文

---

① 陆蠡(1908—1942):字圣泉,学名陆圣泉,原名陆考原,浙江天台人。现代散文家、革命家、翻译家。陆蠡是丽尼的好友,在抗战时期牺牲了。
② 杨绛、李文俊、罗新璋、钱春琦等:《一本书和一个世界》,北京,昆仑出版社,2005。

章,发表在《一本书和一个世界》②上。

陈:您那时候对他的国民党少将的身份有忌讳吗?

俞:我看过一本书,中间有一个左翼的人名单,有丽尼①,所以我觉得他是左翼的人,因此我认为他是进步的。少将的事我不大清楚。

陈:关于丽尼与《中国电影发展史》,您了解吗?

俞:他是出版社的编审,我知道当时他在看那个稿子,程季华和陈荒煤都让他看。据程季华说,他是红笔改,丽尼是绿笔改。我相信丽尼是一个字一个字看的,花费很多时间是毫无疑问的,我没有参与,这是我根据他平常的作风推断的。《中国电影发展史》他的审稿时间大概是有好几个月。那期间,他把主要的力量都集中在这儿。对于我们那边的稿子,他好像没有什么好审的,大家也比较成熟一些了,跟着他学,有的稿子他也可以放心了。

有一种说法,是说丽尼把《中国电影发展史》的原稿改得满篇红,我认为他不可能改得满篇红,陆蠡的《罗亭》就是个很好的例子,丽尼特别尊重别人的劳动。他虽然没在《中国电影发展史》原稿上面改,但他有一本笔记,他认为哪一段应该怎么改,专门做了一本笔记。他把这本笔记给了程季华,程季华又交给陈荒煤,陈荒煤看了他的笔记以后,就建议程季华,请丽尼写了一篇评论。这篇评论就证明丽尼在这上面花了很多的功夫,②显然这功夫并非在改动原文上。

还有一件事,老卢那里出版周扬英文翻译的《安娜·卡列尼娜》,周扬点名让丽尼帮着改。老卢让我问问丽尼同意吗,我就问他了,我说"可能不署名,周扬希望您给他校订",他说"好啊,我愿意"。后来老卢就给我带回来几打稿纸,叫丽尼从俄文校对。结果还没等我把稿纸给他呢,好像就要调他走。③这件事就停了下来。

---

① 在1935年12月的《中国文化界救国宣言·第一次宣言》、1936年7月《中国文艺工作者宣言》、1936年中国文艺家协会发起人名单等文件中有丽尼的名字。可证明丽尼是当时比较活跃的左翼文化人。

② 立尼:《中国电影的战斗道路和革命传统——〈中国电影发展史〉(初稿)读后》,载《电影艺术》,1963(2)。

③ 1963年夏,丽尼被调往广州暨南大学任教。

陈：您对《中国电影发展史》怎么看？

俞： 电影史是一个大工程，一个系统工程，需要许多人才能够完成，特别是收集久远年代的资料。这方面王越和魏峨、沈次琼都做了不少工作。从开创到现在是很了不起的工作。此外，也不能脱离时代的大背景来看它。

陈：在您的记忆中，翻译得特别困难的有哪些？

俞： 爱森斯坦的东西难。日文版的爱森斯坦文集有50个编委，还不是全集。有一个例子，"杂耍蒙太奇"这个词是冯志刚那时候定下来的，因为那个词俄文本身意思是"马戏团在中间休息的时候，一个小丑出来表演插科打诨的节目"。在英国、法国、日本的译本中都翻译成"吸引力"——"吸引力蒙太奇"。为什么叫"吸引力"呢？后来我看一篇罗姆的文章，写到爱森斯坦和尤特凯维奇两个人一边打秋千一边谈这个字，说我们称为"杂耍蒙太奇"的这个词可以进行量化，应该说有多少多大的"杂耍"就不很合适。"杂耍"是一个统称，还是"吸

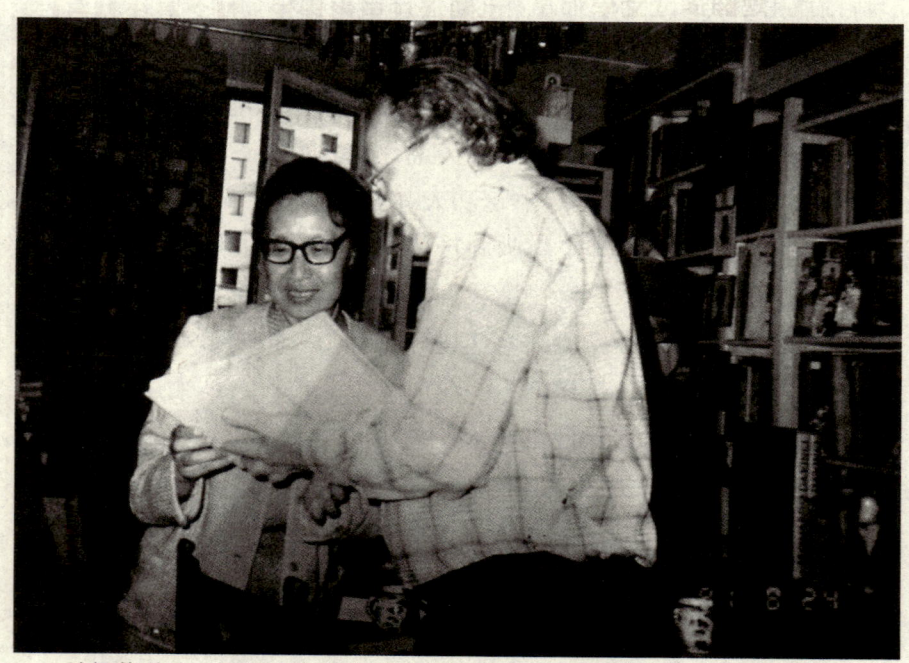

访问苏联时，俞虹与爱森斯坦遗产保护委员会主席克莱依曼合影（摄于1991年）

引力"更符合原意些，法国、美国、日本都翻译成"吸引力"或许有它的道理。

陈：您最早接触爱森斯坦的著作是什么时候？

俞：50年代，我翻的是单篇的，关于《战舰波将金号》的创作过程。有一篇我和周传基合作过，真的很难，旁征博引。还有一些心理学的东西，很难，谁都不愿意翻。

陈：《杜甫仁科选集》里面文章的翻译是谁呢？

俞：一个剧本一个人译，谁译就署谁的名。[①]用过"何力"这个名字，意思是大家"齐心合力"[②]。《爱森斯坦论文选集》最后是伍菡卿责编，其中有她译的多篇文章，《普多夫金论文选集》是罗慧生责编，同样，罗在其中译文也较多，《杜甫仁科选集》是我责编。

陈：《爱森斯坦论文选集》和《普多夫金论文选集》里都有黄定语，这个人是谁？

俞：黄定语是一个人的外稿，这个人不参与校订。

陈：您翻译过文学作品，也翻译过电影理论，哪个更容易一点？

俞：一般的理论还是比较容易的，尤其是翻多了的话，翻来翻去，它就是那些。文学作品就比较难一点，因为会涉及日常生活的各个方面，生字也多；另外，一个作家一种风格，他的个性会在作品里表现出来。理论也不是都容易，得看是什么理论，爱森斯坦的理论就比较难，牵扯到生理学、物理学、结构主义；还有美术、音乐的很多东西，好多大作曲家给他的电影配乐。电影剧本翻译就容易得多，因为比较短，而且里面的对话也短。剧本几天就能翻译过来。

陈：《德·古里亚诗选》[③]的笔名怎么来的？

俞：那是我和老卢的共同笔名，叫洪炉。

[①] 书中扉页标示了译者。《爱森斯坦论文选集》：魏边实、伍菡卿、黄定语译；《普多夫金论文选集》：罗慧生、何力、黄定语译；《杜甫仁科选集》扉页无标示，但书中标示了每篇文章的译者。

[②] 何力这个署名出现在《普多夫金论文选集》和《杜甫仁科选集》两本书中。

[③]《德·古里亚诗选》：洪炉译，北京，人民文学出版社，1958。

政治运动

陈：大炼钢铁的时候，您都做了什么工作？

俞：我就记得好几个女同志去捡石英石。晚上他们大搞炼铁，我坐在办公室里搞"献礼书"，主要是小人书。有的同事负责把电影画面弄下来，变成照片，我就依据镜头和剧情编小人书，按照画面顺序编写成文字。那时候小人书是最赚钱的。

陈：谈谈您在"文革"的经历，您是怎么看待这场运动的，怎么去参加这场运动的？

俞：觉得"文化大革命"挺突然的。那时候上班也不干事，但是得上班。我觉得参不参加没多大意思，人家也不会听我的，我也不愿意听那些跟浪头的东西，所以我哪派也没参加，也不用去写别人的大字报。别人管我叫"超级逍遥派"，谁也不管我，我就坐在办公室里看书。我的办公室在二楼，有两件发生在我窗底下的事情。第一件是LHG在窗户外喊"江青万岁"、"毛主席万岁"，然后就从楼上跳下去了，我就坐在窗旁。我们那个三层楼不高，有人把他送进医院了。后来第二次又有一个人，这个没吭声，那个时候我们办公室没人，都在外头闹，特别静，我就听到一个声音，打开窗子一看，是LZL挂在电线上。后来不知道把他怎么样了。可能和他在日满协和会①工作过有关。我很害怕，怕他们真的死了，还好，人都没事。

我觉得那时候斗得太凶了，我也不知道缘由，两派的人原来都是同事，关系都挺好的。造反派也受到江青的冲击，因为电影史里有江青资料，有一次，来一辆大卡车来抄资料。还有一次，影协揪斗黄钢，我知道他是烈士子弟，这个人还曾经领头审查过我，他当时是在对外文委，他们那边人也来斗他。我参加了黄钢的批斗会，我没发言，听来听去，我觉得他也没什么反革命的罪行，好像都是些挺小的事情。我

---

① 日满协和会：日本法西斯分子在中国东北组织的伪国家团体，隶属于关东军。

还看见了外面来人批斗程季华，看见一群所谓的黑帮都跪在那儿，包括蔡楚生那么大年纪，他在最边上，好像是夏天，满脸画的（颜料）都流下来，而且他也跪不动了，没有力气了，有个人过去还踢他一脚，说"跪好！"我很同情他们。

陈：卢老师挨斗了吗？

俞： 他们那有两派，对立面贴他的大字报："揪出大叛徒、大特务卢永福，是毛泽东思想的伟大胜利"，就贴到我家门口对面供电局的墙上。学生运动那时候，他是主席，国民党抓他没抓到，和另一个同志一起逃跑了，就因为这个成了大叛徒，没有什么根据，就是胡扣。那时候我刚刚生小孩，邻居来告诉我的，我不敢撕，怕红卫兵。后来他们把老卢保护起来，我每天晚上跟他一起住在朋友家。造反派到我们家来抄家，有字的东西他们都拿走了，把我的照片和有字的东西也抄了些。老卢翻的一本书的草稿被收走了，没还他，他又重译。我劝他，我说："他们斗你，你不要放在心上，你不要想不开。"

陈：那时候您敢谈自己的政治观念吗？敢跟卢老师说吗？

俞： 我们俩没有什么不敢说的。

陈：卢老师先去的干校？

俞： 他先去干校。我是1969年十一以前到干校，是分散到农家住，后来在静海团泊洼干校劳动，跟劳改农场的犯人共用一个水源，我们种一点稻子，他们也种稻子。我们去用水，他们不让我们用。我们就说我们干校也需要水，他说："你们算什么东西呀。你们是无期，我们是有期，我们三年五年就出去了，你们出不去。"我被分在沈基宇担任组长的组里。平时我们分配劳动，刚去的时候我们给自己盖房子，盖起来以后就两个人一间，早期夫妻不能住在一起，后期可以住一起。刚开始的时候是大家一个大床，我和邢祖文的夫人临床，她为人特别好。

陈：在干校那段时间精神生活是什么？

俞： 晚上念报，我们小组一起念社论，然后说一说，因为挺累的，能对付过去就对付过去了。后期就闲了，我跟老卢去年去了一趟他们干校的所在地，我觉得比我们那个干校累多了。

陈：向阳湖是围湖造田①，肯定累多了，而且住的地方离劳动的地方还特远。

俞：我如果跟老卢去那个地方，我肯定受不了。金人②是特别有名的老翻译家，就像丽尼一样，在那儿倒下的，不止他一个人。

陈：干校后期挖"五·一六"的时候，您有哪些记忆？

俞：好几个人都被审查，比如CW，怀疑她是"五·一六"，休假的时候不让她回去，她就跟我一个宿舍，住对面床。因为军宣队说CW不能回去休假，领导就派我也晚一些休假，我也不能不接受这个任务。我相信她不会是"五·一六"，什么"五·一六"呀，她会当林彪底下的什么东西吗？我觉得绝对不可能，挺荒唐的，我们俩住对面床，她出去我从来不跟，她愿意干什么干什么。

陈：1971年9月份，就是林彪垮台的时候，您什么时候知道林彪垮台的消息？这对静海干校管理有没有影响？

俞：管理越来越松。后来我天天从图书馆借《资治通鉴》，很厚，一本本借着看。我看书的时候喜欢喝绿茶，茶里还搁点橘子皮，华君武住在我隔壁的房子里，他每天从我门口过，看见我的时候好像说过："你好啊"。我在干校没有看完《资治通鉴》，比如说三十集吧，我看到二十五六集。从干校回来以后，钟惦棐到我家去过一次，他看我在看朱光潜他们翻的外国美学，他想借去看，就用《资治通鉴》和我换，比如我看到二十六集，他就把二十七集给我，我接着看。原来在干校我和钟惦棐没有接触，他因为认识刘淑菊的丈夫，有时到他们家去串门。后来也知道我住在那儿，有一天也过到我家里来，我就这么认识他的。

陈："黑帮"那些人，您还有哪些记忆？

---

① 向阳湖：位于湖北省咸宁市郊，原属咸宁地区咸宁市(县)，现属咸安区。20世纪60年代末70年代初，文化部创办咸宁"五七干校"，6000余名文化部高级领导干部，包括大量知名作家、翻译家、出版家、艺术家、文博专家、学者及家属下放到这里，经历了为期三到五年的劳动改造。

② 金人（1910-1971）：原名张少岩，后改名张君悌，又名张恺年，笔名金人，直隶南宫人，文学翻译家。代表作有《静静的顿河》、《茹尔宾一家人》等。

俞：有一次干校的校部叫我去管一些人的休息、劳动。这些人不是我们连的，有华君武、张仃、丁聪、凤子、张庚……叫我看着这帮人劳动，让他们在建筑工地当小工，就是递灰、递泥、递砖这些活儿。没有别人监督。我一看这些人都是老同志，而且都是大名人，我就让他们干一会儿休息一会儿，大家就去休息了。我光叫停，不叫开工，反正也没人监督我，他们那么大年纪，愿意休息到什么时候就休息到什么时候。建筑工地的师傅要砖，我就去了，后来他们也跟着干。这个时间不长，大概三五天。有一年，郭小川被调到了我们干校。郭小川1974年写了《团泊洼的秋天》，当时风靡全国。那时候没有劳动了，整天看看书，聊天什么的。郭小川寂寞的时候，和诗人丁力找程一虹和我一起打牌就认识了。还有一次，翻译《世界电影史》的徐昭拔草，大概拔错了。

陈：把稻子给拨了？

俞：对，就被牛副政委训了一顿，训得挺厉害的。徐昭在国民党那时候，好像是法国的参赞，他年纪挺大的，那一次训得有点过火，我看着挺不舒服的。

陈：在干校精神上的苦闷是什么？

俞：我的孩子小，但是我们三个月只休息一次，有十天假，才能回北京，回北京时在天津换车。老卢也攒着假期跟我一起休假。他在干校是连长。他等着我休假的时候赶回来，我们两个人不在家待着，出去旅游。干校期间，我们旅游过很多次，桂林、韶山、广州，还去过他家乡一趟，我们照了好多照片。最后一次是庐山，我们都可以带儿子去了，老卢背着他。

陈：您和卢老师在干校期间居然还出去玩？

俞：我喜欢旅行。干校后期是比较松的，我们凑好假期的时间了，回来买了票就出发。

陈：您肯定，不是打倒"四人帮"以后？

俞：不是，"四人帮"以后没时间旅游了。

陈：讲讲一路的见闻，包括怎么买车票，怎么住旅馆。

俞：住旅馆就沾我的光了。在桂林住旅馆，是六国饭店式的，招待外宾的那种招待所。因为我的工作证写我是"外国电影编辑室"的，他一看是"外国"的，就把我们俩留下了，价格特别便宜，还带套间。一天好像就三四块钱。别的旅馆也都是那么便宜的。包括我们结婚的时候，住香山饭店和颐和园饭店也是三四块钱，而且还给我们做非常好吃的饭菜，咱们那时候困难，可是在那里吃得特别好。

陈：旅游的心情难道不受干扰，比如前程渺茫？

俞：就觉得愿意怎么的就怎么的吧，我们都准备好了。那些犯人都这么说嘛，"你们是无期"，愿意怎么处理就怎么处理吧，也不想了，不能自己摆脱自己的命运，想也白想。

陈：您从干校直接抽调到石化设计院做日文科技资料翻译是怎么回事？怎么找您去翻译呢？第一您是艺术理论翻译家；第二您是学俄语出身。

俞：那是咱们国家第一个几万吨级的乙烯工厂设计图，设计图是日本的。他们大概像挖"五·一六"那样挖出来的吧，看我念过日本学校，我的档案在哪里我都不知道，是不是北京调我去我都不知道，反正是军宣队通知我去报到。

陈：军宣队通知您去石化设计院报到的时候，那时候您自己的感觉是什么？是终于解放了吗？

俞：我觉得好了，离开干校回北京了，至少可以跟我儿子、我妈妈在一块。当初回来的时候，每个礼拜一到那儿去，住招待所，一个人一间。

陈：就是燕山石化招待所？

俞：对，一人一间房子，饭也挺好的。但是只有每礼拜六才有车送过城，后来听说北京的和平里那边有一个石化研究所，一个系统的，我问是不是可以到这儿，他们说也可以，我就在这个研究所里翻译了，天天回家。

陈：您在工作当中有困难吗？

俞：有字典，我懂得怎么翻译，按照正规的翻译方法翻译。工艺流程有说明，只要文法、文字不错就行了。他们如果雇人翻译，工钱按天计，而我们这都是白用的，不用付费，吃饭还得自己买饭票。

陈：当时有没有想过从此以后可能就做这一行？

俞：我想看形势发展。我老觉得，电影我搞不出什么名堂来，我没有参加过导演或者是演员培训，没有实践经验，是搞研究工作的最大障碍。外国大理论家、电影理论家差不多都是导演，做理论研究得懂，像那些大家，爱森斯坦、维尔托夫，哪个不是导演，西方的也是一样，包括法国巴赞，巴赞先当导演拍片的，后来才成理论家。我后来考察日本电影，挂靠在日本大学电影系里，他们的学生进学校的第一年都是学拍摄。

陈：在燕山石化，您工作了多长时间？

俞：也有一年吧，快到总理去世。总理是1976年1月8日去世的，我们都调回到文化部集中学习。①

陈：打倒"四人帮"以后，再一次分配工作的选择是什么情况？您是怎么来到艺术研究院的？

俞："四人帮"打倒以后，文化部干部处把我分配到中国艺术研究院外国文艺研究所，我就去了。这个所就是给领导提供一些消息，让他们知道外国的情况。去了以后，他们原有的几个搞电影的人还找电影方面的消息。分配我研究外国美术，美术的东西也不多，我得看原文，自己找选题，《人民日报》还登了我一篇美术方面的文章。后来我就自己搞起社会主义现实主义创作方法、布莱希特的间离效果及作家与电影，写了《布莱希特与电影》、《卢那察尔斯基与电影》等。过了一段时期他们就叫我搞电影了。

陈：您自己开始想要做研究是不是从这儿开始的？

俞：对，就有这种想法。那时候我基本上都不翻译了。我喜欢布

---

① 1977年，文化部"五七干校"结束，中国电影出版社因被破坏严重，暂时未恢复建制。

莱希特，也搞了一些他的东西。后来不久也让我搞电影，比较多的是找爱森斯坦的原文资料记笔记。

钟惦棐和美学小组

陈：刚开始研究电影的时候您还是在外国文艺研究所是吧？

俞：是的。1981年我就在《文艺研究》上发表了《爱森斯坦蒙太奇美学管窥》一文。不久，《电影文化》创立了，沈及明同志约我写。第一期我写的也是爱森斯坦，翻译了他的剧本，又把这部影片的命运写成一篇文章。此后陆续写了《法国先锋派述评》、《意大利新现实主义及其发展》（一）（二），以及《罗马，不设防的城市》中的表演风格等文章。

陈：外文所的世界电影史研究项目，您谢绝的原因是什么？

俞：要我负责日本电影，但是我对材料没有消化，虽然我在日本待了一年四个月，天天看日本电影，基本上一天能看四部，但是看了不见得就能对它进行分析，后续工作还多着呢。我比别人看得多，但是写东西要经过消化研究的，连我带回的日本资料都还没有看多少，觉得当时我还承担不了。

陈：谈谈您参加美学小组前后的经历。

俞：美学小组时间不算短。我去日本以前，外国文艺研究所成立了美学小组，让我当小组长。我第一篇美学文章在1981年《文艺研究》上发表了。钟惦棐那时在广安门医院住院，有一天他叫我和邢祖文去，他说他想搞一个《电影美学》，完全是中国美学思想，不是西方美学。我说我不行，邢祖文说自己根本就不搞理论，说自己更不行。钟惦棐出院以后正式找我们两个人一起开会，一个礼拜一次，开了一个月。他当初的设想是搞一个对话式的，我们有什么想法或者看到什么，提出来，他就可以反驳或者赞同，展开讨论，搞成一个谈话录的形式。

陈：这个应该容易一点？因为可以不需要完整的理论构想，就是漫谈。

俞：我觉得也不容易，得有对立面，得有较完整的思想体系。后来他就请来李陀、谢飞等好多人。这个项目是在我们艺术研究院申报立项的，立项时是我去的。我去日本以后，王金国就负责了。当时我们那个电影研究所挪到电影资料馆去了，钟惦棐也调过去了。

陈：美学小组第一阶段的讨论既然想做一个对话录，那么每次讨论有录音吗？

俞：没有录音，我做了一些笔记。钟老不做笔记，他光听，做一些启发性的发言。后来，来很多人了，因为没有尖锐的对立的观点，钟先生也没有再提对话录的形式。

陈：您参加美学小组多长时间，还记得哪些具体谈话？

俞：都是些新导演，包括郑洞天、张暖忻……他们都谈了那个时候自己的创作思想。每个礼拜开一次会，而且全在他们家吃饭。持续了很长一段时间。从我去日本的1983年一直持续至钟老去世。项目拖期了，我们文研院也没再提此事。但是这个电影美学课题就挪到中国电影艺术研究中心去了。

陈：您后来发表世界电影美学纵横系列文章跟美学小组有关系吗？

俞：没有关系，那是我们出的《影视文化》①。

陈：谈谈委托您去论证"电影美学"这个课题的经过。

俞：因为当时钟惦棐和陈荒煤都在广州开会，钟老就给鲁勒写了一封信，鲁勒那时候是所长。钟惦棐在信中说，他在广州参加的那个会议对他写美学很重要，所以自己抽调不出来参加这个会。鲁勒就找我，把他的信给我看了，请我代替钟惦棐去参加论证会。我想，如果我不去，他这个项目就没有了，不管怎么说，是他对我和邢祖文的信任，我就去了。这是全国的重点项目批准会，季羡林②那些名家都来了。

---

① 《影视文化》：中国艺术研究院影视艺术研究所编辑，文化艺术出版社出版的丛书。
② 季羡林（1911—2009）：字希逋，又字齐奘，山东临清人，文学家、语言学家、教育家、社会活动家、翻译家、散文家。

委员会成员来自全国，很多是科学院的。讨论我们这个课题的论证会是季羡林主持的，参加这个会的有王朝闻①，还有我们文研院戏剧所的张庚②等，但是外省市的没参加我们这个会。课题论证是我发言的，我按照钟先生的思想写的稿子，以他的"钟式"的电影美学贯穿始终。我当时来不及和他沟通，就把美学小组历次开会的记录拿出来，还有他的文章当时我也有，我重新看了他的《电影文学断想》，尽量去表达他的思想。

陈：电影美学这个课题拖了很多年，到最后都没有完成，您觉得原因是什么？

俞：我觉得没有完成的原因是因为钟先生要表达他的思想，不是我们的思想，这就很难写。钟式美学不是中国的中，是钟老的钟。开会讨论的时候，来的好像是罗艺军，我跟他说："这个不是咱们的，这是钟式美学"。

陈：他作为主编，不能把每个小组成员的思想都容纳进来，变成一个大的体系是吗？

俞：的确后来有的人说，"他找的人越多，这个事情越完不成"。要容纳大家的思想，又要有个主导的思想来统领，很不容易。

陈：美学小组对中国电影有很大的影响。

俞：是有很大的影响。电影美学项目虽然没有完成，但是开会讨论的这些思想，通过那些导演都传播出去了。每天在他那儿开完会，他们家就煮牛肉面，是钟惦棐自己出钱，我没给他报销过这个。由我报销买的只有一架放录像带的机子，后来我交回文研院。

陈：这个课题国家给了多少钱？

俞：是四万吧。我还负责联系调影片看，什么都看了，连什么《春江遗恨》③都看了。有时候钟老不一定都去，我们底下人都去，调了很

---

① 王朝闻（1908-2004）：别名王昭文，笔名汶石、廖化、席斯珂，文艺理论家、美学家、雕塑家、艺术教育家。
② 张庚（1911-2003）：原名姚禹玄，湖南长沙人，戏剧理论家、教育家、戏曲史家。
③《春江遗恨》：中华联合制片股份有限公司1944年出品，导演〔日〕稻垣浩、〔中〕岳枫。

多片子,徐庄老师确实帮了很大的忙,也没管我们要看片的钱。后来就是陈景亮馆长,有时候还在他住院的接待室以及租的一处有浴室的房间里讨论。

陈: 您对钟先生的印象和评价是什么?

俞: 我觉得他是真正的学者,他的卧室床上墙上全是白纸条,他有什么想法就写个条挂那儿,周围全是纸条,真是做学问的人。但是我觉得,咱们中国人的哲学、美学基础还不是很足,想要写出这种书有难度。钟老的抽象思维能力还行,理论基础方面、中国古代的、中国传统文化的、希腊哲学家的东西他都读了,但那些可能不是你用的时候读就行。另外,他自己没做过电影,只是接触了很多导演、演员,在实践经验方面也较缺乏,这是他本身的局限。但是我觉得在那个时代里,他是唯一有雄心壮志、有强烈责任感要建立中国电影美学的人,那时候挑头来做这件事情的人只有他。他的理论准备、他对中国电影的了解、他对中国电影的热爱,这些方面都是首屈一指的。

陈: 您对他的工作方法——就是不断找新的人来讨论——有什么样的评价?

俞: 最后我也觉得方面宽了些……他好像看见谁有了成就,就叫谁来谈,当时连戏剧界的人也找;请过社科院蔡怡①手下的几位助手来参加,他们贡献了一些四面八方的信息。但我觉得这种方式对那本书实际的帮助不是很大,所以进入写作的时候就麻烦了。不过仔细想想,他这样做还是有道理的。比如,他对当时的《小花》、《被爱情遗忘的角落》张瑜的表演,后来《一个和八个》、《黄土地》等等,以及对两部片的大力提倡和热情等,对历次参加聚会的人都有很深的影响,是不可忽视的。

陈: 您去日本之前这本书开始写作了吗?比如提纲写了吗?关

---

① 蔡仪(1906—1992):中国美学家,文艺理论家。原名蔡南冠。湖南攸县人。著有《新艺术论》、《新美学》、《中国新文学史讲话》、《唯心主义美学批判》、《论现实主义问题》等十多种专著,还主编高等学校教材《文学概论》和《美学原理》,主编《美学论丛》、《美学评林》等刊物。对马克思主义的美学理论和文艺理论多有阐述。

于美学小组您还有哪些记忆?

俞：我去日本前还没有写，回来以后，钟老让我写一个这本书的提纲，他作参考，我参考了日本人写的电影美学写的，当然也不行。他让每个人都写一个提纲，大家写了都交给他。那时候，课题已经是王金国负责。经费也都转到中国电影艺术研究中心去了，我只是参加讨论。最后这本书没有出来。钟老病重的时候，我们还通知这些同志到医院的接待室去开会。他花的力量太多了，真是投入很多很多。我还交过一个草稿：《电影发现》，这是分给我的章节。

陈：就是说，您除了写过一个完整书的提纲之外，您还有分工的章节，而且您的草稿也写完了？

俞　是的，我的草稿写完了。但钟老在世的时候，我还没写完，但跟他谈过他对电影发现的一些想法。我的《电影发现》分几个部分：电影主体、电影客体、电影技术、电影观众，我的主要精力放在电影主体，也就是创作主体。我的草稿没有做深一步的讨论修改，交给了我们那里一个课题组，好像叫学术部，就算有个交代吧。我很遗憾，觉得特别对不起钟惦棐先生对我们的信任，他第一个就找我和邢祖文。在他去世6周年的时候，我写了一篇《四十年的探求——纪念钟惦棐先生逝世6周年》①。

陈：您纪念钟惦棐先生的文章怎么会到六年以后才写，为什么当年没写？

俞：因为那时候写他文章的人很多，而且这个课题又没完成，我想，写出来可能对他不好。另外，一直到第六年了，还没有人提这个事儿，我觉得钟老在这美学上面花的心思比《断想》要多得多，所以我觉得这个事儿应该写。那时候刘桂清②正好向我约稿，我问她写钟老行不行，她说行，就写了。

陈：刘桂清一开始从《电影文化》的时候就当编辑？

---

① 载《当代电影》，1993 (03)。
② 刘桂清：时任《电影文化》编辑，现任《当代电影》编辑。

俞：是的。她在艺术研究院时就是《电影文化》的编辑，到了电影艺术研究中心后，成了《当代电影》的编辑，那时候她向我约过稿，她让我找个剧本，我就老老实实找一个剧本。我不但给她一个剧本，还顺便要写一篇文章。我所有的剧本都是这样，都是配合剧本再写一篇文章。像我翻译的《西部的故事》，分两期刊登，我就写一篇关于美国的歌舞片的文章。

陈：**一篇研究文章配一个剧本，既有可读性又有理论性。**

俞：对。我去日本翻译熊井启的书，还欠她一个剧本，去了以后我就翻译了一个剧本《深河》①，是写印度的，那个剧本非常好，翻完以后也写了《深河》的文章。我在日本时，找到一些评论这个影片的材料，有些还谈到日本文化和印度文化的差异，这是一个很好的剧本。

出访

陈：**谈谈您访问苏联的见闻。**

俞：我去的时候没有官方背景，我没有申请，如果用可以报销的申请项目的方式出国的话，就只能去十天。而我们这个护照可以是三个月。我访问了爱森斯坦遗产保护委员会的主席克莱依曼，他也是博物馆的馆长。我告诉他我是研究爱森斯坦的，而且通过谈话，他也知道了我译过爱森斯坦。他很高兴地接待我们，后来他得知我要走还送我书和《白静草原》的录像带。我当时还带一个会说俄语的朋友，一共去了三次，看了爱森斯坦一些影片。当时苏联还没有解体，我们可以到处跑。去了立陶宛、里加，经过芬兰湾远远地看见列宁避难的地方，经过普希金的墓地，去了很多很有纪念意义的名胜。还去了乌克兰，最后到哈萨克斯坦，因为请我们的人住在阿拉木图。

陈：**请您谈谈1983年6月去日本访问的情况。**

俞：当时正在南宁开蔡仪召开的全国美学会议。人事科的同志跟

---

① 《深河》：日本和印度合拍影片，东宝株式会社1995年出品，导演熊井启。

出访日本，俞虹在森川和代家门口（摄于1984年）

我谈，说现在日本国际交流基金来电说已批准了我们艺术研究院两个名额，可以去日本，日方出钱。我当时就挺愣的，我到文研院没搞过日文，一直搞俄文。谈完了我就没吭声，我说好吧，我考虑考虑。日本方面也要看我们的资料，同意了才能去。这虽然算是个好事，但是我日语放下了那么多年，根本就不想搞。我说"考虑考虑"，还有个原因。因为那年我让儿子报清华大学，当时我正跟他一块温习功课，他数学、英文特别好，就是背政治不行，我就陪着他背政治，为五六月份高考做准备，是冲刺阶段。我想，他的考试不能因为我出国受影响，高考对他来说是一生的事儿，老实说，我也不怎么喜欢去日本。

不久，真的叫我填出国的表了，又隔了好长时间，我在替钟惦棐开课题论证会的时候，打电报说来通知了，真的要去。机票是1983年6月份寄来的，出发的时候，单位的同事和日本大使馆的文化参赞都来了。那时候出国交流是一件大事。我们两个人,另一个是董锡玖①。

陈: 您在干校回来又给石化厂翻译了东西,日语又捡起来了不是吗?

俞: 那是技术的,而且不是我的意愿,在干校,叫你去你就得去。

陈: 都有哪些活动?重要的交流活动有人陪同吗?②

俞: 在那儿天天看电影,跟人联系挺多的,有些地方请我去讲演,最早是早稻田大学让我去讲演,我去日本之前从中国电影资料馆里借了六部中国电影的录像带,去早稻田大学带的片子是《小城之春》。有一个在日本念书的学生帮我翻译,我有稿子念还可以,就怕人家提问,我没听很懂,后来都是森川陪着。我去日本大学电影系,一个叫登川直树③讲美学问题,我觉得很难,我们俩就一个人一个活页本子,他看我不明白就写汉字,就这么交流。日本电影中心天天放电影,而且不时举行外国电影的回顾展。法国电影回顾展放了几十部影片,还参加了开幕式前的招待会,与法国影人有过交流。

陈: 您看的不光是日本电影,西方电影也看?

俞: 我把去日本作为了解世界电影的窗口,但是我研究的课题是日本电影,它的民族特色或者是日本电影审美特征。我写过一篇《黑暗的一页》④在《电影艺术》上登了,介绍战时的日本影片。后来又陆续写过《日本电影的民族特性》、《日本电影的新生机》等多篇。

陈: 您出访日本还有哪些见闻?

俞: 我觉得日本的文明程度很高。印象最深的是1983年"八·一五",就是日本战败纪念日,是他们的国耻日。那天好像是礼拜天,他们都在家里,不知道在干什么,好像真的在反省,商店的买卖也关门了,这给我冲击挺大的。反过来,咱们"九·一八"糊里糊涂就过来

---

① 董锡玖(1925—):女,山东济南人,舞蹈史学家;1952—1962年任欧阳予倩秘书。
② 森川和代(1929—2005):女,著名的中国电影研究专家、翻译家、中日友好人士。
③ 登川直树:日本艺术学院院长。
④ 俞虹:《黑暗的一页——日本军国主义时期的侵华题材影片》,载《电影艺术》,1995(4)。

了。日本人有很多反省，像川喜多长政当初就被作为战争责任者，被关起来，反复接受审查。另外，我作为一个中国人，在那里没有遇到过对我不友好的事情。

后来陪谢飞先生拜访过今村昌平，还访问了柯灵，当时他是和巴金一起去日本的，我有访问他的录音。我访问他主要是想了解一下川喜多长政。我请森川和代陪着我去的。我就问川喜多，在日本统治上海电影时期，有没有人受到迫害？他说没有一个人被捕，这是他亲口告诉我的。另外问他一些创作方面的问题。我在那的时候还参加了一个台湾电影周，接触了台湾的一些影评人。

我认为日本电影儿童电影搞得特别好，我看过一部使我特别感动的影片，就是小孩一生下来，你要怎么样去管他，怎么样走路，怎么过马路，洗脸先洗什么，怎么运动，另外就是礼节，走路靠左侧怎么走，非常详细地告诉小孩应该怎么做，一直到他上小学。是科教片，但是挺有趣味的。

陈：您在大阪大谷女子大学①演讲的题目和演讲的内容是什么？

俞：讲的都是中国电影。

陈：请谈谈您第三次去日本，然后翻译熊井启②的过程？

俞：有一次森川和代来中国，不是专门为了熊井启的事，但是她提到熊井启要作为团长来中国，他的《望乡》在中国特别轰动，巴金曾写两篇评论。熊井启希望他的书能出来，便于跟中国的电影家们交流，要找一个翻译特别好的人，能够传达他这部书真正的观点，包括他怎么拍影片，怎么对待电影等等。森川问我能不能接受，我说我日文不行，我答应回头为她找到一个合适翻译的人，再和她联系。后来，我们经常通电话和通信。我曾经跟森川合作翻译过高峰秀子的东西，翻了好几章了，因为经费原因没有完成和出版。森川一直帮我们，她

---

① 大阪大谷女子大学：即现在的大阪大谷大学。
② 俞虹、森川和代译：《熊井启的电影——从〈望乡〉到〈爱〉》，北京，中国电影出版社，1997。

来中国做过很多口译，那时候她接待过几十个中国团，还给周恩来做过翻译，可文字上什么也没有留下来。我就请森川和我一起翻译这本书，她就把我的意思告诉了熊井启，熊井启同意。森川那时候大概退休了，离不了日本，我说："那就我去吧。"熊井启就叫《电影旬报》的主编植草信和给我发邀请信，我就去了日本。我去了熊井启的家，他跟我们聊了他的书，把第一段的大意，比较难的部分和我说了说，我就用本子记，这一本书就这么通了一遍。回家以后，我就用电脑把内容整理出来，翻译到后来，我的右肩疼得根本打不动电脑，老卢就帮我打字，我躺着念。我有力气的时候就自己打。总算如期完成了。

陈：熊井启的这本书是两本书，是《电影和毒药》和《电影的深河》①合起来的，是全文选呢，还是节选？

俞：熊井启本人挑出章节，复印了两份，给我和森川和代一人一份。他那两本书挺厚的，竖排版就更厚了。这两本书各选了好像不到一半。

陈：您翻译了熊井启以后，为什么没有出研究熊井启的专著呢？熊井启在日本电影史上也是一个很重要的大导演啊。

俞：我还是觉得掌握的资料不够，已有的材料也没有时间全部看完。

陈：您第三次访问日本还有参观或是访问活动吗？

俞：我看了龟井文夫战时拍的战争电影，我知道美国人本尼迪克特写的《菊与刀》里也说这个影片像反战的②，我就很想看这部影片。我觉得他拍的是反战影片。因为他拍的那个军队不停地进军，走呀走

---

① 《熊井启的电影》一书是作者从他的《电影和毒药》和《电影的深河》这两部著作中专为中国读者挑选出一批文章编辑修订而成的。他还加写了一篇有关他于1997年2月完成的影片《爱》的文章。

② 本尼迪克特认为日本文艺作品中有表现苦难的传统："日本的现代战争电影也表现这种传统，看过这些电影的美国人会说，它是所看到的最好的反战宣传……因为这些电影通篇都只讲牺牲与苦难……在泥泞中行军，凄惨沉闷和胜负未卜的煎熬等等……"作者想说明日本人的思维方式和对影片的情感诉求与美国人迥异，这类电影在美国人看来是反战的，而对日本人来说恰恰相反，因为"对日本观众来说，只要银幕上的人物时时处处都在尽一切努力报恩，这就足够了。所以，这些电影乃是日本军国主义者的宣传工具。电影的制作者知道，这些电影是不会在日本观众中激起和平反战情绪的"。鲁思·本尼迪克特《菊与刀》，134页，北京，商务印书馆，2002。

呀，老百姓也看不见，庄稼地也没有，水也找不着，就是那么走。第二天，起了床了又是走。我后来跟大场正敏①说："你们认为这部影片是反战的，还是侵华的？"他说："我们真的也拿不准"。

陈：您对森川和代的印象和评价是什么？

俞：我第一次去日本的时候，陈荒煤说："在那儿遇到困难就去找森川和代。"我从程季华那里找到了森川的地址，到日本后，也没有立刻找她，因为我是国际交流基金请去的，搞国际交流基金那边的活动。当我比较熟悉日本以后，我才去森川家找她。她家在郊区，比较远，接触以后，慢慢觉得这个人不错。过春节的时候，她一定叫我到她家去包饺子，另外给我穿上和服、照相，特别友好。作为文化交流，人家请我讲电影，我日语不行，就请森川帮我，她特别愿意。我和日本人交流遇到比较深一点的交谈，比如出去演讲，就请她帮忙。我跟徐庄②先生为在中国举行日本电影回顾展，在日本选片时，由于中国方面徐馆长亲自来选片，非常重视，可以任意看片，选多少都可以。我的一些原来熟悉的日本电影人士：清水晶、佐藤忠男、川喜多夫人等都热心为我们提供日本有史以来的影片名单。看片时，电影中心的大场正敏先生更是非常热心，要什么片子给什么。因为我来翻译较难，都是森川和代为我们翻译。无偿的，车费也自己出。我们非常感谢她，她却说：许多影片她也没看过，感谢这一次机会。

后来我在中国第四、五代的影片中看到了日本电影回顾展的影响，但制作者们从未谈到这一方面，也许我看的不对。我觉得我国电影人没有这种习惯或做法，日本一般导演师从谁，借鉴谁，一般都说得明明白白。

陈：中国电影资料馆不给她付报酬？请谈谈中国朋友捐资给她出《中国，我的第二祖国》③那本书的经过。

---

① 大场正敏：日本东京国立近代美术馆电影中心负责人。
② 徐庄（1928—）：湖南武冈人，时任中国电影资料馆馆长。
③ 森川和代：《中国，我的第二祖国（森川和代未完成的遗稿集）》，北京，中国广播电视出版社，2009。

俞：一分钱也没给过。她还自费办了一个介绍中国电影信息的小刊物，只有川喜多好像给她买过邮票，算是一点资助。她真的很爱中国。而且早期她在中日贸易委员会那里工作，都是她陪着日本人见周恩来总理。

《我的第二祖国》是她生前写的，没写完，她丈夫就根据她的日记接着续写，但不是她那个形式了，就是把一些经历——诸如陪着谁到哪儿活动——写下来。她做得最多的还是寻找中国孤儿的活动；中国人去日本她都接待，她都是不要钱的。她自己的生活来源就是在日本的一个中国学校里工作，一个月才六七万日元。我们在国际交流中心一个月都能拿三十七八万日元。她丈夫森川忍后来拿到七十万日元，她后来基本上就靠她丈夫支持她。她去世后，她的中国朋友觉得她做了那么多的工作，在中国什么都没有留下，就帮着把这本书出版了。

陈：她丈夫也很了不起。

俞：所以她对丈夫特别感激，后来森川忍也参加了日本短片代表团来到中国，这个提议最初大概是刘建中先生提的。森川和刘建中夫妇都挺好的，另外有一次他们也请她去过冯小刚家。

陈：这是一个很感人的事情，为这本书，中国捐赠者每个人需要捐多少钱？

俞：捐了两次，每次每个人都是出1000块钱，都是自愿的。因为森川在上海有很多朋友愿意捐款，那个时候是朱天玮负责，大家把钱寄给她。图片挺贵的，出版社开过一个会，把日本方面的人也请来了，都要花钱的，剩下的钱后来就给大家买书了。书出版的发布会把森川的丈夫森川忍也请来了，招待他住在天伦饭店。两次都问他要访问谁，他都说要访问我。因为老卢也是他的朋友，并帮他在文学出版社出过两本书：《永远的祈祷》[①]、《囚魂的苏醒》[②]。

[①]《永远的祈祷》：〔日〕北冈信夫著，北京，人民文学出版社，2001。北冈信夫是森川忍的笔名，是以谴责日本侵华战争、争取和平和促进友好运动著名的日本作家。

[②]《囚魂的苏醒》：〔日〕北冈信夫著，北京，人民文学出版社，2005。

陈：您回到电影所之后的研究重点和计划是什么，是日本电影还是我国电影还是电影理论美学，还是三个都要？

俞：我从日本回来以后，重点课题就是黑泽明，苏联电影是研究爱森斯坦，另外美学就是钟惦棐那边，我都丢不下。当时郑雪来他们搞《世界电影史》项目，让我主编日本卷，我觉得刚回来，那些日本影片我还没有消化，独自承担还是勉强，另外还要对日本传统文化有一定的把握，不然怎么写它的内容和内涵、怎么做评价呢？所以开会那天，我说我不行，确实搞不了。

后来我负责了电影专业研究生的教学，讲外国电影，第一届没有收外国电影研究方向的研究生，但是有外国电影课。外国电影的考试让我出题，口试题是我模仿了苏联的模式，是从苏联电影、剧本、资料里学来的；中国电影是李老师和邢祖文出的题。把题搁在一个筒子里头让考生抽签，这是我的主意。我参加了口试打分，决定参加复试的名单，我还判外国电影和外语考试的卷子。艺术研究院招第二届研究生的时候，我才开始带学生。一共带了三期，九年。

退休

陈：您对自己的研究工作，做一个什么样的回顾？有哪些经验和总结呢？

俞：我的研究工作像外国就是爱森斯坦和黑泽明。我认为，研究他们光了解一个人也不行，周围的那些东西还是要接触的，人不是孤立性的。我觉得研究方面自己应该说是失败的，不过是做了一些工作，没有出什么大的名堂。因为那个时代，领导给我什么我就搞什么，个人没有选择的余地。我写的第一篇《爱森斯坦蒙太奇美学管窥》[①]，那个时候对于爱森斯坦，我接触的已经很多了，但是我最多只能写他的电影思维，我不敢写他的美学，因为爱森斯坦的美学内涵太丰富了。

---

① 俞虹：《爱森斯坦蒙太奇美学管窥》，载《文艺研究》，1981 (4)。

陈：您1990年1月离休，这个日子是怎么选的？

俞：我超过60岁了，李少白不让我离休，要让我继续带研究生，但是人事科说，如果我要不离休，电影所那边的人也不退。人事科说我们早就该"一刀切"①了。我当时表示愿意退，因为我爸妈都老了，我退了就不用天天去单位了。

陈：您现在每天的时间安排是什么？一天工作多长时间？

俞：反正每天我不看书就过不去。只要一有空就看书，要看不动了，就躺下。除了看报就是看书。

俞虹在桂林

---

① "一刀切"：在此处比喻执行死板的退休制度。我国现行统一的按年龄退休制度，到退休年龄即退休，没有余地和例外。

【采访手记】

俞虹老师是电影翻译家、学者。翻译、校订、编辑过大量俄语电影著作,后来又翻译了日语著作,是钟惦棐先生的"美学小组"的第一批成员并曾担任过申报国家课题的论证人,写过大量外国电影研究及电影理论、美学研究论文。曾在华北学院俄语系学习,后参加学生运动并进入解放区。解放后曾在中央军委办公厅担任俄语资料翻译工作,1952年转业到电影局艺委会所属的电影编译社,其后转入中国电影出版社三编室(外国电影编译室)工作。新时期到文化部艺术研究院外国文艺研究所、影视研究所工作,任研究员、研究生导师,直至离休。

李少白老师、戴光晰老师等都曾向我推荐过俞虹老师,让我一定要设法采访她。但她开始时不愿接受我们的采访,说自己"很普通,没有采访价值"。我请李少白老师、刘桂清老师先后帮我做说服工作,最后才接受了我的预访。后来我发现,俞老师对许多事情都采取守势,谦退似乎已成习惯,甚至成了一种本能。这应该与她的生活遭遇有关。作为家里的独生女儿,她自幼生活无忧,心地单纯善良,天性自由自在,个性外柔内刚,一直自尊自强,工作勤奋努力,但在"三反五反"、"肃反"等政治运动中不断间接或直接挨整,1957年又被错划为"右派",虽然很快就摘了帽子,但对她的人格心理伤害不言而喻。

甚至在收到采访提纲征求意见稿之后,她还曾推辞采访。要回忆那些不堪回首的往事,对每个人来说都不会是一件轻松容易的事。经过再次说服,俞老师终于再次同意接受采访。不过她也并没有答应马上接受,而是要求有至少一个月时间做准备工作。在正式采访的时候,俞老师表现出了一种面对真实历史的勇气,显示出热情、认真且坦诚的作风,和爱憎分明、外柔内刚的鲜明个性。思维和表达都比较清晰,遗憾的是她记忆力已有较明显的衰退。在讲述过去生活和工作的过程中，不时会出现一些记忆的空白点，尤其是某些细节和人名。

对俞虹老师的正式采访每次3小时，10月27日进行了最后一次采访，历时4小时。

（陈墨）

郑雪来访谈录

采 访 人：陈墨
摄　　像：赵晶
采访时间：2009年3月23日至4月16日
采访时长：38小时
采访地点：北京·郑雪来家中
录音整理：赵晶
文本选编：李镇、赵晶

受访人简介：

　　郑雪来，男，1925年生，福建长乐人。暨南大学外文系肄业。"二战"期间在印缅战区美军第四七五步兵团任翻译官，参加对日作战，后从事英文教学、编译工作。建国后入电影界，从事电影理论及"斯坦尼"体系的翻译、编辑及出版工作。"文革"后，入中国艺术研究院，曾主持外国文艺研究所工作，历任第七、八届全国政协委员，中国电影家协会理事，中国世界电影学会副会长、中国电影艺术研究中心学术委员等社会职务，现任中国世界电影学会名誉会长。发表有《电影学论稿》、《斯坦尼斯拉夫斯基全集》、《20世纪中国学术大典》（艺术学卷）等论著、译著、编著共三十余部。

陈："雪来"这个名字怎么来的，您原来在家里叫什么名字？

郑：按照我们家的排行，我祖父那一辈是"能"字辈，叫郑能梓；我父亲是"为"字辈，叫郑为栋；我是"存"字辈，原名叫郑存善。那时候改名字是很普通的事儿，我对英国的诗人拜伦和雪莱都很崇拜，年轻的时候，我读过很多他们的作品，特别是雪莱的《西风颂》。他讲"冬天来了，春天还会远吗？"我很赞赏这句话，就改成了雪来，"莱"字去掉草头，很多人都把我加个草头，其实不对。

解放前的经历

陈：请谈谈您的家庭？

郑：我的祖父郑能梓是个很虔诚的基督教徒，他没有多少文化，靠白手起家。他主要做纸张的生意，在福州开一个很大的纸行，叫做"成美纸行"，好多地方都有分行。同时他又是美孚洋行在这个闽北地区的总代理商，等于是一个小买办，赚了很多钱。他为人乐善好施，我很尊敬他。我不知道祖母的名字，只知道她姓陈。我父亲郑为栋读过教会中学，但是他喜欢赌博酗酒，很多人说"为尊者讳"，我实话实说，他是公子哥儿。我祖父活着的时候，我父亲自己也做生意。我母亲陈梅珠中农出身，虽然没什么文化，但她人非常好，常常瞒着我父亲接济一些穷人。她和我父亲前后生了九个孩子，只剩下五个。

陈：谈谈您小时候上过哪些学？喜欢读哪些书？

郑：我上过私塾，也上过教会学校，后来上南郡小学①。读小学的时候，我最爱看的书，一个是武侠小说，一个是侦探小说。我十来岁的时候看《福尔摩斯侦探集》，那时候还全是文言文的。我能够把它看得下去，说明我还是看懂了。我还看了《施公案》、《彭公案》、《七侠五义》这类书。我小的时候很受仗义执言、路见不平、拔刀相助……

---

① 南郡小学：1925年创建，位于福州下杭路92号南郡会馆内。

郑雪来（分别摄于60年代、70年代及近照）

这些侠义精神的影响。我读初中的时候，学校教学质量不好，但是有一个很好的图书室，特别有一套"万有文库"①，我特别喜欢看历史地理这一类书，别的书我没怎么看，我大概十三四岁，记性特别好。

陈：福州沦陷时，您正在那里上学，日本占领军是否影响和干涉学校教育？您的生活发生了哪些变化？

郑：1941年冬天，日本偷袭珍珠港，太平洋战争就爆发了。我们学校是美国教会学校，当然就办不下去了。我家到了南平，那时我刚满十六岁，这段时间对我来讲是非常重要的时期，我看的书非常广泛，从天文学到考古学，比如读过郭沫若写的《中国古代社会研究》，但是更重要的是看到日本人的鹤见佑辅写的《拜伦传》和《俾斯麦传》，这两本书影响到我整个的人生道路。那时候我步入青年期，崇尚壮烈，崇拜英雄。

陈：从您的回忆录看，在您人生的关键时刻，常得到您堂叔郑公盾先生的影响、支持或帮助，请介绍一下他。

郑：郑公盾②读大学的时候搞进步学生工作，他读过好几所大学。他给我看了好多书，其中最重要的是邓初民③的《社会发展史》，还有是地下党出版的《群众》杂志，这肯定是禁书，对我有进步思想的启

---

① 万有书库：民国时期商务印书馆出版的一套百科类丛书。
② 郑公盾（1918—1991）：原名郑能瑞，福建长乐人，评论家、作家、国学学者。
③ 邓初民（1889—1981）：又名邓昌权、邓希禹，湖北石首人，著名社会科学家。

蒙。我那时候十六岁，也懂一些事儿了。1942年上半年，我父亲让我去考商业高中，以后好帮他，我根本毫无兴趣。1942年9月我考上了暨南大学，郑公盾和我常有通信。解放以后，郑公盾把我介绍到浙江省立绍兴中学教高中语文；后来我就上了"革大"。到1951年初，他管文教①；杭州解放初期有好几个教会中学还没有接管，他曾经让我去接收一所教会中学。但我没有去，我在绍兴中学当了两个学期的高中毕业班主任后，就去《人物》杂志当编辑去了。

陈：1944年5月，您如何考取了军中译员？那时候您的肺病似乎还没有好，怎么能体检合格呢？您的军衔和待遇怎样？

郑：1944年四五月间，重庆国民政府军事委员会外事局招考军事译员。在这以前翻译官主要是西南联大、浙江大学、中央大学这几所重点大学的应届毕业生，因为那时候中国远征军有很多美军顾问，需要大批的翻译，光靠应届大学毕业生远远不够，所以就规定，凡是读过大学外文系一年级的都可以报考。好多人报名，招考不是统一考试，而是随到随考，在重庆，可能是外事局的局长还是副局长亲自来考试，他怎么考试呢？跟你英语对话，谈各种各样的问题，目的是看你口语如何。我从小就在教会学校学过英语了，后来在暨大，我的英语翻译课几乎是每课必听，我的英语口语应该说是相当不错的，所以很快就被录取了。那时候也没有什么身体检查，我虽然患了肺病，也就顺利通过了。不久，我被送到昆明外事局办的一个译员训练班，时间有两三个月。主要是进行一些基本的军事训练，还有美国教官讲军事知识，也讲一些美国的风俗习惯。还有好多西南联大教授在那里讲课，我记得最清楚的一个就是查良钊②，他就是金庸的哥哥，教我们英语会话。马约翰③教我们体育课。当时昆明的知识界进步力量很大，所以有好多电影院放苏联电影，在学习期间，我看了好几部，其中给我印象最深

---

① 郑公盾1950年任浙江省文教厅教研室主任。
② 查良钊（1897—1982）：浙江海宁人，字勉仲，教育家。抗战时期任西南联合大学教授兼训导长。
③ 马约翰（1882—1966）：福建厦门人，体育教育家。

的就是《她在保卫祖国》[1]，主演就是玛列茨卡娅。事隔十年之后，1954年，我翻译的第一部苏联电影文学剧本《乡村女教师》就是玛列茨卡娅主演的。

陈：您什么时候随美军四七五步兵团远赴印缅战区担任美军翻译，个人的最大收获是什么？与美国兵做过一年战友，您对美国人、美国文化有何印象和评价？您在驻缅期间，与中国军队打交道多吗？

郑：我在昆明培训了大概两三个月，学员大部分留在国内的美军各种机构里当翻译。在1944年9月间，可能因为我的学习成绩比较好，所以被派到印缅战区。我乘美军的C47运输机飞过驼峰，我记得飞机上好冷啊！因为怕撞到山上，所以飞得很高；飞到印度汀江[2]，到机场的时候是一个非常炎热的大晴天。我们先在英国军营待了几天，领了英国军服，没多久又坐美国飞机到缅甸北部的重镇密支那，分配到美军第475步兵团。团长就是史迪威将军的女婿EASTER BROOK上校，四十多岁，他是西点军校出身的标准美国军人。第二天我被分配到第三营，但是上任前要在团部接受正式的军事训练。我们这批到印缅战区去的最低的就是三级译员，译员分一级、二级、三级。一级译员是上校，二级译员是中校，三级译员就是少校。所以我们都是带着这个少校的军衔去的，但是负责给我们训练的美军只是个中士。训练的课程很充实，不光是立正稍息，排队形，还有背着背包长距离行军，甚至急行军；还教我们打枪，主要是卡宾枪；还有基本战术课，当然美国那一套了。两个礼拜过后，我就到第三营正式上任了。营长哈罗德少校三十岁左右，非常英俊，我和他整整待了一年的时间。三营的副营长是奥斯本少校，这个人对我们中国军队很有偏见，认为你们这些军队无能、腐败，对中国人也有一种蔑视的心理。营长不在的时候，他

---

[1]《她在保卫祖国》：苏联阿拉木图中央联合电影制片厂1943年出品，导演Fridrikh Ermler。

[2] 印度汀江机场（Dinjan Airfield）：是二战时期著名的"驼峰航线"上的一座军用机场，机场位于印度阿萨姆邦查布亚东北部约7英里处。

给我就下一个命令，好像是让我和一个美军小分队出去侦察，可是他的语气带有一些很轻蔑的口吻，我不能容忍，就跟他吵起来，我说："You are a major, I am also a major"（"你是少校，我也是少校。"）我们中国驻印的新一军、新六军是这个战场作战的主力。美军根本就是辅助，而且经常被日本人打得晕头转向，我亲眼看到，有一次战斗以后，抬着好多尸首回来，美国军队里面随军牧师就要做安魂祷告，这个牧师不止一次对我讲："哎呀，你们中国军队赶快来啊！我们抵挡不住了！'中国军队在缅甸打得那么漂亮，所以我们能得到正式军官的待遇。而在国内的美军机构里面当翻译官很多都受气，因为美国人认为是来帮助我们的，所以很骄傲，翻译官和他们一天到晚在一起，变成一个受气包。我没有参加过战斗，印象最深的就是不断行军，我想美国人也是想要减低他们的伤亡率。缅甸那个地方气候很怪，那是冬天，白天行军也经常是大汗淋漓；但是到晚上，气温骤降，早上起来发现钢盔里面的水都结冰了。温差很大，还是很艰苦的。美军士兵来自各行各业，第三营里有好几个曾经当过大学教授、工程师，但是在军队里就是一个军士，做一点技术工作，我碰到好多人都是这样子。其中有一些人到过中国，也像奥斯本少校一样对中国人有偏见，有时候跟我交谈的时候就流露出来，我经常跟他们争论，我小时候看了"万有文库"的史地书籍，对欧美，特别是欧洲的历史相当熟悉。我就和他们说："你们美国的文化跟欧洲文化比起来啊，就是个乡巴佬，跟我们中国悠久的历史文化更不能够相比。"我举了很多例子，这些美国人听了以后，不光不生气，反而称我是 linguist——语言学家，因为我那时候不光会英语啊，还会法语，我在大学一年级里面学过法语；还会讲几句俄语；甚至还会说几句西班牙语，西班牙语我是和营部一个墨西哥裔的士兵学的。我那时候主要对外语感兴趣，这段时间对我的外语能力有很大的提高，一年可以抵上大学外文系的四年，特别是英语口语能力。因为基本没有中国人，有一段时间没有人讲中国话，我是用英语来思维的，说英语都是脱口而出，根本用不着思考。在离开缅甸以前，美军总部向所有参加缅甸战役的美军官兵发"西南太平洋战役纪念绶",上面有两颗星,美国人告诉我,一颗星可以缩短三个月的服役期限,两颗星就是六个月。一般到海外服役就是两年,得了这个纪念绶以后可以提前六个月回国,他们也给我一个两颗星的纪念绶,因为已经把我当成自己人了。我回国以后才知道,我由三级译员升成二级译员,但是在国内,二级译员是上尉军衔。我回来虽然升成二级译员,但反而降成了上尉军衔了。回到中国时大概是1945年5月间,第475步兵团第三营到了湖南西部辰溪。

陈:能否请您谈谈您随美军在湖南湘西驻扎期间,与周静文老师相识、相恋、结婚的过程?您的恋爱过程中有过波折吗?

郑:我到辰溪以后,还在第三营营部,那时候派了二三十个翻译官到这个营,我就被任命为总翻译官。由我来分配、检查他们的工作,后来他们都被派到沅陵、常德等湘西地区,为国民党军队的美国顾问当翻译。当时国民党军队指挥部也在辰溪,一个文工团员介绍周静文

郑雪来、周静文结婚不久的合影(摄于40年代)

和我认识。她那时候住在她四叔周则岳家,周则岳是个留美的冶金专家,我因为经常到他家里面跟他用英语交谈,他对我比较欣赏。实际上主要是他撮合成我们的婚事,我们互相也觉得很合适,所以认识没多久就结婚了。抗战时期很艰苦,我们没举行任何婚礼,就在照相馆里面照了一张结婚照。后来美军东线顾问团总部想调我去当总翻译官,但是因为她那时候怀孕了,我就不想当什么总翻译官了。而且那时候我对美国人产生了反感。美国军队来中国以后,好多年轻姑娘,甚至有一些是大学生,为着要赚美金,就去勾搭美国人,陪美国人睡觉,既不知道人格,更不知道国格为何物,我非常气愤。我甚至后来都没有到营部去上班了,就到沅陵去了,幸亏没有当上这个总翻译官,否则如果延续下去,前途将不堪设想。抗战胜利后,我就去昆明办理复员手续了。

翻译编辑出版

陈:1949年10月1日新中国成立那天,您还有什么印象吗?

郑:10月1日那天,我还在浙江省绍兴中学教书。当时是学校通知的新中国成立的消息,虽然不是听广播,但我仍然很兴奋、很激动。中国人民经历过那么多苦难,终于建立自己的新中国了。

陈:1951年初,您是因为什么机缘进入电影界的?

郑:我还是比较想自己翻译东西,听说表演艺术研究所,就是后来的电影学院招人,我就去了。当时所长叫白大方[1],他刚好需要俄文翻译人员,介绍一些苏联的材料。好像当时也经过考试,但我很快就被聘用了。我还参加过表演艺术研究所1951年的开学典礼,当时,袁牧之和我并排坐在主席台上。过了没多久,中央电影局艺术委员会的程季华听说我做过一些工作,而且俄文、英文、法文都懂得一些,他就把我调去了,那是在1951年八九月间。

---

[1] 白大方(1913–1974):又名白亦周,河北沧县人,电影教育家。

陈：1951年，您被抽调到电影局艺委会研究室编译组工作，当时从事电影翻译工作的共有多少人？您是主修英语的，为何会被分配去做俄语，从事"斯坦尼"演剧体系的译介？

郑：那个时候我刚到编译组，还没有几个人，有徐谷明、戴彭荫、富澜、沈善、邵牧君夫妇是后来才到的。语种包括俄语、日语、英语，但主要是以俄语为主。我的第一外语是英语，也做俄语翻译，就是因为建国初期，我们各个战线都要向苏联老大哥学习，主要介绍苏联各方面的经验，包括电影经验，所以，没有让我去搞英文翻译。后来有三十多个人，各种语种都有了。英文和日文计算内部稿费的时候要打20%的折扣，就是因为懂英文、日文的人太多，懂俄文的人少，这个做法现在看来很荒唐。

陈：您翻译的第一篇电影文章是尤列涅夫的《评〈幸福的生活〉》，翻译的选择权是在译者，还是在刊物的编辑？刊物的选题如何决定？为选题而争论的情况多吗？

郑：我翻译的《评〈幸福的生活〉》1952年初在《电影艺术丛刊》第一期上发表，作者是苏联著名电影评论家尤列涅夫，这部影片把苏联社会矛盾描绘成"好与更好的斗争"，文章把它吹得天花乱坠。直到1953年以后，奥维奇金写的《区里的日常生活》，尼古拉耶娃写的《拖拉机站站长与总农艺师》才开始揭露苏联经济的很多矛盾。我当时也不知道，只是照翻不误。1987年，我在莫斯科电影节当评委的时候遇见了尤列涅夫还提起这段往事。那时候除了订苏联刊物，还有其他一些西方国家的刊物，我们有些搞资料的人就制作目录索引，由程季华、丽尼根据文章的内容和作者情况来圈定译哪一篇文章。重要的理论文章都是他们根据索引来确定的，而小文章、报道之类的就由编辑部定。关于"斯坦尼"专栏的文章由我来选。至于选题，《电影艺术译丛》早期不是我管，后来《电影艺术译丛》改名《国际电影》是我倡议的，创刊号的选题也是我定的，不久影协内部机构改组，刊物分出去，就由孟广钧接管了。1962年《电影艺术译丛》恢复出版，我是主编，选题由我来定。程季华是出版社总编辑，忙于写电影史和中国电影出版社的很多事情，他不看稿子，也没什么争论。他召集掌握材料的同志提供一些稿子，最后由我来决定选题。当时《电影艺术译丛》上所有的稿子都是由我们内部人来翻译，这样才能赶时间，保证质量。同时，我们开始将某些重要译文附上前言后记，主要由我和邵牧君撰写，这为我们在"文革"后正式从事电影研究工作打下了较好的基础。

陈：1956年中国电影出版社成立，电影艺术编译社并入出版社改为外国电影编辑室，您继续担任丛书编辑组长，策划了《苏联电影剧本选集》；组织翻译爱森斯坦、普多夫金、杜甫仁科三大师的文集，以及其他电影理论专题论文集等，这些选题计划是否都如期完成了？1962年初，您曾提出一个总字数达到两千万字的外国电影史论选题计划，其中包括哪些重要选题构想？

关：当时我兼任业务秘书策划选题。《苏联电影剧本选集》连续编了三本，把我认为比较有价值的剧本都收录其中。三大师的选题也是我策划于60年代初出版的。1962年，我担任外编室业务副主任的时候，搞了一个很大的选题计划，一个是史，一个是论。史包括通史和国别史。我做的选题中通史方面主要有萨杜尔的《电影通史》和《世界电影史》。此外还有英国保罗·罗莎写的电影史，原名叫做 *The Film Till Now*，和波兰电影史家托埃普里兹用波兰文写的《电影艺术史》。国别史的选题计划主要有《苏联电影史纲》、《美国电影之兴起》、《日本电影史》、《意大利电影》、《法国电影史》。论的部分很多，既有像爱森斯坦、普多夫金、杜甫仁科、尤特凯维奇、罗姆等大师的著作，也有克拉考尔的《电影的本性——物质现实的复原》，马尔丹的《电影语言》，雷纳·克莱尔的《电影随想录》，英国曼威尔的《论电影》和苏联几本谈论技巧的书，如《电影剧作家的技巧》、《银幕的剧作》等。另外还有评传，即玛丽·西顿写的《爱森斯坦评传》和两本《卓别林评传》。这些选题我初步算一下有两千万字左右。在1962年出版社选题会议上，袁文殊、程季华和各编辑室负责人都参加了并一致通过。我当时建议大量向外约稿，我们就搞一些校编工作，有必要的写一些前言后记，而把更多时间用在研究问题上。最后商议的结果是内部工作人员要用业余时间翻译书稿，比如邵牧君翻译的《电影的本性——物质现实的复原》就是这样约的。1962—1965年这段时间，我大致估计已出版的书有一千万字左右。我记得非常清楚，另有二十部左右的书稿已经校订编辑好，有一些甚至打了纸型，因为"文革"就要来了，根本不能出版。这些书包括《电影的本性——物质现实的复原》、《美国电影之兴起》、《日本电影史》、《爱森斯坦评传》等。80年代初，中国电影出版社能一下子出那么多书，也是因为有这么多校编好的译稿。

陈：您翻译过《乡村女教师》、《舍甫琴珂》、《海之歌》等苏、美、法等国多部电影文学剧本。您为何说《海之歌》是您的得意译作？为什么有人说当时翻译电影剧本算是一个"美差"？

郑：《海之歌》是杜甫仁科的遗作。1956年末，苏共机关报《真理报》破天荒地以头版半版的篇幅刊载了剧本的精彩片段。紧接着在1957年第一期苏联《电影艺术》上全文发表了这个剧本，并登了杜甫仁科亲自绘制的几十幅场面设计图。我看到《真理报》登的这个片段以后，就深深为其中革命浪漫主义的段落所吸引。比如说，这个剧本一开篇就引用舍甫琴珂的诗句："辽阔的第聂泊河在呼号，狂怒的风暴在咆哮，高高的柳枝吹垂拂地，波浪与群山比量高低"；以及后面引用的"这时候，苍白的月亮从乌云后面向外张望，像一叶孤舟漂泊在海洋"。整个剧本非常充满诗意。1955年我曾经翻译过《舍甫琴珂》，这是描述这位农奴出身的乌克兰诗人生平事迹的电影剧本，书中有很多舍甫琴珂的著名诗句，例如："思想啊思想，为什么你在纸上与痛苦总在一起"。其意境之深远，可与同时期雪莱的"冬天来了，春天还会远吗？"遥相媲美。剧本出版后，中国青年出版社曾约我翻《舍甫琴珂文集》，但我后来工作太忙没有答应，所以看到《海之歌》在苏联《电影艺术》登出来之后，我非常激动，也没有告诉别人自己就翻译了。那时，我常常深夜不眠，俄文程度也相当可以了，再加上我又比较喜欢诗歌，所以整个翻译下来也不觉得累，大概用了三四个月的业余时间就把这十万字的稿子翻译出来了。1957年《中国电影》杂志11、12月合刊《纪念伟大的十月社会主义革命四十周年》专辑，就把我翻译的这个剧本全文登载，包括所有的场面设计图。1958年中国电影出版社的单行本也印出来了，1959年又再版，这个剧本对电影界产生了很大影响。我作为译者就收到很多读者来信，畅谈他们的读后感。这部在苏联所有电影剧作中唯一一部获得列宁奖金的电影剧本充满诗情画意，我的翻译也能准确表达杜甫仁科的风格。

关于"美差"这个事，那是当然。我开始翻译剧本的时候都是组织上的照顾，50年代初期我的家庭负担很重。程季华看到我家庭比较困难，就让我在工作时间改稿子、业余时间翻译剧本，以补贴家用。剧本一般都在五六万字左右，我往往在两三个月时间就翻译出来了，稿费有二三百块钱，比两个月工资还高。有些人也想翻译剧本，因为剧本比较容易译，又不像理论文章那么枯燥，叫它为"美差"也是有道理的。但是那个时候，内部人员业余翻译剧本的就是我，其他都是外稿，因为电影剧本比较容易，许多搞文学的人都能翻。

陈：请谈谈您主编的《世界电影鉴赏辞典》①丛书的策划缘起和出版过程。您开始准备出版多少册？后来为何延续下来？这套丛书的经济收益如何？

郑：1989年，福建教育出版社编辑何强跟我提出要编《世界电影鉴赏辞典》的想法，目的是成为电影工作者案头必备参考书和电影爱好者欣赏各国影片的"电影院"，我就痛快答应了。我的选片标准是：在电影史上和当代电影中起过重要作用的知名影片、电影史上各种思潮流派的代表作、世界级电影大师的作品、国际电影界有争议的影片，包括禁映的影片，以及一些虽非世界名片但比较受国内观众欢迎的影片。我召集研究各国电影的专家开会，由于他们对这些影片很熟悉，不到一年时间第一卷稿子就齐了，并于1991年出版。当时很多电影界的头面人物参加此书的出版讨论会，大家一致提出应该再编下去，迎接世界电影100周年。福建教育出版社与我再签合同，争取在1995年前

---

① 《世界电影鉴赏辞典》：主编郑雪来，副主编谷时宇、纪令仪，福州，福建教育出版社，1991。

再出版两卷。第二、三卷不光动员了国内有关研究人员，还找了一些港台、旅外电影学者，请他们写了好多条目。第二卷在1993年出版，第三卷在1995年出版。1995年，趁北京举行世界电影100周年纪念活动之际，我们院和出版社又组织召开了更大规模的出版座谈会。大家提出各种意见建议。有人觉得有些中国影片选得不具备代表性；有人觉得介绍一些关注社会现实的中国影片也无可厚非；也有人提出三卷本对第三世界国家介绍不够，题材范围可更宽广些；还有的作者提出选片时间只截止到1993年，而此后两年还有很多影片质量很高。最终大多数人强烈建议再出一卷。1995年，筹备第四卷，主要写入了阿拉伯各国电影，德国从表现主义时期到希特勒上台以前的电影，1994—1995年期间法、英、美、意、俄等国家的一些新出品的影片。我唯一遗憾的就是东欧、拉美国家的某些重要影片没有写入第四卷，因为我选作者的原则是必须亲眼看过这些电影，并对这些国家的历史文化比较了解，但当时找不到合适的作者，就没有写成。

　　福建教育出版社除了教材赚钱以外，只有这个辞典不仅保本还赚了钱。90年代末还出了三卷本的光盘。去年清华同方、北大方正跟我签合同制作电子版，网上读者的数量也不少。特别是北京电影学院、中国传媒大学把此书作为考生主要参考书，但现在几乎都买不到这些书了。我今年3月去福州，福建教育出版社社长希望能再编下去，并且出精编版，把四卷压缩为两卷，把800部压缩到400部，因为根据市场调查，读者对一些小国家的影片、枯燥乏味的影片不大感兴趣。

　　我原先不想再编下去有两方面理由：一方面，虽然我对新世纪以来的中外电影看得很少，但是一般情况我还是了解的。首先，从世界范围来讲，电影方面没有值得注意的思潮和流派出现，只是某些国家有个别导演的部分影片不错。据我了解，欧洲电影普遍不景气，好多美国科幻片也只有幻想没有科学，现在奥斯卡获奖的影片也很难找到哪一部或哪几部影片可以和20世纪各个时期美国著名影片相提并论，所以很不好编。另一方面，我岁数太大了，眼睛耳朵都不好了，好多新片情况不了解，如果有别的同志有兴趣把这个工作承担起来，那是很好的。但是后来，有几个因素使我改变了初衷：一，出版社和一些朋友都说，如果我不继续承担这项工作，恐怕很难找到别的人来做。二，根据各方面的反映，都希望能把这套辞典继续编下去。三，我自己也考虑到，至今还没有我们中国人自己写的世界电影史，如果能积累较丰富的资料，供后人写书时参考，岂不是为我们国家做了一件好事？最后，我决定与出版社签订出版"增订版"的合同，新增200个左右条目，包括世界各国的新影片，一直到2009年某些新片。

陈：您曾为《电影艺术词典》撰写过哪些词条？撰写这些词条与您的理论文章写作有怎样的不同？后来《电影艺术词典》出了修订版，您对其中某些词条是否有所修订？

郑：《电影艺术词典》初版我主编电影学分科，后来修订版的时候改成电影理论分科。编这个电影词典的时候，也是我给《中国大百科全书》（电影卷）写大条目的时候，所以关于电影学的想法已经比较成熟了。1985年，张骏祥同志约我写"电影学"这个条目，我写了差不多有一万字。他看完之后还跟我说："老郑，我们国内恐怕也只有你能写这样的条目。"我是把各国关于电影学的看法介绍一下，然后谈谈我自己的看法。我提出除传统的电影理论、电影史、电影批评三类外，还应该把电影美学、电影哲学、电影艺术学、电影社会学、电影心理学、电影符号学、电影社会心理学等等作为电影学的分科。我当时觉得"电影学"的范围应该比较广。后来我当电影学分科主编，让崔君衍也一起当分科主编，因为他对法国符号学、心理学熟悉，很多术语我就请他写。其他方面比较主要的条目就是由我来写，大概四五十条。到修订版开会的时候，富澜是主编之一，他提出《电影艺术词典》也可以叫做"电影学词典"，分科也叫"电影学"不是矛盾吗？他主张把电影学分科改叫电影理论分科，而电影、电影艺术、电影学三大条目收编在总论中，我就同意了。后来在修订版中，我把电影学和原来词典中的方法论并在一起，作为"电影学"的内容，共一万多字，很长的一个条目。有些条目还需要做一些轻微的修改，使它比较完整，但主要还是介绍性质的，因为条目跟文章不一样，条目要客观，资料要丰富，让读者了解到各种各样的说法。

陈：您与美国俄亥俄大学的沃特曼教授共同主编了《比较艺术的理论与方法》一书，请谈谈这部著作的出版过程，以及您对美国的观感。

郑：1989年，我和话剧所所长田本相去美国俄亥俄大学回访，我代表中国艺术研究院与俄亥俄大学签订意向书，准备两边各出十位学者合写这本书。意向书一签订，双方就动手写了。1990—1991年，沃特曼教授和海格内教授再访中国，签订具体出版办议，商定出《比较艺术的理论与方法》的中英文版。中文版由文化艺术出版社负责，英文版由俄亥俄大学出版社委托文化艺术出版社代印，他们出12000美元经费，相当于十万元人民币，两本书出版就都够了。1992年初，我带着中国学者写的所有英文译稿到俄亥俄大学，住在沃特曼教授家，我俩交叉审稿。我审美国部分，他审中国部分。对于英文译稿翻译不完美的地方，他和海格内教授做英文文字加工。这本书最终于1997年由文化艺术出版社代印出版，但没有把样书寄去美国。我自己花钱把样书邮寄给沃特曼和海格内教授和中方作者，我自己只留了一两本。美方对不寄样书非常不满。出版社说第二个6000美元没有收到，所以中文版就没有出。

关于美国的观感，我想说美国人情报资料工作做得非常完善，而且他们很念旧。第二次我一个人到美国之前在美国使馆办理签证，美国使馆接待人员一看我的名字，就对院外事处人员陈双说："郑先生是我们的人啊，他在1944到1945年在缅甸我们第四七五步兵团里当翻译官。不仅如此，美军总部还通过团长给他颁发西南太平洋战役纪念绶。"所以，在我自己去领签证的时候，还要帮我把原定的两个月延期到半年内自由往返。在旧金山入美国国境，所有乘客要下飞机检查行李，结果那次我的行李免检，而且请我走铺着红地毯的外交人员通道。

关于"斯坦尼"

陈：从1951年开始，您主持翻译或改译、校订、出版了多部关于"斯坦尼"的学术文集。您与"斯坦尼"的因缘绵延数十年之久，其中有哪些难忘的经历和故事？

郑：我到艺委会编译组以后，程季华就给我一本厚厚的《回忆斯坦尼斯拉夫斯基文集》，让我挑选几篇翻译。但是，我当时没有翻译下去，因为已经开始办《电影艺术参考资料》，也就是《电影艺术译丛》的前身，介绍苏联的电影报刊中有关的理论文章和评论文章，我忙于这个工作就没有翻译这本书。

1952年初，程季华又给我《演员自我修养》第二部，翻译这部书意义相当重要，因为以前出版过章泯、郑君里抗战时期翻译的《演员自我修养》第一部；还有瞿白音、贺孟斧翻译的《我的艺术生活》。解放以前戏剧电影界人士普遍认为斯氏体系只讲"体验"不讲"体现"。所以有很大误解。就连赵丹都误解了，他说，"如不表现，何必体验？"他把"体现"跟"表现"混为一谈了。可是，以哥格兰①为主的表现派的"表现"跟体验派的"体现"不是一回事。斯坦尼不可能一下子既谈"体验"，又谈"体现"，所以他分成两个部分来谈；《演员自我修养》第二部主要就是谈"演员在体现过程中的自我修养"。

我在翻译过程中遭遇很大困难。虽然我过去根据俄文翻译过一些电影剧本和一些评论文章，但对艺术理论基本没有接触过，而斯坦尼这个人学识相当渊博，他不光是导演、演员，他还是一个理论家、教育家；他法文非常好，书里尽管是谈演员的专业问题，但是涉及好多哲学和美学的问题，还涉及到一些音乐、语音学、生理学等专业性很强的问题，这些东西我过去都没有接触过，所以很困难。幸好当时我找了一个英文本，就是英国人翻译的《演员自我修养》第二部，但是

---

① 哥格兰（Benoit-Constant Coquelin 1841—1909）：19世纪下半叶的法国演员，被公认为表现艺术派大师。

节译的，并没有全文翻译。这本书对我理解书中的术语和行文有很大帮助，所以就参照这个英文本翻译。1952年上半年我的肺病又发作了，那么周老师①只好让我躺在床上。我一边口述译文，一边她做记录，把这本四十多万字的书可以说是勉为其难地用了整整一年的时间，算是硬啃下来了。

从1953年到1955年，这三年期间我又根据俄文校订和改译了斯坦尼的其他著作，包括《演员的道德》、《演员创造角色》的一部分，还有《斯坦尼斯拉夫斯基谈话录》、《斯坦尼斯拉夫斯基在排演中》和他的《〈在底层〉导演计划》。这个时候我对斯坦尼的东西了解得多了一些，当我再回头看我三年前翻译的《演员自我修养》第二部，觉得根本不像样子，拿不出手，所以又花了好几个月时间从头到尾改译了一遍，整个改得面目全非。这本书在1956年以艺术出版社的名义出版。书出来以后，在当时的戏剧界跟电影界有很大的影响。

从1956年开始，组织上决定出版《斯坦尼斯拉夫斯基全集》八卷，一共五百万字。这个工作当然是一个很大的工程啊，程季华让我来负责翻译校订这部全集。

首先从第一卷《我的艺术生活》开始，瞿白音、贺孟斧根据的英译本翻译得不完整，有一些删掉了，更没有俄文原版里面的很多注解，我记得应该有好几百条注解。还有就是原版写了很长的前言，包括这个全集的序言，还有包括《我的艺术生活》的前言。我们当然只能根据俄文原文翻译和校订。

这本书是由编译室的两个人翻译的，一位是俞虹，翻译了20万字；另一位是陈笃忱，他主要是搞日语的，参照日本出过的日译本《斯坦尼全集》，这本书有50多万字，他可能翻了30多万。我觉得《我的艺术生活》是一本艺术自传，跟后面的理论性东西还不太一样，我从俄文里面看到，这部分的文风非常潇洒，我校订稿子的时候，根据我自

---

① 即郑雪来先生的夫人周静文。

己所了解的斯坦尼斯拉夫斯基的文风做了修改。

这本书1958年出版了,没有用他们的名字,署了"史敏徒"这个化名,就是"士敏土"的谐音,士敏土就是混凝土的意思,意思就是好多人一起来做的。电影艺术编译社和电影出版社有好几本书都用"史敏徒"署名,包括《斯坦尼斯拉夫斯基全集》第二卷。

第二卷就是《演员自我修养》的第一部,以前姜椿芳①翻译得比较好,他是俄文专家,曾经在葛一虹1939年办的《演剧艺术》上发表过大概五六章的《演员自我修养》第一部,用的是"林陵"这个笔名。我们曾经跟他联系过,希望他再重新修订一下交给我们。那个时候,姜椿芳是中国大百科全书出版社的社长,工作非常忙。他说:"不必了,你们怎么改就怎么改吧。我不会有意见的。"他好像翻了五六章还是七章我不记得了,这本书一共有十六章,还有几百条注解和长篇序言。那么后面的章节没人翻译过,程季华就让懂俄文的人,一人翻译一章,我记得有俞虹、戴光晰、应子源、杨秀实、李溪桥,可能还有罗慧生等等,包括我自己好像也翻译了一章。我觉得姜椿芳翻译的部分很忠实原著,俄文的结构基本原封不动,翻译得比较准确,但是俄文有俄文结构,和中文不同,我后来对他翻译的文字做了好多修改、加工。其他参加翻译的同志当中,有人除了《我的艺术生活》以外,根本没接触过斯坦尼,对一些术语搞不懂,所以需要大量修改。当时翻译工作按照中央编译局的做法,他们翻译马恩列斯著作的时候,都是集体翻译,然后有人来统一校订。

到1962年,政治环境比较宽松了,文章要文责自负,对翻译来说,校订者要署名。那时候我们出版社分得很清楚。一部译稿假使经过校订的人改得非常多,改到一半以上,要署明"某某校",以示对译文最后负责。所以在1962年再版这两本书的时候,就署明第一卷是史敏徒译,郑雪来校。第二卷林陵、史敏徒译,郑雪来校。这是丽尼参照当时其他出版社的做法,特别是参照人民文学出版社的做法决定的。

---

① 姜椿芳(1912—1987):笔名林陵、什之、厚非、贺青等,江苏武进人,翻译家。

接着说斯坦尼的第三卷和第四卷，那是我自己翻译的，因为第三卷基本的部分就是《演员自我修养》第二部。但是后来他们加了很多别的材料。因为这卷和第四卷都是在斯坦尼逝世以后，把当时的有一些文稿出版了。但是后来研究发现斯坦尼实际上有很多其他的文稿没有登出来。程季华让我用业余时间把这本书给翻译出来。第三卷，第四卷，两本差不多是一百万字，分别在1961、1963年出版了。

《电影艺术译丛》曾经有一个专栏是"学习斯坦尼斯拉夫斯基体系"，那是从1953年就开始有这个专栏，每期都有。就是发表苏联艺术界在1950年到1952年关于斯氏体系大讨论的一两百篇文章。这个讨论持续了很久。主要也是程季华委托我来选材编这个专栏。登载苏联报刊上关于这方面文章的选材，然后组织翻译，最后来校订审稿。这批文章先在《电影艺术译丛》上登，然后用《斯坦尼斯拉夫斯基创作遗产讨论集》这个名义在1953年出版，一共整整80万字。可以说在"文革"开始以前，经我手的与斯坦尼的著作有关的文章有好几百万字，大约有四五百万字，通过这些，我对斯氏体系的精神实质和许多细节如数家珍。在"文革"以前，我连续十好几年时间都搞这个工作。这对我"文革"以后正式从事斯氏体系问题的研究打下了一个比较坚实的基础。

1969年，6、7月合刊《红旗》杂志上头发表的《评斯坦尼斯拉夫斯基"体系"》这篇文章，实际上是江青为主、由"四人帮"操纵而炮制出来的。当时因为江青、张春桥、姚文元等人控制着舆论界，所以全国许多大报都转载。并且还翻译了好几种外文，通过国际广播电台对外广播，影响很大。报纸登出来以后，影协革命委员会闻风而动，马上组织了一个批判大会，全体影协人员都要参加。影协第一书记袁文殊作为陪斗对象站在一旁，主要批判对象是我。程季华1966年已经给抓进秦城监狱了。批判大会上，沈善因为是这部全集的中文编辑，不得不做一个批判斯坦尼的发言，后来就被那些造反派认为是"明批暗保"。什么"无产阶级专政的死敌"啊，又什么"受赫鲁晓夫和中国赫鲁晓夫刘少奇所赞赏"的人物啊，沈善当然知道这是胡说八道，她也不好明说了,她只好缓和地批评一下。那次批判大会以后,又开了好几次小型批判会。有一次小型批判会上,有一个造反派,就按照《红旗》这篇文章的腔调说"当时斯坦尼跑到美国去当白俄去了,你怎么还说他没有事儿"。我告诉他:"那是1922年,苏联建国初期是非常困难的,苏联对外演出展览委员会,派遣他带着莫斯科艺术剧院去美国巡回演出。一直到1924年,两年时间,得到的收入用来赈济饥民。因为那个时候好多苏联人民都挨饿,那时候是内战啊,还要打白匪,是这么回事儿。你如果不相信啊,请去查看一下全集的第六卷后面第几页的注解。"因为那个第六卷还没有出来,"你可以查一查注解里把这个事儿讲得非常清楚。"他当时就下不了台,他说:"你啊,是不是最近还查了这个,还去查书啊?"我说:"我根本用不着查,这些事情全在我肚子里面,我清清楚楚。"我这个人,就是你刀子架在我头上,我都要说真话,我就这样说了。

1978、79年,孟广钧找我,请我回到出版社当编审。但是我没有答应,因为我主要想搞研究工作,我觉得好像有责任把介绍斯坦尼的工作搞完。1978年,文化部艺术教育司,在上海戏剧学院召开了"表、导演艺术教学讨论会",是由司长李超主持,这个讨论会涉及很多斯坦尼体系问题。那时候主要是上海跟北京两地好几十个戏剧界知名人士参加了这个讨论会。李超邀请我对斯坦尼体系预备一个发言,首先对斯坦尼本人做个政治评价。当时有很多争论,好多人对斯坦尼及其体系持否定态度。

在开会以前,我刚好在研究一批材料,包括莫斯科艺术剧院好几年的年鉴,还有苏联科学院好像叫做高级神经生理学研究所发表的一本著作,主要谈斯坦尼斯拉夫斯基体系跟神经生理学的关系,主要跟巴甫洛夫学说的关系。这个时候尽管我没有回影协,但是我已经给他们继续组织翻译全集的第五卷、第六卷,还有斯坦尼的论文,不是整本书,而是论文、谈话、演讲、书信集,这些文章和材料对我很有帮助。

我在这个讨论会上发表了一篇题为《论斯坦尼斯拉夫斯基及其体系》的长篇发言。整个上午时间给我占去了,稿子后来整理发表出来两万多字。我主要谈两个问题，一个就是关于斯氏的政治评价问题。我列举了好多事实，就是列宁、斯大林跟布尔什维克党怎么谈斯坦尼，好几处都是从《列宁全集》、《斯大林全集》里面找到他们的原话。

　　列宁直接和间接提到斯坦尼斯拉夫斯基和莫斯科艺术剧院的地方有文字可查的，至少有五处。第一处，1901年列宁写的一封家信，关于《三姐妹》，问："你们常去剧院吗？契诃夫的新作《三姐妹》怎样？你们看了吗？演得怎样？报上的剧评我读过了。'艺术通俗剧院'演得一向都很好，一直到现在我还很满意地回想起去年和可怜的哥伦布一道看剧的情况。"①第二处，1903年，列宁从伦敦写信给玛·乌里扬诺娃，说他很希望看一看莫斯科艺术剧院上演的高尔基的剧本《底层》②，列宁写道："我们还到德国剧院去过一次——很想看看俄国艺术剧院演的《底层》。"③第三处，1904年秋，瑞士日内瓦协助俄国社会民主工党小组，为了向布尔什维克提供出版资金，经列宁同意，发行五千套明信片。上面印有莫斯科艺术剧院演员扮演的高尔基剧本《底层》的人物。据记载写道："我们布尔什维克的发行部门，经弗拉基米尔·伊里奇的批准，立即向各地散发了有关这项新出版物的通告。是按照散发弗拉基米尔·伊里奇的著作《进一步，退两步》的通告时用的地址散发的。"④第四处，1918年，斯坦尼斯拉夫斯基扮演奥斯特罗夫斯基的《智者千虑必有一失》中的克鲁季茨基这个角色，当时列宁同一个女演员科马罗芙斯卡娅坐在同一个包厢中，在幕间休息时，列宁对她说："斯坦尼斯拉夫斯基是一个真正的艺术家，他简直完全化身为这个将军了，在最微小的细节上都生活于这个角色之中。观众用不着任何解释。他们自己可以看到这个外表神气的官僚是个十足的白痴。"⑤第五处，1928年，教育人民委员卢那察尔斯基在莫斯科艺术剧院三十周

---

① 《列宁全集》第37卷，第282页，中文译本，版本不详。
② 高尔基的这部作品在中文中有《底层》和《在底层》这两种译法。
③ 《列宁全集》第37卷，第317—318页，中文译本，版本不详。
④ 《列宁与高尔基：通信、回忆、文件》，1958年俄文版。
⑤ 《莫斯科艺术剧院年鉴》1943年。

年纪念会上代表苏联政府致贺词,传达列宁生前说过的话:"如果过去的剧院中有一个剧院无论如何必须加以拯救和保存的话,这当然就是艺术剧院了。"①

斯大林对斯坦尼斯拉夫斯基的评价就更多了。斯大林是很少离开克里姆林宫的,但他经常到莫斯科艺术剧院看戏,艺术剧院有些剧目是斯大林提议上演的,如《仇敌》、《柳鲍芙·雅洛娃娅》等。《斯大林全集》第11卷的《致比尔—别洛采尔科夫斯基》一文中,谈到了《土尔宾一家的日子》这个戏。当时有社会舆论说这个戏是为白匪军说话的,要求停止上演。斯大林毫不犹豫地支持演出,而且自己到艺术剧院看戏,表示支持。

1933年,斯大林领导的布尔什维克党授予斯坦尼斯拉夫斯基劳动红旗勋章,1935年授予斯坦尼斯拉夫斯基苏联人民艺术家称号,1937年授予斯坦尼斯拉夫斯基、聂米罗维奇-丹钦科和艺术剧院列宁勋章。1938年斯坦尼斯拉夫斯基去世,苏联政府组织了规格很高的治丧委员会,由苏联人民执行委员会副主席布尔加宁致悼词,悼词中号召全体艺术工作者学习斯坦尼斯拉夫斯基为人民服务,特别是他为培养青年一代戏剧干部鞠躬尽瘁的精神。1939年,苏联举行第一届全苏导演会议,基调是批判30年代戏剧中的形式主义和自然主义倾向,树立斯氏体系。而包括斯大林在内的许多党政领导人都是这次会议的名誉主席团成员。从这些事实中可以看出列宁、斯大林和他们领导下的布尔什维克党和苏维埃政府,是怎样对待和评价斯坦尼斯拉夫斯基的。事实本身就足以说明问题了。

我还列举了很多斯坦尼斯拉夫斯基在十月革命前的一些进步的表现。比如1898年剧院刚刚成立的时候,他就在全体大会上头讲:"不要忘记我们要努力去照亮贫苦阶级的黑暗生活。使他们在那笼罩他们的黑暗中得到幸福的、美感的片刻。我们力求创建第一座合理的、合乎

---

① 《莫斯科艺术剧院年鉴》1943年。

大众要求的大众剧院，而且我们要为这个崇高的目标奉献自己的一生。"他说这话的时候是沙皇统治最黑暗的时期。另外在1905年，斯坦尼说："在全国社会力量觉醒的今天，剧院不可能也没有权利只为纯艺术服务。它应该响应社会的情绪，向观众说明这些情绪，成为社会的教师。"这也是在沙皇统治最黑暗的时期，但那时俄国第一次革命已经兴起。到十月革命以后，苏联好多作家第一部剧本，比如《铁甲列车》、《柳鲍芙·雅洛娃娅》都是首先在莫斯科艺术剧院上演的。怎么能说他是"演旧戏、走老路"呢，他明明发表过这些言论，而且十月革命以后，20年代下半期"无产阶级文化派"①甚为嚣张的时候，他就演这些戏。怎么能说他"走老路"啊？斯坦尼很看重艺术剧院的名声，他不大愿意让没有什么艺术价值的东西在艺术剧院上演，所以他也拒绝了一些人。并不是所有新苏维埃作家的作品、剧作他都上演，在1933年纪念斯坦尼70岁生日的时候，他说实际上他并不是不关心苏维埃戏剧，他比较看重艺术品位，没有艺术价值的作品会败坏名声，也达不到什么效果。卢那察尔斯基写了很长的一篇文章谈了这个事儿，斯坦尼在1933年苏联作家协会第三次全体会议开幕前写过一篇文章，文章标题是《莫斯科艺术剧院殷切期待着现代剧》，就是号召新的苏维埃作家写出来既能够反映这个现代，又有比较高的艺术质量的作品。斯坦尼还写了《在人民论坛上》，说起旧俄时期，他觉得自己政治觉悟不高，表示有一些遗憾，实际上，应该说他是够进步的了，他对苏维埃新社会充满着感情。那时候共青团什么活动他都支持，比如下乡去演出，他都给全力支持，他认为这样子走的路子就走对了。怎么能说"他是一个无产阶级专政的死敌"啊！我在会上一谈到这里，中间休息了，黄佐临先生对斯氏体系可能也不反对，但是好像不怎么赞成斯氏观点。但是，他听我这个发言以后，就走到我的讲台前，紧紧地握着我的手，

---

① "无产阶级文化派"：十月革命前后苏联的一个文学艺术及文化教育方面的组织。成立于十月革命前夕，主要活动在1917—1920年。主要宗旨是通过无产阶级的独立创造，形成无产阶级文化，联合有志于艺术创作与文化活动的劳动人民。

说"谢谢你,谢谢你",我记得非常清楚。这表现了他作为一个学者宽广的胸怀,也是对"四人帮"借斯坦尼问题迫害了那么多同行表示的一种义愤。因为"文革"中间,凡是跟斯坦尼有一点关系的,不管是学过、教过这个体系的,翻译过的,统统都给当成"斯坦尼的徒子徒孙"来批判和迫害。比如周信芳、贺绿汀、瞿白音、孙维世、章泯、郑君里等,瞿白音翻译了《我的艺术生活》,周信芳运用斯氏体系的精神来搞戏曲,曾经被认为是"活的斯坦尼"。我记得非常清楚,上海哪个报纸我忘了,《文汇报》还是《解放日报》我不记得了,那时候在头版头条在批斯坦尼以后,猛批周信芳。还有一篇文章叫做《不能放过斯坦尼这个反面教员》也是这个写作组写的。会上关于学术方面争论的问题很多,我都发表了自己的看法,不一一说了。

1977年,在我参加这个讨论会以前,上海戏剧学院就开过一个关于斯坦尼斯拉夫斯基体系的讨论会。因为"文革"中上海戏剧学院作为"重灾区",好多人都被批斗了,所以,在这个讨论会一开始,他们的研究室主任吴谨瑜在开场白里面就说:"今天这个会也是揭批'四人帮'的第三次战役的一个重要的会议,要对准'四人帮'的上海大批判小组猛烈开火。"他说,"现在已经查明这篇'黑文'",也就是在《红旗》上《评斯坦尼斯拉夫斯基"体系"》的那篇文章,"这篇黑文是四人帮亲自插手搞的,姚文元提出了写作提纲","张春桥亲自修改,江青亲自批准,王洪文不学无术,也派了他一个心腹,一个黑笔杆子来做指导。真是一个不漏,可见他们对这发炮弹的重视"。[1]我后来的发言等于进一步把关于斯坦尼评价问题有根有据地、有案可查地进行了梳理,大家都很感动。我说:"当时斯坦尼明明是受苏联政府的派遣去巡回演出,所得收入用来救济饥民啊,怎么能说他跑到美国当白俄去了?简直是岂有此理。"后来《文汇报》和《解放日报》对我的发言做了突出报道,而且没有隔多久就把这个发言登在上海戏剧学院的校

---

[1] 引《关于斯坦尼斯拉夫斯基体系的讨论》,载《戏剧艺术》,1978(1),第9页。

刊《戏剧艺术》第四期上，我记得我没有做多少修改。

斯坦尼的第五、六卷先后在1985年、1986年出版了。我觉得自己对斯坦尼甚至比很多苏联的专家都要熟悉，因为他们不见得像我那样会为了翻译和校订，而去子仔细细读这么多东西。1980年，中央戏剧学院院长阮若珊看了这篇文章以后，知道我对斯氏体系的评价，比较同意我的观点，就请我去做一个系列讲座。我做了一个比较详细的准备工作，拟了四个题目，一个是《斯氏体系的哲学美学基础问题》；第二个题目是《斯氏体系与表演艺术本质问题》；第三个是《斯氏体系中的方法论问题》，第四个是《斯氏体系与布莱希特演剧理论的异同》。我认为假使能把这四个问题谈清楚，就可以对斯氏体系问题的全貌有一个比较准确的理解。这个讲座应该说影响比较大。中央戏剧学院大礼堂里面，那时候不光是学生，可能是全体老师都参加了。50年代，中戏曾请来的苏联专家中，有一位专家在1957年戏剧出版社出《斯坦尼斯拉夫斯基体系讲座》中说，斯坦尼体系早期有很多唯心主义的错误，受到唯心主义美学和心理学的影响，在十月革命后，他就转变为一个彻底唯物主义者的立场上来。我在讲座的第一讲里面就讲，这个评价自相矛盾。既然那么多唯心主义错误，受那么多唯心主义影响，怎么十月革命以后能变成彻底唯物主义者？！我说：“根据我对斯氏体系的理解，他基本上是朴素唯物主义"，苏联发表了很多他的艺术笔记，那时候全集里面还没有登。我说：“我可以肯定他既不是什么唯心主义者，也不是什么彻底唯物主义者；而他自始至终都是一个朴素唯物主义者，他所崇尚的美学原则是俄国革命民主派别林斯基、杜勃罗留波、车尔尼雪夫斯基所奉行的美学原则"。这个美学原则主要是"美即生活，生活即美"。所以他才会在《演员自我修养》第一部的引言里面说："我这个体系对各时代各民族都适用"，不仅仅对苏联这个社会主义国家适用。

关于斯坦尼的文章，我先后一共写了20多篇文章。我在这个系列讲座以后，又写了好多篇，包括斯氏体系在电影中怎么运用的问题。有一篇重要文章，就是我在北京电影制片厂一个讨论会上的发言，后来

《电影艺术》1982年发表了。戏剧表演跟电影表演只有一些不同，没有根本性的差别。电影演员许多都是戏剧出身的，另外，我觉得电影比戏剧更需要斯氏体系。为什么呢？因为电影拍摄是颠倒拍摄，一会儿要拍这个，一会儿要拍那个，不像话剧一样，它是从头到尾有个不断的线，电影中似乎没有不断的线，演员要不断地倒过来拍，正是因为电影中间的颠倒拍摄，更需要贯串动作，更需要最高任务，贯串动作就是不断的线。假使演员不记得形体行为逻辑，也就是说你不记得贯串动作，跟你所要达到的目标，怎么能够那么容易入戏啊？正是因为有一些演员没有学斯氏体系这个部分，所以表演不行；而且跟其他演员没法交流，他没有注意到角色的最高任务，贯串动作是什么。所以我说电影更需要斯氏体系。

关于斯坦尼的第七、八卷，这两本书都是书信集。第七卷是十月革命以前的，第八卷是十月革命以后的。两本书加起来一百五十多万字。我为什么不大愿意做这个事儿呢？因为里面好多注解之间引来引去，要搞这两本书，就要不断地去查资料。我那时候是外国文艺研究所所长，还要到处讲学，还写那么多论文，还办了两个刊物，还要替好多人改稿子，校订文章，实在没有时间去搞这么浩大的工程。程季华劝我好几次，他说"你应该把这个事情做完，因为你最熟悉了，没有人比你熟悉"。我说："你可以找别人做。"后来没有人做，这个事情最后就不了了之。但是我已经组织人翻译了，汤茀之去世了，姜丽去了美国，他们翻译了几十万字。我不能做最后的校订、审稿工作了。有些稿子已经交给我了，但是后面还有很大一部分还没有翻译。

当时电影出版社觉得这个书销路会有问题。我那个收集了《演员自我修养》第二部的第三卷和《演员创作角色》的第四卷，不断地重版，我看到上头印数都到50000册了，一本文艺理论书印了那么多是很惊人的。但是五、六卷也就是几千册，而且没有再版过，因为它是论文演讲集。所以出版社就考虑第七、八卷还要不要出，后来，我就把已经翻译的稿子交给电影出版社，让他们定夺。

1999年，文化部举行第一届"文化艺术科研成果评奖活动"。我主持翻译、校订的《斯坦尼斯拉夫斯基全集》被评为唯一的译著一等奖。文化部这个科研成果评奖等于是对我做过的工作给予了很大的鼓励和肯定。我想我将来到阴间，也可以无愧于去见这位慈祥的老人了，哈哈。

我翻译了斯氏体系，后来又研究了斯氏体系，自己得益是很多的，一方面正是通过翻译斯坦尼，我的俄文程度逐步提高，文艺理论知识逐渐积累；另外一方面，我为翻译和研究也吃了很多苦头，比如被当成一个大批判的靶子等等。但是，我一点都不后悔。

外国电影

陈：您的《漫谈世界电影艺术发展的主要趋向及一些理论问题》、《对现代电影美学思潮的一些看法》、《现代派与现代电影》、《当前世界电影发展趋势》等论文以及关于意、英、法、美、苏等国家电影的研究论文，不仅具有知识信息，更有理论思考。在这些文章的写作和发表过程中，有没有遇到过什么困难？对这些文章，您现在怎样看？

郑：1978—1979年，我开始在电影学院各个系做讲座。从1980年开始，我讲课的地点包括三十几所综合性大学、艺术院校，各地影协分会、电影制片厂、话剧单位、戏曲单位，甚至一些军事单位，我粗略估计，80年代上半期做过一百多场讲学活动。这些文章有些就是我讲课的时候人家整理出来的。当时我或者是选片、参加国际电影会议，或者是带代表团到外国去、当电影节评委，都是亲眼目睹了这些电影后才写的论文，特别是关于英国、法国、瑞典电影。我比较系统地看到各国电影的发展历程，又通过所掌握的各种学术资料，所以我对这些国家的电影有自己的看法，而不是任何外国理论家的看法。我所谈所写的内容是对这几个国家电影看法的归纳和到世界各国去了解的最新的电影信息。在这些文章的发表过程中没有任何阻碍，因为80年代上半期，很少有懂电影理论的人出国，更不用说像我懂得这么多种语言，看过这么多电影，刊物、出版社都欢迎之至。《中国电影时报》、《电影艺术》、《电影评介》、《电影文学》、《电影世界》都登了我很多关于外国电影的文章,《文艺报》、《文艺研究》、《八一电影》、《电影新作》等刊物也都登过一些,一些重要的论文还收在我主编的《世界艺术与美学》、《当代外国艺术》上,可以说没有遇到什么困难。虽然我不完全记得细节,但我觉得那些看法还是能够经得住时间考验的。其中,就意大利、法国极"左"社会政治思潮与电影创作的联系所作的多篇评析文章,我自己觉得最有分量,国内好几位意大利、法国电影研究者也都认为很好。这是他们亲口对我说的。

陈:20 世纪 80 年代,您曾先后访问了欧洲几个电影大国,给您印象最深的是哪些?您在中国电影资料馆举办的英、意、法、瑞典等国的电影回顾展中,主持了这些国家电影的学术讨论会,您有没有做过主题发言?

郑: 对这些欧洲国家的印象,用几句话也说不清楚。一是因为我出访时都有不同的任务,二是因为访问的时间都不长,几个星期到一个月不等。到奥地利是去参加"国资联"年会,奥地利当然不能被称作电影大国,但给我印象最深的是她的热情好客。在会议期间,主持者让与会的所有宾客尝遍了奥地利各地名菜;还举办"音乐冷餐会",席间,白发苍苍的音乐家们为大家演奏施特劳斯的圆舞曲《蓝色多瑙河》;在电影先驱者梅里爱的孙女的带领下,宾客们翩翩起舞,使我们仿佛回到了那遥远的 19 世纪。在英国,我率领代表团去参加在伦敦举办的中国电影回顾展开幕式。在英国电影学会的精心安排下,我会见了 20 多位英国电影界人士,访问了许多电影机构,观摩了我想看的任何外国名片。就电影而言,我的总体印象是当时英国已沦为美国电影的"干部养成所","松树林摄影场"(Pinewood Studios)成了美国电影的拍摄基地。英国电影研究力量远超过其创作力量。这些研究人员都很敬业,出了许多书,其东西方各国之熟悉更使我深为叹服。在法国和瑞典,我都是为即将在我国举办的这两国电影回顾展前去挑选影片的,在两三个星期内,都要看好几十部影片,参观访问的时间没留下多少,更没有时间去了解该国的风土人情。我的总体印象是这两国家都比较开放，什么色情片都放映，不像英国电影审查委员会那样严格把关。在苏联，我任第15届莫斯科国际电影节的长故事片评委，所谓"大评委"。后来，我又受苏联电影部副部长柯西契科夫邀请，访问了各有关电影机构，历时一个月，活动内容比较丰富。那时正值戈尔巴乔夫提倡"改革和新思维"时期，苏联社会发生了不少重大变化，也为4年后苏联解体埋下了伏笔。我后来撰写的《追忆莫斯科电影节 回顾前苏联电影》①长文中发表了一些感慨。你可能看过这篇文章，就不多说了。

至于回顾展学术讨论会上的"主题发言"，我以为不可以这样说，倒不如说那是"事后小结"或"事前介绍"。在英国电影回顾展上，我听了大家的发言后，感到我们许多导演对英国电影赞赏有加，甚至有"顶礼膜拜"之嫌。所以我在"事后小结"中表示同意一位外国语学院英国文学教授所说的"英国电影中的绅士式的悲天悯人令人不能容忍"，之后，加上一句"还有绅士式的愚蠢"。我引影片《桂河大桥》为例，影片中那位绅士式的英国上校竟去阻止英军突击队炸掉这座大桥，而让日军长驱直入，这种违反起码军事常识的行为岂不是"绅士式的愚蠢"？！还有，所谓"佳构电影"②，远不能反映不断变化的社会现实，所以我认为英国电影的保守性正反映了英国人"墨守成规"的通病。

在瑞典电影回顾展开幕前，我做了约两个小时的"事前介绍"，除了对瑞典早期学派、伯格曼电影及瑞典新电影这三个部分进行了概括的介绍外，还就我所了解的瑞典地理环境、民族性格、文化传统、风土人情等方面做了介绍，以帮助观众了解影片的背景情况。这次介绍的效果大概还不错，后来我听外交部几位瑞典文翻译说，我只在那里待了两三个星期，就能把这个国家的情况了解得那么清楚，很不容易。

最后，我想说，我原则上是反对在学术讨论会上做什么"主题发

---

① 郑雪来：《银海遐思录之（十七）——追忆莫斯科电影节，回顾前苏联电影》，载《电影评介》，2008（24）。

② 佳构电影：以雕琢的布局、离奇的情节和紧张的场面为特色的电影，其戏剧样式来自于19世纪欧洲的"佳构剧"。

在伦敦中国电影回顾展开幕式上,郑雪来向英国电影学会会长史密斯先生赠书(摄于1985年)

言"的,因为这样做可能会限制与会者的思考范围,使他们不能畅所欲言。那次意大利电影回顾展放映了40多部各个时期的影片,包括"新现实主义电影"、"政治电影"以及以费里尼、安东尼奥尼、帕索里尼为代表的"新电影";法国电影回顾展更放映了近一百部各个时期一直到最新的影片,包括"诗意现实主义"、"新浪潮"、"现代派及新现代派"、"政治电影"、"真实电影"等等,可以说都精彩纷呈,流派各异。最好让观摩者了解其发展脉络及各自特色,广开言路,见仁见智。用"主题发言"加以规范,是很不明智的。

陈:2008年,您在《电影评介》杂志发表了一系列"在国外看外国电影"文章。您如何能够在一年内写那么多篇文章?若您的身体还允许的话,还有多少个题目要写?

郑:从去年到今年2月,《电影评介》一共登载了我的25篇文章,总标题为"银海遐思录"。我的这些文章中,有谈一部影片的,比如《悔悟》、《猎鹿人》、《海之歌》、《生活万岁》等;也有很多文章不只谈一部影片，如联系伯格曼、戈达尔、帕索里尼整个创作道路谈他们的作品；也有联系一些思潮来谈影片，比如我用一部影片为例谈新"左"派运动的兴起及衰亡，它的社会政治影响等；还有文章谈国际电影会议观感，联想中国电影创作和理论现状；还有从影片看魔幻现实主义文学现象等等。我写的这些内容都是过去的一些研究对象，特别是新"左"派问题。因为戈达尔也可以说是新"左"派，我比较关注，过去写的一些文章、给《电影艺术词典》写的一些条目也涉及新"左"派，我的印象都比较深。我在写作前翻翻过去有关的一些东西，参考一下，但更多是用今天一些新的思路把当时没有想到的部分补充进去。

如果条件允许，我还有几个题目想写，比如，关于费里尼、安东尼奥尼，他们的代表作我几乎都看过；我对现代主义和现实主义的比较问题也很感兴趣。另外，我要提出一个问题，为什么进入21世纪以后，电影方面比较有艺术价值的作品那么少？根据电影史上各个时期的情况，基本上可以得出结论：电影思潮和社会思潮相联系，而新世纪能够提得上社会思潮的、值得关注的东西比较少。我还要谈国际评奖问题，因为评奖虽然对艺术价值的肯定比较准确，但是对思想政治价值的评断很不一样；还有关于新世纪电影的展望。

电影美学

陈：请谈谈您的三部重要论文集即《电影美学问题》、《斯坦尼斯拉夫斯基体系论集》、《电影学论稿》的出版过程。您曾想要写《电影理论概论》和《电影思潮概论》这两本专著，当时的主要想法是什么？

郑：《电影美学问题》是1981年我在北京师范大学、北京大学哲学系、社科院文学所做几次报告的整理，内容是关于电影美学研究对象、方法论等问题及对电影美学的一些设想，1982年文化艺术出版社出版。《斯坦尼斯拉夫斯基体系论集》是1984年中国戏剧出版社出版的。1980年，我在中央戏剧学院、中国戏曲学院、北京电影学院等地做过关于"斯坦尼"体系的系列讲座，讲座报告加上我另外写的文章，不到20万

郑雪来（中右一）作为评委出席第15届莫斯科国际电影节开幕式（摄于1987年）

字结集出版，销路很好，但没有再印。这本论集出版后，我还写了十多篇有关"斯坦尼"体系的文章，在各种刊物上发表，还来不及结集。《电影学论稿》是1986年出版的。当时关于电影学我有个设想，觉得应该建立电影学学科。书中的文章就比较多，内容比较庞杂，有些不一定是关于学科建设的内容，包括电影研究各个方面的文章也都收进书中。《电影学论稿》不到50万字。我后来在《电影文学》上发的六七篇关于电影学的文章和在《中国大百科全书》（电影卷）中关于电影学的长条目也都没来得及收进去，所以这是不完全的论稿。

关于《电影理论概论》和《电影思潮概论》，我的主要想法是要写专著，绝不能去搞什么"汇编"，必须有个人明确的、独到的见解，在这个领域里面别人没有说过。也可以谈别人的说法，但必须要有自己的说法。钱钟书说的"我不轻易写概论之类的东西，因为很难避免流于陈言和空话"给我印象很深。我觉得自己考虑得不十分成熟，应该构成一个比较系统的理论见解、理论体系，这时候写专著才比较有意义。1983—1984年，我觉得更重要的是要解决一些对当时电影创作影响比较大的问题。因为当时一方面电影人对马克思主义文艺理论的指导作用不够重视，对巴赞理论过于热衷，另一方面，很多比较年轻的导演追求一些西方的花招儿，实际上拍出来的一些影片不怎么样。他们缺乏文艺理论、电影理论方面的知识，当然更缺乏哲学、美学方面的素养，所以应该多写一些文章来论述这方面的问题，写书的事可以晚一点儿。等到1986年，我已经考虑得比较成熟，可以着手写这两本书了，结果因为任命我当所长，主编两个刊物，还搞好多项目，写书的事没能继续下去了。

陈：您在80年代初就曾在《中国电影时报》和《艺术世界》上撰文倡导电影学研究，后来曾为《中国大百科全书》（电影卷）写过"电影学"词条，还发表过关于电影学的系列研究文章，您对电影学的主要构想是什么？

郑：电影学最早是德国美学家马克斯·狄索尔20世纪初提出来的，他认为电影学是特殊艺术学，而一般艺术学就是我们理解的广义艺术学；但是他的分类法在那个时候没有多大影响。1948年，法国巴黎大学成立了一个电影学研究所，出版刊物叫《电影学国际评论》，它的电影学特点是跨学科研究的，不是从电影创作和理论的关系来研究，而是美学家、心理学家、社会学家、病理学家、教育家等等来研究电影。这时候"电影学"这个名称就比较流行起来了。那时候德国威斯巴登也有一个电影学研究所，在别的国家也有电影学的名称来做研究机构；苏联有电影研究所，实际上也是电影学研究所。

"电影学"这个词汇实际上是有争论的，许多国家理解不同。英国和美国实际上有些字典里面查不到 filmology，因为英美谈电影理论 film theory，不谈 filmology。他们把 filmology 作为"影片学"，理解为偏于比较技术性的学科，比如资料馆里的编目学。而法国我刚才讲了，是从多学科角度来研究电影叫电影学。德国就是狄索尔那种观点。苏联也是传统的电影理论、电影史、电影批评，到70年代才开始提"电影学"。

"电影学"尽管有争论，至少我们基本上接受德国狄索尔的观点，苏联也是如此。关于电影学来源的这个问题，麦茨主要认为除了电影理论、电影史、电影批评以外，应该另外设立电影学，电影学里包括电影美学等等。王志敏（在他主编的《电影学概论》序言里）认为，我的提法比麦茨的更有包容性。法国人主要从其他学科角度来研究电影学，实际上电影的美学、社会学不一定要从其他学科的方法论里来，它有些可以在电影内部研究，不一定是社会学家才能研究电影社会学，电影美学更是如此。所以他（王志敏）认为我的观点更有包容性，建立中国的电影理论体系应该基本参照我的一些说法。中国从前没有人提过电影学这个名词。我写过这两篇短文，认为中国应该往这方面努力，应该建立电影学，使电影研究能够达到系统化。

1983年，我在第一期高校电影学会上做了一个报告，提出"电影学"最重要的三点：以马克思主义美学思想做指导；对西方、苏联各个国家的电影理论研究成果加以批判吸收、博采众长；要有中国特色。我特别强调方法论问题，我们以前很多研究者多半都采用历史主义，没有注意到结构主义。结构主义有两种概念，一种是作为哲学思想，结构主义比较讲理性，后来取代了存在主义，这是哲学思想。另一种是作为方法论，苏联20年代称为构成主义，代表人物有普罗普、艾亨鲍姆；电影方面是爱森斯坦，苏联人称之为"形式学派"。后来作为方法论的结构主义，就传到布拉格，成为布拉格学派；最后又传到法国，变成法国的结构主义。我主要的意思是请大家注意，形式问题也很重要，既然是一种艺术，不能只讲内容，如何表达这个内容，形式问题也是很重要的。历史主义作为纵向分析，结构主义是作为横向分析。我觉得必须把这两种方法结合起来，纵横交错，这样分析一部作品才比较完整。

80年代我一直不断地在提要把电影学作为学科来论述，要建立电影学学科，代替过去的电影理论和电影史学科。90年代，我撰写的几篇论文，如《马克思主义与中国电影理论建设问题》、《关于电影理论问题的几点思考——回顾与展望》、《外国电影理论研究与改革开放后的中国电影》等文,也都或多或少地涉及这个问题,我的不断呼吁终于取得了一些成果。1998、1999年,国务院学位委员会正式批准艺术学为一级学科,电影学、音乐学、美术学、舞蹈学等属二级学科。当时沈嵩生院长作为学位委员会委员代表电影项目参加该大会。不过,电影学作为独立的学科,在国际电影学术界尚有争议,这一点我前面已经说过了。

陈:您是中国较早进行电影美学问题思考和研究的学者之一,您认为电影理论与电影美学的主要区别何在?

郑:中国电影出版社50年代出了一本匈牙利电影理论家巴拉兹的著作,译名改为《电影美学》,这本书的原名是theories of film,就是"电影理论"。这本书谈了一些一般的电影理论问题,甚至很多是属于电影技巧问题,并没有把电影理论作为学科来提,比如去分析嘉宝的笑,牵涉到一些表演技巧的问题,还上升不到理论的层次。但是这本书出版以后在电影界很有影响。很多人就认为,电影美学就是这样子,

郑雪来在香港浸会学院传理系博士生班授课(摄于1989年)

实际上那是一般的电影理论和技巧问题。"文革"以后，我正式研究电影问题的时候就发现，把"电影理论"的书名改成"电影美学"是不妥的。1980年我开始研究电影美学问题，比我对电影学的想法还早一些。那时候北京师范大学哲学系办一个美学研究班，请我去做报告，我头一篇电影美学文章就是《关于电影美学研究的几个问题》，提出电影美学跟电影理论还是不同的。电影美学应该是层次要高一些。后来，我在北京大学哲学系研究生班进一步提出，电影美学的研究对象有三点：第一是电影作为艺术对现实的审美关系；第二是电影思维作为形象思维的特点；第三是电影有别于其他艺术的特性。主要是这三个对象。我所说的电影思维特点问题，后来1984年我访问法国高等电影学院，与院长柯斯特罗敏内教授交谈时得到证实。他告诉我，这个学院只设两个系，即导演系和剪辑系，招收的主要是读过文科大学的学生。入学考试就只考命题的电影剧本梗概，限两天内写出，用以考查考生的电影思维能力。

我认为电影特性当然要研究，但不是电影美学的全部。我一向认为电影美学的首要课题是电影跟现实的审美关系。我们既然讲马克思主义，就必须保持最基本的马克思主义文艺理论观点。我们不能为艺术而艺术，电影艺术必须反映生活真实、历史真实，这是最基本的。电影要创造形象，不能光是照相，它是形象本性，你就得有形象思维，电影的形象思维与文学的不一样，跟音乐的不一样，跟绘画的更不一样，电影的思维主要是蒙太奇思维。

陈：钟惦棐先生也设立过电影美学小组。

郑：我跟他有一段友谊，在"文革"中间我们曾经住在一起，共同受苦，是难友。后来大家都是搞理论、评论工作的，接触也比较多，所以经常交谈。钟惦棐对我讲过："其实我搞的是电影社会学，不是电影美学。"这是钟惦棐亲口跟我说的话，他说假如要叫什么学家的话，他应该是电影社会学家而不是电影美学家。老钟的观点我比较清楚，他主要从社会思潮的角度来评价一部影片，好像不很熟悉从美学的角度来评价电影。

退休

陈：您是什么时候正式退休的？退休前后工作、生活有什么变化？

郑：我是1998年退休的。因为国家有规定，全国政协委员、全国人大代表在任的时间都不退休。我到1997年任期满了，文化部人事司就来通知我，国家规定凡是党员满70岁，党外人士72岁就要退，除非有特别需要。我1949年8月参加革命，算到1998年是整整50年。退了以后，我还写一点东西，《世界电影鉴赏辞典》还在编第四编，《学术大典》还在进行中。另外就是写一点回忆性质的文章，后来写了一个《回忆录》。我不爱锻炼，甚至不爱看戏。喜欢打打桥牌，学桥牌很早了，1944年在美国军队里面我就开始打桥牌。

【采访手记】

采访郑雪来老师,有几个问题需要面对。首先,在我们对他进行预访时,《一个电影研究者的风雨人生:郑雪来回忆录》已经出版(福建教育出版社,2004),因此如何避开回忆录中已经谈透的问题、如何提出新问题、如何对曾经说及的问题进行深入挖掘,就成了这一采访的一大难点。进而,郑雪来老师是翻译家、编辑家、电影理论家,懂得英语、俄语、法语,在斯坦尼斯拉夫斯基体系翻译与研究、外国电影思潮史研究、电影理论与电影美学研究等方面有突出成绩,针对他的学习与思考、学术翻译及研究历程及其重要理论著述的具体背景和思路进行恰当的提问,是我们必须面对的另一问题。最后,郑老师现年84岁,耳朵不好且还没有配助听器,对他说话需要大声,现场采访提问颇为不便,这需要我们在采访提纲上多下工夫。

对前两个问题,只能在正式采访前多下工夫,将采访提纲征求意见稿写得尽可能细致、缜密、注重先后次序,便于老人理清思路。针对后一个问题,即因为老人耳朵不好,采访时我尽量靠近他,以便随时能够对他提出追问。因为耳聋,他的讲述声音较大,显然颇为劳神,在采访过程中要不断提示他是否需要休息一下。郑老师的中间休息时间很短,不过三五分钟。

郑老师身体健康,记忆力好,态度坦诚,思路清晰,在正式采访之前已针对采访提纲征求意见稿进行过精心准备;老人虽然耳聋眼花,但对采访人的反应非常敏感,似有神奇的感应能力,因而在正式采访的大部分时间里,我都如学生听讲,神情专注,态度诚恳,反应及时到位,因而采访进行得相当顺利。郑老师性格鲜明,倔强耿介,老而弥坚,自称"得理不饶人",对许多问题的看法习惯于分出黑白是非。与此同时,郑老师长于理性思维，谙熟辩证法，因而始终在说事、说理、说史，并没有出现剑走偏锋的情况。

  对郑老师的采访频率为每周3次（通常为每周二、四、五，但其中也有变化），每次3小时至3小时20分左右（延长的原因是一个话题没有在整点结束）。最后一次即4月16日因采访郑老师后又接着采访了郑老师夫人周静文老师，最后还拍摄了照片、环境资料。

（陈墨）

郭梅尼访谈录

采 访 人：陈墨
摄　　像：王家祥
采访时间：2009年10月15日至18日
采访时长：5小时
采访地点：北京·郭梅尼家中
录音整理：江川
文本选编：李镇

受访人简介：

　　郭梅尼，女，1935年2月9日生于上海，祖籍湖北孝感，丽尼先生的次女。1951年参加工作，1953年调到《中国青年报》社当记者。现为《科技日报》高级记者。曾荣获全国"三八"红旗手、首届"范长江新闻奖"。郭梅尼的作品不仅获得国内外好新闻奖，而且多篇入选中学语文教材。代表作有《人生当架几座桥——记桥梁专家茅以升》《钱三强在居里实验室》《生命的支柱——张海迪之歌》等。

丽尼简介：

　　丽尼，男，原名郭仁安，笔名丽尼、立尼、化石等，生于1909年，卒于1968年，湖北孝感人，作家、翻译家、编辑出版家。20世纪30年代加入中国左翼作家联盟，参与创办上海文化生活出版社。抗日战争时期，在国民政府军训部担任外文翻译工作。抗战胜利后进入国民党政府国防部，任部长办公室秘书室少将主任秘书。新中国成立后曾任武汉大学教授、中南人民文学艺术出版社副社长兼总编辑,后调任中央电影艺术编译社副主任、中国电影出版社编审、外国电影编辑室副主任。曾参与《中国电影发展史》审稿工作。1965年调任暨南大学中文系教授。曾为中国电影工作者联谊会理事、中国作家协会会员。主要作品有散文集《黄昏之献》、《鹰之歌》、《白夜》,译著《贵族之家》、《前夜》、《万尼亚舅舅》、《伊凡诺夫》、《海鸥》、《田园交响曲》等。

鹰之歌
——30年代在上海滩的奋斗

陈:您的父亲丽尼先生是我国著名的散文家和翻译家,虽然在电影界工作不过11年,但他在中国电影编译社及其后的中国电影出版社工作期间,对中国电影翻译、校订、出版做出了不可磨灭的卓越贡献。我们希望可以通过您的介绍和回忆,能够把丽尼先生一生的经历尽可能地保存下来,可以按您的思路来说。

郭:我父亲是湖北孝感人,我后来因采访短暂地去过一次孝感,但没有到过老家。我父亲家里到底是什么情况,我也没有问过他,偶尔看过一张照片,照片上只有我的伯父、伯母还有一些小孩。对于我父亲的英文到底是怎么学的,我们都不清楚。人们就说他小时候和一个外国女孩在一起,跟她学会的。从他的作品里面可以反映出,小的时候有这样一个女孩。也有人说他是后来自学的。1949年解放的时候我14岁 16岁我就参加了革命工作,整天忙着自己的工作,也没详细去问他的经历,只是平常零星听到一些。只知道他们是三兄弟。我二伯父一直教书,数理化特别好,他把我父亲从老家带出来了。我父亲在武汉著名的博学中学①上学,后来因为参加五卅运动,被学校除名了。

---

① 博学中学:1893年由英国人杨格菲创办,位于武汉市硚口区简易路。

可能因为我伯父在邮局里工作过，就把我父亲介绍到邮局干活。邮局在旧社会是一个铁饭碗，在那儿，我父亲的英文很好，经常能跟洋人直接讲话，所以人家都觉得他端着金饭碗，当时他才19岁。

陈：他当时离开学校是高中生还是初中生？当年在邮局是一份非常好的工作，但他很快就放弃了这一美差，宁愿到上海去勤工俭学，您是否了解他的这一段人生经历？

郭：我只知道他在邮局的时候是19岁，是我妈妈讲给我听的。她说我父亲到邮局以后，邮局很腐败。当时抽鸦片、嫖、赌的人很多。我父亲看不惯，他觉得在那个地方会沉沦的，后来他就要求辞职。大家都很奇怪，这么好的地方你怎么会走呢？好像甩掉了金饭碗。后来他就到上海去了，在劳动大学①。我父亲在劳动大学不是正式学生，是个旁听生，生活很艰苦，他的收入就靠写稿子，投稿什么的。他因为没有钱，就经常买个烤白薯，既可以暖手，又可以顶午餐，坚持在图书馆看书。当时有很多进步人士都在劳动大学。我父亲先认识了巴金的朋友毛一波②、朱梅③等人，由此认识了巴金。他们因为共同的理想聚到一起，进而结下了友谊。在劳动大学，我父亲还认识了张庚④、吕骥⑤等。张庚、吕骥都是共产党员，后来都到延安去了。解放后都是文艺界的领导干部。我想：可能从五卅运动一直到劳动大学这段经历决定了父亲的人生追求，奠定了他的人生目标。对于整个国家民族，这段时间也是一个关键时期。

陈：您父亲和母亲是如何相识的？

郭：我母亲原来在武昌的一个艺术专科学校学钢琴。我想，也许

---

① 上海劳动大学：1927年创建；1932年撤销，并入国立上海商学院。

② 毛一波（1901—1996）：原名毛尹若，笔名有尹若、阿茅、童怡、一波等，四川自贡市沿滩镇人，著名文史作家。

③ 朱梅（?—1982）：男，四川自贡富顺县人，笔名梅子，大约出生在清光绪末年。与毛一波是同乡和挚友。

④ 张庚（1911—2003）：原名姚禹玄，湖南长沙人，中国戏剧理论家、教育家、戏曲史家。

⑤ 吕骥（1909—2002）：笔名穆华、霍士奇、唯策，湖南湘潭人，作曲家、音乐理论家及音乐教育家。

丽尼（摄于30年代）

是武昌这个地方因为辛亥革命武昌起义，接受新思想比较早，所以在那个时代的女孩子就可以到艺专去学钢琴。我妈妈是1908年生的，比我父亲还大一岁，她的性格特别开朗，长得很漂亮，个子很高。她小时候，我姥姥要给她裹脚，白天缠上，她晚上就偷偷把裹脚拆了，所以她后来不是小脚，这对她一生都很重要。我姥爷死的时候，叫我妈妈和我小姨去当"孝子"守灵。她听到外面耍猴把戏的敲锣声，就带着我的小姨跑出去看。外边来人祭奠，叫"孝子"出来磕头都找不到了，"孝子"都跑出去玩了，回来叫我姥姥狠揍一顿。我妈妈就是这样一个忾格的人。她后来能跟我父亲私奔也是因为有这样的性格。我妈妈跟我讲，她在艺专上学，有一天她的同学跟她聊天，说学校来了一个老师，教英文教得可好了，我妈妈她们就很感兴趣，约好一起去听课。去的那天怕老师提问，她就坐在最后一排躲起来，结果我父亲讲课时还是点名让她起来回答问题，她自然是答不出来。他们就是这样第一次认识了。

陈：您父亲从上海回到武汉来？

郭：我父亲这一段时间大概在两地来来回回。我估计这个时候他可能已经结束了在福建泉州的教书①。巴金写的《春天里的秋天》里面讲，他在泉州时有一个女孩子喜欢他，因为女方家庭不让她和我父亲相好，我父亲没有办法，就走了。我估计他后来就到了武汉。

陈：他们的恋爱和婚姻还经历了一场不小的风波，您听说过当年的情形吗？

郭：听我妈妈讲过一些。我父亲是他们学校剧团的导演，我妈妈在学校里面是挺红的演员。她常常跟我们吹她这段光荣历史，说在学校的时候跳海神舞，她演海神，用蓝色的缎子做波浪，效果非常好。妈妈和父亲常在一起排戏。我妈妈很漂亮，所以我父亲就老跟她聊天，他们俩个人就慢慢地好上了。我母亲在学校上学的时候已经订婚了，未婚夫是校长的弟弟，是个很有名的画家，当时跟徐悲鸿那一批画家在法国留学还没有回来。因为都订婚了，我姥姥知道了这个事绝对不允许。我父亲经常在窗户下面喊我妈妈，我姥姥就把他骂走。后来这个事情闹大之后，学校就把我妈妈开除了。我妈妈就从家里出走，离开武汉，我父亲去送她，送到南京的时候，在朋友家里，他们俩就结婚了。时间可能是20世纪30年代初。我父亲一生对我妈妈都特别好，总是让着她，我觉得父亲可能觉得我妈妈为他做了很大的牺牲。

我父亲特别有责任感。他不仅要管我们这个小家，当时我和姐姐都很小，还要照顾自己老家的一些人。他按月给我伯父和伯父的儿子寄钱，"文革"时期被关到牛棚里面还是要按月给他们寄钱，直到他死在广州。从这点看，可能这些拖累导致他没有去成延安。我母亲这边一大家人，包括我姥姥、我母亲的侄子等，抗战时期也是跟着我父亲，由我父亲来赡养他们。

陈：您父母后来去了上海，生活来源是什么？那时候在什么环境

---

① 1930年，丽尼在福建晋江中学讲授英语，并兼任当地报纸文艺副刊编辑。

下搞创作？他曾在上海劳动大学学习过，在那里结识了戏剧家张庚、音乐家吕骥等人，对此您了解哪些情况？

郭：我父母在南京结婚后就到上海去了。他们没有钱，就住在小亭子间里面。我看到有关的资料说，在上海，父亲做过《大众小说》杂志的编辑，我看他给英子写的信①里面有很多稿纸就是这个《大众小说》月刊的。后来这个小说月刊停刊了，吴朗西②跟他是好朋友，介绍他到《美术生活》③画报当特约编辑，我看过他给英子的19封信，里面的稿纸也有《美术生活》画报的。我估计他刚到上海时的生活来源就是这两个刊物。英子是个文学青年，他后来到新四军去了。这是他们30年代初的通信，可能他搁到安徽歙县老家，而老家在"文革"中没有被抄家，所以能保存下来。"文革"以后，他们在老家找到这些东西，一看竟有这么多巴金等著名作家的来信。这些信里，丽尼的最多，他们委托鲁迅纪念馆找到我，我详细看了，然后我把它编到书里④，英子的子女们也出了一本⑤。

那个时候我父亲白天为刊物做事情，晚上就翻译《贵族之家》和《前夜》这些书，生活很艰苦。我妈妈跟我讲，我父亲熬夜很晚。在英子的信里面也可以看到，他说他晚上累得心脏哆嗦，腿都发抖。⑥我父亲心脏不好，我估计他就是太累，脑力劳动过度。英子的家是名医，在信里就告诉他吃什么药，他后来始终没有钱去买这个药。我和姐姐看到信都很难过，都要流泪。这19封信很值得看，最能反映人的内心。我说"这是两个青年人心灵的对话"。因为当时并没有想到70年以后会发表。在上海亭子间的生活非常清贫。我妈妈讲，他们经常用三分钱

---

① 丽尼在20世纪30年代给文学青年英子写过19封信，完好地保存至今。
② 吴朗西（1904—1992）：四川开县人，出版家。
③ 《美术生活》：月刊，1934年创刊。
④ 《忆丽尼》：北京，人民文学出版社，2009。
⑤ 《英子文友书简·英子作品集》：合肥，安徽人民出版社，2005。
⑥ "略一运思，心就扑扑地跳，而且，连手足都可以麻痹起来……"引《丽尼与文学青年英子的通信·第二封》，载郭梅尼编：《忆丽尼》，188～189页，北京，人民文学出版社，2009。

买雪里蕻，吃得很香，干饭吃三碗。开始的时候父亲给我妈妈租了一架钢琴，两块大洋能租一个月，后来慢慢没有那么多钱了，我妈妈就把钢琴退了，也不弹了。从此我妈妈的钢琴就算白学了，每天就是洗衣服，带孩子这些事。所以说我妈妈为了我父亲做出了很大的牺牲。

我父亲那时因为熬夜太晚，每天早晨必须要抽烟才能清醒过来，否则起不了床。我记忆中，后来在西单跟他住在一起的时候——我已经在《中国青年报》工作——我看他早晨起床是很难的，他要抽烟才能起来，因为他晚上总是干到很晚，太累了。我半夜起来总是看到他还在那儿写。我妈妈讲，在上海亭子间时，有的时候买烟的钱都没有，她就走很远，找同学借钱买包烟给我父亲抽，我父亲才能起床。

以前我不知道亭子间是什么样的，老听他们讲，后来我到上海看过。亭子间狭小、阴暗，大约也就不到十平方米，小得像个亭子。父亲主要的作品《贵族之家》、《前夜》就是在那种地方翻译的。关于生活的艰苦，我还可以举个例子。那时候我妈妈到医院检查，医生说："恭喜你，你怀了小宝宝。"结果我父亲和妈妈都傻了，因为他们没有钱来养。后来他俩问医生有什么办法吗？医生说，生一个小宝宝多好啊！他不知道他们俩很穷，没有办法养孩子。后来他们俩商量买了一大包奎宁打胎，奎宁是治疟疾的药，他们知道奎宁可以打胎。我妈妈吃了以后肚子疼得厉害。后来疼得不行了，妈妈就跟我父亲说："你快拿笔来，我写下遗嘱，证明不是你害死我的。"急得不行时吴朗西正好来了，说赶快送到医院去抢救。还好，胎没有打下来，生命也没有事，后来就生了我姐姐。我姐姐叫燕尼，是在福建生的。可能怀孕期间父亲又回到福建教书去了。

我姐姐比我大一岁半。生我的时候，父亲可能已经出了书，有一点稿费了。我妈妈说，生我姐姐的时候他们穷得不行，我妈妈怀孕馋得很，老是看着上海霞飞路的玻璃橱里放的蛋糕，我父亲就把她拉到马路中间走。后来怀我的时候，我父亲就给她买了很多蛋糕放在家里，都长毛了，可见生我的时候生活就好多了。

天蓝的生活
——参加创建文化生活出版社

陈: 您父亲在30年代曾和吴朗西先生等人一起创办过文化生活出版社,您知道这一段历史情况吗?他是不是文化生活出版社的股东?

郭: 别人很少写他创建文化生活出版社①这段经历,我觉得这段经历很重要。文化生活出版社在解放前是非常不简单的一个出版社,我认为跟"生活书店"②是不相上下的。我青年时期看到的那些文艺方面的书都是文化生活出版社出版的,50年代时期中共浙江省委宣传部长黄源③,当年也是参加创建文化生活出版社的。我1956年曾在杭州采访过他。

我父亲那时候翻译了法国纪德的小说《田园交响乐》,这本书是他21岁翻译的,是他的第一本译作。我父亲曾在上海《大众小说》月刊上面登过《田园交响乐》,后来就想出单行本。一些朋友说没有地方出书,到处碰壁。吴朗西他们几个人聚在一起说:"要不咱们自己办一个出版社。"后来几个朋友就决定了。吴朗西的夫人做小学老师也攒了一点钱,就拿这些钱去做本钱。在一个夜里,吴朗西和我父亲谈这个事情,一直谈到深夜,越谈越兴奋。他们这帮朋友都是些会翻译的文人。搞英文翻译的有巴金、黄源、许天虹④、陆蠡⑤;张易、吴克刚⑥等能够翻译法文;有一个笔名叫"罗淑"的人能够翻译日语。其中陈瑜清也

---

① 文化生活出版社:1935年5月在上海成立的民营出版社。原名文化生活社,9月以后改名。以繁荣新文学创作为宗旨,由巴金、丽尼、吴朗西等文化人合办。出版有《文学丛刊》、《文化生活丛刊》、《译文丛书》、《现代长篇小说丛书》、《现代生物学丛书》等。

② 生活书店:1932年7月成立于上海的革命出版机构。前身是邹韬奋主编的《生活》周刊。

③ 黄源(1905—2003):字河清,浙江海盐人,翻译家、出版家。

④ 许天虹(1907—1958):原名许郁勋,笔名天虹、白石,浙江海盐人,翻译家。

⑤ 陆蠡(1908—1942):原名陆考原,字圣泉,学名陆圣泉,浙江天台人,现代散文家、革命家、翻译家。

⑥ 吴克刚(?—?):字君毅,社会学家。

是后来我认识的人。这些人他们自己都有一份工作，不要出版社的钱，全是义务地把这个出版社搞起来。大家把这个书店作为共同的事业来培育它，扶持它。开始准备的书是《田园交响乐》，吴朗西考虑《田园交响乐》虽好，但纪德在读者中还没有太大的影响。后来他们就找到了一本英文的书，是美国的政论家约翰·史蒂尔的《第二次世界大战》，这本书是伍禅①从日本带来的。他们觉得这本书在当时的情况下是很吸引人的，于是他们就把这书作为第一本②；我父亲的《田园交响乐》作为文化生活出版社出的第二本书③。

他们本来是想搞外国文艺读物的，有了《第二次世界大战》就不是文艺读物，而是政治读物了。吴朗西和我父亲商量以后，决定按照日本岩波书店④的办法，也出"岩波文库"那种综合性的著作，有政治、有文化——就叫"文化生活出版社"。头一批出版的就叫"文化生活丛刊"。他们写信请巴金给他们当这套丛刊的总编辑。巴金当时已经很有名了，虽远在日本但巴金同意了。1935年9月21日，文化生活出版社在《申报》的封面上刊登了半个版的套色广告，介绍了文化生活丛刊的前六种书，宣称："我们刊行这部丛刊是想以长期的努力，建立一个规模宏大的民众文库，把学问从特权阶级那里拿过来，送到万人面前，使每个人只出最低的代价便可享受到它的利益。"这个广告以醒目的标题、鲜明的办社宗旨，向读者宣布了文化生活出版社的正式成立。鲁迅非常支持文化生活出版社，吴朗西通过黄源的关系从鲁迅那儿约来了鲁迅自己翻译的书——高尔基《俄罗斯的童话》，这是出版社得到鲁迅支持的第一部书。⑤

文化生活出版社的这些人那时候什么都干，我父亲在那儿连广告、

---

① 伍禅（1904—1988）：广东海丰人，教育家、社会活动家。
② 《第二次世界大战》署名"白石"译，白石即许天虹，美术生活社，1935。
③ 《田园交响乐》：文化生活出版社，1935。
④ 株式会社岩波书店：成立于1913年的日本出版机构。
⑤ 文化生活出版社的编辑出版工作得到鲁迅的热情支持，"文学丛书"的第1集和第4集，就是由巴金聘请鲁迅编辑的；鲁迅后期的不少著作，亦由该社出版。

校对、编辑都是他。1935年9月以前，巴金主编文化生活丛刊，六种书的编校工作都是我父亲一手完成的，我父亲还搞广告。这些东西出来了以后影响很大。巴金一直默默无私地竭力为文化生活出版社工作。巴金说了："我可以晚上写文章，靠稿费收入维持生计，白天的时间都用在'文生'身上，无偿为'文生'工作。"

陈：文化生活出版社有几个股东？你是否了解资金运作的情况？

郭：就是吴朗西的夫人一个人弄了一点钱来。吴朗西后来是总经理，他们后来卖书就卖出钱了，出《第二次世界大战》卖得很好，就有一点钱了。这些人都是尽义务，我父亲他们都是另外有工作。他们后来出了"文化生活丛刊"、"文学丛刊"、"译文丛刊"——三个大型丛刊，几个月里就推出了；在读者里影响很大。不少作家和译者都支持丛刊，很快就发展起来了。我后来知道我父亲校对、校编了很多书，他的俄文也可以，不是很好，他主要是靠英文。鲁迅翻译的《死魂灵》[①]是我父亲校对的。

陈：您父亲是30年代著名的散文家，出版过《黄昏之献》、《鹰之歌》、《白夜》等散文集，您了解他的散文创作情况吗？

郭：根据李济生[②]的说法，我父亲20年代末在武汉的时候就开始发表散文，那个时候他并不出名。后来巴金把他的作品编校出来，推荐给《文学》月刊发表以后，他在散文界的名声大振。我父亲出的《黄昏之献》[③]、《鹰之歌》[④]、《白夜》[⑤]三本散文集都是巴金编校的，而且是巴金推荐出去的。我父亲当时还翻译了两本书《贵族之家》[⑥]、《前夜》[⑦]，都是在上海那时候搞的。另外在那一段他还翻译了契诃夫的戏

[①] 此书于1935年出版。
[②] 李济生是巴金的四弟，作家。
[③] 《黄昏之献》：文化生活社，1935。
[④] 《鹰之歌》：文化生活社，1936。
[⑤] 《白夜》：文化生活社，1937。
[⑥] 《贵族之家》：文化生活社，1937。
[⑦] 《前夜》：文化生活社，1943。

剧集,但在桂林被日本飞机轰炸时烧掉了①,后来出版的契诃夫戏剧集是从桂林逃难到重庆后在四川重新再译的。②

在上海十多年间,父亲加入了"左翼作家联盟",参加了"剧联"等进步文化活动,结识了荒煤、张庚、吕骥等一批地下党员和进步文化人士。用荒煤回忆的话说:父亲的小家,就是他们这批地下党员的"集散地和联络点"。一次,张庚被巡捕房抓住。他说,他是父亲的朋友住在我家,巡捕房就让父亲作证。父亲挺身为也担保,还用英语跟巡捕房的头目对话,使张庚得以获释。从以上的经历看,从参加五卅运动到抗日战争爆发离开上海这十多年间,是父亲树立人生观和世界观的时期。后来,虽然因为社会的大动荡、大变壬,父亲在人生的路上经过许多坎坷,但是,他的人生追求、世界观、人生观基本没变。

这段时期,是父亲在艺术上的鼎盛时期。他的主要艺术作品:他创作的三本散文集《黄昏之献》、《鹰之歌》、《白夜》,他翻译的屠格涅夫名著《贵族之家》、《前夜》都是在这个时期完成和出版的。他翻译的三本契诃夫的戏剧集《万尼亚舅舅》、《伊凡诺夫》、《海鸥》也是在这个时期成稿,但后来在桂林大轰炸中被烧毁了。这段时期,父亲还参加创建了文化生活出版社。

因此,我认为,20世纪30年代在上海滩的十多年,是父亲一生中最为重要的一段历史。当时,他还不满三十岁。

漂流的心
——在国民政府军训部、国防部

陈:谈谈您父亲在抗日战争时的经历。

郭:上海"八·一三"打起来的时候,我父亲和文化界的人一起撤

---

① 日机对桂林的大轰炸,加上日军入城炸毁和撤退时纵火焚烧,导致桂林99%以上的房屋被毁。

② 1946年丽尼出了3本契诃夫戏剧的译著:《伊凡诺夫》、《海鸥》、《万尼亚舅舅》,均由文化生活社出版。

离。在逃难的人流中，我父亲抱着我姐姐，妈妈抱着我，什么都没有拿就逃出来了，我手上只抱着一个面包。我父亲一路走一路喊我妈妈的名字，就怕走丢了。我们出来以后在湖南、武汉、桂林都住过，我听说他们没有固定的工作，到处教书。那时，我们一家跟高兰①他们曾经在洞庭湖上坐小火轮，不知又奔什么学校去教书。两家的孩子都小，十分艰难。我父亲家庭负担非常重，不仅是养我们这个小家，还要养我妈妈那一大家人。荒煤在《一颗企望黎明的心》里面谈到，到了武汉的时候，我父亲本来想跟他们一起去延安的，后来终于不放心家里的人，没去。②

陈：桂林大轰炸应该是1941年，那时候您应该6岁了，您还有印象吗？

郭： 我记得父亲那天没在，可能就是巴金回忆中写的，在桂林街上碰见他，所以，轰炸时，只有我妈妈带着我和姐姐。突然扔下燃烧弹。我妈妈带着我们逃出去，躲到一个小橱柜里面。结果瓦片什么都掉下来了，我的手也打破出血了。第二天就刮起秋风，很冷，我们家什么衣服都没有，都被日本飞机的燃烧弹烧光了。我后来看到巴金在《关于丽尼同志》一文中写到他和父亲在一起遭遇桂林大轰炸的情景，我一边看一边流眼泪。巴金写道：

"……在山上庙里看见敌机向城内投弹，看见大股上升的尘土，看见火光。丽尼担心他的行李，他估计他住的旅馆就在中弹的地区。警报刚解除，他急匆匆下山去。我后来进了城去找他。但是路给拦住了，走不过去。这次大概是这座古城第二次遭到轰炸，街上乱糟糟的。

"下午，我进城去找丽尼。我到了他住的那个旅馆，眼前只有一大堆瓦砾。他也来了。他想在瓦砾堆里找寻他的东西。有两三个老妈妈

---

① 高兰（1909—1987）：原名郭德浩，黑龙江省瑷珲县人，朗诵诗人。
② "一九三七年八月，我从北平流亡到了南京，安仁一家也由上海途经南京准备去武汉。或开始动员安仁和我一起参加北平学生流亡剧团的工作。他下决心留下来了，把许严和孩子们送上船去武汉。没几天，终于不放心家，又离开南京回武汉去了。"引自荒煤《一颗企望黎明的心》，载《荒煤散文选》，北京，人民文学出版社，1983。

和中年人也在挖掘什么。他看见我,摇摇头说:'烧光了!'我问他:'怎么办?'他笑了笑,说:'今天就走,都准备好了。我来看一下。'他的笑中带了点苦味。我问:'稿子呢'我感到留恋,又感到茫然。他说:'反正现在没有用,没有人要,烧了也就算了。'我心里难过,知道他也不好过。我还记得一九三三年年尾到一九三四年年初,我带着他的散文到北平,终于把它介绍给靳以,在《文学季刊》里发表了一组,后来又介绍给上海的黄源,《文学》月刊里发表了另一组,然后在一九三五年底在上海出版了他的第一个散文集《黄昏之献》,我不仅是丛书的主编,我还是这本集子的校对人。我这样做,只是因为喜欢他的散文,我甚至想说他的散文中有值得我学习的地方。在《黄昏之献》以后,我还编印了他的两本散文集《鹰之歌》和《白夜》。我准备着编辑他的第四本散文集子。'烧了也就算了',短短的一句话,仿佛给我迎头一瓢冷水。但是我摇了摇头,我说:'不要紧,你再写,你写了给我寄来。'"

陈:您是否知道您父亲是什么时候到国民政府军训部工作的?您父亲在军训部的主要工作是否担任军事资料的翻译?在军训部工作,还能够住在璧山吗?还能够在璧山的私立学校兼课吗?

郭: 我们逃到桂林之后,父亲碰到了在文化生活出版社认识的陈瑜清,他说,军训部编译处缺翻译,有稳定的工作、稳定的收入,而且这个机关很快要撤到重庆去,可以跟着机关一起撤走。在当时那样乱的时局下,家庭拖累又很重,没办法,我父亲就到了军训部编译处。编译处在重庆附近的一个小县城——璧山。编译处干些什么工作,我当时只有六七岁,不知道。后来父亲告诉我就是翻译一些军事资料。我只知道,处长姓杨,叫杨兰荪,我见过,留着仁丹胡子①,个子不高,据说他参加过辛亥革命,是黄埔一期的,曾留学日本。这个人特别喜欢各种人才,所以他这个编译处里面笼络了很多人,还有一些中共的

---

① 指日本仁丹商标图像上的八字式胡子。

人。比如有一个叫甘野陶①的，是地下党员，当时没有暴露身份，解放后是我们外交部的重要成员。记得那时，父亲白天在那里上班，晚上回来就翻译契诃夫的戏剧集。我曾在《忆爸爸》一文中记述过："后来，我们逃难到重庆附近的一个小县城——璧山县。我记得，在那严寒的冬夜，我们住的小土屋特别冷。深夜，我被彻骨的寒气冻醒了，看见父亲还坐在小菜油灯前，两根灯芯的微光，照着他瘦削的面孔。那时他才三十多岁，可是沉重的生活担子和过度用脑，已经使他过早地秃顶了。大概是太冷的缘故，他瑟缩着身子，握着一支毛笔，在红十行纸上写着，写着，不时用嘴呵呵热气，暖暖冻僵的手指。正是在这两根灯芯的微光下，他一字一句地翻译契诃夫的几个剧本，后来我才知道，这些剧本，是被日寇的燃烧弹烧毁后，父亲又重新翻译的。"这段时间，父亲还翻译了《天蓝的生活》②和《苏瓦洛夫元帅》③。另外他在大学里兼着课，还在一个中学里面兼英语课。

璧山那个地方很特别，抗战期间，有不少大学、院校撤到那里，因此，文化气氛很浓。社会教育学院④在这个地方经常开晚会什么的，曹禺的话剧《日出》、《雷雨》我都是那时候看的。他们学生晚上或者星期六都会演戏。还有一些很有名的音乐家、歌唱家在这地方。我记得有个叫梅金香的女歌唱家，据说很有名，唱美声的。这里的学生后来也出了一些较好的演员。我记得有一位叫李雪梅的学生，当时演陈白露的，后来在上影演电影，改名李浣清。还有个美术学院常常办画展，我们常去看。

在璧山县，我们家住在邓家院子里。院子里面大都是从内地去的人。有县医院的郁院长，他夫人是妇产科主任，俩人医术都很好，在璧山时还到印度去出访。还有个画家叫张振铎，很有名，解放后在中

---

① 甘野陶（1907—2002）：安徽芜湖人，外交家。
② 《天蓝的生活》：上海杂志公司1945年10月出版。
③ 《苏瓦洛夫元帅》：上海杂志公司1942年9月出版。
④ 国立社会教育学院：1941年成立，暂借璧山县立中学、县立女子中学及县立职业学校三校校址为临时院址。

南大区文联，我们到武汉后还见过面。还有一个是上海杂志出版公司的经理，给父亲出版了《苏瓦洛夫元帅》，《天蓝的生活》是不是在他那儿出的我不知道。

在璧山的邓家院子里，我们一直住到抗战胜利。当时，我和姐姐在璧山县城关镇中心小学上学。我从一年级到六年级毕业都在这儿。我母亲在小学的幼儿园当主任。日本飞机大轰炸重庆时，因为璧山县距离重庆较近，一拉警报我们就去防空洞"躲警报"。当时那里的防空洞就是在小山坡上挖一个洞，人们都在里面挤着。也到石头山洞去躲过，当地老乡叫"蛮子洞"。据说是以前的人凿的石头洞，很矮，洞里有一半高起的石台，像是睡觉用的。所幸飞机没在我们璧山扔过炸弹。

在璧山的生活很简朴。没有电灯、自来水，住的小土屋。我记得门前有一条河，我们吃的就是从河里挑来的水。好像专门有人干挑水的活儿。河水很浑、很脏，父亲每天用一根装有明矾的竹筒在水缸里搅，水就变清了。劈柴火也是父亲的事。我常常看见父亲下班回家，拿着柴刀使劲地把大块的木柴劈成一根根较细的柴火，再码成一个井字型晾干，给母亲做饭时用。记得有一次，母亲到歌乐山去住院，父亲给我和姐姐做饭吃，他可能不会炒菜，就做了一锅红烧牛肉，每顿夹出两块给我们。我那时很小，不懂事，两口就把肉吃完了。没有菜了，只好吃白饭，父亲看着心疼，就又夹两块给我。璧山的冬天很冷，我们的房子又简陋，母亲吃完晚饭就坐在被窝里暖和着腿脚，还常常一边唱着伍子胥过昭关的唱词："过了一天又一天，心中好似滚油煎。"

陈：您还记得1945年8月15日日本投降时的情形吗？您父亲和您的家人是什么时候从重庆返回南京的？是什么时候进入国民政府国防部工作的？

郭：抗战胜利时我小学还没有毕业。日本投降那天，我父亲高兴极了，跟着人流上街游行，回来非常兴奋。后来机关要撤了，前面说的军训部编译处的杨处长曾是白崇禧的老师，白崇禧当时当了国防部长，杨处长便把我父亲推荐给白崇禧。1946年，我们坐飞机到了南京，下飞机先在杨处长家里待着。我父亲后来在国防部的职务是部长办公室秘书室的主任秘书,国民党的少将(他在军训部时已是上校),是一个文职官员。父亲在南京国防部工作期间,我只有十一二岁,他在国防部的工作情况我不了解,也从没去过他的办公室,只能回忆起一些我经历的事情。

我们住的地方是一个木器店的楼上,用木板把楼下同样大的一间摆家具的大厅隔成两间,一间在外面,靠楼梯口,我的堂兄、表哥住,他们也跟着父亲。楼梯口附近放个煤球炉子做饭,家里也没厕所,用马桶。里间前一半是父母住,隔板后面是我和姐姐住。生活主要是靠国防部给他的薪金,比起抗战时在璧山已经好多了。我妈妈当时也没有工作,就是我父亲一个人工作。

陈:您父亲在南京国防部工作期间您还知道哪些情况,包括业余时间都做些什么?与哪些人交往?您还记得那时候您家里有哪些客人吗?

郭:我记得父亲的机关距离我家较远,每天上班有一辆吉普车把他接走,下班再送他回家。他上班走下班回,从没听说他去看望他的领导或同事,或跟他们一起吃饭喝酒。当时,国民党政府很腐败,身处灯红酒绿的首都南京,父亲的生活仍然就是一个文化人。他除了年轻时因写作熬夜有抽烟的习惯外,连酒都不喝。我伯父酗酒,没钱买酒就偷学校化学实验室的酒精喝,后来因为喝酒得了病,父亲就按月寄生活费给他。所以,父亲一生都非常厌恶饮酒。他也不会跳舞,舞厅、歌厅从来没去过。因此,我和姐姐也从来不知道这些地方的门朝哪边开。父亲最喜欢的就是看电影、看戏。他下班回来,有时在家看书看报,听收音机、留声机里唱戏,有时带我们去看戏,有时也去朋友家里玩玩。

那时他的朋友还是在文化圈里。他不跟国民党的官员去应酬,和他来往的朋友多数都是文化界的人,比如说金人①。还有一些音乐家有

---

① 金人(1910—1971):原名张少岩,后改名张君悌,又名张恺年,笔名金人,文学翻译家。

的时候也到我们家里来，比如中央大学音乐系主任胡然和他的夫人、女儿常常到我家来玩。我记得最清楚的是：一次客人走了以后，我父亲告诉我说刚才那个就是唱《夜半歌声》插曲的盛家伦。和父亲来往的还有以前在劳动大学的同学。我的印象里，他回家以后爱带我们看电影。所以40年代的电影，我比较熟。40年代的中国电影，比较好的都看了。那是好莱坞最盛的时候，好莱坞20世纪40年代的名片，我们都是这个时候看的。比如：葛丽娅·嘉荪演的《居里夫人》、费雯丽演的《魂断蓝桥》、琼方登演的《简爱》等等。父亲专门带着我们去看了《宝石花》，还告诉我们这是苏联的片子。当时苏联电影放映很少。我印象中父亲最欣赏的演员是嘉宝，我当时没看过嘉宝的电影，因为老听父亲讲，对她的印象很深。还有英格丽·褒曼，父亲也从不放过她的电影，可能父亲也很欣赏她。对三四十年代中国、外国电影的一些评价，明星的情况，我都是听父亲讲的。我后来在《中国青年报》社曾搞过电影方面的报道，很得益于父亲的熏陶。

再一个就是看京戏。京戏，我父亲是很熟悉的。荒煤他们都特别喜欢京戏，30年代他们在上海住的时候经常去看京戏。他们没有钱买好票，就坐在三层楼上看，回来的时候也没钱坐车，两个人就走回来。我关于京剧的知识，都是从我父亲那里得来的。关于那些京剧的科班、字辈，唱得有一些什么特点，有哪些好，哪些不好，全是听我父亲讲的，我从小也会唱京戏。抗战的时候，我父亲还上台演过戏。那时候也没有戏园子看，璧山那个地方小，就在他们机关或者学校里面演，我们去看。有一次我跟我妈妈一进去，看见我父亲正在演唱《秦琼卖马》。我妈妈有个侄子叫许刚，他在四川的时候也在我们家住，他会拉胡琴，就教我唱戏。开始我不会听过门，他说："我把头一歪你就唱"，慢慢熟了我也就会了。父亲教过我许多余叔岩的唱段，他非常喜欢余叔岩，自己唱余派，还教我唱老生，教姐姐唱程派青衣。父亲有时也憋着小嗓唱程派。至今，我还常常在联欢会上表演京剧。我后来当记者，喜欢写人物，在表现手法上得益于京剧。我父亲不仅在文学上有修养，他对很多艺术行当也都有很高的修养，像电影、京戏、各种地方戏、相声、大鼓书等曲艺，我们都去看，吸收了各方面的营养。

陈：您父亲在国民党政府国防部工作期间曾营救过共产党地下党员，还曾将整个蒋军的作战计划拿出来通过胡风交给上海地下党组织，对这些您是什么时候知道的？

郭：解放初期我偶尔问过他在国防部干一些什么事，他说秘书室不是搞军事方面的材料，主要是替部长处理一些事务，诸如一些信件、一些红白喜事等等。因为解放时我只有十四岁，没有任何政治历史问题，我们单位也只知道我父亲是作家，所以后来的政治运动从没追查过我父亲的历史问题，我也就没细问过他。在国防部期间，我只听父亲说过刘次长①，刘次长可能跟我父亲关系比较密切。他可能是分管秘书室的。当年国防部里有个地下党员叫刘平之，在国防部拿了盖了图章的空白介绍信出去，被门卫抓住了。被抓了以后，他老婆就到我们家来哭，求我父亲想办法救他。这是我亲眼看见的，因为当时我已经上初中了。那个时候国民党要撤出南京了，国防部要走，准备把这些关起来的审不清的人处理了。我父亲找了刘次长，为刘平之说明情况，说"刘平之也就是想拿介绍信出去换点钱"，这样就把他保下来，把他放了。"文革"中间刘平之的单位就追查这个，"国防部把你抓了又把你放了，你肯定是叛徒"。刘平之就叫他们来问我父亲，我父亲那时候在牛棚里面，他实事求是地把怎么救下来的经过都说了一下，就没有把刘平之打成叛徒。我父亲后来落实政策，追悼会开完后我们回到北京，刘平之两口子专门到我们家，来慰问我妈妈，感谢我父亲。又把事情经过说了一遍。上面这些经过我是听刘平之夫妇亲自讲的。我后来写回忆文章想再细问问这事时，刘平之已经去世了。

张执一是中共中央上海局的负责人之一，他曾在全国政协出版的

○ 刘次长：刘斐(1898—1983)，字为章，湖南醴陵人。曾任国民党国防部参谋次长、军令部厅长、军政部次长。作为国民党政府和平谈判代表团代表，为促成北平、湖南和平解放做出贡献。解放后曾任中央人民政府人民革命军事委员会委员、国防委员会委员、中国人民政治协商会议全国委员会副主席、全国人民代表大会常务委员会委员、中国国民党革命委员会中央副主席等职。

《革命史资料》1981年第5集中写过一篇文章《在敌人心脏里——我所知道的中共上海局》，列举了很多他们干的工作。其中有一条就是："文学家丽尼在解放战争期间曾在国民党军委首脑机关任英文翻译，乘机弄到一份蒋军整个作战计划，找不上党的关系，只好到上海找作家胡风，胡再找到在宋庆龄先生主持的中国福利基金会工作的廖梦醒同志，廖再设法转交给我，上海局密电报给了中央军委，军委曾来电奖励，认为对我军作战有很大的帮助。"这个事情非常机密。我妈妈后来看到张执一的文章后说，她以前没听说过，非常敬佩父亲。我记得我父亲那次到上海去以后，很长时间才回来，我妈妈也不知道他怎么会在那儿待这么久，可能就是在那儿找党的关系。

关于这个问题，我想补充一点情况。回忆当时我曾听父亲讲过美国军事顾问团要来，说上面要借他去给美国军事顾问当翻译。因为父亲当时的职务是主任秘书，不是翻译。我现在猜测，可能他们认为父亲去当翻译，档次高些，是少将，又是30年代知名的作家，英文又特别好。后来我编《忆丽尼》一书时又从《新文学史资料》里找到肖建中的回忆文章。肖建中当时和父亲同在秘书室工作，他提供的情况比较可靠。肖建中回忆说，当时美军顾问团要刘次长的资料，是他负责翻译的。这说明当时的确有美军顾问团要来的事。而且可能是由刘次长接待，才要给顾问团准备关于刘次长的资料。刘次长是分管父亲他们秘书室工作的，可以调父亲去给美军顾问当翻译。因为要给美军顾问团当翻译，父亲才有机会接触"蒋军整个作战计划"那样的重要军事情报。在张执一的文章中，说父亲是英文翻译，看来父亲的这个身份是转送情报给他的人这样交代的。这说明，父亲是在做翻译时弄到情报的。

一些人曾问我，你父亲向党提供了这么重要的情报，为什么解放后始终没提起，一直到去世。我想，因为父亲不是通过正式联络通道送的情报，他一直不知道这个情报是否送到了党的手里，后来到底怎么样了。这是一件十分机密而且分量极重的事，档案没解密前，除有关机要人员外，大家都不知道，廖梦醒的女儿李湄在一篇回忆中也写到她母亲从胡风手里转送过这份情报。但这份情报有如此大的价值，受到军委嘉奖等她母亲并不知道，直到1983年张执一撰文披露这件事才明白。这时，我父亲已去世十多年了。父亲在世时，没有准确的证明，怎么能随便说呢？！你想，一个连共产党员都不是的人，怎么会在白色恐怖那样严重的时刻不顾身家性命，为党送去这样重要的情报，没有准确的证明，说了也不会有人相信。父亲这人政治上又非常谨慎。后来曰中共上海局负责人之一张执一公布出来，人们才确信无疑。

　　这件事情，最开始是我姐夫从一份文摘报上看到的。文摘报摘的是香港《大公报》上《为巴金忆丽尼补白》一文，是白杰明写的。白杰明文章中引用了张执一的那篇文章。当时，白杰明正在翻译巴金的《随想录》，其中有《关于丽尼同志》一文，他又从《随想录》日文译者——他的好友刈间文俊处得知了张执一这篇文章。我们家知道这件事非常兴奋，找到了《革命史资料》张执一文章的原件，并与组织上联系。后来，暨南大学又一次将父亲平反时的政治结论作了修改。结论中写道："经过调查，已有材料证明张执一同志这段回忆录的真实性。由此可见，郭安仁同志对人民解放事业做出了贡献，是有功之人，其功不可没。可是他有功不居，对此秘而不宣，直到最近我们才了解了这一情况。"结论中还提到他"多次掩护、营救过革命同志。据充分材料证明，被郭安仁同志保护过的不止一个人。在三十年代的白色恐怖中，他为列入黑名单的青年学生通风报信，为被敌人捉住的同志挺身担保，为无处栖身的同志提供住处，并予以经济上的帮助。到解放战争时期，他利用自己的地位营救过被捕的地下党员。这些情况在他的历史档案中和我们最近的调查中均有证明材料"。

　　陈：全国解放前夕，您父亲带领全家随国防部搬迁到广州，随后又迁往重庆，但您父亲并没有随国民党政府迁往台湾，对此您了解哪些情况？

　　郭：解放前我们跟着国防部从南京撤到广州，从广州撤到重庆。我现在回想，这一段，父亲恐怕是一直在打算脱离国民党政府国防部。我记得，白崇禧当了一段国防部长后，就调到"华中剿总"去了，国防部长换了何应钦。虽然白崇禧很欣赏父亲的才华,但是父亲却没跟他走,仍然留在国防部。我后来想,可能父亲不愿在"剿匪总司令部"这样的地方工作,因为"剿匪"就是"剿"共产党的。我的表哥就跟着走了,因为他的母亲在武汉。后来,国防部撤到广州时,父亲安排妈妈、姐姐和我随他的一位姓莫的朋友坐火车到广州,父亲一人是后来随国防部的人一起坐船到广州的。

  我们到广州以后就住在父亲广州的朋友家里,这个朋友叫莫纪彭①,据说是参加过辛亥革命的,我父亲在他办的蔼文中学②里兼语文课。我和姐姐在这里上了半年的学,父亲给我们当语文老师,那是一所私立学校。在四川和广州的时候,国防部大概都乱套了,所以他可以在外面兼课。我们在广州住在别人家的三楼,是一个阁楼,我跟我妈妈、姐姐打地铺睡在地上。很快,国防部又从广州撤到重庆,到重庆是父亲带我们走的。坐大卡车路过遵义时,我父亲带我们到遵义去看一座楼,告诉我们这是共产党开遵义会议的地方。他了解两万五千里长征,他很注意看这些东西。后来到了重庆,我估计他已经打算好不去台湾,因为他把我们家全部安排在北碚,父亲在那里租了两间房子,不住在国防部那些安置家属的地方。我和姐姐在北碚的女子师范学院附中读高中。我父亲在重庆复旦大学的旧址③,后来叫相辉大学④教书。相辉大学就在嘉陵江对岸,离北碚很近,来回很方便。大学教书好像也不用天天去,有时他还得回重庆国防部去。记得快要解放前,我妈妈被狗咬了,父亲就去找刘次长请假。我记得国民党撤退的时候,派司机许彦达来北碚接他,我父亲找了一个借口说不回去了,司机就自己开回

---

  ① 莫纪彭(1885—1972):字宇非,曾用名莫侠仁,东莞高埗人,革命家。1909年,他由冯自由、谭民三介绍入同盟会。1910年,与倪映典、方楚囚、朱执信等在穗发动庚戌新军起义,因事泄失败。1911年3月29日黄花岗之役,担任先锋队第三队队长。
  ② 蔼文中学:后改称新民主中学,即今天广州解放北路的35中学。
  ③ 1937年,复旦大学内迁重庆北碚夏坝。1946年迁回上海江湾原址。
  ④ 1946年7月,复旦大学迁返上海,留渝校友又在此成立了私立相辉文法学院,开设外语、文史、经济、法律、农艺等学科。

去了。许彦达一直负责接送父亲上下班,父亲对他很好,他很听父亲的话。

从跟随国防部撤到广州,再撤到重庆这两次父亲对家庭的安置来看,父亲是精心策划了的。一是安排家属远离机关,二是自己另外找一份工作。撤到广州时,我现在回想,父亲可能想从广州联系在香港的司马文森①,把全家从广州搬到香港去。司马文森是父亲在福建泉州教书时的学生。司马文森在泉州从事革命活动时暴露了,父亲给他通风报信,他逃离时父亲资助过他一些银元。他后来逃到上海,父亲在上海时也资助过他。记得抗战后,我们在桂林,他还来探望我们。他和父亲关系很密切。他是个作家,后来也曾当过驻外大使。不知是没有联系上,还是其他原因,在广州,父亲没能脱身,只好又往重庆撤。这次,父亲下了决心,把家安置得距离机关更远了。北碚离重庆当时开车要走很长时间。这一次,父亲终于如愿,摆脱了国民党政府国防部,没有去台湾。

1949年12月解放军进北碚。我记得解放那天,父亲专门做了一件蓝颜色的棉长袍,带着我们去迎接解放军,解放军从卡车上下来,父亲和我们都很兴奋。这个我记得很清楚。没有多久,他就接到吴朗西的信,让他去上海文化生活出版社当总编辑。

父亲在国民党政府军训部、国防部这段历史,过去我从没公开发表过。今天是口述历史,我第一次公开谈,也认真想了一下。

我想,这一段约十来年时间,是父亲人生道路上最坎坷、最困难的时期。当时我和姐姐都很小,对他在国民党政府里的工作情况不了解。随着一些情况资料的不断披露,渐渐知道了一些真相。我认为,这一段时期,父亲是"身在曹营,心在汉"。为什么这么说呢?从父亲营救地下党员、不顾身家性命为党送去重要情报,以及父亲在国防部时对蒋介石及其高官的态度等等,都清楚地反映出父亲是在想方设法地

---

① 司马文森(1916—1968):福建泉州人,原名何应泉,曾用名何章平,笔名燕子、林娜、耶戈等,作家。30年代初,此人在泉州黎明中学学习时,曾经是丽尼的学生。

为共产党做一点工作。从国防部撤离时，父亲一再想摆脱的安排来看，父亲也是早就想"归汉"了。

黄昏之献
——解放后在武汉和北京的十余年

陈：解放后他去上海继续做文化生活出版社的工作，怎么后来又留在了武汉？您是否知道您父亲是什么时候与荒煤联系上的？

郭：解放军进了北碚以后大概有个把月的样子，父亲整天在家里翻译俄罗斯文学史，过了春节他才收拾东西准备走。我估计他是看报知道荒煤在武汉，到武汉就是去找荒煤，荒煤劝他留在武汉工作，他就留下了。

陈：您父亲到武汉后，曾在中南新华书店工作过一段时间，还在武汉大学兼课，那时候他的工作状态、生活状态和心理状态是怎样的？您父亲曾参加过中南区的土改工作，对此您有哪些印象和记忆？

郭：1950年，父亲走后不久，我们接到父亲的信。放暑假时，我和妈妈、姐姐就坐着长江轮船来到武汉。记得船靠近码头时，我看见父亲在趸船上。妈妈指着父亲身边的人告诉我，那就是荒煤。这是我记事后第一次见到荒煤。当天晚上来接我们的还有陈亚丁夫妇。荒煤当时是四野文化部长，陈亚丁是副部长。

父亲到武汉后，最开始的工作是在新华书店，搞出版编辑工作。当时还没有成立出版社，新华书店内也包括编辑出版业务。他具体担任的职务我不知道，但不是普通的编辑。那个机关很简单，他们给他安排一间房子住，然后到食堂打饭吃。武汉大学校长是徐懋庸，跟我父亲很熟，可能是30年代在上海就认识。我妈妈和我姐搬到武汉大学去了，武汉大学有一个东湖中学，我姐在那儿上学。我和我父亲在汉口这边住，我考上了这边的武汉市一女中，所以在这边上学。武汉大学请我父亲教书，一个礼拜过江几趟。新华书店的人我不太认识，他们都是新派去的解放军的人。1950年冬天，邓子恢和杜润生领导中南地

丽尼（摄于50年代）

区土改，我父亲随机关的一些人参加了，很多人都不知道他参加过土改。他中间回来过年跟我们讲，他跟农民讲话，农民比较喜欢，觉得他讲话很细，讲得明白。他非常兴奋，觉得参加土改、跟基层的农民接触很好。

陈：您和您父亲都曾参加过中南大区的文代会，当时您是以什么身份参加文代会的？

郭：中南区开文艺工作者代表大会的时候，我和父亲都是代表。我16岁，当时在学校上学，可能因为经常写诗，我是学生代表。那次司马文森也来了。我从来没有参加过这种大会，我记得我父亲不是每天出席那个会，我倒是每天去。正是这次会，我见到了许多著名作家和演员、常香玉就是这次看见的。

陈：后来你父亲担任中南文艺出版社副社长兼总编辑，工作状态如何？

郭：新华书店的出版编辑业务分出来以后，成立中南文艺出版社，社长是一个解放区来的老干部，好像姓胡，我父亲当副社长兼总编辑。我1951年就调到团市委工作了，住在机关或驻厂。那时候我母亲在保育院工作，因为她一直在搞幼儿园工作，对孩子很熟悉。我父亲在出版社有一间房子，我经常去出版社看他们。胡社长很重视他，社里的同事也很敬重他，他很舒畅，工作起来不要命。那段时间还翻译了波列伏依的《伟大水道的建筑者》①。

陈：这就是一家四个人四个地方。

郭：对。当时我姐姐已经报名参加了抗美援朝志愿军，在哈尔滨医科大学培训，结果，培训完了抗美援朝就结束了，她也没有去成前线，就在那里学医。我从汉口回家听说姐姐参军了，非常惊讶。因为姐姐身体很不好，有心脏病，怎么会参军呢？后来才知道是我父亲写信动员她说，这种时候应该以国家利益为重。我当时也报名了，说我年龄不够，没要。

陈：1954年大区撤销②，您父亲调往北京工作，是否与陈荒煤先生有关？您还记得您父亲调往北京工作时的情形吗？

郭：1954年左右准备要撤销大区，我父亲可能给荒煤写了信，但我不清楚。后来他到了北京中国电影出版社。我父母是1954年来北京的，他们开始住在西单舍饭寺。单位给了我父亲两间房子，一间是放床和沙发，我母亲来了就在那儿住。当时母亲在北影剧团托儿所当所长，不久因高血压，身体不行就辞职了。那时她平常在托儿所住，有

---

① 《伟大水道的建筑者》：中南人民文学艺术出版社，1953。

② 1949年前后，中国设立的六大行政区，武汉是中南大行政区的首府，也是中南地区教育中心。大行政区体制脱胎于战争年代，很大程度上是一种战时体制。随着社会的逐步稳定，经济的逐步恢复，尤其是中央权力的加强和进行有计划的经济建设，大区体制便逐步显露其不适应性。1954年各大区行政委员会随同各中央局、分局一并撤销。

丽尼与夫人许严在家中（摄于50年代）

时也回父亲这里。对面这一间放办公桌，让他工作。我1953年已经调到《中国青年报》社，有的时候也回来。经常看到父亲干活忘了吃饭，食堂下班了，他就买点花生米当饭吃。他总是把花生米塞到暖气旁边，这样花生就不疲了，然后泡一杯茶，吃一点花生米，他就这么过。那几年我父亲的精神比较愉快，干得不错。那时候《贵族之家》、《前夜》人民文学出版社给他出版了，我估计稿费比较多，有几千块钱。经作家汝龙介绍，在离舍饭寺不远，父亲买下达智营29号的房子，才两千块钱，坐北朝南五间房子一排，连在一起。东边那间是他们的卧室；中间两间大，就连在一起作为一个客厅；挨着客厅用玻璃隔出一个小间来就是我父亲的书房，再西边一间是我女儿住，我们回去的时候也在这儿住。我那时候当记者，老出差。我姐姐在哈尔滨，放暑假、寒假都要回北京来，她的俄文非常好，我父亲校译《罗亭》的时候好像经常请教我姐姐。

陈：《罗亭》是根据俄语直接翻的吗？

郭：不是。《罗亭》大概原来是从英语翻的，我父亲是用俄语来校订。我看的确改得很多，费了那么大的工夫校订《罗亭》①。30年代时文化生活出版社出了一套屠格涅夫选集，由丽尼、巴金、陆蠡翻译，一个人两本。《罗亭》是陆蠡翻译的。作家王西彦写过一篇回忆我父亲的文章，题为《坠落的鹰》，说他看见父亲"在《罗亭》上面改的小字比重新译还要困难，等于是重新弄了一遍，但是丽尼坚决不署自己的名"。后来人民文学出版社的这个编辑觉得这样不太好，就一定要给他署上"丽尼校"，然后请他写一个校后记。这个版本我也有，校后记大概意思是"我做的这些改动如果不对，由我负责"。改动是挺大的，父亲说陆蠡当时被日本人架走了②，我不能把他的名字去掉。所以从这个事情，这个编辑觉得丽尼精神特别可嘉，专门写了一篇文章表彰。这

---

① 《罗亭》：北京，人民文学出版社，1957。
② 1942年，陆蠡发往西南的抗日书籍在金华被扣，日本宪兵队追踪到上海，4月13日陆蠡被捕。刑审数月，惨遭杀害，年仅34岁。

位编辑好像是当时人民文学出版社外编室的主任蒋路。等我打听到他的名字，想去了解此事时，他已经去世了。

陈： 您对您父亲在电影局艺委会电影编译社以及中国电影出版社工作期间的业务情况是否有所了解？

郭： 父亲在西单那段时间里面，给我的印象最深的，就是我一进门就看到他坐在书房，开着台灯，头顶秃秃的，戴着那副没有边的眼镜，不是看书就是写稿子、编稿子。我父亲终生以书为伴，他拿了稿费就买书，因为买得太多，自己拿不回来，他就雇一个人挑，琉璃厂还专门有人给挑书的，我看到好几回。他在琉璃厂买线装书，我们家也没有好的书柜，书房里一圈圈全是书架子，都摆着他的书，把他围在中间。"文革"期间，我们家被抄，全部东西都封在里面，"文革"后退赔的时候，全家的财产，连家具衣物这些东西一起退赔了六百块钱。但是后来又找我，说有一张书单子，就是把我们家的书拿去处理的时候，卖了两千块钱，可以想见书有多少。他有一个四库全书的目录，我估计他早就想看这些书了，但是以前穷，没有钱买，。

我们在达智营胡同住了很多年。"文革"的时候母亲因父亲的牵连被扫地出门，我们的房子被街道的军代表给占了。"文革"后，巴金、荒煤奔波了很久也没有结果，直到张执一披露了父亲给党送情报的事后，中央领导批示要落实政策，才把母亲的户口迁回北京，把我姐姐一家也调来了，房子也退给我们了。

我父亲在单位里面不怎么说话，他本来就不太爱讲话。"反右"以后，他比较压抑，好像是1958年开始搞"评功摆好"，大概他们出版社给他评功摆好，他的心情就好了一些。他中午下班回家，会坐在客厅的沙发上看看报纸，他订了几份报纸，像《光明日报》之类的，他坐在那儿看，稍微休息一会儿，下午继续上班。他除了爱看书，再就是爱看京戏。长安戏院就在西单，我只要回家，父亲就带我去。谭富英、马连良的戏都是跟着我父亲去看的。好像还带我看过《海瑞罢官》。昆曲他也很喜欢看，也很熟。

陈： 您那时候自己的家在武汉还是在北京？

郭：开始我没在北京。我是《中国青年报》社驻武汉的记者，有时候到北京来开会，有的时候在编辑部工作。我曾搞过电影方面的报道，因为要生孩子，在编辑部待了近一年。1961年我被调到编辑部当机动记者，除了出差采访，我都住在父母家。我当时睡的西屋挨着父亲的书房，我母亲睡在东边的屋子里。父亲经常工作到很晚，为了不过去吵我母亲，他在书房安了一张小床。

陈：您了解您父亲审订《中国电影发展史》的情况吗？

郭：相当长一段时间，我看见父亲总是趴在书桌上审改《中国电影发展史》文稿。他抽烟很凶，我老听见他晚上在那边咳嗽，他书房的灯光总是亮到深夜。

父亲虽然是搞文学的，但他对电影也很熟悉。30年代在上海时，父亲还参加了上海剧联的一些活动，曾和魏鹤龄等著名演员同台演过戏。这是荒煤叔叔告诉我的。荒煤在回忆父亲的《一颗企望黎明的心》一文中说，是"安仁带着我去看他所参加的一些演出活动，使我看了不少好戏和好演员。至今印象还很深。有《怒吼吧，中国》……以及袁牧之、魏鹤龄、王莹、舒绣文、胡萍这些演员"。对30年代的电影，父亲不仅亲自看过，而且他当时就和文化界的人生活在一起，参与了议论评价。因此，对三四十年代的电影，父亲有亲身经历，亲身感受。当然比仅仅看看文字资料的人思考要深刻得多。因此，他在审订修改《中国电影发展史》时敢于判断，敢于修改，而且还做了编辑笔记，对修改的重要观点都做了论证，记下来修改的依据。程季华同志也说"很好，有些修改意见非常有价值"。陈荒煤看了父亲的编辑笔记也认为很好，让父亲根据这个编辑笔记写了一篇署名"立尼"的评论文章，标题是《中国电影的战斗道路和革命传统》。我记得这篇文章很长，大约上万字。读过的人都惊讶这位"立尼"怎么会对中国电影史如此熟悉。"文革"中，四人帮的打手"丁学雷"写了一篇批判《中国电影发展史》的文章，文中点名批判了父亲这篇评论。可见，这篇评论的分量非同一般。

关于父亲审订《中国电影发展史》的问题，我曾在《电影艺术》2010

年第一期写过一篇文章,这里就不再累叙了。

悲风曲
—— "文化大革命"中的悲惨遭遇

陈:1964年,他去暨南大学的具体原因、过程是什么?

郭:他去暨南大学的时候我去"四清"了,据说是周扬让他去的。他的英文好,中文也好,暨南大学的华侨学生多,据说是想请他去教华侨学生。开始请他在外语系,是他自己要求在中文系当教授的。

陈:丽尼先生是不是因为整风开始以后,在电影出版社过得不愉快才到暨南大学去的?

郭:不是,是调他去的。他春节从广州回来还挺高兴,当时大学老师、学生经常下乡,父亲谈他下去锻炼的情况很兴奋,我估计土改的时候他也去过农村,所以他跟农民接触觉得还很好。

丽尼在北戴河(摄于20世纪60年代)

陈：就他一个人去吗？您母亲呢？

郭：我母亲没有走，因为父亲刚去那边，一切都没有定；家还在这边，这边又有房子，我也在北京工作，所以我妈妈就没有走，后来才有红卫兵来抄家的事。

陈：等一下，他是1965年到暨南大学，然后去那儿又跟农民在一起？

郭：1966年经常有下乡这样的事情。他回来过春节后，我就再没有见过他，就是通信。他有时候写信给我们说"下乡带个桶，可以洗澡"。他开始挺高兴的。但是很快就"文革"了。他开始还写信来，跟我母亲讲，说他不可能老这么高工资了。后来很快，我们家就被抄家了。

陈：您家为什么被抄家？您妈妈又不是走资派。

郭：当时我父亲也不在北京，我妈妈既没有历史问题，也没有工作，一个家庭妇女，怎么会到我家来抄家呢？我想，当时我们在文联看大字报，有许多关于江青四处查关于她在上海电影界的资料流传的事情。父亲搞过电影史，是否电影界的造反派怀疑我们家里有这方面的资料。也可能是父亲的政治历史问题，但这事除了电影出版社，外面的人也不知道。来抄家的是北京化工学院的红卫兵，他们更不知道父亲的历史问题。1966、1967年来抄家的红卫兵，都不是本单位的，而是外面造反派派来的。

"文革"开始不久，我妈妈听说了外面有抄家的事，很害怕，比较早就叫我女儿住到对面邻居家里面，她自己住到院子门口的小厨房里，把五间房子空出来锁上。所以，红卫兵来抄家那天，我女儿睡在邻居家，她趴在我家的窗户上看到红卫兵让我妈妈跪在地上，斗她。

陈：理由是什么呢？

郭：我妈妈的印象里，好像有问到电影的什么事情。但是，我不敢问她，她又不讲，她再也不愿提那些事情了。第二天早上，我女儿就到报社告诉我。我晚上回家一看，我家的屋子都封上了封条，我妈妈在厨房里，造反派让她写检讨，她跟我讲，红卫兵让她滚出北京。她让我给她买张火车票，买好票再给我父亲打电报，让他到车站接她。后来我就给她买好了火车票,给我父亲发了个电报,那天我去送我妈妈。

陈:这是1966年的下半年?

郭: 大概是9月的样子。我到火车站去送她,见她用一个网兜兜了一些窝头,我给她买了几个馒头,那兜里还有一个水杯、一床小的花被子。因为其他的东西都封在那个大屋子里面,什么都没有了。她后来对我说"如果没有这个水杯,我在路上就渴死了",有好心人给她倒水喝。到了广州以后,她曾经给我一封信,说那边冷了,她有一件棉袄在北京的洗衣店,让我给她取,寄到什么地方。我到洗衣店里去拿,但是棉袄已经被别人取走了,估计是抄家的时候,洗衣服的条子被人拿走了,我就把我的大棉袄寄过去。她在广州火车站的情况,我都不知道,她始终不跟我们讲这些事。很多年以后,我儿子有一天跟我说,他姥姥在监狱里吃发霉的饭……可能是姥姥和他聊天的时候告诉他的。妈妈从没有对我说过,怕我难受。

陈:她不是坐火车去广州吗?这个过程中到底发生了什么?

郭: 我送她走的那天,妈妈是被红卫兵押送过来的。一个写着"黑帮"什么的大黑牌挂在她脖子上,我在火车站上电梯的地方等她,她挂着那个牌子,剃着阴阳头,提着一个小包,还有一卷被子。我们不是从正常的旅客通道走,而是走地下通道。只允许我们从这里走。从地道走的时候,我看到还有很多人在剃阴阳头。后来,不允许再远送她了,我只能看着妈妈的背影,地道里面很黑,她走啊,走啊,就像走向地狱似的,我也救不了她,心里非常难过……

她把后来的经历记在一个本子上。我是她去世以后才看到这个小本子的。我认为我妈妈这一辈子,大概这篇东西写得最好、最有价值,她是这么写的:

你前信问我,你既到了广州为什么又一句话都不曾说呢?这个问题是我最怕提及的事,这是我一生中最痛心的一件事,也是我永远刻在心里的悲哀……

1966年9月4日,晚上两点钟时,有十来个红卫兵到我家,抄家、打人 这些我都不怕,最后,他们要我离开北京。我提出要到广州,他们说可以，于是，第二天梅尼买好了去广州的车票，同时她还拍了份电报给她爸爸。到5号这天，当我要上火车时，在北京车站上，红卫兵将我的头发剃掉，挂上了一块大黑牌，顿时我就成了一个罪大恶极的女犯人。同时还有两个女红卫兵押着，她们手里还拿着大棒和打人的皮带。在这种情况下，我的脑子已经糊涂了，什么也不会想了，只是等着死吧。经过两天火车的疲劳，总算到了广州，火车刚到站时，我一眼就看见丽尼站在站台上观望寻找着。这时，我的思想马上清醒过来，这该怎么办？已经走到最危险的时刻，这是生死关头的时刻。我听说在广州火车站上，红卫兵打死过很多的人。要是应付得不好，我们俩就要一同死去。

火车停了，客人走光了，丽尼不见我，他就在站台上一直走着，走到最后，他看到很多人在围观看热闹，这时他明白了，仔细察看。因为有好几个"女犯"都是挂着牌子的，另外还有男的。他的眼睛近视，而我的头发又被剃掉了，因此他很难看清。但我却看见他越走越近，仅仅只有三米的时候，我就大声呼叫一声："走！"他听出了我的声音，也看准是我，就什么都明白了，什么都清楚了。他马上停住脚步，再不敢向前了，当时我的心情就不用说了，哭泣是万万不能的，只有咬着自己的嘴唇和牙，直到咬出鲜血。这就是我们快四十年的夫妻的最后一次永别，什么话都没有说，仅仅是我给了他一个"走"字。半小时后，来了一辆汽车，就将我们这一群罪犯送到拘留所。我的车在前面走，他还在后面追着，直到看不见了。

这就是她全部的原文，那个时候，的确是车站红卫兵拿着皮带打死人的事不少。

陈：从您父母亲在车站相逢没相见之后，您父亲从此就再没有跟家人见过面，一直到他去世，是吗？

郭：是的。我父亲去世的时候家里人都不知道，是母亲从内蒙古姐姐处寄给父亲的信被退回了，信封上写着此人已于几月几号去世，才知道父亲去世了。

陈：您母亲到广州这次，被关进拘留所，然后被退到武汉去了？

郭：母亲被红卫兵押送到广州后，这些悲惨遭遇，她从来不肯对我说，怕我难过。"文革"后父亲的问题平反了，暨南大学通知我们去广州开追悼会，妈妈、姐姐和我都去了。可能在暨南大学，妈妈见到了和父亲一起关在牛棚的杨嘉，谈起了父亲在车站接她的事。后来杨嘉在《广州文艺》上写了一篇回忆，我最早是从这篇回忆中知道父母在广州火车站的悲惨遭遇。因为广州没人接母亲，她后来就被遣送回武汉她的娘家。母亲回武汉娘家后，和我的父亲又有通信了，我父亲那时候还是拿工资，每月给她寄钱。暨南大学还没有斗他，就光是关在牛棚里面，每天去劳动，最后晕死在劳动现场，1968年8月3日离开了人世。父亲去世时，身边没有一个家人，年仅59岁……

陈：您说过，您父亲去世的时候，您母亲还在内蒙古，那是在哪儿？

郭：在我姐姐那儿。我姐姐当时从哈尔滨已经调到内蒙古医学院工作。我母亲到娘家武昌粮道街去以后，在我舅舅那里住了一段时间。她和我父亲写信联系上了，我父亲给她寄钱，和我姐姐互相也都有联系了。姐姐说，可以把妈妈接到她那里去。后来，妈妈一直住在姐姐家，直到"文革"后落实政策才回到北京。联系中间我父亲还给我写信，其中有一封信是让我送给郑雪来的。我去送信，那时候郑雪来已经被关到牛棚里，我送到他家，但是没有看到他。后来我曾问他这封信里面是不是写了关于电影史的事情，他说没有看到信，他当时已经被造反派抓起来了，根本没有看到父亲寄给他的那封信。

陈：你也没有看到那个信？

郭：我没有看。但是我想我父亲在"文革"中间敢于给郑雪来这个人写信，一定是对这个人比较信任。

父亲在外国电影编译社和电影出版社工作大约十多年时间，一直默默地工作，淡泊名利。这十年里，他除了重新校订《罗亭》以外，没有创作翻译任何以自己名字署名的作品，全是在给出版社编辑、审定稿件，写前言、后语，培养、帮助年轻的编辑。他的同事称他为"辛勤的园丁"。您访问了几位电影出版社的同事，他们讲的比我更具体准确。这里我用郑雪来先生回忆文章中的几句话作为这一时期的结束语：在这十年期间，经他审定的外国电影史论及其他翻译出版物达三四千万字之多，他对我国电影出版事业所做的贡献是极其巨大的。在这十年期间，他以渊博的学识、严谨的工作作风以及提携后进的饱满热情做了这么大量的工作，众多翻译、编辑人员都受过他的教益。

合唱
——与巴金、荒煤的友谊

陈：您父亲和巴金先生的关系十分密切，您能否谈谈他们的友谊？

郭：父亲和巴金的友谊是20世纪30年代在上海建立的。前面已经谈到，父亲上劳动大学时，由于结识了巴金的朋友而结识了巴金。后来，一些文学方面的联系，特别是共同创建了文化生活出版社，他们结下了较深的友谊。在几十年的交往中，无论是父亲顺利时，还是遭难时；无论是父亲活着，还是亡故后，巴金对父亲的友谊始终不变。用巴金胞弟李济生的话说，"情谊不同一般"。

巴金很欣赏父亲在文学方面的才能，父亲的三本散文集都是巴金亲自编辑、校对、出版的。他们共同翻译了屠格涅夫的六本选集，连解放后人民文学出版社出版的世界名著名译丛书，还把"丽尼、巴金"翻译的《前夜》、《父与子》放在一本书里。父亲去世后，巴金写了两篇回忆父亲的文章，对父亲在文学方面的成就做出了实事求是的评价。文中深情地表达了对父亲文学才能的欣赏和对父亲去世的惋惜。巴金写道："他的默默的死亡对我们的文学事业也是一个损失……""我永远也忘不了《江南的记忆》的作者"。

父亲和巴金的友谊，不仅只是文学方面的交往，在生活上交往也比较密切。巴金对父亲的生活，包括婚姻恋爱也十分熟悉和关心。他曾在《春天里的秋天》一文中讲述了父亲的两次恋爱婚姻的故事。抗日战争后我们逃难到璧山，巴金也随文化生活出版社来到重庆，巴金的家就安在出版社楼上。父亲、妈妈、姐姐和我，只要到重庆，都是住在文化生活出版社里，巴金十分关照。后来父亲在南京工作，解放后在北京工作时，只要到上海，都和巴金密切联系。巴金到北京开会，也常来找父亲。我就看到巴金到西单我们家来找父亲，去四川饭店吃饭聚会。

我想特别谈谈"文革"以后的几件事。"文革"刚结束，我妈妈在报纸上看到巴金解放了，她就给巴金写了一封信，讲了我父亲"文革"中惨死的事，巴金马上回信，还给我母亲寄了五十块钱。当时这相当于一个大学毕业生一个月的工资。

平反工作开始以后，我们到暨南大学开追悼会，追悼一批"文革"中间死去的人，我父亲的名字排在稍微靠后一点。开会那天，省委宣传部的部长来了，和我们握手的时候说："我们看到巴金同志在《文汇报》上的文章了。"后来我才明白，巴金在这篇文章里给我父亲做了很重要的评价："可能人们已经忘记了他，但是现代中国文学史的研究者不会忘记他在现代散文的发展上所作的贡献。他在三十年代写的三本散文集《黄昏之献》、《鹰之歌》和《白夜》都还在我的手边，他翻译的《贵族之家》和《前夜》和他校改过的小说《罗亭》也都在我的手边。我会常常翻看它们。它们有权利存在。那么这个善良的人的纪念也会跟着它们存在下去吧。"结果我父亲的名字一下子就从追悼的名单后面提到前面来了。后来我回来写信跟巴金要这篇文章。巴金回信说是发表在香港《文汇报》，我原以为是在我们内地的《文汇报》上发表的。巴金当时没有恢复职务，没有其他能力，但是他有笔，他就写了一篇文章登在香港《文汇报》上，马上就起了很大的作用。后来，街道军代表老是强占我们家的房子，怎么要也要不回来。荒煤、巴金都想了很多的办法，巴金给我妈妈和我有好几封信全讲这个。巴金写道"现在的官僚主义就会推，那我们也只好就催"。这封信写得很有意思。

巴金不仅对父亲感情深厚，对妈妈、姐姐和我也很亲。记得1956年，我刚刚21岁，很年轻。第一次去上海巴金的家，巴金陪我聊了整整一个下午，完了还请我在他家吃饭。萧珊阿姨打电话要了几个菜，吃饭前，还让小林妹妹给我表演弹钢琴，感觉特别的亲。我写的《忆爸爸——丽尼》，就是巴金亲自寄到香港《文汇报》刊登的。登出后，巴金伯伯又亲自写信告诉我稿费事宜。巴金晚年因病住院后，专门嘱咐他的胞弟李济生和我母亲联系。李济生叔叔常常给母亲来信，对父亲的书出版、催稿费等杂事都办得非常认真。1997年，他又编辑出版了一本丽尼散文选《鹰之歌》。

父亲的三本散文集，解放后他从不肯再版。父亲去世后，巴金刚刚解放出来，就提议并和上海文艺出版社筹划出《丽尼散文选》，请荒煤写序，让我也写一篇回忆文章。1982年9月，《丽尼散文选》便出版了。巴金又在《关于丽尼同志》一文中高度评价父亲的散文，后来许多出版社相继出版了《丽尼散文选》，差不多的散文选本都选了父亲的《鹰之歌》，确立了父亲在当代散文界的位置。

陈：您父亲在上海期间，与陈荒煤先生的交谊也很深。但您父亲在北京工作期间，据说与他的老友陈荒煤先生的交往并不多，您知道为什么吗？

郭：30年代在上海滩时，荒煤曾在我们家住过一段时间。这在他写的回忆文章《一颗企望黎明的星》中有详细的记叙。我小时候老是听父母讲"荒煤"，他们说陈荒煤是我的干爹，说我的名字都是他取的。解放后我家住在西单时，从上海文化生活出版社找回来的一个箱子里就有陈荒煤的照片，那是30年代的。有一张上面就写了"梅白"两个字，据说他曾经用过"梅白"这个笔名。我妈妈讲，陈荒煤喜欢唱京戏，我小时候睡觉，他哼着反二黄①，拍着我睡。我可能是到了四川才记事的，他们经常讲"荒煤"，我只知道荒煤在延安。武汉解放以后，我们从重庆坐船到武汉，距离码头不远，我妈妈就告诉我，荒煤和我父亲在码头上接我们，那是我第一次见到他。

我父亲这个人非常清高，对有权有势的从不巴结，相反，朋友有困难了，他倒毫不悭吝地相助。记得抗战时在璧山，我家里常常住着他的朋友，诗人高兰被解聘了，没工作，就全家人住在我家，打地铺

---

① 反二黄：京剧术语，二黄降低四度就是反二黄。

睡。我的伯父被解聘了，也是全家人住在我家。父亲经常借钱给朋友，从不催还。解放后，徐懋庸可能犯错误不得势了，也老是来我家和父亲聊天。我想，30年代时，荒煤只是个普通作者，又没有钱。他自己写道："我踏上文学创作的道路，安仁是我的引路人……也是我的第一个老师。""……我之所以能够有较多创作，就是因为有了这样一个后方——安仁的家，其实也就是我的家。"但是解放后荒煤当了电影局长，我父亲好像从来都不去找他。所以对我们的影响也是这样，我们跟巴金、荒煤等很多文艺界的名人也很熟，但我从来不利用他们的关系，我甚至到现在都没有跟这些人的合影照片。

我后来跟荒煤接触比较多。1956年我到上海采访，荒煤正好也在上海。上影在拍电影《家》，那时候我在《中国青年报》负责报道电影，去上影采访，碰到荒煤在上影讲话。他对我就像对家里的小孩似的，他跟崔嵬两个人到大世界吃饭都带着我，然后去城隍庙玩，吃五香豆、豆腐干。他跟崔嵬聊了很多对中国电影的看法，也不避讳我。我清楚地记得荒煤说"我们拍爱情的片子为什么不能拍接吻"。

我父亲去世以后，我和荒煤接触也比较多。最早的一次是他在文学研究所，他刚刚解放，写信叫我去文学研究所见他，就这样联系上了。荒煤跟我妈妈很熟，因为他在上海时在我家住过一段。两人聊得特别好。我妈妈当时是一个七八十岁的老太太，文化也不是太高，他们俩在一起谈得起劲，可能是对往事都比较熟悉。听着他们的聊天，我才知道我父亲在上海还是剧联的，还跟魏鹤龄他们同台演过戏。荒煤的书里也写了一段，说过去在上海，我父亲带他去，他才看到了魏鹤龄、舒绣文这些演员①。我父亲参加了一些剧联的演出活动，当时跟那些电影界的人都是很熟的，父亲亲自体验了当时的情况。

我母亲落实政策后就搬回西单去了，荒煤住在复兴路，离西单不

---

① "安仁带我去看他所参加的一些演出活动，使我看了不少好戏和好演员。至今印象还很深的，有《怒吼吧，中国》、《居住二楼的人》、《乱钟》等，以及像袁牧之、魏鹤龄、王莹、舒绣文、胡萍这些演员。" 引自荒煤《一颗企望黎明的心》，载《荒煤散文选》，北京，人民文学出版社，1983。

算太远。他后来也退休了,经常穿一双青布鞋溜达着到我们家,和我妈聊天。我妈妈做一点好吃的菜,他就带回家。逢年过节,荒煤叫他的司机送一些蛋糕之类的给我妈妈吃。我妈妈后来80高龄做胆结石手术,荒煤到过我们家,留下了1500块钱和一封信。后来我们家那边拆迁,搬到洋桥去了,就再没有跟他联系。我妈妈搬过去第四天就摔骨折了,我姐姐正好到美国去了。那是1993年,也就是我妈妈去世的前一年,有一次我找到荒煤的电话,给他打电话,告诉他我妈妈的骨头摔坏了,精神有时候也不太正常。他接到电话,告诉我"接到你的电话马上心脏就不舒服了",他说"你到我这里来一下",我就去了,这是我头一次到他的家里去。我跟他讲我妈妈的情况,他挺难过的,他说:"我现在也不能写东西,活着真是没有意思了。"我临走时他把抽屉拉开,拿出来一个旧信封,信封里面装着钱。他说:"我现在心脏不好,不能去看她,我怕看到她之后太激动。"荒煤病重的时候,我去北京医院看他。我拿着一盆玫瑰花,他的女儿在病房里面守着,他已经昏迷不醒了,我把花放在他的旁边。他女儿告诉我,他已经好几天没有醒过来了。荒煤叔叔就这样静静地离开了我们……

父亲去世后,巴金和荒煤都分别为父亲写过两篇回忆文章。父亲为党送情报的事披露之后,荒煤非常激动,专门为此事写了一篇《告慰丽尼》,刊登在《人民日报》上。

巴金、荒煤和我父亲当年是上海滩的三个知识分子。从20个世纪30年代至今的七十多年岁月中,中国社会经历了大动荡、大变迁。在历史的颠簸中,他们由于各自不同的社会背景和各种原因,走上了三条不同的人生道路。他们的命运就像一幅中国当代知识分子长长的画卷。但是,他们相互间的友谊始终没有改变。

回顾父亲一生的经历,既有辉煌,也有坎坷,甚至还有几分传奇色彩。父亲的历史,是伴随着中国社会的大动荡、大变迁的历史,父亲的人生,是在社会大动荡中颠簸、挣扎中写成的。父亲的历史,可以说反映出了当代中国知识分子苦难的历程。从父亲的经历看,虽然个人的力量很难改变历史,但是,个人在历史浪潮中是能够坚持人格,坚守气节的。

　　由于这次接受采访比较仓促，思考不够成熟，只能提供一些我知道、我记得的事实，供读者在了解历史，了解我父亲时作参考。历史很难一下看得很清楚，必须经过时间的检验。我父亲的历史情况有些也是他去世后十几年才弄清楚的。所以我想，有些历史，随着情况和资料不断披露和明朗，还会越来越清楚。

【采访手记】

丽尼先生是著名的作家、翻译家、教授和编辑出版家,生于1909年,湖北孝感人。20世纪30年代即已成名,有散文集《黄昏之献》、《鹰之歌》、《白夜》,译著《贵族之家》、《前夜》、《万尼亚舅舅》、《伊凡诺夫》、《海鸥》、《田园交响曲》等,同时担任上海文化生活出版社合作创办人、作者兼编辑和校对。抗日战争时期,在国民政府军训部担任外文翻译工作;抗战胜利后进入国民党政府国防部任部长办公室秘书室少将主任秘书,新中国成立后曾任武汉大学教授、中南人民文艺出版社总编辑,后调任中国电影编译社及出版社任编审、三编室主任;1965年调任暨南大学教授,不久即遭遇"文革",1968年猝死于牛棚劳动现场,其时年仅59岁,无一亲人在身边。

产生采访丽尼先生亲属的念头,是在获悉丽尼先生在担任中国电影出版社编审期间曾为程季华先生主编的《中国电影发展史》的编校和定稿花费了大量心血之后。进而又了解到,丽尼先生不但为《中国电影发展史》这一部书花费了大量心血,而且在当年中国电影出版社的译著审校和定稿中也做了大量默默无闻的工作和奉献。虽然他在中国电影出版社只工作了11年时间(1954—1965),但他对中国电影出版事业做出了不可忽视的贡献。于是,我请求郑雪来老师帮我联络丽尼先生的女儿郭梅尼老师,希望她能接受我们的口述历史采访。此时,我不仅想要了解丽尼先生为《中国电影发展史》及电影译著编辑出版所作的贡献,而且希望了解丽尼先生这个人的整个经历,希望为后人多留些关于丽尼先生的资料。

2009年10月份,郑雪来老师来电话说他已经联络上了郭梅尼老师,郭老师已经同意接受我们的采访。我立即与郭老师联系,并在电话里说了我们想采访她的原因、口述历史采访的方法与形式,以及希望从她那里了解到她能回忆起的"有关丽尼先生的所有记忆"。郭梅尼老师爽快地答应了。

郭梅尼老师是名记者,对采访极富经验,在采访前已写好了讲述提纲。我们的采访非常顺利,应算比较成功。只不过,与我们的期望或理想还有一小段距离。这是因为郭梅尼老师对其父亲的讲述,虽然脉络清晰,评价总结到位,但她大量引述了人民文学出版社出版的《忆丽尼》(2006年9月第一版)中他人回忆丽尼的资料,而自己的亲历亲闻则相对较少。原因当是因为郭梅尼老师40年代还幼小,对其父亲的了解比较有限。50年代她又早早参加了工作离开了家,而丽尼先生临终那段时间更不在身边。另一个原因则是郭老师在接受采访时有些感冒,身体不是最佳状态。当然,也有我们自己的原因,主要是准备有些仓促,对郭梅尼老师的预访不充分,提出的问题恐也不是个个到位。不过我相信,这一采访总体上还是非常有价值的。

(陈墨)

张子芳访谈录[1]

采 访 人：陈墨
摄　　像：赵晶
采访时间：2009年3月4日至3月16日
采访时长：17小时
采访地点：北京·张子芳家中
录音整理：江川
文本选编：李镇

受访人简介：

张子芳，女，1930年生，河北省容城县人。1945年参加八路军。1947年与钟惦棐结婚。曾任北京电影制片厂宣发科科长、厂办公室主任。1987年离休。

解放前后

陈：您和钟先生是怎样认识的？

张：1944年，我们村成立了剧团[2]，我参加了。那时候我们唱河北梆子，北进剧社[3]来慰问演出，他们也演得很好。演出结束之后，他们

---

[1] 本文重点节录了张子芳访谈中关于钟惦棐先生的内容。
[2] 即容城县剧团。
[3] 即晋察冀军区第十分区的北进剧社，钟惦棐当时是负责人之一。

听说我们这里有一个村剧团,就来看我们演《血泪仇》①。他们也演《血泪仇》,老钟那个时候就给我们讲《血泪仇》的剧本。我说这个剧本讲就是"要穷人翻身,打倒地主,以后就没有剥削了,全人类都解放了"。他说"你们还挺行,还可以理解这个剧本,所以你们演得很好"。他们在那儿呆了四五天,最后选中我、王乡文和另一个男同志。我妈不愿意让我参加文工团,说满村都说你们疯疯癫癫,老去演戏、宣传、演出,一天都不干正经事。我爷爷到底是知识分子,他说出去走走没有关系。他说我看文工团的人都挺好的,他说我看那个指导员挺有文化,知识分子不是一般人,有什么不好,跟着人家还能错得了,我爷爷特别喜欢老钟。我有一次趁我妈去赶集,从家里跑出来,去了区里,北进剧社老贾在等着接我。第二天发军装,穿军装特别高兴。

钟惦棐是指导员,也是领导我们的团长。有一架风琴,是战利品,老钟弹琴,他考我唱《保家卫国》,唱完了以后,老钟和音乐队长都笑了,音乐队长说"她行,她的脑子和耳朵挺灵的",老钟说"你唱得挺不错的,挺有感情的"。那时候一说保家卫国,感情很自然地就会流露出来了,不用演,也不用装。

有一天一个叫黄健的大姐排戏老记不住词,她说家里出事了,心里烦。我就说她,不能因为家里有事而影响排戏。老钟说,一个人把个人的利益放在第一位应该是不对的,但是人家家里有事是特殊情况,应该理解,同志之间还需要友爱。我觉得他心眼挺好,能理解别人,懂别人的难处,想得挺周到,这就是我们俩第一次交流。

后来他排戏或者读剧本的时候,大家经常交谈,怎么理解人物,怎么理解历史。他没有演过戏,因为他是四川人,话说不清楚。他在导戏的时候基本上是讲情景、讲人物、讲历史,让你理解人物。他的美术和音乐都很好,也写歌词②。他写的活报剧很多,现在找不到了。

---

① 《血泪仇》:表现国民党反动统治下中国农民的血泪仇恨,揭露了蒋家王朝对人民残暴的滔天罪行的剧目。

② 1947年至1948年春,钟惦棐曾和作曲家丁辛从乡下回到定县城里,两人合作了一首歌曲。就是后来在全国流行的《青春之歌》。

钟惦棐全家合影（摄于1958年）

我觉得他挺平易近人的，他在我们那儿就算是大官了，1937年参加革命，从延安过来，没有架子，我就拿他当老大哥似的，他说话也挺幽默的。后来经过我们司令员刘秉彦①司令员介绍，我跟他相处了一段时间，觉得他人挺好的，1947年初我们就结婚了。

陈：他的第一篇文章是评《中华女儿》，刊登在《人民日报》，您还有记忆吗？

张：《中华女儿》最早是叫《八女投江》。老钟看完了以后特别激动，这老头好激动，他觉得在我们刚刚进城没多久，电影能有这样的水平是相当不错的。其中有一个演员叫张铮，跟他在延安是战友，和

---

① 刘秉彦（1915—1998）：河北省蠡县人，革命家。

老钟在延安鲁艺是同学，跟他特别熟。这个张铮后来和黄健中一起导演了《小花》。

我记得他晚上回来坐在桌子上就写，写了通宵，一直到第二天早晨。那是周末，当时我们俩一个礼拜见一次面，他告诉我说周末不能上街了，他得写东西，然后第二天写一天，第三天也就是星期天休息了一天。我记得他在星期天的晚上九点写完了，我们俩就去吃夜宵，星期一他得上班。

陈：50年代初期的时候，钟老曾经从中宣部调到新闻电影制片厂好像做过副总编辑，您是否记得什么？

张： 知道得不那么具体，他告诉我要到新影去一两年，1953年新影从北影的新闻处分出去，成了独立单位。①老钟说有些具体的事儿，他们拍片子业务上的事儿，干部上的事儿。新影当时新成立，没房，上班的地点在新街口北大街32号，就是现在的科影，我们都在那里上班。业务上他不怎么跟我说，因为我也不懂。一说到人的素质，他有时候还挺激动，他说有些编辑根本就不称职，知识少，头脑太简单，说到哪儿拍一个什么东西，他们自己都不知道该怎么弄，怎么能拍出好东西来？他在新影抓学习抓得特好，他说学习才能提高业务。

《电影的锣鼓》前后

陈：请谈谈1956年钟先生去上海的经过。

张： 1956年，我请了假，到上海去看朱讯，呆了两个礼拜。在上海，我们就住在朱讯家，朱讯是上海市的常委，分管经济的。老钟天天去上影上班，晚上我们就在客厅里跟朱讯聊天，当时还有朱讯的爱人。

他和朱讯有时候谈到政策，他说咱们这个文艺政策，党说了算，可

---

① 1953年7月7日，中央新闻电影制片厂成立。

是不该管的管，该管的他们不管。这就是我们的官僚主义、教条主义。如果这样搞下去的话，结果就是脱离人民，而不是代表人民了。朱讯说其实公私合营是好事，但是，这样一来传统的东西没有了。他举了个月饼的例子：上海的月饼有上百年历史，品种繁多，经过合营都被统一了。馅儿都是一样的，多少糖多少面都统一了，那就搞得没有特色了。没有特色的东西销售就差，还搞什么经济？

朱讯认为起码在文艺上党管得太多，但是，它管，同时它又不管。真正需要领导拿出个主意来，比如怎么改进，又拿不出办法来。拿不出来的事儿，就是领导说了算，他是领导，你只能按照命令去办。

陈：在写《电影的锣鼓》之前，钟先生又去上海了吗？

张：他后来又去了。

陈：他在写《电影的锣鼓》之前，有没有想到会有这么大的后果？

张：没有。他当时就觉得这是根据实际掌握的材料，来给领导提出建议。事实上，他觉得终于有说话的机会了，是这种心情。他参加《电影的锣鼓》之前还写过几篇文章，好像用的都是别名。

陈：当时编辑部是否觉得《电影的锣鼓》过于尖锐？

张：没有，那个时候编辑部特喜欢他的文章。

陈：钟先生当时写《电影的锣鼓》和那几篇文章的时候，是否还跟您交流过？

张：他心情非常好，好得我都没法给你们形容了。那老头高兴极了，红光满面的。他觉得因为掌握了材料，所以他的这些文章绝对是有说服力的。他写《电影的锣鼓》的时候非常兴奋，胸有成竹，一天半就写完了，然后就发表出来了。他不觉得他"反了党"，哪儿想得到后来惹来那么大的娄子。

陈：他文章中的一些基本观点，您是否在上海就已经听他说过？

张：实际上，我觉得他的观点不是在上海形成的，而是他早就有了，他在上海找到了有说服力的例子，他就觉得应该说。那是他写作的高峰，他真的兴奋，半天一夜写出那篇文章，字也不少，也没怎么改，说明真是胸有成竹。

陈：请接着说后来的事情。

张：完全出乎意料。大家都说好，就跟《武训传》一样，谁不说赵丹演得好？谁不说《武训传》好？老钟的文章也一样，发表后大家都说好。毛主席点了老钟的名之后，我和老钟的两个媒人刘秉彦和旷伏兆①给他打电话，让他正确对待，别压力太大。等他成了"右派"，下去劳改的时候，他们俩又把我找去了，怕我跟他离婚。刘秉彦说："我告诉你，小张，那个文章没有什么问题。"人们心目当中，毛主席的话就是金口玉言，刘秉彦当年能够那么说，很了不起。"文化大革命"斗刘秉彦的时候，把刘秉彦和老钟那么多年的来往书信全抄走了。刘秉彦后来坐了大牢。

陈：您和钟老最早什么时候知道毛主席点名的这个消息？你们当时第一反应是什么？

张：我不知道他是什么时候知道的，我是听传达，很快就传过来了，就隔了几天。

我当时第一个反应是："怎么会有这么大的事儿？那就是篇文章。"老钟回来跟我说："我的文章惹大祸了，毛主席说我的文章有严重的错误。"我觉得没那么严重，我还开玩笑说："你的文章有那么大作用，都能影响电影界？"他说："我没觉得我文章有那么大错误，我是实事求是写的。"那篇文章我还真没看过，出了事，我真看了看那篇文章。我觉得里头有些事儿我懂，我觉得他也没说错，没说太离谱的东西。比如说票房，要是不卖票，电影的钱从哪儿来呀，拍电影，国家从哪儿拿钱给你。还有工农兵问题，咱们的朱德老总都说了："老叫我看战争片不行。"他也愿意看点歌舞和别的东西。

陈：讲讲后来的遭遇，比如批斗会。

张：1957年都"反右"了，但我出差搞外调两个多月，还不知道"反右"的事情。我在锦州的火车上，看到《人民日报》大字标题"反

---

① 旷伏兆（1914—1996）：江西省永新县人，革命家。

党、反社会主义的"、"反党分子"……①当时我坐在座位上都蒙了，不知道自己什么感觉。记得我下了火车就回家了，到家时是晚上七点，我们家的窗帘是黑的，我就有点慌了，赶紧回家看看怎么回事。

那个时候是大筒子楼，厨房都在楼外头，我看家里黑，就没敢进，我进厨房，就问我们家阿姨："怎么了？"阿姨一见了我，眼泪"刷"地就下来了。她说："钟先生出事了，不让他上班，不让写东西，你赶紧进去看看。"我一进门开灯，看见老钟坐在桌上，一个人眯着眼睛。他说："你回来了？"我说："回来了。"他说："你知道这个事儿大了吧？"我说："我在火车上看过报纸了。"吃完饭，他问："你怎么考虑的？"

陈：他问你怎么考虑的，实际上有两层含义，一个是对他这个事儿，另外一个是对婚姻。

张：对，他的意思是说"你还要不要咱们这个家"。

陈：您当时没有领会到第二层？

张：我已经听出来了。他的情绪极低落。我说："有错，不是也得做检查嘛？你怎么想的就怎么说，做检查吧！"批斗会是在1957年，我记得是最热的时候。北影党委书记跟我打招呼，只要是钟惦棐的批斗大会，我都得参加。我第一次去参加批斗会挺受刺激的，批判他的时候我坐在台上。我跟他一块儿刚进去的时候，我还没有什么感觉，等到发言，我感觉整个场面就成斗地主了。批判的时候绝对不讲道理，而且都上纲上线。说什么的都有，说老钟不是说了什么错话，而是有目的地反党，是有计划的，有预谋的，还有人说是有纲领的，纲领就是《电影的锣鼓》，越说越邪乎。有人说老钟在反对《武训传》的时候

---

① 1957年，《人民日报》共有7篇批判文章在标题上点了钟惦棐的名字：《说"国产影片卖座率低"全是捏造，上海电影界要求〈文汇报〉深刻检讨在电影问题讨论中的错误，并批判钟惦棐"电影的锣鼓"的谬论》（7月31日）；《钟惦棐在党内里应外合，放起右派向党进攻的第一把火》（8月5日）；《反党锣鼓敲破了还想卷土重来，钟惦棐反党活动又告挫败》（8月16日）；《何迟勾结吕班、钟惦棐企图独霸曲艺界，天津文艺界粉碎他们的反党阴谋》（8月24日）；《钟惦棐在年青人中间玩的什么鬼把戏？》（9月7日）；《从"密信"看钟惦棐向党的第二次进攻》（9月17日）；《电影工作者联谊会座谈会揭发大量材料，证明钟惦棐仇恨党的文艺事业》（9月19日）。

就写得不好,就是指参加《武训历史调查记》,这些事都翻出来了,说他调查是假,反党是真。开批斗大会到了第五天,他憋不住了,主动提出和我离婚。他说:"子芳,你参加了大会,也看到了这种形势了,我承受不了,还有五个孩子,咱们俩干脆离婚得了,你带着孩子走,离开这个地方,躲着这个地方。"他主动提离婚,提了好多次,因为有几次批判的高峰。我没想到过离婚,我说:"有错改了就行了,离什么婚。事情已经到了这个份儿上了。咱们就得趟着走,我就跟你趟着走了。"

陈:您当时为什么会这么坚持呢?

张:那时候我已经跟他过了十年,老钟对我特好,关心我,从学文化到做人,不能因为"犯了错误"就离开他。

陈:批判会有新花样吗?15次也好,18次也好,每次批判会的形式和内容上都是差不多吗?

张:都差不多,能批出来什么花样?老钟在台上是没有话的。他们就在那篇文章里头来回找,这个人找这么两句,那个人那么找两句。北影还叫我交代问题,揭发钟惦棐,我揭发不出来。所以马上就给我挂上,说我和钟惦棐的思想共鸣,也够"右派",批得我都晕倒在地下。

陈:他回家来,告诉您处理结果已经出来了,他的党籍被开除了,甚至可能要发配出去,这一天的经历您还能回忆起吗?

张:情绪当然很低落了,他们没有叫他去,他们把那个文件拿到家里来让他签字,就是开除党籍的那个文件,我不在家,我回家的时候他说他签了字。

陈:说他"有组织、有纲领、有预谋",他怎么能签这个字啊?

张:晚上吃饭。因为有孩子,他就装作没事似的,等晚上孩子们都睡了,他说:"这个事大了,我被开除党籍了。"我问:"你签字了吗?"他说:"让我签字,不签怎么能行,这是党的决定,我当然要签字了。"他说可能要下去劳动,①不会留在单位。劳动教养当时分六级,

---

① 钟惦棐的劳动地点是唐山柏各庄劳改农场。

最严重的就是强制劳动。劳改还有个年头，判刑五年、六年、七年、八年、十年、二十年，我说他这有什么年头啊！

陈：1958年他要准备出北京的时候，钟先生是一个什么情况？您自己是一个什么情况？

张：他说咱们照个相，我们全家就到王府井照了一个全家福，那时五个孩子都有，我那个女儿才三岁；然后我们俩还合了一个影。这种事，我觉得现在真是像讲故事一样，可以控制一下自己；当时可不行，那时候人已经绝望了。当时真的按照共产党员的原则要求自己，理解党，党说的就要听，党怎么处分你都是对的。

陈：文山①的事情出来了以后，是不是还有一个"反党集团"的罪名？

张：1959年反"右倾"，文山、朱讯同情钟惦棐，都是老朋友了，朱讯到北京来，必然要到文山家或者我们家做客，大家凑到一块聊聊天。那年轮到我家请客，当然由我通知了，他们来吃饭就要说话，就成了"反党"。我打电话把他们找来，就成了"参与反党集团通风报信罪名的证据"。还给了我一个"留党察看两年"的处分，我还算表现好的，留下来了。1962年我们支部给我开了一个会，说明当时批判我是不对的，我们不算反党集团。

陈：这时钟老还提出要离婚吗？

张：他说："你看你不走，你又当上了（反党集团分子）。"这时候他在农场，信上老提这个事，让我想通点，别太顾忌他，他一个人到哪儿去都无所谓，让我必须带着五个孩子走开。他在农场的来信上还跟我开了一个玩笑，说如果将来允许他动笔的话，他要写一个小说之类的东西，比如丈夫去流亡，去劳改，妻子在家带五个孩子……他说现在不行了，成了反党集团了。

---

① 文山与朱讯、钟惦棐是挚友，年轻时三人曾结伴投奔延安。

调查他的人为了刺激他，骗他，说我怎么揭发他，而且说我揭发得挺好，但是老钟是绝不会相信，他知道我的压力非常大。老钟这个时候写信就没有什么自由了，都要经过他们的检查，离婚的事是不怕检查的，所以他还在跟我说。他说我要是不跟他离婚，他负担挺重，他说想起来心里就觉得轰的一下。他说跟着他受这个罪干什么，所以他差不多有五次提出离婚，他1959年在农场的日记上当时都记的："跟子芳离婚，她不同意。"他的日记上都有。

我心里特别心疼，这么整他，整得太可怕了，这么个好人，他们怎么就下得去手。我觉得他没有理由反党，出身那么贫穷，上学都没钱，老师叫他上了个初中，然后上了一个两年的美术学校，这就算中专了，他都没上完，那个赵老师供给他的，就是他那时也在整文章，画点报头，也挣点稿费，然后是地下党送到延安了，到了延安去，他跟我说他高兴极了。二十年以后，他凭什么反党啊。钟惦棐怎么会反毛泽东，他所有的一切都是你毛主席给的，都是共产党给的，他反什么？我就是对这个不理解，但是我不敢说。开始我觉得他可能是写文章写错了，但他不是有意的，他说写文章是有脑子的，他不动脑子怎么写得出来啊，不见得提出这个意见就是反党。

关键是我不相信他坏，他这个人很善良，对共产党真的是忠诚。我就是这么想，所以我不能离开他。

陈：在不断的批斗当中，当时最让您难受的是什么？

张：多了，1958年底干部下放，人事科叫我带着五个孩子和老妈去内蒙。内蒙古自治区一个人事局干部在北京，他对我说："他们不应该这样对你，你要去，我们非常欢迎，将来老钟出来也可以去，我们更欢迎。但是我觉得他们对你的调离这个事儿做得不对。我们那边闹得也挺厉害的，说不定把你分到'旗里'，'旗里'是大草原，没几栋房子，带着五个孩子怎么走？会非常艰巨。你回去就说，我们认为你去内蒙不合适。"我觉得我这一生当中遇到的好人多，其实遇到坏人很少。过了两个月，又把我调到北京玻璃总厂当装卸工，全都是体力活，工厂的负责人很同情我，认为我做这个也不适合，后来就没去成。

陈：您还是共产党员吗？

张：还是共产党员，但是所谓的不安定分子。那个时候中央有文件，地富反坏右的亲属子弟都是不安定分子。每到十一国庆，厂里就组织劳动，到远郊，比如昌平一带劳动一天，去掰棒子去，割豆子，反正十一这天绝不能让你在家。我是农民出身，不怕劳动。

陈：1958年5月有个"向党交心"的运动，您是北影的重点对象，还停职了一段时间？

张：从1957年就没让我继续工作了。一直到1963年他们成立宣传发行科才把我分派在宣传发行科，这六年当中就是下放劳动，一下去就是去一两个月，"向党交心"一方面是向领导交心，还有一方面就是写大字报，不写不行，不写就是不革命。

陈：钟先生走了以后，八口人日子怎么过的？

张：每月七十多块钱。到商店里头，没有买过成斤的菜。那时候大集上都是堆着的，论堆，一堆大白菜五毛钱，那就只能买这五毛钱的大白菜，破的烂的实在吃不得了才扔了，能吃的就凑合吃。还有五分钱一撮一簸箕的菜，孩子们拿着脸盆，五分钱撮一簸箕，几乎是回来洗一洗就这么吃，一个礼拜他们改善一次伙食，平常就是吃窝头，没有别的。早晨一个人一个窝头，那时候还没定量，还能吃得饱，后来定量就了不得了。我一天就吃两顿饭，中午和晚上，省下来给孩子吃。礼拜天给他们改善菜包子加五毛钱的肉，要不然买一块钱的肉，然后把白菜粉条熬一锅，平常都没有这种待遇。

陈：钟先生的26块钱，是怎么处置的？

张：他也不够。他的钱在农场发，不往家寄，他那点钱只能吃饭、抽烟，到一定的时候，比如过夏天的凉鞋、冬天的厚内衣，都是我买给他寄去。

"文革"

陈："文革"这一段，您开始的感觉是什么？

张：这一段，我觉得人们，整个从形势来看，人心惶惶。谁知谁能撞到哪个上头啊，反正多一事不如少一事，明哲保身。

陈：钟老什么时候才回家团聚？

张：我记得是林彪倒了的时候。

陈：您到宣发科做过哪些影片的宣发？第一部做宣发的影片还记得吗？包括北影的《决裂》。

张：《海霞》是1974年的。《决裂》的宣发就比较重视了。我记得到江西去放片子，到江西共产主义大学去征求意见，然后把意见整理出来。葛存壮也去了。其他的程序跟"文革"前发片子一样。前期就发消息发剧照，然后发故事梗概，然后发台本。《大河奔流》那是打倒"四人帮"以后了，其实那个片子也不怎么好，假的要命，但是要求大张旗鼓地宣传。带着影片征求意见的时候也带上演员。《小花》也大张旗鼓地搞，带着的是刘晓庆。还有一个大力宣传的是话剧《丹心谱》。

陈：打倒"四人帮"的消息您是怎么得到的？

张：打倒"四人帮"的时候我在广西南宁，因为我跟李文化那个组，李文化在广西拍外景。我下去没多久，有一天，他们早晨听中央广播的人知道的，但是不敢信，说"四人帮"倒了，谁敢动江青。我拿了李文化对海报的要求、副导演的文字、需要的剧照，就回来了。我记得回来的时候是大陆跟老钟到火车站接我的。一下来就说："妈，你知道吗？"四人帮"倒了，北京都没有啤酒了。"老钟说啤酒都脱销了，我才了解什么是大快人心。觉得我们国家有救了，都是这个感觉。

陈：钟老为什么去音乐学院？

张：他回来以后在家待分配。那时候影协不要他，我记得最清楚是他去科影，他回来说："何文今都不敢要我了。"音乐学院的赵沨和我们是老朋友，我们俩家住得很近，赵沨是个很幽默的人，也是一个很热情的老头。我记得赵沨说了一句话："这些领导都不识货，连你都不要，要谁啊？"他就说："老钟你上我们音乐学院吧，离你们家又近，你身体不好，也可以不用全天上班，我们的作曲系设了一个音乐文学，你去讲那个课吧！"老钟没有把它当回事。他觉得老赵是照顾他的，就没有答应，一个星期以后老钟答应了。

陈：钟先生在音乐学院讲过课吗？

张：没有。给我的印象是没有具体工作，没有干，没有写歌词，改歌词。那时候给他定了十七级工资，七十多块钱。

新时期

陈：《电影文学断想》这篇文章，钟老的写作过程您还有印象吗？

张：这个有印象，他跟我说，电影虽然在1957年以后有了改进，但是差远了。到了今天还不是《电影的锣鼓》提出的那个问题！他应该是再深一层地理解和提出来党的政策。他认为这些东西搞不好，就开放不了，他老觉得大家在实际的工作当中没有按照延安文艺座谈会的精神去做，百花齐放放什么了？百家争鸣争什么了？1957年争了半天都是"右派"。他基本上是这么想的，他觉得这些东西还要提出来。我理解他，他没有觉得他错。

陈：别说1957年，《电影的锣鼓》当中还有很多问题在2007年、2009年也没有改。

张：他又憋不住了，想来想去觉得还得提出来。我说："你再提这些问题接着再说这些问题，那会不会人家又抓住你。"他说："我觉得现在的政策跟五七年以前不太一样，我现在提出一些看法不见得就是坏事。"

陈：这个时候《电影文学断想》开始初稿了吗？

张：这时候刚要写，他跟陈荒煤说了一下要写这篇文章，陈荒煤也同意。他写了大概十几天。

陈：写完之后给您看吗？

张：写了一半给我看了，我说："这不又是《电影的锣鼓》吗？"他说有一些东西我比以前提得更明确了，没有别的意思。他觉得在文艺上，电影上还是应该改进，作为领导来讲，要发展就必须改进。写到一半的时候跟我说:"你早晨把我的午饭做完,我中午写完了自己热热就好了。"到了后面他越写越兴奋了,我就天天头天晚上都得把第二天的饭都给他弄好。他一天坐着写,后来脚肿了。我一回家他特兴奋,跟平常看书、读书写笔记不一样,好像一天干了多少特高兴的事。他写完了后非常的累。他觉得责任重大,他说丢的那20多年咱们必须得找回来。20多年来,他没有荒废①,《电影文学断想》作为文章、文笔来说比《电影的锣鼓》好多了。

陈:他觉得这个时期重要的文章还有哪些?

张: 1979年以后他写文章多了。不一定每篇文章他都会让我看。我看过《十思》②。

它涉及了朱大可,人们觉得朱大可不应该这么说,有点对人而不是对事了,他觉得朱大可的观点不一定都对,但是有一点是需要我们注意的,他认为朱大可一个年轻人敢给谢晋提出来这么多的看法,有勇气,敢于提出来,这是闪光的地方。《十思》写的谢晋,从他的作品谈,他从来不说人。《十思》差不多改了十遍,最热的时候,穿着一个背心汗都流透了还在写。那时候我们住的房倒霉透了,特别热,朝西朝东,而且动不动打开窗户,没有空调,那时候买不起电扇,在那儿写得特别热。

陈:"美学小组"是钟老的一大贡献,也有一点遗憾,后来没有做完。美学小组在您家开会不下百次,您对这个美学小组的人和事有什么样的印象,钟老对他们有什么样的说法?

张: 因为他们的活动我参加不了,我认识的人就是俞虹、王金国、郑洞天、罗艺军、仲呈祥。后来还有一些年轻人也来旁听。到底为什么让他们来我不清楚。他要写美学这本书,那是1957年就这么想了。老钟三十几岁的时候,说有的时候心里发慌,觉得自己都三十好几了,

---

① 钟惦棐在农场劳改时,坚持读书,留下了100多万字的读书笔记。
② 即1986年9月13日发表于《文汇报》的《谢晋电影十思》。

也没任何业务上的成绩，没有什么成果，他认识的很多人都已经很有作品，他没做出什么东西，他觉得挺慌的。所以他进了城以后，有了他的土壤，就在那儿拼命地写①，我们俩几乎没有什么活动，不是看书就是看电影。小孩礼拜天回来，他非常勉强地拿出半天时间带我们上公园，他在工作当中勤勤恳恳地干，他是真拼，没时间干别的，非要拼出来一个什么来。大概1957年左右，他基本上有个设想，觉得应该写一本《电影美学》，他开始看书。遭到批判了以后，他所要做的事情都不能做，只有去劳动了。

写一本电影美学的书是他的计划或者说是理想。他在写之前问我："我的身体可以完成吗？"我说："你别说这样的丧气话。"他跟我说这个担子太重了，因为他在这之前组织李陀写电影美学那是刊物，都是大家写，大家写完了以后他统稿子，简直累得一天都休息不了。就算有人帮他，他还要自己过一遍。包括一个标点符号都是，那老头这一点太认真了，一个字琢磨半天。

那几本书后来才成立了这个小组。但是我觉得遗憾的是，他的《电影美学》书没有出来，直到他死他觉得太遗憾了，他说他的构思基本上都出来了，就是往一块统了。我也觉得太遗憾了。我觉得他胸有成竹，但是没有完成。②

陈：您是55岁离休的，还是60岁离休？

张：55岁，那时候没有60离休，是1987年，那年老钟去世。他去世之后我就没有上班。

---

① 1949年至1957年这8年时间里，钟惦棐在全国各大报刊发表评论68篇，28万多字。

② 1994年8月，《钟惦棐文集》正式出版，集结了他自1950至1987年3月之间近300篇文章，总计110多万字。

陈墨采访张子芳（摄于2009年）

【采访手记】

张子芳老师是钟惦棐先生的夫人，她本人也是老电影人，离休前曾先后担任北京电影制片厂宣发科长、厂办公室主任。15岁参加八路军，17岁不到时与钟惦棐先生结婚。钟惦棐先生被错划为"右派"时，她才26岁，已是5个孩子的母亲，要供养自己的母亲、弟弟、孩子等8人，但她坚持与钟先生患难与共、相濡以沫，历尽22年艰辛，直到云开见日时。

2008年5月我就请饶曙光研究员陪我去张子芳老师家进行了预访，

并提交了采访提纲的征求意见稿。正式采访时间拖延到2009年3月初才开始，是因为张老师生病、去外地探亲或治疗等原因而数次延迟。张老师非常重视这次采访，也理解支持我们的工作。在正式采访前，她已进行过两次"排练"，根据提纲口述录音，然后根据录音整理出文稿，最后是拿着文稿接受我们的正式采访。

张老师因自己身体不好，且担心回忆伤心往事会导致过度激动，采访前提出，希望每次采访时要有一个孩子在现场陪伴。对此我当然同意并欢迎。因此，在每次采访时，张老师的长子钟里满先生都在现场陪伴，偶尔也插一些话。

张子芳老师此前曾在几次钟惦棐先生纪念研讨会上发言，这次又经过预先录音整理，对钟惦棐先生的往事记忆历历如新，因此采访进行得很是顺利。为了避免呆板与套话并采访到新的内容信息，对张老师的采访采取了聊天方式，没有让她照稿子宣讲，而是与她聊天，不断发现、发掘并及时提出新问题。有许多问题是原采访提纲中所没有的。因此在采访结束后，我将部分重要问题补充进采访提纲中，以便研读者索引查阅。

对张老师的正式采访每次2小时至2小时40分之间，一直保持在张老师的身体和精神承受力范围内。

（陈墨）

张四正访谈录[1]

采 访 人：陈墨
摄 像 师：赵晶
采访时间：2009年6月4日
采访时长：6小时
采访地点：北京·张四正家中
录音整理：江川
文本选编：李镇

受访人简介：

张四正，男，1938年出生，园林专家，钟惦棐的妻弟。大学时，因为被认为与钟惦棐"划不清界线"，被分配到内蒙古海拉尔工作20年。现任石家庄市园林规划设计研究所所长。

解放前·老家

陈：请谈谈您小时候对您姐姐的印象？剧团里想要她去部队剧团，家里怎么想？

张：我们小时候不怎么接触,年龄差距大，所以她的很多事我不清楚。我姐15岁入党，她入党时家里谁也不知道。那时候她没有党费她

---

[1] 本文重点节录了张四正访谈中关于钟惦棐先生的内容。

就偷我妈的钱交党费。她之所以入党，可能因为我的九姑是共产党有关。我姐姐一开始叫张志芳，后来不知道为什么我姐夫给她改成张子芳。村里的人说张家的姑娘跟人家跑了，在我们家乡那一代比较保守，管南方人叫南蛮子，我姐夫又是南蛮子。但是我姐姐铁了心要走。我们家是一个大家庭，书香之家的大姑娘跑了，成了地方新闻。

陈：您有一篇文章中写到您姐夫就是钟先生给您姐姐写生，请谈谈细节。①

张：对。我们住的是四合院，就在院里画。画完了以后，在我们家那个八仙桌上摆了很长时间，是肖像画。那时候他们已经结婚了。

陈：您在文章中写到，钟先生在您家乡那一带是"歌婪子"。

张：他们不像解放以后按部就班地创作，而是需要什么就弄什么。我记得他还写过《拾花生歌》。我们家乡那一代种花生特别多，一到秋后家家都刨花生，有的花生落在地下，不可能刨干净，大家都捡，他就写《拾花生歌》。

陈：您曾提到过钟先生听到枪声化装撤离的情形。

张：那时候晚上是共产党，白天是日本鬼子（后来是国民党），所以斗争是拉锯式的，很危险。枪一响就说明有情况，有一次姐夫就系上条羊肚毛巾，解放以后很长时间还卖那种毛巾。我们家乡不像陕北，陕北是把毛巾系在前边，河北是系在后面，就像敌后武工队穿的那样，背着一个担在屁股上的筐往村外跑，我亲眼见的。我现在想，你戴个眼镜，背个筐，敌人一看你那个样也不像个庄稼人。

陈：您还提到过钟先生来您家的时候，还考过您算术题？

张：一个农村小孩受教育不多，那个老师的教育程度也很难说。所以我小时候昏昏沉沉的。我初小毕业，没有继续马上上高小，在家里留了一段时间。姐夫到那儿以后，认为我不能在家呆着，应该去上学。

---

① 采访张四正的过程中谈到的"文章"，即张四正《抹不掉的记忆——钟惦棐逝世20周年祭》，载《电影锣鼓之世纪回声——钟惦棐逝世20周年学术研讨会论文集》，北京，中国电影出版社，2007。

他在那一带肯定是有点知名度吧，人家认得他，他不认得人家，就把我加在一个班里上学了。

解放初·北京

陈：新中国成立以后，钟先生一家进入北京工作，他们进城的消息您和您妈妈是什么时候知道的？

张：那时候不像现在信息这么快，好像没见写什么信。刚解放，他们都在忙着，也顾不上。到了"文革"以后我姐夫那时候晚上写文章，白天睡觉，就把这门锁上。如果有人来，碰见锁头以为没人在家，实际上他在家。

陈：您姐夫曾经说希望您多学一点形式逻辑，您还记得这是在什么背景下说的？

张：这个事大概在批《武训传》以后，1951年批《武训传》是一个很大的事。姐夫当时跟江青和袁水柏三个人到山东调查。在调查过程中，因为他当时是党小组长，就和江青有点矛盾了，等到回来写报告的时候，总找"茬"，挺麻烦的，反复写通不过。后来毛泽东就建议他学点"形式逻辑"，是这么来的。毛泽东让他学，他就让我学。

陈：您那时候上学的时候姐姐姐夫给您钱吗？

张：一开始给，后来我就没要，因为刚从农村来，给我两块钱我不知道怎么花。我的心中，最重要的就是学习，我的学习在班上始终是挺好的。

陈：您在上高中的这个阶段，对钟先生和您姐姐的工作情形的记忆有什么？

张：我在高中的时候，姐夫就不拿我当小孩了。那时候他跟我说，他要花五年时间写一部《电影美学》。这时候他已经是"右派"了，就有时间干自己想干的事，所以他就提出这个目标来了。

陈：钟先生曾经说，他曾经在欢迎印度代表团的时候，因为衣衫不整还受到过总理的批评。

张：那个事情是那样的，姐夫跟我的关系如父如兄，因为我从小没有父亲，我平常日子比较邋遢，姐夫跟我说这件事，目的是要教育我讲卫生。他说："四正的文章跟他这个人联系不起来"。我平常是不修边幅的，在毛泽东那个时代倒落一个好名声，显得朴素、没有大学生的架子。

姐夫有时候有点像日本人。日本人要对你有意见或者是想让你做什么事儿，他不直接跟你说，他绕着弯地说。比如有一次让我去演讲，跟他们园林界演讲，日本人说："张先生，我们明天都穿西服。"这一句话，我就明白了——我不能穿一般衣服随随便便地去演讲。我姐夫也是这样，他不直接批评你，他就说："我们在接见代表团的时候，周总理火了，因为热，有人没穿西服，穿着白衬衫，是不合礼节的，是很不对的。"他的意思是应该讲仪表。我小时候的印象是我姐夫很讲究，他要出门穿上大衣，风衣，对着镜子，弄好了才走。他总是干干净净的，他不邋遢。

陈：钟先生是非常知名的评论家，评论文学、话剧、电影，您是一个爱好文学的青年，当年有没有主动向钟先生请教过？

张：可以说从没有。一方面是我怕他批评我，我这个人自尊心太强。另外一方面是，阿城说"文章靠自己"，我和阿城年纪相差不是很大。

陈：您对钟先生文章的印象是什么？

张：当时的感觉就是挺新鲜的，姐夫还能写这些文章。现在我觉得我姐夫的文章，就拿电影评论来说，独树一帜，他没有套话，别人说烂的话，他没有。不管文章长短，都有哲理和意趣，就是话里有话，不是白开水。你得琢磨，他就讲究文章要有嚼头，他遣词造句都很独特。他善于运用人们的口头语，变成他的艺术语言。为什么我姐文化不高，对他的文章也有帮助呢，就是因为我姐姐说的那些老百姓的话，有时候他拿来就用上，用在文章里还挺新鲜，没有书卷气，有生活气息。他有些比喻好，造词也好，让人感觉新鲜，有意思。他的评论文章不同于一般，有时候你看一段之后就知道是他写的。评论文章本来就是容易枯燥的，但是他的文章不枯燥，有气势，没架子。

陈：电影评论界没有几个人能写得像他那样。

张：他对我也是有影响的。我写文章的时候也是改来改去，同样一篇文章，我忌讳一个词老用，他也反对这样的文章。

陈：后来报纸上铺天盖地地批钟惦棐，批《电影的锣鼓》，您知道吗？

张：不知道，那时候像我们的中学生都是糊里糊涂的，不管政治上的事儿。不知道他们是怎么回事。他被打成"右派"后我还高兴呢，我觉得全国各行各业的精英才能成"右派"，没有一个是窝囊废成"右派"的。后来，在他被打成"右派"后的那个暑假，我回到北京，学校支农，就是到农村拔麦子去，一个师范大学的年轻的讲师就因为是右派，农民不把他当人，吆三喝四的。我一看就联想到姐夫，才知道"右派"不是好玩儿的，一点人的尊严都没有，从那儿开始我才知道政治的厉害。刚批判他的时候，姐夫对自己的"右派"始终是不承认的，这个人很拧的，不是"你说我是什么我就是什么"，他死活不承认自己反党，他没有理由反党。实际上他摘帽子摘得很晚，他在改造的时候都没摘，一直到1962年放回来还戴着帽子。

陈：您考大学的时候，想考文科，钟先生对您后来考大学有过什么建议吗？

张：我姐夫说不要考文科，文科是无底洞，用不着专门学这个东西，大部分作家都不是念中文系出来的。我当时觉得作家当不成，诗人当不了，没有那个本事，先来个工程师吧。

陈：所以他并不是反对您当作家和诗人，而是反对您去念文科。

张：对。我把园林艺术看成一门艺术，我现在写的书名字叫做《园林谈美》，从美学角度来看，确实是一门艺术。正好我又喜欢文学，就考它吧。

陈：您上大学一年级的时候，好像遭到大学同学的批评？

张：我是重点修整对象。就是要我跟我姐夫划清界限。那时候教育是突出政治的，一切都要让位于政治的。现在回忆起来，那时候的教育，说不好听的话就是奴化教育。

陈：您能接受当时的批评吗？

张：我无所谓接受不接受。因为从中学时候文化教育就是听党的话，在学校里跟党走，那时候满脑子是这样的东西，要到艰苦的地方去。我记得刘少奇他们提出来做党的驯服工具。在这种教育下，不是害怕、反抗、辩解的事儿，你辩解怎么行啊，只能接受。在整个上学的过程里，特别是进入大学的这几年，如果只是学习好，就不是好学生。我们绿化系入学考试，我的分数最高。只是学习好，说你是"白专"，你是白旗，很压抑。最得意的就是那些学习不好的，听党话的那些学生，就是这样的风气。

60年代·海拉尔

陈：您还记得您大学毕业分配去海拉尔，这一路的经历吗？

张：那时候我报到是坐着火车，是两个火车头，前面一个拽着，后面一个推着，否则的话开不动。而且走到半道，一个大车箱，玻璃窗上全是厚厚的冰霜，这一个车厢就我一个人。我就没看见第二个人。越走越荒凉，我是农村出来的，倒没有感觉到绝望什么的。就是希望能够去一个大城市，下来以后，才知道海拉尔只有三条街。后来把我分到林场去了，林场还在市郊，叫小屯，有几十户人家，我去当了几个月的出纳。那个地方10月份就已经冷了，一年没有多少无霜期，冷得特别早。平常的日子是零下二十五六度，算是比较暖和的。那时候全国都矣饿。但是，我们在那晚上能吃牛羊下水，都是肉。而且各单位都组织打黄羊子、打狍子，不挨饿。咱们在北京生活惯了，有时候买点肉。在那里你要说买一斤肉没人搭理你，一买就半只羊，那个地方肉很充足。一到冬天，我们把整个猪买了去，家家都有风斗，风斗里都有好几道门，因为那里冷，就要用风斗，起码要进三道门，才能进到卧室去。那里寒气大，所以在风斗的麻袋里就存放牛肉。我在林场呆了两三个月。天一暖和把我调到人民委员会。人委有一个建设科，到那儿去了，也没什么事儿。

陈：1962年您去海拉尔的时候钟老师已经去了柏各庄农场了还是已经回来了？

张：1962年他好像放回来了，有一段时间就在西四那边有一个电影家协会。舍饭寺那儿。他那时候老走着去，写了不少打油诗，调侃自己当时的生活状况。

陈：您离开北京的时候，钟老师和张于芹老师谁送您去车站？

张：没有谁送谁，那个时代全国都挨饿，大家都自顾不暇。我自己走的。

陈：您去海拉尔工作以后，多长时间回北京探亲一次？

张：好长时间才回一次，回得很少。这段生活其实我也不是没事儿。首先是"四清"，后来成立一个园林研究所，我"四清"回来以后，被提拔成副所长。

陈：我在钟老师的文章中看到，您寄了钱给他们，他们建了一个"舅舅奖学金"，那是怎么回事？

张：姐夫有点小题大做，实际上我参加工作以后，姐姐家就落难了，我挣的钱有时候寄给他们，我挣的也不多，就是45块钱。

陈：您怎么是45块钱？大学毕业生应该是53，到海拉尔应该更多。

张：转正以后应该是66，它有20%的津贴。我给寄多少都记不清楚了，实际上我理解的是，他告诉我"你寄给我的钱我都用在孩子的学习上了"。我也挺高兴，送他点钱，让孩子们好好学习，其实也没寄多少。后来还寄过奶油，那是出口奶油。银纸包着，一块儿一块儿的，对我姐夫的病可能起点作用。他就拿那个，沾在窝头上。那个地方土豆特丰产，土豆在冷的地方疯长，一颗土豆苗就能刨一大篮子，而且个头大，家家屋里头都挖一个地窖，两米深，就把土豆放在里面。那时候我每年都通过火车站，用草袋子寄两三袋，那对他们有很大的帮助，又当粮食又当菜。

追忆·评价

陈：您什么时候系统地读过钟惦棐的文章？比如说《起搏书》、《陆沉集》这些书。

张：80年代，他的文章大批出现，他从来没有给我寄过他的东西，也没有让我看到他的东西，唯独《电影文学断想》这篇文章给我寄到了海拉尔。我看了以后觉得非常大气，高瞻远瞩的劲头。后来的《谢晋电影十思》言简意赅。有时候电影院发的小传单还有钟惦棐如何评价《少年犯》，那时候他的话很多人愿意引用，包括电影院宣传他。

陈：钟先生去世的那一段时间，您什么时候过来的？他生病的时候。您好像说他去世的前一天还见过他？

张：见过。他去世的时候他已经看不见人了，躺在那儿。我觉得像我姐夫那种死法是很痛苦的，因为他脑子太清楚了，他是活生生的要告别世界，他不像我老伴那样昏迷了，死不死都不知道。

陈：据您的观察，钟老师和张子芹老师他们的婚姻，您的印象、观感和评价是什么？

张：我觉得他们从结合到一生都是相濡以沫，这是真正的爱情。他们这一辈子互相折射自己的人品，他没嫌弃这个农村姑娘，这个农村姑娘在他那么遭难的时候，那么多人批判他的时候，也不抛弃他。

陈：您如何概括钟先生这个人？

张：我觉得第一个说他在学术上，他给我信上说的这六个字，我觉得可以说他是才能、勤奋、毅力，一个人要想成一件事情。要有天分，没有天分也不行，但是要勤奋，懒是不行的，要有毅力，要坚持下去，不能半途而废。我觉得姐夫之所以有成就，他的基本品质造就了成就。他这一生都是很勤奋，他是传统的知识分子，有骨气，他不惟上，不惟书，他又独立思考。他把自己的研究跟政治挂得不是很紧，所以他到霉也是必然的。我认为我姐夫也不是一个当官的料，说点政治术语，就是没处理好业务跟政治的关系。

陈：他处理好了就没那么受人敬重了。下面请您对张子芹老师也做一个评价。

张：我姐那个人挺能干的,由于她的能干,这22年的艰苦就能度过。假如换一个知识分子式的妻子,生活能力不行,那日子就更难了。生活上的事儿,她也是一个强者,对家庭渡过难关起了很大的作用。

陈：请您对自己的人生做一个总结。

张：我觉得无怨无悔。特别是听了姐夫的意见没有搞文学,我想我如果搞文学的话,我会更坎坷。我搞园林,它既有工程,也有艺术。在海拉尔呆了20年也无所谓。海拉尔环境艰苦,但实际生活并不艰苦,那是一个养穷人的地方。

张四正近照（摄于2010年）

【采访手记】

在我对钟惦棐先生的夫人张子芳老师进行预备采访时,张四正先生正在张子芳老师家(其时四正先生的夫人刘青邨老师刚刚去世,张子芳老师将他接到北京来散心)。张四正先生是张子芳老师唯一的弟弟,小时候就接触过钟惦棐先生,从1952年初中一年级到1962年大学毕业都是在北京上学,此后命运,与钟惦棐先生多有关联。征得张子芳老师的同意,乘张四正先生在京期间,我对他进行了预访。

预访之后,将采访提纲征求意见稿交给了张四正先生。本来想尽快进行正式采访,不料张四正先生的儿子从加拿大回来,要与张子芳、张四正先生一起去海南过春节,因此正式采访不得不延迟。后来再约,张四正先生来京的时间很难确定,采访一直拖延下来了。我给张子芳老师家打电话,经常无人接听。6月17日早晨,张四正先生突然给我来电话,说他来北京了,不过只是来办理前往瑞士探亲(其次子在瑞士工作)的签证,不能停留过久,希望在此期间能将采访事"了结"。这一段时间的采访安排较满,而张四正先生又是一个不该错过的采访对象,因而只好加班,约定在6月20日(周六)、21日(周日)对他进行采访。

此前,张四正先生对采访工作做了相当仔细的准备,不仅重新阅读了钟惦棐先生生前给他的信函,且阅读了钟先生的日记,许多细节还曾与张子芳老师核对,最后写出了一份将近两万字的材料。因此正式采访工作进行得非常顺利,四正先生希望集中时间采访,因而采访在6月20日一天之内就完成了。上午3小时,中午一起午餐,下午继续采访3小时,总采访时间共6小时。

在对张四正先生进行预访的时候我已经知道,张四正先生对其姐夫钟惦棐先生的了解没有我们以为的那么多。只不过,作为钟先生的内弟，从小在钟先生夫妇身边长大，此后又命运相关（四正先生大学毕业分配就曾受到钟先生被错划"右派"一事的影响，新时期从东北海拉尔调回石家庄则又获得钟先生夫妇的帮助），他可以从一个特定的立场角度提供对钟惦棐先生的记忆线索。在这一意义上说，采访是有必要的，也是富有成效的。

（陈墨）

钟里满访谈录[①]

采 访 人：陈墨
摄　　像：赵晶
采访时间：2009年3月6日、3月11日
采访时长：4小时
采访地点：北京·张子芳家中
录音整理：江川
文本选编：李镇

受访人简介：

　　钟里满，男，1947年出生，钟惦棐的长子。中央电视台主任编辑。

　　陈：请讲讲您所了解的钟老，以及他对您的影响，包括直接的谈话、平常家教，以及您记忆中跟他相处所有的事情，还有您主要的观点。

　　钟：小的时候，我爸整天讲道理。我有几样是跟他学的，至今还管用。第一个是我干家务活，跑了一趟又一趟，然后我爸说："你知道'顺便'这两个字怎么写吗？"我说不知道。那时候还没有提高效率这几个字。他说："你这次进去顺便就把这个事做了，省得来回跑。"其实"顺便"就是人类的一个智慧，恐怕大猩猩就没有"顺便"这个智慧。所以有的时候我开玩笑说："如果分不清人和动物的区别，只要知

[①] 本文重点节录了钟里满访谈中关于钟惦棐先生的内容。

道'顺便'了,这就是人了;不知道'顺便'就是动物。"还有一件事对我的影响很深。我记得一个胡同拐弯的地方,大概在原来老中宣部外面,我上次还特别看了那个拐弯。他说:"你看,拐弯的时候,如果对面来一辆车怎么办?这样就把你撞上了。因此你应该回一个大弯,这样你可以看到对方的车有没有来,这样就好了。"以后我在街上走,我每一次都会想起我爸爸说的话,每一次都想回一个大弯。后来我自己这么想,你要说上升到哲学也行,不到哲学,生活也有生活的态度,就是"你回一个大弯,虽然多走了一些,但是看到前面是怎么回事"。我父亲教了我这个。但是,他却没有回过这个弯,对于某些"阳谋",你怎么回个大弯也回不去。

我感觉我爸什么都知道。那时候在学校里面,同学们爱比,在干部子弟学校里面经常爱比谁的父亲官大。他们问:"你爸是干什么的?"我说:"我爸是科学家。"我那时候一直以为他是科学家。

我小时候认不少字,大概在二年级的时候就可以看《人民日报》了。就在小学大概是一二年级的时候,他吃午饭的时候说:"今天下午咱们开始学诗。"当时我就抗议了,我说诗有什么意思,最差劲了。当时我舅舅也在场,他说:"你知道什么是诗吗?"我说:"诗就是:啊!我爱你呀你爱我。"我爸爸下午把我叫到跟前,拿出《唐诗三百首》,第一个就是李白的《静夜思》。"床前明月光,疑是地上霜",还给我解释,讲一讲。背下来以后,第二首是《下江陵》①。我说这首诗有什么意思?一直到小学五年级的时候,有一次上课我记得特别清楚,我突然脑子里出现了《下江陵》,有如一幅山水画。这诗可真好,那种动态的意境美极了。中国的教育还是有它独特的地方,当然很多人认为这不属于素质教育。我觉得到了真正能懂的年龄之后,他积累也到了。如果等他上大学的时候再学就来不及了。所以我想,小孩还是应该在前面积累东西,在不太懂的时候教一些还是很有用的。实际上我们上大学的

---

① 《下江陵》即《早发白帝城》,作者李白。

时候也不是都懂，老师都不太懂。你就是先接受下来，哪怕毕业后你自己再去琢磨，过一些年就琢磨过味了。

开了这个头之后，这本小《唐诗三百首》等于是归我了，比较艰涩的诗我不喜欢，我喜欢那种平白如话的，因为我可以看懂。后来我发现用字平常的古诗多是一些大诗人写的。我记得是初中到高中，每到放假，他让我们背古文。这些古文都不是课文里面有的，每个孩子都要背。阿城背的长一点，大陆可能简单一点。我记得我当时背过韩愈的《祭十二郎文》，像开机关枪一样，没有标点，一口气背几十个字，然后喘口气，又是几十个字，我爸爸特别喜欢。现在想起来，他是觉得我认真对待了，不认真对待是不会这样背下来的。

有一次我和阿城去交学费。去的时候是坐公共汽车，回来的时候是走路。我拉着阿城——二年级的小孩拉着一年级的小孩，从西郊万寿路走到景山东街。省下钱就为了买小人书，我记得当时买的是《隋唐演义》之类的小人书。阿城是个老实人，他就跟着我走。走到公主坟那儿的时候，饿得不行了。我记得那时候是一片高粱地，正灌浆，我们就拿着高粱穗咬。因为壳很硬，你要把浆咬出来。实在不行了，阿城说渴了，才去买了两根冰棍儿，一人一根。我们就用省下来的车钱在西四街上买了小人书。回来以后跟我爸说，我们竟然大受赞扬。他亲自下厨给我们炒了羊肉和米饭，我记得那时候吃撑了，因为饿坏了。

陈：他是赞扬脑子灵活，把钱省下来？还是爱书，还是走路？

钟：是走路，他一直鼓励这种艰苦锻炼。觉得我们俩那两条小腿可以走回来，老大领着老二这么走，他觉得行。

学校三年级放假的时候，我到母亲河北省老家的村子去。印象特别深，生活很苦。我们去了以后看到村里小孩子都是光着的，觉得这是另外的世界，吃的是挺糙的东西。我有一次差点送了命。可能是感冒还是发烧，我姥姥挺着急，请人给我放血。她问我在城里怎么吃饭，我说喝白米粥。我姥姥费劲地居然就弄了一点白米，熬了粥。到过农村，我知道了有另外一个世界。所以过了很多年，我到山西运城插队的时候，不觉得那儿的生活苦，一开始可能很多城市的同学受不了。山西运城是棉麦产区，山西大粮仓。我在那边待了将近十年，也没有什么感觉，我爸说我特别能吃苦。我觉得运城比起河北农村，好了不知道多少倍。虽然也都是一样没有钱，但是这儿没饿着，而且还能有棉花，有棉衣穿，农村有这种地方就很不错了。

陈：还看些什么书？

钟：我爸爸的书柜不锁。好多都是名著，我们拿书不敢当着他的面拿，有的时候看着他和我妈出去了，他们刚一走我们就冲进去了，打开书柜把书抽走。一直到"文革"后期我还抽他的书柜。

那个年代的文章就是强词夺理，这种文风现在都有，我父亲那时候不愿意让这种文风影响我们。我当时不愿意学文科，觉得文科不讲道理，文科无理可讲，想怎么说就怎么说。理工科不一样，你对就是对了，错就是错了。多少年来，一些干部想怎么说就怎么说，我也只是一笑就过去了，这个笑意味着什么呢？将来咱们等着看笑话吧。我们这一代小孩，看到社会上不讲真话，就知道怎么应对。

在农村，有的同学带了一箱子都是书，我知道我家也有，但是我不敢说。我只拿了我父亲书柜的梅兰芳的《舞台生活四十年》，我特别欣赏梅兰芳的练功。有一个老一代京剧艺术家，眼睛都快瞎了，还可以在台子上凭着感觉跑圆场，台下观众都不知道他都快瞎了，这件事情给我的印象很深。我父亲说这本书是要你看他怎么做人。这点我很愚钝，我最爱看梨园子弟是怎么练功的。阿城拿了不少家里的书走的，他后来成为作家也是应该的，因为看了那么多的名著，有那么多的生活体验。

我父亲受了长时间的打击。他老坐在那儿看书，我觉得他不痛苦，因为他看书非常投入。我印象比较深的是《元曲选外编》，现在我想大概没有什么搞评论把元曲看过来的。三年灾害时期，纸都是黑的，特别糙。他给我钱让我去买《元曲选外编》，他不要黑纸的。我放学后走了不知道多少地方，终于在琉璃厂①一个很偏僻的书店发现了白纸的版本。

---

① 琉璃厂：北京和平门外的一条文化街，起源于清代，这里经营书籍、文房四宝和古玩字画的店铺较多。

我在山西的时候阿城还没有插队,据说是让公安局给逮走了,他借人家的留声机放唱片,那个留声机声音很大,街上都可以听到。

我会拉小提琴,让我们的地区文工团知道了,他们要拍样板戏就直接来找我,我记得当时我们正在地里干活,我就这样到了地区文工团。乐队基本由北京知青组成,我是首席,《白毛女》的两段独奏是我拉的,演出很成功。后来我跟我父亲汇报这件事的时候,我父亲回信最重要的一句话是:"不要替他们吹喇叭。"这个"他们"指的当然不会是基层的文工团,我马上就明白了"他们"是谁。

陈:"不要替他们吹喇叭"是信中写的,不是口头的?

钟:是信中写的,不是口头的。

陈:他怎么敢在信中这么写呢?

钟:他给我写的信都很短,这句话无头无尾,我马上意识到"他们"指的是谁。这实际上是那个时代他与"左"的势力心灵上的一种较劲。

陈:这是哪一年?

钟:我是1968年底去插队的,两年之后文工团找到我,所以是1971年。

陈:收到这封信以后怎么跟文工团说呢?

钟:文工团还有一个问题,就是它不给你办关系,不为别的,就因为出身,搞乐器的同学全都是家庭出身有问题的,所以都不能转正。我接到他的信后,就立刻回农村了。上面很愤怒,说永远不给我分配工作。

陈:招生的时候有没有来过你们那里?您父亲对您的高考有哪些建议?

钟:"文革"中没有报名,报了也绝对不会要我,虽然我干活很好。"文革"结束后,1977年恢复高考的时候,我父亲来信嘱我不要考文科。我本来也没想考文科,我在八中就是理工科。我考得很好,属于省里前几名之列的。省里要我放到第一轮,但是省里忘了先问我的出身是什么了。我报名以后,体检也过了,县里把我叫过去了,说:"你怎么报的？"我说："是北大、清华、科大。"他们说不行，原话是："一是你父亲是毛泽东亲自点名；第二，这三个大学都是国家的保密大学。"让我重新报，我报了两个北京的大学，还报了一个省里的，好像是太原工学院。最后发榜了，分配我去山西省农学院，我做了十年的大学梦，想上大学上不了，给个农学院也得去，那还怎么办呢？

我们有一个同学也是文工团的，到我家里告诉我父亲，说我是运城地区第一名，但是因为家里的事，让我上了农学院。我父亲说农学院就农学院吧，没有理可以讲了。后来到了农学院才发现有一批像我这样的同学，考的分数也不错，都是家庭出身不好的。这帮为政者心理特别肮脏，嘴里老说"工农兵"，可是他们心里认为农学院是最不好的院校，就把我们都分到农学院了。这个农学院原来是孔祥熙办的。①

陈：山西农学院和山西工学院是教会大学，民间学院，工学院和农学院原来是一家。

钟：对。这里的老师不错。基础部一个老师，前两年我还去过那个老师家，他说："当年就你考得最好。"当年他问我报的是什么？我说报物理，他说你还去学物理，回来留校教基础课。我说上哪儿学去？他说陕西师范大学，联系好了。我真是一辈子感激这个老师。我就到陕西师范大学物理系学习，回来拿的还是农学院的毕业文凭。

我父亲去过陕西师大一次，正好是有一届金鸡奖在西安。晚上他去看我，我估计他会有车，可能是把车停在很远的地方，他不愿意张扬。晚上挺黑的，他居然摸到了我的宿舍。他问我在做什么，我说现在开始写毕业论文了。我那时关注物理上的哲学问题，他很高兴。

我们在聊天的时候，因为当时我正洗过澡，地下都是水，我们同宿舍的人看到我父亲来了，马上拿来墩布擦地上的水。我知道父亲很快要走，我得赶紧跟他多聊几句，我就没有自己擦，因为要擦的话还要到很远的地方拿墩布。我父亲为此特别生气，他说："你怎么能让别

---

① 山西农学院：现名山西农业大学。前身为1907年孔祥熙创办的私立"铭贤学堂"。

人给你擦？"我跟他解释我们的关系特别好，平时也是互相照顾。我不知道有没有解释通，反正他对这一点非常不满意，给我的印象挺深。

毕业的时候，我回到农学院，说我不想毕业，我还想回陕西师大再念。物理系一共有八门选修课，每个学生最多只能选修三门。我申请让我晚一个学期毕业，把那五门也拿回来再说。他们觉得很奇怪。我给省高教厅单打了一个报告，高教厅同意。我们老师说："你知道不知道，将来评工资，差一年，就差多了？"

陈：对，大家都希望提前一年毕业。

钟：我说："我这辈子挣不了什么钱了，我在农村就待了十年，有念书的瘾。"我那时候觉得，老师在那儿给你讲非常抽象的东西，这是一个很大的享受。学校最后也同意了。所以我等于是念了四年半的大学，跟78级一起毕业。毕业之后，按照政策我可以回北京。不是因为我父亲，而是因为京津沪的知青上大学，凡是没有结婚的，没有找对象的，毕业时可以直接派到北京市人事局，是统一政策，于是我就到了电视台。有人以为我回北京到电视台是因为我父亲，其实这种事他从来不过问，他还称赞我自己解决了回京和工作的问题。

陈：1979年您父亲平反的前后，您在哪里？

钟：我那时候回家了，我看到父亲挺高兴的。我觉得还留了一个"小尾巴"，他应该得到彻底平反，当时叫做"改正"，应该彻底改正。很快我回学校了，我在大学接到通知子女有关单位的改正通知书。我记得那天下了大雪。

陈：您父亲跟您说过文艺界的事吗？

钟：没有。他不让我们介入文艺界的事。

陈：您父亲和您谈他经历的往事多吗？比如说延安时代。

钟：他说过延安的时候，风气是平等的。有一次在延安看鲁艺的戏，大家都弄一块砖坐在那儿看。毛泽东去了之后，坐在一个条凳上，引起后面的人不满。毛泽东一看赶紧把凳子侧倒下来，坐着还是高，后面的人还是不满意。于是凳腿儿朝天，他坐在平板上。他的文章里写过这个故事。他说我们进城以后有一个思想一直没有转过来。比如毛泽东从中南海打个电话来说有事,他就赶紧过去,着装也很一般,不很在意。他后来总结说:"这个应该注意的,我却没有注意到。那时已经不是延安时期了,他实际上已经起变化了。我们这些延安来的同志总觉得反帝、反封建是我党的光荣历史任务,已经取得了成功,人和人都是平等的,不会再回到封建时代了吧?"

陈:您说一下对您父亲总体的印象,或者一个评价。

钟:我记得有一句话说:"我们年轻的时候觉得父亲很多事情不知道,等我们到了父亲这个年龄,才明白原来父亲什么都知道。"多年来,他的教诲使我少碰了很多钉子,少走了很多弯路。我每当做事有成的时候,总会想到几十年前他为儿子打好的基础,为儿子在精神上铺好的阳光大道。

历史上,人们将会永远记得这位独立思考,却因言陆沉,而九死未悔的大写的人。

钟旦满在山西当年插队的地方(摄于2000年)

钟大陆访谈录[1]

采 访 人：陈墨
摄　　像：赵晶
采访时间：2009年3月9日
采访时长：4小时
采访地点：北京·张子芳家中
录音整理：江川
文本选编：李镇

受访人简介：

  钟大陆，男，1951年出生，钟惦棐的第三子。北京电影学院摄影系84班毕业。现在为自由职业者。

  陈：您谈谈记忆中的父母亲，从记事开始。

  钟：我记得小的时候有两个家，一个家在中南海里，一个家在石碑胡同。我的印象是每个星期都会去公园玩儿，父亲都会和大家讨论去哪个公园，我们生活得很好。后来不知道为什么，就搬到了东厂胡同；很快我们离开了东厂胡同，可能是还没有上学就搬到了西单麻线胡同十号，我们整个的成长都是在麻线胡同，就是现在的振兴巷六号。

  大概在四五年级的时候，父亲回来了。我印象中他戴一个很旧的棉帽子。我印象中他是"右派"摘了帽子，被分配到长春电影制片厂。

---

[1] 本文重点节录了钟大陆访谈中关于钟惦棐先生的内容。

我要跟他去长春。突然有一天，我爸爸说不用去长春了，就留在了西单舍饭寺，当时叫中国电影家联谊会。后来我才知道，长春电影制片厂听说我父亲要来，坚决不同意，后来就留在北京了。

我那时上半天课，老爷子让我去捡煤核，在西单的口上有一个手帕胡同，进去大概10米、20米靠左手边，是"又一顺饭庄"的锅炉房，锅炉房打开以后，很多的炉灰倒出来，然后工人把水泼在上面，很多孩子跑上去抢没有烧透的煤。他一定要让我做这件事情。大概捡了一段时间以后，他给我买了一顶鸭舌帽，那个帽子当时挺贵的，我同学的母亲特别不理解，既然都捡煤核了，都这么艰苦还买这样的帽子干什么。所以我现在想，老爷子是有意识地让我锻炼一下。

我父亲其实是一个非常风趣的人。喜欢开玩笑，"文化革命"中，不能拿任何事儿开玩笑，只能自我解嘲。1969年秋天他在沙河，写信让我到西单的亨得利去给他买一个风镜，可以把眼睛包起来，他说在沙城天天盖房子，风沙起来以后，一天工作下来，人就像个霜打了的驴粪蛋。

陈：您父亲后来被打成"右派"对您有压力吗？

钟：我的初中是在三十一中上的，上到初二，大概是1966年的夏天，"文化大革命"开始了，《北京晚报》一篇文章中点了我父亲的名字。我们班有个同学调皮捣蛋，他说："这是钟大陆的父亲。"那时候《北京晚报》点名不是什么好事儿，那就是坏人了，我开始感觉这件事情有压力。

1959年2月份，我报名到延安插队，在延安地区延长县黑家堡公社马家沟大队的"后马家沟生产队"。我父亲曾经问我："你为什么去延安？"我说："你就从延安出来的，我现在也要去延安。"那个时候中苏、中蒙关系非常紧张。各队派人去学俄语、蒙语喊话，就是什么"缴枪不杀"之类的，我们队让我去，有人说："不行，他父亲是毛主席点过名的。"从那时候我开始在队里有压力。

1972年北大、清华一些学校来招生，要的是工农兵学员，要看家庭出身什么的，我没有任何希望。

1972年底，县里招工，这次招工非常明确，只招收北京知识青年，而且所有的招工单位都是中央直属各部委的工厂。我当时就是因为会拉手风琴，正好那个厂里来招工的人是工会的头，他一看，有这么一个会拉手风琴的，厂里正好没有会拉的，就把我招到那儿去了。当时去的工厂叫做黄河工程机械厂，在华山脚下，属于一机部重型机械局，厂里面有很多的干部，都是从北京调来的。对我们还都是挺好的。厂里分配我做锻工，打铁，当时我给我父亲的信里说："我瘦成这样100斤的体重让我打铁，我连八磅锤都拿不动。"我父亲说："行行出状元，做一行就要做好一行。"后来我就想，打铁就好好地打，一定要打得比别人好。我在厂里呆了半年，就到了北京第一机床厂培训了一年。最后，我印象里等我出师的时候大概是用四级工的题考我，我拿车间最高分。

陈：是否记得钟先生平反的情况？

钟：可能是1979年，有一天厂劳资科叫我去，说："来了一份东西，你父亲要平反了。"我就看了一下。后来我父亲说，包括他，文化部有四个人是不给平反的。接着听说他不去科影了，去北京电影学院图书馆。我的一个同事的妈妈就是电影学院图书馆的馆长。她说当时一听说某某要来，他们死都不敢要。1978年胡耀邦做组织部长才给他平的反，那肯定是1978年之前的事儿。

接下来有一天吃完晚饭我爸带我去赵沨伯伯那儿，我们两家很近，我们在石驸马大街东口，他们在西口，我们俩就溜达着过去了。我父亲跟赵沨说："听说你缺一个看钢琴房的老头，我想去。"我记得赵沨当时就特爽朗地哈哈大笑。

陈：赵沨那时候已经恢复原职是音乐学院的院长了是吧？

钟：对，那时候他是院长。后来我就听说我父亲去了中央音乐学院作曲系。音乐文学研究，在音乐理论研究室。

我还记得有一次，我父亲写了一封信，让我送到胡乔木家。印象中我拿着这个东西就去了。我到门口还没敲门，门就开了，一个战士站在后面，特客气，问我什么事儿，我说这儿有一封信送给胡乔木伯伯，他说："给我就行了。"大概在那之后，胡乔木就来了，把我爸调到社会科学院。

陈：是胡乔木把他调到社会科学院？不是陈荒煤调去的吗？

钟：我印象里是胡乔木，我怎么有这个印象呢？因为那时候胡乔木兼任社会科学院的院长。

陈：胡乔木的位置比院长要大很多，当然他调一个人到社科院没有问题。

钟：我父亲跟我讲，胡乔木要成立文艺理论研究局，让他去做局长。当然刚开始这个班子没有搭好，干脆放在文学所，文学所让我爸爸当头，我爸爸没有当，他推荐了王春元。这个过程我印象特别清楚。到最后，他的文艺理论研究局也没成立起来。

陈：您后来也做电影的摄影，经常给导演提很好的建议，父亲有没有问过您对一些影片的看法？

钟：唯一有一部片子，就是王好为的《迷人的乐队》里面有一个台词，说"谁家要娶媳妇，我不是给你们准备的，我就是演奏这个进行曲"。我和我爸看完了，有一个共同的感觉，就是两句话对这部影片，有新鲜感没有亲切感。农民办乐队，但是又不为农民服务，难道是农村乐队的存在价值吗？你不为人家娶媳妇办丧事，你为什么存在？难道需要你去演奏什么运动员进行曲，乃至于国歌、国际歌吗。

我记得跟我父亲一块儿去看《少林寺》，我不怎么喜欢武打，但是观众的反应很热烈。我爸说："你看观众反应多热烈，大家多喜欢。"

他自己本人不见得喜欢，但是他很重视影片的票房。

陈：您父亲要么就是在外面劳动劳改，要么回来就是自己特别忙，在您心目中，他是一个好父亲吗？

钟：他是一个很好的父亲。尤其对我们教育方面，包括一些做人的道理上。我1969年2月份到延安，然后1972年的12月份离开延安到华山。然后在华山呆了大概七年的样子。从1969年的2月到1979年的12月，将近十一年我们主要通过书信沟通。这些信我都留着呢。

我觉得我父亲真是一个非常好的父亲。因为我没有孩子，我不知道我能不能这样做父亲。其实年轻父亲一定是模仿他们的老父亲对待下一代的。小的时候,他就有很多东西灌输给我,我大了以后,他就像朋友,来听我们说一些事情。甚至有的时候,他就不说话,在那儿听我们讲,我们家吃饭很热闹。

陈:请评价一下你的母亲。

钟:我觉得我母亲集中了中国母亲的所有美德,比如说勤劳、养育孩子、操不完的心。

钟大陆在日本POLA美术馆(摄于2009年)

钟星座访谈录①

采 访 人：陈墨
摄　　像：赵晶
采访时间：2009年3月4日
采访时长：2小时
采访地点：北京·张子芳家中
录音整理：江川
文本选编：李镇

受访人简介：

钟星座，男，1953年出生，钟惦棐的第四子。影视摄影师。

陈： 请您谈谈对钟老师所有的记忆，细节越细越好。

钟： 我跟我几个哥哥不一样，我从小被人家认走过。

张子芳： 把他送到了文山家，后来文山成了"右倾机会主义分子"，就把他又还给我们了。

钟： 那个家庭没有小孩，我觉得特别孤独，我也愿意周末跟我这几个哥哥和妹妹玩，后来有一天我突然莫名其妙回来了，后来才知道因为文山的问题，我就回归这个大家庭。我真正懂事其实是在"文革"。"文革"时，有一天我的同学在教室黑板前面拿了一张《人民日报》，问我："钟惦棐是你爸爸吗？"全班都在那儿听，我说"是"。我从那一

---

① 本文重点节录了钟星座访谈中关于钟惦棐先生的内容。

刻开始认识自己在这个社会当中的位置,我跟这个教室里的人都不一样了,他们都生活在阳光下。

我记得小的时候,我爸爸老让我看屠格涅夫的小说,看车尔尼雪夫斯基的《怎么办》,其实我根本看不懂。我后来挺后悔,不应该看这个书,让我走到"革命的恋爱",后来想这真是胡说八道,是空想社会主义,但是那时候年纪小,看了什么会往里面记。我是1969年下乡的,家里四个男孩全上山下乡了,我是最后一个。躺在两三人高的草垛上面,叼着馒头一口一口地吃,看着云,我就想起屠格涅夫写的"铅灰色的云在地平线上跑",那时候上山下乡,是被奴役,也可以抒发个人情怀,只不过没有一个自己的舞台而已。我下乡去的是黑龙江。我们家那时候真是天南地北,对我爸爸来讲,我觉得他可能觉得很沉痛;但是也许他会觉得这作为成长史也是很好的。我记得我在那儿待了两年才回北京。我1米8,他才1米6。我听他跟别人说过,儿子有点长成北方人的高高大大,脱离了他的系统,他觉得很高兴。

1971年回来是探亲,我妈妈做手术,结果没有做好失声了,完全不能说话了。我原来是想在那儿连待五六年不回来的。因为我那时候正值青春期,有点反叛,觉得不是非得靠这个家不可。我想像车尔尼雪夫斯基里面写的拉赫美托夫那样,睡钉子床,他写的我全信,做一个革命者你就得磨炼自己,要抑制自己。

我从初中开始话少,但是到了上山下乡时则明确地感到我不能多说话,因为我身边的知识青年,太多的人出身都特别好,像我这样的特别另类。我们那时候唯一的就是把交代给你的事做好。我那时候最愿意的就是一个人放一千多只羊。当时有几个有出身问题的,都愿意干这个。因为你可以不跟人交流,不交流是最好的。

我每次探亲回来跟父亲的交流,觉得是真正发自内心的,不用防范任何人,我一直不觉得家长严厉,我们家特别民主。

那时候上山下乡完全没有出路,唯一的出路就是招生和招工。招生在我们家是放在第一位的,招工我们就不敢想。我报考了最好的大学清华建筑系。报考的时间是1975年。

陈：您报考的时间是1975年，当时报考程序是什么？

钟：最主要的是政治，那是我们完全控制不了的，但是我忽略了。最后报考其他学校的人都走了，唯独我没走。我一直没有给我父亲写信，我怕这个事对他的影响太大。所有人都走了两个月了，应该到第二个学期了。上面有人很三式地对我说，他们觉得他们应该招一个可以教育好的子女，我一直觉得我已经是教育好的子女了，所以特别失望，原来我还没有被教育好。

我觉得这对我的打击太大了，从天堂到地狱了，而且基本上抓住天堂的边了还是没有去成。我没有把这事情跟我父亲说得很重。

陈：您说过您父亲曾经警告过不报"两校"①，那是什么情况？

钟：就是我要报这所大学之前的两个月，有一个探亲假回过北京，我跟爸爸聊天说过，我爸爸跟我说你可千万不能报"两校"（当时最左的思潮都出自清华与北大的联合写作组，署名梁效）。当时他这么一说，我就这么一听，完全没有把这个当回事，我完全忘了。一直到清华通知我因为家庭出身而不能录取时，我才想到我爸爸说过，不让我报这两个学校中的任何一个。

多少年以后清华大学的一位教授跟我妈妈一块儿在法国旅游，说当年你的一个儿子报到我们系了，我们为此开过一次会，就有两个教授明确地说我们应该要，但是后来也有人说，还是应该要教育好的子女更为保险。我才知道，原来当年不是某人一挥笔，人家还是认认真真开了教务会议，因为大家都有点害怕，怕以后有说不清的事。

陈：我希望您详细说一下在干校的经过，父子对话，以及陪他怎么干活、干什么活、怎么吃饭。

钟：我印象中吃饭都不是我去食堂，可能他不希望被更多的人知道，都是他拿着饭桶，打多一份饭回来我们俩吃。我们会聊到特晚，内容记不清了，我估计更多的是对我的劝慰。上山下乡时我爸爸到火车

---

① 指北京大学和清华大学。

站送我的时候，眼圈真是都红了。我那时候16岁，我觉得心里特别的沉重，他都是在这个站台把他的儿子不断地送走。关键是不知道送走之后什么时候才会回来。做父亲的那种感觉，我现在相当有体会。我爸爸原来是特别精神的一个老头，我1971年回来探亲，突然我发现他的头发全部都白了，而且他的头发白了以后不留长发，留的是那种短短的贴着脑皮的那种。我总是在想父亲在1987年就去世了，真的是太早了。他在"文革"后被解放的那几年里，实际上就是天天工作，他这一生当中真的没有享过一天福。

刘青邨（张四正的夫人）、张四正、阿城、钟惦棐（摄于20世纪60年代）

【采访手记】

在采访钟惦棐先生的夫人张子芳老师之前，我就曾向张老师提出，若有可能的话，希望在采访她的同时能采访她的几个子女。张老师与几个儿子商量后，答应了我们的请求。于是我们在采访张子芳老师的间隙中分别采访了她的三个儿子：长子钟里满（中央电视台主任编导）、三子钟大陆（电影摄影师、广告人）、四子钟星座（电影摄影师、广告人），共录像10小时。

钟氏兄弟都已人到中年，老大62岁，老四也有56岁了。他们都有自己的一技之长，工作大多与影视、文艺有关，都有灵气，富有教养，心理健康，且全都事业有成，也都比较低调。在性格方面，钟里满先生严谨、内秀、沉稳，有学者风度，书生气质；钟大陆先生沉稳、认真、自信、中规中矩而不乏灵气与主见，有长者风；钟星座先生相对活泼风趣、充满自信、朝气洋溢、有幽默感。

原本准备首先采访钟里满先生，但当天中午钟星座先生给母亲送南瓜来，商量之后决定先采访后者。由于事先并不知道能够采访到谁，所以没有事先准备采访提纲，只能在采访前抓紧时间对采访对象进行简单的预备访谈，然后进行现场采访。具体方式是先让对方自己说对其父亲的记忆，然后再根据我所了解的情况与信息进行现场提问。对钟星座先生的采访进行了2小时。下一次的中间采访对象是钟里满先生，因为对他了解较多，因而采访进行得较细，且进行了第二次补充采访。再下次的采访对象是钟大陆先生，他准备得比较充分。

低调的人通常都比较慎言，虽然我们的采访获得了对方的同意和信任，现场采访的气氛也很好，但如此即兴式采访很难真正深入。总体而言，他们都谈得比较保守，而对采访录像资料的使用授权也相当谨慎。

（陈墨）

"中国电影人口述历史丛书"跋

20世纪80年代文学盛，90年代文化热，新世纪史学兴。自传、自述、回忆录、口述史，或自印，或网刊，或出版，浩浩荡荡，势不可挡。国图将收购民间出版物视为正式业务，大学以收藏自印书彰显其馆藏之丰。

人们之所以将目光转向历史，是因为历史中包含着大希望与大悲欣。这其间有事实，有真理，有公正，有民意与良知。它给民族以信心，给家国以信念。历史是中国人的"宗教"。

中国史学之悠久，天下第一。史学中的春秋大义，垂两千年而不绝。司马迁写《史记》以"别嫌疑，明是非，定犹豫，善善恶恶，贤贤贱不肖"为职志。欧阳修撰《新五代史》以"废兴存亡之迹，奸臣贼子之罪，忠臣义士之节"为己任。如今，口述历史这支新军加入到这一事业之中。在继承传统的同时，它展示个性，探索心灵，为中国史学揭开了新的一页。

任何历史都是当代史。当代的"主旋律"是和谐，本丛书的编者为此竭尽心力。而文化市场的多元需求，则又将"多样化"纳入编者的视野之中。"弘扬主旋律，提倡多样化"，本丛书庶几近之。

启之 谨识
2010年11月8日